ALAN M. DERSHOWITZ

Le Démon de l'avocat

ROMAN TRADUIT DE L'AMÉRICAIN PAR CATHERINE RICHARD

GRASSET

Titre original :
THE ADVOCATE'S DEVIL
Warner Books, New York, 1994

REMERCIEMENTS

Jamais je n'aurais eu le *Chutzpah* nécessaire pour entreprendre la rédaction d'un roman, sans l'aide de bien des parents, amis, et associés. Les premiers manuscrits ont été lus et critiqués — j'entends par là *réellement* critiqués — par quelques membres de ma famille, notamment Carolyn, Elon, Jamin, Tully, Marilyn, Adam, Rana, Claire, Hedgy, Dutch, Mortie, Marvin, et Julie. Les manuscrits ultérieurs ont été lus et revus par Mitch Kapour, Alex McDonald, Justin, Ken et Jerry Sweeder, Jim Hamilton, Michael Schneider, Sue Levkof, Alan Stone, et Jerrold Rapaport. J'ai grandement apprécié l'assistance éditoriale que m'ont procurée Sandy Gelles-Cole, Larry Kirshbaum, Sona Vogel, et mon agent Helen Rees, de même que l'aide en matière de secrétariat et correction typographique prodiguée par Maura Kelley (qui a passé bien des nuits blanches), Gayle Muello, Eileen Weisslinger, et Ruth Stefanides.

Enfin, je voue une grande reconnaissance aux multiples générations d'étudiants de l'Institut de droit de Harvard, avec lesquels j'ai débattu des points d'éthique abordés dans ce roman. Puisse cet ouvrage contribuer à entretenir le débat.

PROLOGUE

NEW YORK — VENDREDI 10 MARS

— Quelle veine, encore un week-end pourri !

Jennifer Dowling était en train de se remémorer son douloureux parcours de l'année passée quand elle remarqua l'homme de haute taille, séduisant, qui arrivait dans l'autre sens depuis l'angle de l'Avenue of the Americas. Une froide giboulée de mars douchait la 55e Rue Ouest, transformant en flaque le moindre creux de trottoir. Les week-ends lamentables s'étant succédé sans interruption depuis le premier de l'an, Jennifer n'avait pu se résoudre à faire la route jusqu'à son repaire de fins de semaine, niché dans les monts Catskills. D'autant qu'elle n'avait guère éprouvé l'envie de solitude au cours du calvaire juridique qu'elle venait de traverser, mais maintenant que tout était enfin terminé, elle n'aspirait plus qu'à profiter du bienfaisant isolement de son petit chalet de campagne. Pourtant, la perspective de devoir prendre le volant seule, un vendredi soir tard en plein hiver, sur des routes sombres et verglacées, n'offrant aucun attrait à ses yeux, Jennifer avait décidé de rester une fois de plus en ville. Et pour couronner le tout, elle venait de recevoir une circulaire annonçant que la révision du chauffe-eau de son appartement était prévue pour ce week-end... vingt-quatre heures sans eau chaude. Du coup, j'ai droit à un week-end non seulement pourri, mais cradingue, râla-t-elle en son for intérieur.

L'homme qui venait en sens inverse piqua droit sur la jeune femme, lui barrant le passage. Comme elle amorçait un pas vers la droite pour l'éviter, il parut avoir la même idée, si bien qu'ils finirent par se retrouver face à face en train d'exécuter un pas de deux en zigzag, sur quoi ils s'immobilisèrent l'un et l'autre.

L'homme était si grand que Jennifer, du haut de son mètre soixante-cinq, lui arrivait à peine à la poitrine.

— On aime danser sous la pluie ?

Il abaissa vers la jeune femme un sourire électrisant, appuyé d'un regard bleu.

— Il ne s'agit pas d'un film, je suis trempée comme une soupe.

— Si on allait se sécher devant une tasse de café ?

— Vous plaisantez ? On est à New York, ici. Ma parole, mais vous êtes un fou dangereux...

— Ou alors un détraqué, acheva-t-il à la place de la jeune femme.

Là-dessus, ils sourirent.

L'homme prit doucement la jeune femme par le coude, et la pilota en direction de la galerie, au pied du gratte-ciel qui s'élevait au-dessus d'eux. Après tout, pourquoi pas, se dit Jennifer en s'efforçant d'envisager rationnellement les choses. Il faisait jour. Que pouvait-il lui arriver, au pire ? Elle laissa l'homme l'entraîner à l'abri de la pluie.

Le bar était bondé et bruyant, mais le compagnon de Jennifer joua de ses larges épaules pour se frayer un passage jusqu'à une petite table près de la vitre, libre par miracle.

— Vous connaissez cet endroit ? lui demanda-t-il en se débarrassant souplement de sa veste de cuir noir.

— C'est la première fois que je viens, pourtant, je travaille dans le quartier.

— Laissez-moi deviner, vous êtes dans les relations publiques ?

Jennifer s'apprêtait à répondre par l'affirmative, mais elle se ravisa.

— J'étais dans les relations publiques, mais je tra-

vaille dans la publicité, maintenant. Comment avez-vous deviné ?

— J'ai un don pour ça. Je suis intuitif, intelligent, et observateur.

— Et modeste, avec ça... né sous le signe de la Vierge, peut-être ?

Par-dessus la table, il tendit à la jeune femme une main immense, qu'elle serra.

— Je m'appelle Joe Campbell, annonça-t-il, guettant sa réaction — qui ne vint pas — et n'obtenant pour toute réponse que la poignée de main ferme qu'elle lui rendait.

— Jennifer Dowling, fit-elle au moment où surgissait le serveur.

— Un cappuccino, ça vous va ?

— Au lait écrémé.

— Mettez-en deux, s'il vous plaît, reprit Joe Campbell, sans quitter des yeux son interlocutrice.

Merci mon Dieu ! s'exclama intérieurement Jennifer. Et dire qu'elle s'attendait à passer un week-end lamentable !

BOSTON — MERCREDI 15 MARS

La soirée avait commencé autour d'un verre, dans le Salon intime du Charles, l'hôtel de Cambridge où était descendue Jennifer.

— Une chance inespérée, que vous ayez dû venir à Boston. (Il leva son verre d'eau minérale comme pour porter un toast, et s'autorisa un long regard à la jeune femme svelte et élégante, assise en face de lui.) Fortune... comme dans « fortuit », j'entends.

— Amoureux des mots, d'après ce que je constate. Laissez-moi deviner... Ancien étudiant de l'Université d'Oxford... Titulaire d'une bourse d'études de la Fondation Rhodes... Licencié en lettres classiques.

— Raté sur toute la ligne. Études universitaires à la Northeastern, diplôme d'ingénieur chimiste, obtenu en 1984.

Tout cela, Jennifer le savait déjà, en fait. Joe et elle

s'étaient donné rendez-vous en buvant un café ensemble, cinq jours auparavant, et dans l'intervalle, elle avait glané des renseignements au sujet du jeune homme. Il n'y avait pas d'entourloupe, c'était clair. Tout ce qu'il lui avait dit à son propre sujet cadrait... y compris le fait qu'il occupait le poste de pivot dans l'équipe de basket des New York Knicks. En revanche, il ne lui avait pas dit à quel point il était célèbre. Et Jennifer, n'étant pas une mordue de basket, ne savait pas que les Knicks avaient acheté leur attaquant vedette aux Golden State Warriors, l'équipe nationale de Californie, après s'être fait battre en phase finale de la saison 1994. Campbell avait été surnommé le « Chevalier Blanc » par les fans new-yorkais, public versatile qui ne comptait plus que sur lui pour rafler la première place du championnat de la NBA, alors même que Patrick Ewing était à l'apogée de son jeu.

Un groupe de jeunes gens en costume-cravate envahit le bar, et Jennifer sentit que Joe se crispait.

— Dans moins d'une minute, ces types vont venir nous casser les pieds, fit-il doucement. Prête pour aller dîner ?

Jennifer acquiesça en se levant. Joe l'entraîna loin du groupe, et comme il quittait le salon baigné d'un éclairage tamisé pour passer dans le couloir, il baissa la tête et inclina un peu plus son chapeau sur l'œil. En dépit de l'assurance qu'il affichait, il était vraiment très réservé, se dit Jennifer.

À la porte de l'hôtel, un homme d'allure sympathique, en jean et veste de survêtement, aborda poliment le couple qui s'apprêtait à sortir.

— Dis donc, Joe, demain soir, mets-en plein la vue aux Celtics, s'il te plaît. Je suis de New York, moi, et les fans des Celts, je les sens vraiment mal.

Campbell sourit sans lever les yeux.

Le chauffeur de la Lexus blanche leur ouvrit la porte avant même qu'ils arrivent à la limousine, et Joe pria Jennifer de prendre place sur la banquette arrière.

— Belle voiture. C'est à cause de votre surnom qu'elle est blanche ?

Elle sourit avec un soupçon de coquetterie. L'idée

qu'un « Chevalier Blanc » faisait partie de sa vie revêtait une grande signification, aux yeux de la jeune femme.

— Peut-être bien, maintenant que vous me le faites remarquer.

— Pourquoi vous appelle-t-on le « Chevalier Blanc » ?

— Eh bien ! il y a deux explications : une officielle, et l'autre, officieuse. D'une part, quand j'ai commencé à jouer pour la Northeastern, j'étais le seul Blanc de l'équipe universitaire. Et maintenant, bien sûr, les fans des Knicks comptent sur moi pour décrocher le titre de champion qui peut revenir à l'équipe.

— Il s'agit de l'explication officielle, n'est-ce pas ? demanda Jennifer d'un ton taquin.

L'espace d'un instant, Joe eut l'air un peu tendu.

— En effet. Officieusement, je dois mon surnom au fait que j'étais toujours le joueur le plus propre sur soi de l'équipe.

— Qu'est-ce que ça veut dire ? Que vous ne racontiez pas de blagues salaces ?

— Que je ne déblatérais pas de saloperies... Je ne dénigrais pas l'adversaire, ce genre de choses, vous voyez. Ça signifie aussi que je ne me servais pas de mes coudes... à moins d'y être vraiment obligé.

— Et maintenant, vous castagnez ?

Joe faillit lui répondre, mais il comprit que la jeune femme le taquinait à nouveau. Elle était vive, et cela lui plut.

— Ça dépend de la situation. De toute façon, toute plaisanterie mise à part, il n'y a pas moyen d'éviter, quand on joue chez les pros. Trop de grands musclés qui se rentrent dedans de tous les côtés sur un terrain trop restreint.

À l'idée du torse musclé de Joe sous la veste de daim, un éclair agréable, presque électrique, traversa Jennifer.

Elle éprouvait toujours ce moment de flottement, quand elle comprenait qu'il était temps d'aborder l'aspect physique d'une relation. Plus jeune, elle refusait d'en tenir compte, bien que son corps le lui ait signalé sans détour à maintes reprises. Maintenant qu'elle avait franchi le cap de la trentaine, c'était souvent son cerveau qui prenait le pas sur le corps. L'année avait été rude pour Jennifer. Avec cette saleté d'affaire juridique dont elle venait de sortir, elle n'avait guère eu le temps de se distraire, et guère envie de séduire. Durant ces dernières semaines, pourtant, la chape de soucis qui pesait sur elle avait paru se dissiper un peu, et du coup, elle se sentait revivre. D'ailleurs, son corps lui signifiait qu'elle n'était pas insensible à Joe Campbell.

La longue limousine cheminait lentement dans les rues de Cambridge.

— Cuisine italienne, j'espère que ça ira ? fit-il, sur quoi, sans attendre sa réponse, il détourna la tête pour regarder par la vitre.

Situé à Watertown, le restaurant Stellina, repaire pour gastronomes spécialisé dans la cuisine du nord de l'Italie, n'était pas très connu. Une fois à table, Joe sembla s'attribuer d'autorité la direction des opérations, commandant leurs deux menus sans demander l'avis de la jeune femme, allant même jusqu'à insister pour qu'elle modifie son choix en matière de salade. Jennifer en fut d'abord déconcertée, mais à mesure que le repas se poursuivait, elle commença à trouver Joe délicieusement différent des pleutres qu'elle avait l'habitude d'attirer. Il s'avéra d'ailleurs qu'il avait eu raison au sujet de la délicieuse salade tricolore aux tomates maison.

Quand ils furent à nouveau dans la limousine, en direction de Cambridge, Joe, pour mettre la jeune femme parfaitement à l'aise, ouvrit le bar et lui servit un cognac. Un silence agréable s'installa entre eux, et Jennifer fut bien obligée de reconnaître en elle-même qu'elle était déjà un peu amoureuse de son compagnon.

Ce qui n'échappait pas à Campbell. En fait, rien ne lui échappait. Joe était l'un des joueurs les plus instinctifs de la NBA, doté d'une réputation qui lui attribuait les mains les plus habiles de toute la ligue. D'un coup d'œil, il était capable de lire dans le regard de l'adversaire de quel côté ce dernier s'apprêtait à passer, ou s'il allait se décider à monter au filet. Les mains de Joe anticipaient toujours les réactions de l'autre d'une fraction de seconde : interception, dribble, tir. L'attaque ne faisait peut-être intervenir que les qualités athlétiques pures, mais la défense était affaire d'instinct. Il fallait sentir ce que l'adversaire pensait, projetait, et faire en sorte de devancer ses déplacements.

Joe Campbell était le grand maître de l'instinct. Chaque fois que Riley, l'entraîneur, passait à ses joueurs les cassettes vidéo des équipes adverses, il immobilisait l'image sur l'écran juste avant une action capitale et leur demandait de deviner ce qui suivait. Campbell se trompait rarement dans ses pronostics. Il saisissait l'esprit d'un match mieux que n'importe lequel des joueurs de la ligue.

D'ailleurs, il comprenait les femmes de la même façon qu'il comprenait le pivot adverse. Un éclair dans le regard, un sourire, un geste, suffisaient à lui indiquer si la fille avec qui il se trouvait attendait qu'il se montre enjôleur, si son « peut-être » signifiait en réalité « oui »... ou si au contraire, il fallait mener les choses sans fioritures ni faux-semblants. On aurait pu lui repasser des cassettes vidéo de tête-à-tête d'amoureux, que Joe se serait montré aussi doué pour saisir l'esprit de l'action. Or, le comportement de Jennifer lui révélait que la pression montait en elle. Pour le moment, la courtoisie distante et teintée d'humour qu'il affichait fonctionnait à merveille.

— Pour une grande brute de sportif, vous êtes adorable, vous savez, murmura-t-elle.

— N'allez pas dire ça aux Rockets.

Le chauffeur gloussa... Décontenancée par cette intervention intempestive, Jennifer se crispa instantanément, pendant que Joe remontait la glace destinée à isoler les passagers du chauffeur.

— Vous lisez dans mes pensées, ma parole !

La limousine s'arrêta bientôt devant le Charles Hotel. Alors même que Jennifer se demandait comment inviter Joe à monter avec elle sans passer pour une excitée, il se tourna vers elle.

— Écoutez, je peux vous déposer ici, ou vous accompagner à votre chambre, c'est comme vous voulez. Ce serait juste histoire de quitter nos chaussures, et de prendre un verre de ce qu'il y a dans le

minibar, qu'est-ce que vous en dites ? Je suis réglo, je vous le promets.

Là-dessus, il lui décocha son fameux sourire de premier communiant.

Jennifer acquiesça de la tête. Sur un signe de Campbell, le chauffeur se précipita hors de la limousine et ouvrit la porte à la jeune femme d'un seul geste plein d'élégance. À son tour, le groom de l'hôtel approcha, comme si le fait de les escorter jusqu'à l'intérieur constituait une sorte de relais. Il était impossible que quiconque à Boston ait eu moyen d'apprendre que Jennifer Dowling et Joe Campbell finiraient au Charles Hotel de Cambridge, ce soir-là, pourtant cinq ou six femmes semblaient attendre le sportif dans le vestibule quand il y entra avec sa compagne. Elles l'interpellèrent par son prénom, et tentèrent de le toucher. Jennifer trouva cela surprenant... et un peu irritant.

— Comment ont-elles su où vous trouver ? demanda-t-elle sans s'éloigner de lui, mais sans le toucher non plus.

— Elles n'ont pas besoin de le savoir. Chaque fois qu'un match se dispute, les groupies écument tous les hôtels de la ville pour y attendre le premier joueur qui passera. Dès qu'elles en ont repéré un, elles se passent le mot.

Joe et Jennifer se frayaient un chemin parmi les filles, quand une grande brune aux cheveux de jais s'approcha d'eux.

— Hé, Joe ! Tu te souviens de moi ? lança-t-elle d'une voix feutrée et suggestive.

Les seins de la fille débordaient du décolleté de son justaucorps rouge à baleines. Jennifer en fut dégoûtée, mais Campbell sourit et remercia la fille d'un geste quand elle lui tendit une cassette vidéo.

— Une « audition ». J'y ai droit à tous les coups, confia-t-il à Jennifer. Il y a des gars qui trouvent ça marrant, moi ça m'afflige.

D'après les estimations de la jeune femme, la moyenne d'âge du groupe se situait aux alentours de vingt-cinq ans. Les filles, superbes, arboraient des tenues infernales et des mensurations de déesses. Elle ne parvint pas à comprendre ce qui pouvait bien pousser toutes ces jolies jeunes femmes à se diminuer ainsi. Mais qui était-elle, pour porter un jugement ? se demanda Jennifer en traversant le vestibule en compagnie de Joe Campbell. Peut-être d'une certaine façon n'était-elle qu'une groupie, elle aussi. Ses amis et collègues de New York s'étonneraient certainement de la voir inviter un homme qu'elle connaissait à peine — et un sportif, en plus de ça — à monter dans sa chambre d'hôtel.

Campbell, qui gardait les yeux baissés, fit peine à Jennifer. C'était quelqu'un de très prévenant, cultivé, charmant, voire un brin vulnérable. Tout à fait le genre d'homme qu'elle était capable d'apprécier, aussi bien en tant qu'ami, que comme amant. Elle repensa tout à coup à son patron de l'année passée, qui ne s'était montré ni prévenant, ni cultivé, ni aimable. Elle était heureuse que Joe ait choisi d'être avec elle... heureuse de ne pas faire partie de ces groupies, attroupées en bas.

Et maintenant, il ne lui restait plus qu'à le faire basculer dans l'univers de son désir.

Une fois dans la chambre de la jeune femme, Campbell s'empara distraitement de la revue Boston, *dont l'hôtel pourvoyait le chevet de chaque client, et se mit à la feuilleter tout en regardant la rue, qu'il surplombait. Une sirène hurla, quelque part en bas. Une activité grouillante régnait devant l'hôtel, du côté du fleuve Charles.*

— Je me demande ce qui se passe, tout en bas, fit-il sans tourner la tête.

Jennifer alla le rejoindre devant la fenêtre et fit mine de s'absorber comme lui dans la contemplation de la scène qui se déroulait dans la rue.

— Quelque chose comme un incendie, apparemment.

— Mmh, répondit Campbell, sondant l'obscurité du regard.

— On dirait que vous avez perdu votre concentration, lança Jennifer, sur le ton de la plaisanterie. Si je vous prenais à dribbler dans cet état d'esprit, je

n'aurais pas de mal à vous faucher la balle en moins de deux.

Là-dessus, d'une pichenette, elle fit voltiger la revue que tenait Campbell. Le jeune homme la ramassa prestement.

— Je ne perds jamais ma concentration pendant les matches, mais en dehors du terrain, je suis autorisé à rêvasser.

Il se tourna vers Jennifer, dont l'irréprochable visage d'Américaine se brouilla, se confondant avec les traits de la fille aux cheveux noirs qu'ils avaient vue dans le vestibule de l'hôtel, et qui s'appelait Charlotte, ou plutôt Cherise, lui semblait-il se rappeler. Elles finissaient toutes par se ressembler, au bout d'un moment. Mais ce serait sans doute différent avec la jeune femme face à laquelle il se trouvait maintenant. Peut-être ne le décevrait-elle pas comme la dernière en date. La boutade au sujet de sa concentration avait décontenancé Joe. Comment était-elle arrivée à deviner tant de choses sur lui ?

— Je suis désolée, dit Jennifer. J'ai dû appuyer sur un bouton auquel je n'étais pas censée toucher.

— Non, non, tout va bien. Il m'arrive en effet de perdre ma concentration dans des situations comme celle-ci.

Jennifer ne sut comment interpréter la remarque de Joe, aussi s'abstint-elle d'y répondre.

Alors que le jeune homme se débarrassait de ses mocassins, Jennifer remarqua qu'il portait des talons épais, comme s'il voulait gagner quatre ou cinq centimètres supplémentaires. Curieux, se dit-elle, pour quelqu'un qui mesure déjà un bon mètre quatre-vingt-cinq pieds nus. Puis il quitta sa veste, et la posa soigneusement sur le dos d'une chaise. Il portait une chemise à manches courtes — ce que jamais les amis juristes ou banquiers de la jeune femme ne mettaient avec une veste — qui révélait des avant-bras musclés. Bon sang, qu'il était beau ! Elle s'aperçut alors que le poignet droit du jeune homme était emmailloté d'une bande.

— Qu'est-ce qui vous est arrivé ?

— J'ai percuté Patrick pendant l'entraînement.

— Parlez-moi un peu de basket. Racontez-moi des trucs confidentiels, quelque chose que je pourrais savoir seulement après être sortie pour de bon avec un authentique superchampion.

Jennifer ne faisait que plaisanter, parodier ce qu'elle s'imaginait qu'une groupie pourrait dire, en fait, mais contrairement à son habitude, Joe ne perçut pas l'humour. Une expression écœurée passa sur son visage.

— J'ai dit une bêtise ?

— Non, non, ce n'est pas ça. Écoutez, je ne suis pas venu ici pour parler de basket. Je suis sûr que de votre côté, il y a aussi des sujets que vous préféreriez ne pas aborder.

Une certaine irritation transparaissait dans la voix de Joe Campbell. La méfiance maladive de la jeune femme resurgit brutalement... que savait-il d'elle ?

— Je disais n'importe quoi. (Elle sourit.) Le basket est vraiment la dernière des choses dont j'ai envie qu'on me parle, pas plus que vous ne voudriez entendre parler de publicité.

— Hé ! mais c'est que je trouverais ça génial, moi, de parler publicité. La façon dont on arrive à vendre certaines des cochonneries qu'on trouve sur le marché de nos jours, ça m'épate. Et la façon dont les femmes comme vous arrivent à se faire une place au sommet dans un monde conçu pour les hommes, ça aussi, ça m'épate. Il faut une personnalité hors du commun.

Jennifer sentit que l'atmosphère basculait du mauvais côté.

— On va faire un marché, d'accord ? Pas de basket, pas de publicité, pas de pipeau. (Elle s'interrompit alors, et il sembla que les mots qui franchirent ensuite ses lèvres étaient dits par quelqu'un d'autre.) Vous me plaisez. Je vous trouve attirant. J'aimerais passer la nuit avec vous, et j'espère que vous en avez envie aussi. (Là-dessus, elle se tut, stupéfaite de sa propre audace.)

Joe Campbell garda le silence et se contenta d'approcher de la jeune femme pour la prendre dans ses bras d'une façon telle que sa réponse ne faisait pas le moindre doute.

Jennifer se laissa aller avec délices entre ses bras. Le corps ferme de Joe, qu'elle sentait au travers du souple pantalon de cachemire, l'électrisait. Elle se surprit à presser le jeune homme contre elle dans l'espoir de deviner son érection. Ne rien déceler ne la surprit pas. Ce type-là était un homme qui pouvait s'envoyer une fille différente tous les soirs, pas un adolescent qui fait l'amour pour la première fois. Il faudrait déployer quelque inventivité, ce soir.

Sa main, effleurant la poitrine de Joe, descendit vers la ceinture. Il s'éloigna, lui demandant si elle voulait un peu de champagne. C'était bien la dernière chose dont Jennifer eût envie, mais se disant que cela faisait probablement partie de ses habitudes, elle ouvrit le minibar, et tendit à Joe la demi-bouteille de brut californien de médiocre qualité, qui s'y trouvait. Là-dessus, elle gagna la salle de bains et se déshabilla, ne gardant que son chemisier de soie noire, après quoi elle enduisit son diaphragme de gelée spermicide et le mit en place. Puis elle revint, le chemisier déboutonné jusqu'à la taille, ce qui dévoilait ses seins fermes.

Jennifer avait travaillé pour modeler son corps. Un jour sur deux, elle s'entraînait aux haltères et au rameur sous la tutelle d'un entraîneur particulier qui se désignait lui-même comme un « sculpteur de corps ». À partir du moment où cette saleté d'affaire juridique avait éclaté au bureau, l'année dernière, elle s'était plongée dans l'exercice à tout crin. En cultivant la souplesse du corps, se répétait-elle, j'arriverai peut-être à maintenir celle de l'esprit. Et maintenant, le moment était venu de faire admirer son nouveau corps. Joe serait le premier avec qui elle coucherait, après une longue période d'abstinence sexuelle.

Jennifer, qui avait gardé ses escarpins noirs, s'efforça de marcher lentement, avec grâce, jusqu'au canapé où était assis Joe, et se coula contre lui avec une souplesse qui tenait plus du jeune chat que de l'allumeuse.

— Tu es bien, ici ? murmura-t-elle. Tu ne préférerais pas aller dans la chambre ?

Sans attendre la réponse, elle prit Joe par la main et l'entraîna dans la pièce voisine.

En s'allongeant aux côtés de la jeune femme, Joe se surprit à rester en retrait. Comme elle ouvrait vivement les yeux, il lut quantité de choses dans son regard : manque, souffrance, désarroi, incertitude, voire un soupçon de peur. Quand elle referma les yeux, il se mit à promener ses doigts puissants sur le front de la jeune femme. Elle se détendit sous cette caresse, et il laissa ses doigts poursuivre leur cheminement, arrangeant les mèches une à une sur l'oreiller, prenant son temps, restant en retrait. Cette retenue embrasa Jennifer de plus belle. Sa poitrine se soulevait plus vite, et un léger soupir précurseur s'exhala de sa bouche. Elle attira Joe plus près d'elle et l'embrassa, en commençant par ne piquer sur ses lèvres que de petits baisers légers, pour le provoquer. Elle hésita, guettant une quelconque manifestation d'intérêt, mais Joe resta impassible. Sa main, pourtant, glissa sous le chemisier de soie, et ses larges paumes se refermèrent sur les seins soyeux de la jeune femme, qui se prêtèrent avec bonheur à cette caresse.

Jennifer se mit à trembler, et glissa la main le long du corps de son partenaire, mais il l'arrêta. Il perçut la chaude moiteur qui émanait du corps de la jeune femme. Ils échangèrent alors un profond baiser, et bientôt, le corps de Jennifer se tendit, appelant la caresse et se soulevant pour l'accueillir. Les doigts de Joe se mirent à aller et venir à mesure que la jeune femme lui orientait le visage vers son ventre, frémissant tout entière au rythme de ses caresses, s'acheminant vers le moment où elle perdrait tout contrôle.

Lentement, presque langoureusement, Joe leva la tête pour reprendre son souffle. Jennifer interpréta son geste comme un signe l'appelant à explorer à son tour le corps de son partenaire. Au moment où elle amorçait son mouvement, Joe lui embrassa la nuque, et murmura quelques mots au creux de son oreille. Au début, Jennifer ne fit pas attention à ce qu'il disait, et se contenta de savourer la chaude sensation de son souffle contre sa peau. Elle pensa qu'il lui murmurait des petites choses dénuées de sens, et que seule comptait la douceur de cette sensation. La voix de Joe était chaleureuse et suave.

Il répéta ce qu'il venait de dire, de façon plus péremptoire cette fois, pressant le visage de la jeune femme entre ses doigts puissants, comme pour s'assurer qu'elle comprenait. Cette fois, Jennifer entendit la voix ravagée de Joe. Elle déchanta aussitôt, et comme, le souffle coupé, elle s'efforçait de balbutier une réponse, il se mit à bander et s'étendit de tout son poids sur elle...

Première partie

PRÉSUMÉ INNOCENT

CHAPITRE UN

CAMBRIDGE — JEUDI 16 MARS

Et allez donc ! Encore une groupie qui porte plainte pour viol en espérant se faire du fric aux dépens d'un sportif ! ne put s'empêcher de penser Abe Ringel en lisant les pages consacrées au sport, dans le confort du coin réservé au petit déjeuner niché à l'arrière de sa maison de Cambridge. Ça doit bien être la troisième ou la quatrième fois pour la seule année en cours, se dit-il en secouant la tête, incrédule.

La tiédeur du soleil matinal filtrait d'une bonne dizaine d'endroits différents dans la maison conçue pour accueillir la lumière : verrières de toit, baies vitrées du sol au plafond, même les portes étaient ajourées.

La maison avait été construite par un disciple de Frank Lloyd Wright, le grand architecte. Hannah, la femme d'Abe, était tombée amoureuse de cet usage sobre et minimal de la brique, des recoins sombres, inattendus, des fenêtres curvilignes placées dans les angles. La maison des Ringel faisait partie des rares constructions contemporaines d'un quartier à l'architecture classique de l'époque coloniale. Abe avait insisté pour faire installer des capteurs solaires permettant d'illuminer les tableaux qui couvraient le moindre centimètre carré d'espace disponible... y compris dans la petite alcôve, au bas de l'escalier, dont l'intimité invitait à s'asseoir pour contempler l'aquarelle des débuts de Magritte que Hannah avait préférée à tout le reste. Pour Abe, la gageure ne consistait pas à dénicher des œuvres d'art, mais à trouver un espace où les accrocher.

Toute cette lumière, que renvoyaient à flots les vitres de la maison, semblait dérouter les oies sauvages du Canada qui survolaient Cambridge chaque hiver, et au début du printemps. Le mois précédent, l'un de ces grands volatiles noirs, ensorcelé par son propre reflet (« Exactement comme certains de mes clients », avait ironisé Abe) avait piqué tête baissée tel un kamikaze droit sur la baie vitrée du salon, contre laquelle il s'était assommé. L'oiseau traumatisé avait ému la fille d'Abe âgée de dix-sept ans, Emma, qui insista pour appeler la Société Protectrice des Animaux afin de mettre un terme aux souffrances du malheureux volatile.

À ce moment-là, une chose extrêmement surprenante s'était produite : les congénères de l'oie sauvage s'étaient mises à pousser en chœur des cris perçants pour exhorter leur compagne à se réveiller. Et alors que père et fille, désemparés, tournaient en rond en se demandant que faire, le volatile assommé s'était levé et envolé pour rejoindre ses semblables.

— Il y a une leçon à tirer de cet épisode, avait déclaré Abe en se tournant vers sa fille, prêt à se lancer dans des considérations animées.

— Probablement. Et ce qui est encore plus probable, papa, c'est que tu vas vouloir m'expliquer ça.

Emma taquinait souvent son père au sujet de ses leçons de morale qui, selon elle, cataloguaient Abe comme un incurable ringard des années soixante. Ce dernier avait néanmoins la nette impression que c'était le côté qu'elle appréciait le plus, chez lui. Ces jeunes filles d'aujourd'hui étaient vraiment difficiles à comprendre !

Un bruit de Birkenstocks claquant sur les marches de l'escalier avertit Abe de l'arrivée imminente de sa fille, qui venait prendre son habituel petit déjeuner constitué de jus de carottes, et de figues.

— Qu'est-ce que c'est que ce pantalon ? s'enquit-il

en détaillant d'un œil critique la tenue d'Emma, qui se composait d'un jean et d'une chemise de bûcheron. (Comme à son habitude, Emma avait détourné son père des calmes préoccupations dans lesquelles il s'absorbait.) C'est tout juste si je ne vois pas ton popotin, avec cette découpe.

— Alors ça se voit, que c'est découpé, papa ? C'est censé avoir l'air usé.

— Que ça ait l'air usé, ou tailladé à la main, ça m'est bien égal, Emma, décréta Abe sur le ton qu'un père emploie uniquement lorsqu'il est confronté à la féminité naissante de sa fille. Le fait est que ton popotin se voit, et que tu es tout bonnement en train d'émettre un signal sexuel inconscient.

Sitôt ces mots lâchés, Abe comprit qu'il s'acheminait vers les ennuis. Mais il était trop tard, Emma l'avait devancé, comme d'habitude. Un jour, il faudrait qu'il arrive à comprendre comment il se faisait que son doctorat de droit obtenu à Harvard, ses presque vingt ans d'exercice en tant qu'avocat, sa renommée de conteur, et ses tournées de conférences autour du monde... toute cette masse d'expérience ne l'ait pas préparé à avoir un jour le dernier mot dans ses disputes avec Emma.

— Qui te dit que ce n'est pas intentionnel, papa ?

Le sourire d'Emma ressemblait tant à celui de Hannah, avec cette drôle de façon qu'avait sa bouche en cœur de s'abaisser légèrement aux commissures qui lui donnait l'air de jouer inconsciemment les provocatrices vis-à-vis de son père. Cette gamine, dont Abe s'était retrouvé entièrement responsable alors qu'ils traversaient l'un et l'autre une période de grande fragilité, avait le don de le ramener en un clin d'œil dans le passé, à l'époque où elle avait encore sa mère, et qu'ils vivaient tous les trois ensemble sous ce toit.

— Je suis une femme, poursuivit Emma en désignant sans ambiguïté ses seins. Et de par la Constitution, j'ai le droit d'émettre tous les signaux que je veux, à l'attention de qui bon me semble.

— À l'intention. (Abe eut conscience du ton supérieur qu'il venait de prendre, et sentit que son autorité était en train de lui échapper à la vitesse grand V.)

— Oh ! papa, ne t'inquiète donc pas ! Tout baigne ! Tu sais, je suis toujours...

— Épargne-moi les détails, coupa Abe en levant la main.

Mais Emma n'était pas disposée à se laisser interrompre maintenant qu'elle avait entraîné son père sur son propre terrain.

— Je ne me laisse pas peloter en dessous de la ceinture, même si j'émets des signaux avec mon... (Elle planta ses superbes yeux brun foncé dans ceux de son père, et termina sa phrase :) popotin... (Là-dessus, elle tortilla outrageusement ladite pièce à conviction numéro un.)

Abe était dépassé. La mort de Hannah dans un accident de voiture l'avait obligé à se colleter seul à la puberté d'Emma, ce qui ne fut pas une mince affaire. Et voilà qu'à présent, la sexualité naissante de cette dernière prenait des allures de tornade incontrôlable — incontrôlable non pas pour Emma, mais pour son père. Finalement, Abe se prit à essayer d'imaginer quelle réaction Hannah aurait adoptée en pareilles situations. Il se rendait compte, bien entendu, qu'il serait bientôt déchargé du fardeau quotidien qui consistait à superviser la métamorphose de la fillette en jeune femme, puisque Emma vivait en ce moment sa dernière année à la maison avant d'entrer à l'université. Cela expliquait peut-être qu'il savoure et redoute en même temps ces ultimes mois à jouer les chaperons à demeure vis-à-vis de sa fille. L'année suivante à même époque, il ne saurait même pas quelle tenue porterait Emma, ni à l'intention de qui elle émettrait un quelconque signal.

La jeune fille sentit sur-le-champ qu'il était temps de changer de sujet. Son père commençait à ne plus savoir où se mettre, comme chaque fois qu'ils abordaient ensemble ce genre de discussions. C'était bien dommage, en fait, car si elle ne pouvait pas discuter de ce genre de trucs avec son père, elle n'arriverait jamais à connaître le point de vue qu'un homme portait sur ces questions-là — les garçons de sa classe ne comptaient pas vraiment, n'étant après tout que... des garçons. Heureusement qu'il y avait au moins Rendi — la petite amie, ou Dieu sait quoi, de son père — pour discuter, même si elle n'aimait pas les discussions portant sur la sexualité. Qu'est-ce qui clochait, d'ailleurs, chez tous ces gens ? On aurait dit que plus leur expérience sexuelle était vaste, plus ils rechignaient à discuter de sexualité. Emma allait devoir se pencher un peu sur la question.

Abe ne se montrait pourtant pas particulièrement coincé, dans les discussions portant sur la sexualité en général — du moment que sa propre famille n'y était pas mise en cause. Pas plus tard que la semaine précédente, il avait aidé Emma à résoudre un cas de conscience dont sa meilleure amie, Janie Warren, s'était déchargée sur elle. Janie s'était retrouvée enceinte, et avait demandé à Emma de l'aider à se faire avorter de telle manière que ses parents n'en sachent rien. Emma, pour sa part, était intimement persuadée qu'il fallait que son amie en informe ses parents, mais Janie lui dit qu'elle appréhendait trop leur réaction pour le faire. Emma demanda donc conseil à son propre père. Après l'avoir écoutée, Abe lui posa une question :

— Est-ce que Janie sait que tu m'as mis au courant ?

— Oui. Avant de venir te trouver, je lui ai demandé si je pouvais t'en parler, et elle m'a dit « Bien sûr ».

— Dans ce cas, je sais ce qu'il me reste à faire, répondit Abe. Janie s'attend que je me sente *obligé* d'informer Charlie et Mary, maintenant que je suis au courant. Elle *veut* que je leur en parle.

Emma n'était pas tranquille.

— Mais papa, imagine que tu te trompes ?

Abe lui répondit en citant Shakespeare, chez qui il puisait fréquemment l'inspiration pour venir à bout d'imbroglios éthiques récalcitrants :

— Pour faire beaucoup de bien, il faut parfois courir le risque de faire un peu de mal.

Emma ne protesta pas quand Abe se dirigea vers le

téléphone, et appela son vieil ami Charles Warren pour lui parler du problème et de l'appréhension qui tracassaient Janie.

Ce fut un énorme soulagement pour la jeune fille, quand ses parents lui apprirent qu'ils savaient dans quelle situation elle se trouvait, et déclarèrent qu'elle pouvait compter sur leur soutien et leur amour. C'était bien Abe dans ses grandes œuvres : intuitif, direct, prompt à réagir, et bien inspiré. La façon dont son père trancha en un rien de temps la difficulté et vint en aide à son amie, emplit Emma de fierté.

De fait, cette prodigieuse aptitude pour percer à jour les problèmes délicats et aborder les solutions bille en tête, constituait l'un des grands atouts professionnels d'Abe. Son credo d'homme de loi stipulait que tout problème complexe possédait une solution simple et évidente. Jusque-là, cela s'était avéré un credo satisfaisant pour Abe. Jamais il ne laissait une affaire devenir une obsession. Il réfléchissait, décidait, agissait, et ne revenait plus en arrière. Et s'il lui arrivait parfois de se demander s'il ne péchait pas par excès de simplification, il se rassurait bien vite : ce n'était pas un bien grand vice chez un avocat très pris.

Abe et Emma, tous deux accros à l'information, slalomaient allègrement de l'un à l'autre des journaux télévisés du matin en s'habillant, et épluchaient les quotidiens en se débarbouillant. Emma s'apprêtait à entamer la discussion des principaux titres — rituel de mise chez les Ringel — quand Abe la coiffa au poteau.

— Tu as entendu que Joe Campbell venait d'être arrêté ?

— Ouais, tous les bulletins d'infos en parlent. Il serait temps qu'on s'occupe du cas des sportifs qui se croient des demi-dieux aux yeux des femmes. (Minute, se dit Emma. Elle était assise en face d'un authentique spécialiste d'un domaine dont Jon, le mec qu'elle avait en vue pour le moment, ne manquerait pas de vouloir discuter, et voilà qu'elle perdait son temps à faire valoir un point de vue politique aux yeux d'un homme qui de toute façon n'y comprendrait rien ! Atterris, ma vieille !)

Elle se composa une expression pleine de respect.

— Tu crois que son arrestation va l'empêcher de jouer ? (Campbell suspendu pendant les matches de sélection ? Jon allait en faire une maladie.)

— Non, je ne pense pas. La NBA elle-même doit s'accommoder de la présomption d'innocence, et dans le cas de Campbell, ça a l'air plus qu'une simple présomption. (Abe s'anima, rassuré par le tour impersonnel que prenait la discussion.) À mon avis, la ligue va considérer qu'il s'agit tout bonnement d'une groupie frustrée de plus, qui clame qu'elle s'est fait violer parce que le joueur concerné ne lui a pas proposé de la revoir, ou d'une quelconque illuminée qui cherche à dénicher la poule aux œufs d'or.

— C'est pas juste, papa. Encore un bel exemple du regard préhistorique que tu portes sur les femmes. Est-ce que tu as seulement envisagé l'hypothèse selon laquelle Campbell aurait effectivement violé cette femme ?

Abe se rendit compte qu'il ne se sortirait pas de la discussion sans un nouveau laïus.

— D'accord, admettons, fit-il. Mais j'ai du mal à y croire. La fille était sortie avec lui, tu comprends, non pas une fois, mais deux. Tu l'as lu comme moi, non ? Avec ça, pourquoi Joe Campbell devrait-il forcer une femme à faire l'amour avec lui ? Où qu'il aille, il est environné d'une nuée de groupies. Et pour violer une groupie, il faut se lever de bonne heure.

— C'est ridicule, papa. N'importe qui peut se faire violer, même une prostituée. D'ailleurs, ça n'a aucune importance que cette femme le connaisse, et qu'elle soit sortie avec lui deux fois ou dix. Ce n'est pas de rapports sexuels, qu'il est question, c'est de violence, papa... tu devrais comprendre.

— Bon, admettons, lâcha Abe à contrecœur, sans pourtant se sentir convaincu. Cela dit, Campbell trouve toute la violence qu'il lui faut quand il monte au filet. Tu l'as vu jouer, ces derniers temps, depuis que Oakley s'est fait une entorse à la cheville ? À lui tout seul, il bouscule plus de monde sur le parquet que le reste de l'équipe.

— Tu comprends rien, papa. (L'expression d'Emma se fit un instant pensive, sérieuse, comme si la jeune fille ressentait pour sa part quelque chose que son père ne pourrait jamais comprendre ou admettre complètement. Peut-être Rendi avait-elle raison, quand elle disait que toutes les femmes venaient au monde avec une conscience innée de ce qu'était le viol — « la mémoire de l'espèce », comme elle appelait ça. Quoi qu'il en soit, Abe n'avait pas l'intention de négliger l'opinion émise par sa fille, quand bien même il ne croyait pas une seule seconde que Campbell ait violé la fille.)

— Mais si, je comprends très bien. Rappelle-toi que j'ai fait partie d'une fraternité, autrefois. J'ai connu des types capables de se comporter comme de véritables enfoirés pour peu qu'on les laisse en tête à tête avec une femme... de là à aller jusqu'au viol ? Un abruti, peut-être, à la rigueur un blaireau, mais je ne vois pas comment un type ordinaire pourrait basculer du rôle de gentil dragueur à celui d'agresseur ivre de violence dans le courant de la même soirée.

Abe était un libéral des années soixante, qui croyait en la liberté d'expression, l'égalité pour les minorités, la protection de l'environnement, le droit à l'avortement... tout le saint-frusquin. D'un autre côté, ce nouveau féminisme le déconcertait, et lui inspirait un soupçon d'hostilité. Pour tout ce qui avait trait au sexe, la cible, le méchant, c'était *lui,* Abe — de même que tous les autres hommes. Et ça, il *n'arrivait pas* à le comprendre, et n'était même pas sûr de vouloir essayer. Il avait toujours traité les femmes en égales, en embauchant plusieurs à titre de collaboratrices avant même que ce ne soit dans l'air du temps. Et puis il y avait Rendi, qui était l'égale de n'importe quel homme. Mais sitôt qu'on abordait des sujets comme le viol d'une fille par son petit ami, Abe éprouvait de réelles difficultés à comprendre ce qui soulevait tant de vagues. Qu'attendait-on de lui ?

Emma, comme à son habitude, lut dans ses pensées.

— Comment ça se fait que vous, les mecs, vous ayez tant de mal à croire qu'une fille puisse se faire violer par son petit ami ? On n'est pas en train de dire que vous êtes tous des violeurs, ou je ne sais quoi. Mais ça arrive, il y a des types qui perdent les pédales, et ce n'est pas en se contentant d'affirmer que la victime l'a cherché qu'on modifiera le scénario.

Hannah, où es-tu ? gémit Abe en son for intérieur. Qu'est-ce que je dois répondre, là ? Puis, tout haut, il demanda à sa fille :

— C'est ce qu'on t'apprend en classe ?

— Tu penses bien que non ! Tu connais Mr Cravers, le directeur. Dans le genre vieux débris, on fait pas mieux ! Jamais, au grand jamais, il ne nous laisserait discuter de trucs pareils. C'est dans notre groupe féministe, qu'on réfléchit à ça.

— Je croyais que ce groupe féministe traitait de politique — candidatures des femmes, et tout le tralala.

— Mais on y traite de politique. On discute de la politique du viol, de la politique des sexes, du mariage. C'est super.

C'est trop pour moi, songea Abe en retirant ses lunettes pour se masser les tempes (lesquelles commençaient à grisonner, d'ailleurs, comme il l'avait remarqué le matin même). Voilà qu'il se mettait à faire son âge, contrairement à son père, qui avait gardé l'air jeune jusqu'à sa mort, l'année dernière, à l'âge de soixante-quinze ans. Harry Ringel était mort en plein travail, alors qu'il s'occupait d'un ami auquel il coupait les cheveux et faisait la barbe depuis plus de cinquante ans.

Comme il pensait à son père, Abe sentit une larme se former au coin de son œil. Harry Ringel était un barbier hors pair... et non un coiffeur, se rappela Abe avec une fierté attendrie. Il coupait les cheveux et taillait les barbes, mais en aucun cas ne coiffait ni n'apprêtait. Il tirait beaucoup de fierté du fait qu'il avait été le premier barbier blanc de la région de

Boston à couper les cheveux des Nègres — comme il persista à les appeler jusqu'à son dernier jour. « J'ai plein de clients juifs qui ont les cheveux frisés. Je sais comment on coupe les cheveux frisés. Mon secteur à moi, c'est celui des cheveux, pas celui de la peau. » Cela dit, il refusa toujours d'étendre ses compétences aux chevelures féminines. « Je suis un barbier pour hommes, moi », répétait-il obstinément. Or, en plus d'être barbier pour hommes, Harry avait un tempérament pour hommes. Il aimait ses clients. Il aimait ses trois fils. Et il respectait sa femme, Sylvia, en présence de qui il était rare qu'il lâche un mot.

Sylvia, qui était partie s'installer en Floride à la mort de Harry, incarnait « la » mère juive. C'était un despote bienveillant, mesurant moins d'un mètre cinquante et ne pesant pas quarante-cinq kilos, qui exigeait de tous ceux qui n'appartenaient pas à la famille immédiate ou au cercle restreint des intimes qu'ils l'appellent « Mrs Ringel ». Abe avait autrefois brièvement fréquenté une jeune femme du sud des États-Unis. La rencontre des deux femmes avait tourné à l'aigre quand la plus jeune avait employé devant Sylvia l'expression « vous autres », en vogue dans sa région. Or Sylvia était la championne incontestée de la vacherie qui tue, capable de moucher n'importe qui d'un mot, ou d'une expression bien sentie. Elle était également capable de voir en n'importe quelle lanterne une banale vessie. Quand ses fils et leurs enfants s'étaient cotisés pour lui offrir une belle montre sertie de diamants le jour de son soixante-quinzième anniversaire, elle leur avait déclaré : « Oï ! Alors maintenant, il va falloir que je décide auquel d'entre vous je vais la léguer. » Abe aimait tendrement sa mère, mais de par sa personnalité, il se sentait plus proche de son père.

Emma ramena bien vite Abe à l'instant présent.

— Le sujet de ce soir, dans notre groupe, c'est « Comment Maîtriser Sa Propre Sexualité ».

— Ça ira comme ça, ma petite fille chérie. Est-ce qu'on pourrait s'en tenir là au sujet de tes agissements sexuels ? Il faut vraiment que tu tâches de comprendre. J'ai été élevé dans un monde différent, où on ne parlait jamais de ce genre de choses. Du coup, ça ne me réussit pas. S'il faut que tu en discutes avec quelqu'un, peut-être que tu pourrais le faire avec Rendi ?

— C'est bien là qu'est le problème, papa. Je n'ai pas besoin d'en discuter avec Rendi. J'adore Rendi, tu sais, et je suis contente qu'elle et toi vous soyez, comment dire... que vous soyez ce que bon vous semble, mais c'est à quelqu'un de ma famille, que j'ai besoin de parler. (Elle s'interrompit.) Tu sais pas ce que c'est, de grandir sans la présence de Maman.

Oh ! si, ma chérie, je le sais, songea Abe. Lui-même venait à peine d'entrer dans l'âge adulte, quand Hannah était morte. C'est en tout cas ce qu'il se disait, quand il y repensait. Mais ce n'étaient pas des sentiments dont il pouvait faire part à Emma. À personne, d'ailleurs. Abe avait déployé beaucoup d'énergie pour arriver à se tenir en retrait du reste du monde. Le procédé faisait partie de ses prérogatives d'avocat. D'ailleurs il en usait aussi, à meilleur escient peut-être, pour se tenir en retrait de la douleur permanente que lui causait la perte de Hannah. Pourtant, à la vue du visage de sa fille, de ses yeux semblables à ceux de sa mère, dans lesquels brillaient tout à coup les larmes si promptes à couler durant l'adolescence, Abe comprit qu'il ne pourrait pas recourir à sa tactique de distanciation.

Il jeta un coup d'œil à la montre démodée que son père lui avait offerte à l'occasion de sa bar-mitsva. « On n'a guère de temps à passer sur cette terre, lui avait dit Harry Ringel. Alors il faut toujours en tirer le meilleur parti possible. N'en gaspille pas une minute, tu ne la récupéreras jamais. »

Abe s'était nourri de ces quelques mots. Il faisait partie des gens qui sont toujours en train de faire quelque chose d'utile. Il pétrissait une balle de tennis pour se muscler les mains, en même temps qu'il lisait un bon roman, ou s'adonnait à son travail en écoutant de la musique classique. Abe était une sorte de perfectionniste, quelqu'un qui s'efforçait de toujours bien faire, quoiqu'il lui arrivât d'avoir parfois du mal à déterminer ce que « bien faire » signifiait, à l'heure actuelle. Il regrettait la simplicité manichéenne de son enfance, et même de ses jeunes années d'adulte. Vers la fin des années soixante et le début des années soixante-dix, il s'était véritablement cru en paix avec lui-même sur le chapitre des grands sujets moraux de l'époque. Alors étaient arrivés les féministes, les radicaux, les séparatistes noirs, les activistes homosexuels. Une partie de lui en voulait à ces jeunes arrivistes qui lui compliquaient la vie, qui accablaient de réclamations nouvelles et parfois incompréhensibles son compte en banque moral. Sa propre fille, elle-même, le déconcertait.

— C'est l'heure que tu ailles au lycée, non ?

— Ouais, sûrement...

Emma avait un petit visage menu, et quand son moral s'assombrissait, sa physionomie tout entière semblait se fermer. Dans ces moments-là, Abe se serait fait hacher sur place pour la voir sourire.

— Qu'est-ce qui te tracasse, ma chérie, hein ?

Sans répondre, Emma s'approcha de son père et l'étreignit. Ne pas savoir si Jon était toujours amoureux d'elle, voilà ce qui la tourmentait... ne pas savoir pourquoi il n'avait pas appelé hier soir, et par orgueil, s'être refusée à en parler au téléphone avec une amie, de peur de laisser transparaître ses sentiments blessés. Voilà ce qui tracassait Emma. Et aussi ses difficultés à résoudre les intégrales, en maths. Et ses règles douloureuses. Tout la tracassait, mais elle ne savait par où commencer. D'ailleurs, si elle commençait à en parler, son père l'écouterait-il seulement ? C'était toujours la même chose. Il lui accordait son attention pendant une petite minute, et puis il partait, travailler à son cabinet, téléphoner, plaider au tribunal, faire tout ce qu'il faisait en dehors de ses activités de père.

Au fil des ans, Emma avait découvert les chemins secrets menant au plus profond de la personnalité de son père. Il lui fallait soit jouer la carte de la provocation délibérée, comme ce matin-là, soit capter l'intérêt de l'homme de loi, ce qu'elle avait fait quelques mois plus tôt, alors qu'Abe était tout entier absorbé par un procès d'assises.

L'affaire en question concernait un homme d'affaires du nom de Hamilton, qui avait souscrit une assurance-vie au nom de son associé dix jours avant que ledit associé se fasse descendre par un porte-flingue professionnel. Le procureur, qui jouait sur du velours, était en train de convaincre le jury qu'un tel enchaînement de faits ne pouvait être dû au seul hasard, tandis qu'Abe, de son côté, se creusait les méninges pour trouver une parade. S'apercevant qu'il était tout bonnement impossible d'attirer l'attention de son père, Emma avait pris la décision d'aider ce dernier à bâtir une argumentation fondée sur le bon sens, pour réfuter celle, circonstanciée, du procureur. Et elle le fit.

— Papa, avait-elle lancé en déboulant tard, un soir, dans le bureau d'Abe, à la maison. La solution, c'est Tchekhov.

— Tchekhov ? Pourquoi donc ? lui demanda Abe, sans lever le nez de ses livres.

— Parce qu'un jour, il a dit à un type qui se destinait à écrire du théâtre que si dès le premier acte, on suspendait une carabine au mur, on avait intérêt à s'en servir au troisième acte. C'est en cours de littérature, qu'on a lu ça.

— Alors explique-moi un peu, mon petit génie de fille, quel rapport il y a entre Tchekhov et l'affaire Hamilton.

— Mais c'est évident, papa, tu ne t'en rends pas compte ?

— Non, je ne m'en rends pas compte. Mais tu vas me l'expliquer, répondit Abe, en levant enfin la tête pour regarder Emma.

— La théorie de Tchekhov, tes jurés en voient tous les jours des illustrations à la télé et au ciné. Tu ne saisis pas ce que je veux dire, papa ? À la télé, quand un homme d'affaires, ou la femme d'un type quelconque, souscrit une assurance-vie au nom de quelqu'un, tous les spectateurs comprennent qu'un meurtre va se produire, et ils savent qui sera l'assassin. C'est couru d'avance.

— Ce n'est pas bête, ce que tu dis là. À la télé, ça ne fait pas un pli : dès que quelqu'un tousse, ou se plaint des poumons, on sait qu'il est en train de mourir. Pas question qu'il ait pris froid, ou qu'il fasse une indigestion. Tout doit concourir à la cohérence de l'intrigue.

— Alors que dans la vie, papa, le monde est truffé d'incohérences et de coïncidences. Ça arrive tous les jours que des assurances-vie soient souscrites sur la tête de gens qui vivent ensuite assez vieux pour entrer dans le Livre des Records.

— Ce que tu dis là est loin d'être bête, Emma. Je pense que je vais pouvoir m'en servir, avait dit Abe.

Et il s'en était servi. Il avait persuadé le jury de ne pas considérer l'affaire Hamilton comme un téléfilm, mais plutôt comme une tranche de vie, truffée d'incohérences et de coïncidences. Il avait demandé aux jurés combien d'entre eux possédaient une assurance-vie souscrite sur la tête d'une personne chère, et ce qu'auraient pensé leurs voisins si cette personne chère était venue à décéder peu de temps après la signature du contrat.

Après qu'il eut remporté le procès, plusieurs jurés lui avouèrent que son argumentation basée sur la télé leur avait fait changer d'avis.

Abe avait emmené Emma chez Olives, le restaurant préféré de la jeune fille, aux frais d'un Hamilton reconnaissant. Au cours du dîner, Emma annonça à son père que son parallèle avec Tchekhov l'avait convaincue de se lancer dans des études de droit pénal. Abe sourit avec fierté mais s'abstint de répondre, car il craignait, en se montrant trop encourageant, de réveiller chez sa fille la tendance à la contradiction. Par la suite, chaque fois qu'il raconta l'affaire Hamilton, il attribua le mérite de la victoire à Emma.

Il arrivait pourtant que la jeune fille ne fasse pas appel à son intelligence précoce pour susciter l'intérêt de son père. Il arrivait parfois qu'elle ne demande qu'à être sa petite fille. Comme ce jour-là. C'était d'ailleurs le rôle qu'il préférait entre tous... celui du père protecteur. Cela le ramenait à une époque révolue, plus simple, quand la tâche, bien plus aisée, consistait à enlever une écharde, à raconter une histoire. C'était tellement plus difficile, maintenant, de la regarder commettre ses propres erreurs en sachant qu'il n'y avait pas grand-chose à faire pour la protéger.

Emma s'arracha des bras de son père. Abe savait qu'en dépit de toute la sensibilité qu'elle manifestait, Emma était la digne fille de son père. Il la laissa donc ramener la conversation en terrain sûr.

— Dis-moi, papa, comment tu t'y prendrais pour défendre Campbell si on te demandait de t'occuper de cette affaire ?

— Ce serait un coup de chance pour moi. Cette affaire est imperdable.

— Alors ça y est, tu as déjà décidé que la victime était coupable ?

— Minute, papillon. Qui est la victime, en fait ? Tout ce qu'on sait, jusqu'à maintenant, c'est qu'il y a une plaignante et un accusé, or l'accusé est présumé innocent. Ce qui signifie que la plaignante n'est pas considérée comme une victime présumée... du moins, pas encore.

— Ouais, ouais, tout ça, je le sais. Tu te figures qu'après tant d'années passées à être ta fille, je ne connais pas encore la chanson ? Seulement, moi, ce que je veux savoir, c'est si tu accepterais de la jouer sordide en essayant de mettre la victime en porte-à-faux. Tu vois ce que je veux dire : en détaillant sa vie sexuelle, la tenue qu'elle portait, des trucs comme ça.

— Bien sûr, que j'accepterais. Pour peu que la cour me laisse faire. La seule chose que j'ai en tête quand je défends quelqu'un, c'est de gagner.

— Même si l'accusé est coupable de viol ?

— Écoute, Emma, ceux qu'on accuse de viol ne sont pas tous coupables. Je ne t'ai jamais raconté l'histoire de ce crétin de l'Institut technologique du Massachusetts qui ne pesait pas quarante-cinq kilos, et qu'une joueuse de rugby de soixante-dix kilos accusait de viol ?

— Pas plus d'une centaine de fois, papa, coupa Emma. Je l'ai même ressortie au groupe féministe, le jour où il était question de William Kennedy Smith. Pour te défendre. Je me suis fait assassiner par tout le monde, à propos de cette émission de télé où tu as déclaré que tu prenais parti pour Smith et Tyson, il fallait bien que je fasse quelque chose pour sauver l'honneur de la famille. Après tout, tu as beau être un vrai dinosaure, tu restes quand même mon père.

— Et alors, ça les a convaincues, les filles de ton groupe, d'entendre que si ça se trouve, l'accusé était peut-être innocent ?

— Les *femmes* de mon groupe, papa, d'accord ? Dans mon groupe, on tient le viol pour le crime le plus abominable qui soit, plus abominable encore que le meurtre, parce que la victime continue à en souffrir toute sa vie durant, et que si elle porte plainte, elle se fait violer une deuxième fois en comparaissant au tribunal.

— Je suis sûr qu'il s'en trouverait bien quelques-unes, dans ton groupe, pour considérer que le viol est un crime si abominable que même l'*innocence* de l'accusé ne constituerait pas une défense suffisante, lança Abe, dans l'espoir d'alléger un peu le débat. (Emma gémit à nouveau.) Mais *toi*, tu me crois, quand je te dis que ce gamin de l'Institut Technologique était innocent ?

— Je suppose que oui. Tout dépend de ce que tu entends par innocent. Le type en question avait sûrement fait du chantage à la fille. La veille de l'examen final, il avait dû la menacer de ne plus l'aider à réviser à moins qu'elle accepte de coucher avec lui.

— Ce n'est pas un viol, ça, insista Abe.

— Pas au sens juridique du terme, transigea Emma. Mais un tas de féministes considéreraient comme un viol moral le fait de soumettre une femme à un chantage en la menaçant d'interrompre une collaboration importante à moins qu'elle « accepte » de passer à la casserole.

— Eh bien ! je vous abandonne les distinctions morales, à tes amies et toi, et vous nous laissez nous occuper des distinctions juridiques, la justice et moi, fit Abe, conscient que son ton cassant sonnait un peu creux devant son juge de fille. Dans le cas de Campbell, reprit-il, l'affaire paraît facile à défendre. La plupart du temps, les sportifs finissent par être acquittés, dans ce type d'affaires — surtout les sportifs blancs connus. D'ailleurs, je ne me rappelle pas que Campbell ait jamais été mêlé à une histoire de ce genre par le passé.

— Contrairement à Mike Tyson. (Emma connaissait bien le point de vue de son père sur l'affaire du boxeur.)

— Ça, c'était vraiment un sale truc, pour la défense, parce que Tyson avait déjà une réputation derrière lui, quand il s'est retrouvé dans cette histoire. Mais son propre avocat l'a dépeint comme un animal en furie. Moi, je m'y serais pris d'une façon complètement différente, en insistant sur ses qualités positives. Je me souviens d'avoir lu qu'après la condamnation, l'un des jurés avait dit que l'avocat lui-même semblait croire son client coupable.

— Oh ! il l'était probablement.

— Je ne crois pas. D'après ce que j'ai lu, Tyson avait la réputation d'être un type sacrément direct. La fille savait ce qu'il voulait avant même d'aller avec lui dans sa chambre d'hôtel à 2 heures du matin.

— Ça y est, voilà que tu te mets à parler comme l'avocat de Tyson, papa. C'était un type direct, et tout le monde savait qu'il n'avait qu'une idée en tête : le sexe. Pour convaincre un jury, il y a mieux, comme argumentation, papa.

— Tu n'es pas un jury, mon cher génie de fille. C'est à *toi*, que je destinais cette argumentation.

— Eh bien ! c'est tombé à plat. Et ça tomberait à plat de la même façon dans le cas de Campbell.

— Écoute, Emma, on ne peut pas généraliser à propos des sportifs. Ils sont tous différents. Campbell doit être jugé en fonction de ses propres qualités et défauts.

— Pourquoi est-ce que tu prends toujours le parti des hommes, dans ce genre d'affaires, papa ? Tu as une fille, figure-toi. Je pensais que ça pouvait peut-être aider à considérer le point de vue de la femme.

— Ça aide, en effet. D'ailleurs, je ne prends pas le parti des *hommes,* mais celui des *accusés.*

— Et comme par hasard, il se trouve que ce sont toujours des hommes. Bientôt, tu vas me dire que O.J. Simpson est innocent.

— Il est innocent, à moins et jusqu'à ce que sa culpabilité soit établie, et la condamnation prononcée en appel. Il est présumé innocent.

— Malheureusement, ses victimes ne sont pas *présumées* décédées. Elles le sont bel et bien.

— Le problème reste posé : qui les a tuées ? Et dans le cas de Campbell, le problème consiste à savoir qui dit la vérité.

— Tout ce que je sais de Campbell, c'est qu'il est drôlement mignon. Certaines de mes copines du lycée trouvent que c'est le joueur le plus craquant de la NBA. Si tu dois le représenter, je pourrai le rencontrer ? Peut-être même que je pourrai aller voir les Knicks dans leur vestiaire, la prochaine fois qu'ils joueront les Celts ?

— Tu ne rentreras pas dans le moindre vestiaire, ma petite fille, à moins de te faire journaliste spécialisée, auquel cas j'intenterai une action pour faire rhabiller les gars avant de te laisser entrer.

Emma se leva de table, déposa son bol dans l'évier, et embrassa son père avant de partir.

— Tu rentres à quelle heure, du lycée ?

— Tard. Après ma réunion au groupe féministe. On va discuter de la tendance lesbienne qui existe chez toutes les femmes, et de la façon dont on peut l'amener à faire surface.

Emma sourit à son père pour lui signifier qu'elle le taquinait, puis elle vérifia son allure d'un coup d'œil dans le miroir en pied installé dans l'entrée, et sortit, laissant derrière elle le sillage opiacé de son essence de patchouli.

Tout en préparant sa mallette avant de faire à pied le court trajet jusqu'à son cabinet, Abe laissa ses pensées quitter Emma pour s'attacher à Charlie Odell — le dernier cas, et le plus pénible, d'une récente série de procès perdus qui commençait à ternir sa réputation d'infaillibilité. Des sales trucs, toutes ces affaires, mais les médias ne le comprenaient pas. Comment auraient-ils pu savoir que « l'échec » d'Abe, lors de l'affaire concernant Johnny Brill, était en fait une réussite ? Bien sûr, Brill avait été condamné à tort pour fraude vis-à-vis de son assurance, après avoir mis le feu à son propre bar en faillite. Ce que les médias ne savaient pas, en revanche, c'est que le bar en question rapportait de beaux bénéfices, que Brill cachait en tenant deux registres de comptes. Abe aurait pu prouver sans mal que son client gagnait tellement d'argent qu'il n'avait aucune raison de flamber sa vache à fric pour le seul plaisir de toucher la prime d'assurance, mais il aurait dû révéler le long passé de fraudes fiscales de Brill, qui justifiait une peine beaucoup plus longue. Ç'avait vraiment fini en eau de boudin, comme plusieurs autres affaires récemment défendues par Abe.

En tout état de cause, il lui restait une chance d'arranger la sauce dans le cas de Charlie Odell. La journée qui commençait serait d'ailleurs consacrée à la mise au point de la prochaine bataille, dans la guerre juridique qui se jouait autour de la peau de Charlie O.

CHAPITRE DEUX

Abe gagna d'un bon pas son cabinet, situé en haut d'un immeuble de trois étages sans ascenseur de Mt. Auburn Street qui, autrefois, abritait un pensionnat vieillot. Aujourd'hui, c'était devenu un immeuble de bureaux vieillot, que se partageaient un psychiatre, un nutritionniste, un détective privé, et une mystérieuse association du nom de Resources Limited.

En ouvrant la porte du cabinet, Abe entendit dans l'escalier une voix essoufflée qui l'appelait depuis le palier d'en dessous : « Abie, ma poule ! » Sans même se retourner, il devina qu'il s'agissait d'Alex O'Donnell, son vieil ami de Dorchester, manifestement en train de s'acheminer vers le cabinet. Depuis qu'il avait appris l'arrestation de Campbell, Abe espérait recevoir des nouvelles d'Alex. Il avait même envisagé un instant de l'appeler, mais il s'était ravisé. Abe ne tenait pas à passer dans la catégorie des avocats qui quémandent du travail.

O'Donnell avait grandi dans le même pâté d'immeubles qu'Abe, au cœur de ce qui était alors — et demeurait à ce jour — la plus importante communauté ouvrière de Boston. Le Dorchester qu'avait connu Abe enfant était un mélange économiquement pauvre, mais culturellement riche d'Irlandais, Italiens, et Juifs « première génération », rejetons de gens qui avaient quitté l'Europe dans le proverbial espoir de voir leurs enfants « mener un jour une vie meilleure ». Or, la vie d'Abe en témoignait, le lent cheminement jusqu'à l'université de Harvard *pouvait* se faire en une seule génération — il suffisait, comme son père le lui répétait autrefois, « de ne pas être sot, et d'avoir du pot ». Abe remplissait l'une et l'autre condition.

Dans le quartier où grandirent Abe et Alex, la diversité des familles immigrées, regroupées au sein de secteurs restreints — et souvent concentrées dans des constructions de trois étages abritant trois appartements identiques —, créa des liens de confiance et de tolérance bien trop rares à l'échelle de la société tout entière. La méfiance qu'éprouvent les parents vis-à-vis de « l'étranger », de « l'autre », Abe, Alex, et leurs amis n'en connurent que des manifestations très édulcorées pendant leur enfance, chacun d'eux incarnant aux yeux de ses amis la preuve vivante que « l'Irlandais de service », le « rital », ou le « youpin » pouvaient être le confident, l'allié, l'ami en qui on plaçait toute sa confiance. Cette enfance ouvrière partagée créa un lien entre eux tous. Par la suite, à l'âge adulte, Abe comprit quel privilège représentait cette éducation particulière.

Les souvenirs d'enfance avaient été convertis en amitiés qu'Abe mesurait en décennies. Celle qu'il partageait avec Alex O'Donnell comptait parmi les plus anciennes. Ensemble, ils avaient joué au punchball, au stickball, au basket, et au Scrabble. Gamin, Alex était très doué pour le sport. Capitaine et marqueur haut comme trois pommes, il avait obtenu une bourse pour aller jouer au basket à l'université de Boston, mais blessé au genou dès la première année, il était devenu entraîneur de l'équipe. À sa sortie de l'université, il avait entamé une carrière d'agent, se spécialisant dans la sélection des basketteurs. Les deux hommes avaient beau être devenus moins proches au fil des ans, O'Donnell envoyait toujours une carte à Abe pour le nouvel an juif — généralement la seule que reçût l'avocat — à laquelle il joignait des coupures de journaux parlant de ses célèbres poulains.

— Abie, ma poule, j'ai un cadeau pour toi, annonça Alex en serrant son ami contre son cœur. Ça te dédommagera largement de la peine que tu avais prise pour me brancher avec « Chesty » Chessowics, à l'époque de mon avant-dernière année à la Boston Latin. Je viens te l'annoncer en personne parce que je voulais voir la tête que tu vas faire.

— Qu'est-ce qui pourrait rivaliser avec le souvenir de ton premier pelotage en douce ? demanda Abe, en espérant connaître la réponse.

— Joe Campbell, déclara Alex, rayonnant. Je l'ai persuadé de te rencontrer, poursuivit-il en redescendant l'escalier en compagnie de son ami, pour se diriger vers sa Jaguar gris perle. Il doit venir à l'entraînement, cet après-midi, mais il passe la matinée à se chercher un bon avocat en ville. On s'est vus au petit déjeuner, et je lui ai parlé de toi. Il veut te rencontrer tout de suite.

— Très bien. Merci, Alex. Qu'est-ce qu'il sait de moi, Campbell ?

— Seulement les bonnes choses. Je ne lui ai pas parlé de tes derniers procès en date. Je m'en suis tenu aux jours de gloire. Mais cette affaire-là va mettre fin à ta série noire.

— Mes procès, c'étaient de sales...

— Je sais, ma poule, coupa Alex. Tu n'as pas à te justifier vis-à-vis de moi. Nous deux, ça remonte à trop longtemps.

Le temps de descendre Storrow Drive au volant de la Jaguar, Alex commença à parler de Campbell à Abe.

— Ce gars est un appât ambulant pour les gonzesses. C'est bon pour nous, ça. Carrément impensable qu'il ait violé cette fille. Elle était d'accord, on peut le prouver. Attends que Joe te raconte ce qui s'est passé. Ce mec-là n'a rien d'un imbécile, c'est le basketteur le plus intelligent que j'aie jamais représenté. Et on peut se procurer des preuves tangibles pour appuyer tout ce que va te raconter Joe.

— Qu'est-ce que tu entends par « *se procurer* des preuves tangibles » ?

— Eh bien ! il y a des comptes rendus médicaux délivrés par l'hôpital, des signes physiques, et d'autres trucs encore, qui vont t'en boucher un coin. Ce procès-là, c'est le plus facile que tu aies jamais eu l'occasion de ne pas perdre. Et ça va faire de toi le héros des milieux sportifs, en plus. Il suffit qu'on se débrouille pour le gagner vite fait. La firme Reebok gèle un supercrédit de parrainage en attendant que cette histoire se tasse. Alors pas question d'utiliser le coup classique de l'homme de loi qui fait traîner pour arrondir la note.

Les deux hommes arrivèrent à l'hôtel Four Seasons. Pilant sur place, Alex se rangea et jaillit de la Jag mal garée, comme d'un seul et brusque mouvement. Puis il gagna le central téléphonique intérieur, dans le hall, appela l'opératrice de l'hôtel, et demanda Mitch White.

— C'est qui, ce Mitch White ? demanda Abe.

— Oh ! c'est le nom sous lequel il s'inscrit... White, le « Chevalier Blanc »... Comme ça, il n'y a que ses amis qui peuvent le joindre. Joe ? (Alex hurlait presque dans le combiné. Abe se demanda comment Campbell parvenait à rester incognito avec quelqu'un d'aussi exubérant qu'O'Donnell comme agent.) J'ai amené Ringel avec moi, on est dans le hall. C'est bon, on peut monter ? (Il confirma d'un signe de tête à l'intention d'Abe, après quoi ils se dirigèrent tous les deux vers les ascenseurs.)

Alex frappa à la porte de la suite 535, à l'écart dans un coin tranquille, et Joe Campbell vint ouvrir. Alex le serra contre son cœur, étreinte à laquelle le basketteur se prêta avec une mauvaise grâce évidente, haussant légèrement l'épaule à l'adresse d'Abe, comme pour lui demander : « Vous aussi, vous avez droit à ça ? »

Joe plut immédiatement à Abe. Il l'avait vu jouer de nombreuses fois, et nourrissait envers le basketteur cette familiarité unilatérale que spectateurs et membres du public vouent toujours aux vedettes populaires.

— Entrez, Mr Ringel. Je n'ai entendu dire que du bien de vous.

Abe espéra qu'il s'agissait bien de la stricte vérité.

— Venez vous asseoir. (Campbell mena les deux hommes jusqu'au salon de sa suite au décor raffiné.) Désolé de vous avoir obligés à venir jusqu'ici. Je vois plusieurs avocats ce matin, et c'était plus facile comme ça.

— Il n'y a pas de problème, j'aime bien consulter à domicile.

Tout en échangeant quelques plaisanteries, Abe et Joe se jaugeaient mutuellement l'air de rien. C'était toujours comme ça lors de la première entrevue entre avocat et client. L'homme de loi guettait des indices révélant innocence ou culpabilité, évaluait rapidement le type d'impression que le client risquait de faire au juge, ou au jury, et s'efforçait de sentir s'il allait jouer franc-jeu avec son avocat. De son côté, le client inspectait la marchandise qu'il envisageait d'acheter : la sincérité de l'avocat, son dynamisme, son aspect physique, et par-dessus tout, sa façon de s'investir dans l'affaire.

Constatant que Joe abandonnait graduellement les plaisanteries pour entrer dans le vif du sujet, Abe supposa que le jeune homme appréciait son interlocuteur. Pourtant, le sportif commença son récit de façon curieusement elliptique, mais peut-être était-ce dû à l'hésitation ou la gêne, se dit-il.

— Voilà... on s'est rencontrés à New York, il y a...

— Ne me dites pas ce qui s'est passé, s'il vous plaît, coupa Abe. Laissez-moi plutôt vous poser des questions bien spécifiques.

— Pourquoi ça ? Je n'ai rien à cacher.

— Ça vaut beaucoup mieux, répondit Abe. Je veux formuler les questions de manière à ce que vous ne m'en disiez pas plus que ce que j'ai besoin de savoir.

Abe orchestrait toujours ses premières entrevues de cette façon-là. Ne pas laisser le client raconter son histoire avant qu'il n'ait compris toutes les conséquences que ses propos pouvaient entraîner. La Cour de cassation avait récemment décidé qu'un avocat sachant que son client ment, n'était pas autorisé à le laisser comparaître devant les jurés, car cela tomberait alors sous le coup de la violation de serment. Cette décision avait pour origine une affaire de meurtre à l'issue de laquelle le client plaida la légitime défense. Or, la première fois qu'il raconta les faits à son avocat, il dit n'avoir pas vu la moindre arme à feu entre les mains de l'homme qu'il poignarda. Par la suite, s'étant entretenu avec des avocats du milieu pénitentiaire, il modifia sa version des faits et affirma qu'il avait *bel et bien* vu l'objet métallique en question, bien qu'il l'ait initialement nié. L'affaire déboucha sur la décision que prit la Cour de cassation de considérer qu'en la circonstance, il était abusif d'autoriser le client à jurer qu'il avait vu un objet métallique. Du coup, pour peu qu'un client donne une version des faits au début, puis la modifie, cela créait de gros problèmes, aussi bien pour lui que pour son avocat. La plupart des avocatsdéfenseurs veillaient à ne pas laisser leurs clients divaguer.

Abe n'était pas aussi directif que certains autres avocats. Anthony Albino — celui que Joe devait recevoir juste après — devait une réputation odieuse à sa technique d'interrogation. À l'occasion d'un récent dîner de l'ordre des avocats durant lequel Albino fut copieusement éreinté, on joua un sketch dont le personnage principal était un avocat fictif nommé « Tony Alibi ». Le « Alibi » en question y interrogeait une femme inculpée du meurtre de son mari. « Il vous battait, n'est-ce pas ? Il menaçait les enfants, n'est-ce pas ? Ah bon, vous n'avez pas d'enfants. Alors des neveux ? Des nièces ? Un chien ? Le poisson rouge ? » Abe n'élaborait pas une défense de la même façon qu'Albino, mais lui non plus ne tenait pas à entendre la version brute des faits que son client risquait de lui assener durant la première entrevue. On n'était jamais sûr de gagner, à ce petit jeu-là, et les règles variaient en fonction de chacun des avocats qui s'y prêtaient.

Abe se souvint de sa première entrevue avec un client, après la décision de la Cour de cassation. Il avait commencé par dire à son client que s'il était coupable, il ne pourrait pas comparaître au tribunal. Le client avait alors répondu très prosaïquement : « Dites-moi seulement ce qu'il faut que je vous dise si je veux comparaître, et je vous le dirai. » Quel soulagement d'avoir un client comme Joe Campbell.

Ce dernier — et c'était tout à son honneur — avait cessé de parler, et attendait poliment qu'Abe prenne la discussion en main, à quoi l'avocat comprit que son interlocuteur ne ferait pas partie de ces emmerdeurs de clients qui ergotent à tout bout de champ. Joe n'avait pas non plus l'air d'un menteur. Abe se détendit un peu dans son fauteuil.

— D'abord, quelques informations préliminaires : tout ce que vous pourrez me raconter est confidentiel. Alex doit quitter la pièce. Il est peut-être votre agent et ami, mais pas votre avocat, et ce que vous lui racontez à lui ne relève pas du secret professionnel.

— Minute, protesta Alex. Je ne dirai rien à personne. Je veux rester.

— Désolé, mais la règle stipule que si tu restes, nous sommes tous susceptibles de comparaître pour rapporter le contenu de notre conversation. Il faut que tu sortes. Tu n'as qu'à attendre dehors.

— Et tes honoraires, alors ? Tu n'as pas besoin que je sois là pour discuter de ça ?

— Il n'y a rien à dire là-dessus. Mon tarif est de trois cents dollars de l'heure pour un entretien avec moi, cent soixante-quinze de l'heure avec mon collaborateur, et les frais viennent en sus. Dans le cas de Joe, je n'ai pas besoin d'acompte. J'ai lu dans les journaux combien tu as obtenu pour lui, au cours des dernières négociations de contrats.

— Et encore, ils ne parlaient pas des crédits de parrainage, ajouta Alex en enfilant sa veste d'un mouvement d'épaules. Je t'appellerai avant le match, Joe. Tu rentreras par tes propres moyens, Abe, puisque je suis disqualifié.

— Va-t'en, Alex, fit Abe en agitant la main pour chasser l'agent.

Ce dernier sortit, et Abe se tourna vers Joe.

— On va commencer par la fin, et remonter jusqu'au début. Quand vous a-t-on arrêté ?

— Hier soir, vers 10 heures, quand je suis rentré à mon hôtel. Les policiers m'attendaient dans le couloir. Très polis. Ils m'ont expliqué que j'allais devoir les accompagner jusqu'au poste de Berkeley Street.

— Que vous ont-ils dit au juste ?

— Que j'étais en état d'arrestation pour avoir violé Jennifer Dowling.

— Ils ont dressé un procès-verbal ?

— Oui, et ensuite, ils m'ont laissé partir en me disant que je devais prendre un avocat et me présenter aujourd'hui au tribunal pour l'inculpation.

— Vous leur avez dit quelque chose ?

— Oui.

— Quoi exactement ?

— Que Jennifer Dowling et moi étions sortis

ensemble, qu'il s'agissait d'un rapport sexuel voulu de part et d'autre, et qu'elle avait utilisé une crème spermicide.

— Pourquoi leur avez-vous raconté tout ça ? Ils ne vous avaient pas prévenu que tout ce que vous diriez, etc. ?

— Si, bien sûr, mais ils m'avaient laissé entendre que ça valait pour les coupables. Je n'avais rien à cacher, moi, alors pourquoi ne pas leur dire ? J'ai pensé que peut-être ils laisseraient tomber une fois qu'ils sauraient que Jennifer était allée dans la salle de bains pour mettre son truc. Ils en ont pris note, et m'ont dit qu'ils allaient vérifier tout ça.

— Vous n'oubliez rien ?

— Ah ouais ! Je leur ai raconté comment on s'était rencontrés, à New York, où on était allés dîner ici, à Boston, et je leur ai donné le reçu American Express du restaurant à Watertown, et aussi le nom de la compagnie de location de la limo, et celui du chauffeur.

— Avez-vous parlé à qui que ce soit d'autre qu'aux policiers ?

— Oui. Mike Black, du *Boston Globe,* était là pendant qu'on établissait le procès-verbal. Quelqu'un l'avait rancardé. Je lui ai raconté la même chose qu'aux flics, en me disant que puisqu'il allait faire paraître un article sur mon arrestation, je voulais que ce soit ma version des faits qui y figure.

— Y a-t-il quoi que ce soit d'autre que je doive savoir ? Un détail dont vous n'avez fait part ni aux policiers ni à Black, peut-être ?

— En effet, Mr Ringel. Ça me gênait de leur en parler.

— De quoi s'agit-il, Joe ? Et appelez-moi Abe, s'il vous plaît.

— J'ai ça dans la salle de bains, je vais le chercher.

Joe rapporta de la salle de bains un sachet de cellophane contenant un mouchoir froissé.

— Je me suis essuyé le sexe avec ça, quand on a terminé. Je suis certain qu'il y a des traces de sa gelée sur ce mouchoir. Ça peut vous être utile ?

— Bien sûr, donnez-le-moi. Je vais l'emporter et l'envoyer au labo.

Comme Joe lui tendait le sachet, Abe lui demanda :

— Est-ce que ça signifie que vous avez décidé de me prendre comme avocat ?

— Je pense que oui. Vous avez l'air très compétent, et d'après Alex, vous êtes un *mensch*. Il m'a traduit ça par « un chic type ».

— Je gagnerai cette affaire, Joe... si toutefois ça en devient une. Il se pourrait bien que le procureur décide de laisser tomber après avoir examiné les éléments que vous avez fournis.

— Ce serait vraiment bien.

— J'ai une dernière question à vous poser, Joe.

— Allez-y.

— Comment expliquez-vous que Jennifer Dowling ait déposé cette plainte pour viol contre vous ? Si vous dites effectivement la vérité, il est clair qu'elle va avoir un mal fou à gagner. Elle n'essaierait pas de vous faire cracher de l'argent, des fois ?

— Non, je ne pense pas. Je crois qu'elle a eu *le sentiment* d'être violée. Je me suis comporté comme un vrai salopard, après qu'on a fait l'amour. Je me suis contenté de me lever, et de me barrer. Je ne l'ai ni embrassée ni remerciée. C'était pas un bon coup, cette fille, et je crois que j'ai dû le lui faire comprendre. J'aurais mieux fait de m'abstenir, parce que maintenant, je paie.

— Et il se trouve que la rançon est très, très lourde, ajouta Abe.

— Je vous souhaite de ne jamais connaître ça, Mr Ringel. Vous ne pouvez pas savoir ce que ça fait, d'être accusé d'un truc aussi horrible. Ma mère est complètement retournée. Elle sait bien que ce n'est pas le garçon qu'elle a élevé qui ferait une chose pareille. Et tout ça, c'est ma faute. J'aurais dû me rendre compte avant à quel point je suis démuni face aux accusations de ce genre, j'aurais dû être plus attentif à ce qu'elle attendait de moi.

Tandis que Joe parlait, Abe prêtait l'oreille non seulement aux mots, mais aussi à leur musique, et au rythme. Tous les accusés, ou presque, prononçaient les mots de l'innocence au cours de la première entrevue avec leur avocat, mais Joe leur insufflait une sincérité que les clients d'Abe étaient loin d'exprimer, en général. Le visage du jeune homme rappelait à Abe celui d'Oliver North : resplendissant d'une intégrité tout américaine. « Il fera un effet du tonnerre à la barre », se dit l'avocat, chassant bien vite cette idée de son esprit pour laisser le bon sens reprendre ses droits : cette affaire ne serait jamais jugée. Les meilleures affaires l'étaient rarement. Le procureur ne tiendrait pas à perdre un procès à grand retentissement comme celui-là. La fille laisserait tomber avant de se faire trop traîner dans la boue. Peut-être changerait-elle d'avis en découvrant par quoi elle devrait en passer. Il arrivait souvent que les gens finissent par renoncer, Abe le savait. Pour lui, ce serait une victoire tranquille, pas une grande victoire. Personne n'accordait jamais de mérite à l'avocat de la défense, quand une affaire passait à la trappe.

— Je vais me mettre au travail dès aujourd'hui : m'entretenir avec les témoins, passer au labo, discuter avec les flics. Un jeune avocat — un type de votre âge — passera vous voir d'ici une demi-heure. Il s'appelle John Justin Aldrich, mais tout le monde s'en tient à Justin. Donnez-lui tous les détails possibles : noms, adresses, heures, tout ce que vous savez de Jennifer Dowling. On passera tout au crible. Justin ira entendre l'inculpation à votre place, ce n'est guère qu'une formalité. Mais fini les bavardages. Ni la police, ni la presse, ni vos coéquipiers, ni les entraîneurs, ni même Alex. À partir de maintenant, tout doit passer par Justin et moi. Personne d'autre. Voilà mon numéro de téléphone personnel. Appelez-moi quand vous voulez, de jour comme de nuit. Si vous tombez sur ma fille, elle transmettra. Je rappellerai sans attendre.

— Abe, je ne sais pas si ça se fait... Ça vous intéresserait, deux places au match de ce soir pour vous et votre fille — ou qui vous voulez, d'ailleurs ? Je ne garantis pas d'être au mieux de ma forme avec ce qui m'arrive, mais bon, ça fera votre affaire. Vous faites bien partie des fans des Celts, non ?

— Exact, quoique à partir de maintenant, je sois avant tout un fan de Campbell. Bien sûr, que ces deux places m'intéressent. Ma fille Emma et toute sa classe ne jurent apparemment plus que par vous. Avec ça, j'arriverai peut-être à la dissuader d'aller à sa réunion féministe.

Les deux hommes échangèrent une poignée de main, et Abe cligna de l'œil au jeune homme. Dans le couloir, tout en fonçant vers l'ascenseur, il dut se faire violence pour réprimer le slogan de stade qui lui venait aux lèvres.

CHAPITRE TROIS

De retour à son cabinet, Abe s'aperçut qu'il avait tout le temps de passer en revue son entretien avec Campbell. Il s'installa dans le vieux fauteuil de chêne sculpté dont son mentor, Haskel Levine, lui avait fait cadeau à l'occasion de l'ouverture de son cabinet, et se demanda ce que penserait le vieil homme de cette affaire. Abe composa le numéro de Haskel, mais la ligne était occupée. Les bons et les mauvais jours alternaient, chez Haskel, et ces derniers temps, les mauvais prenaient le dessus.

Haskel Levine était naguère le docteur en droit le plus brillant de Boston, et dans son cas, le mot « docteur » prenait toute son importance. Dans l'exercice de ses fonctions, Levine opérait dans un esprit plus thérapeutique que combatif. Haskel concevait la loi comme une symphonie, la réunion de plusieurs individualités et instruments différents formant à eux tous un ensemble. Il faisait son possible pour éviter les conflits, et préconisait la raison, l'investigation, et les concessions, pour venir à bout des problèmes. Il devint « consultant ad hoc », dans la veine de son héros, le juriste américain Louis

Brandeis. Il était en outre un avocat redoutable. Élève de Haskel, Abe avait assimilé sa technique, greffant par-dessus le désir passionné de victoire qui l'habitait lui.

Aujourd'hui, la maladie d'Alzheimer amoindrissait les incroyables facultés intellectuelles de Haskel. Le spectacle de cette déchéance était insoutenable. Pour couronner le tout, Haskel, ayant sombré dans la dépression, était gavé de médicaments. Abe s'arrangeait pour échanger quelques mots avec lui tous les jours, et allait souvent le voir. Il s'était rendu compte qu'il avait besoin de parler au vieillard, que ce dernier traverse une phase de lucidité ou pas. L'oreille de Haskel filtrait les difficultés auxquelles se colletait Abe. C'était une curieuse façon de procéder, mais une fois qu'il avait discuté avec le vieillard, les réponses lui venaient à l'esprit — non pas soufflées, mais inspirées par Haskel. Aux côtés de Haskel, Abe s'imbibait de sa sagesse. Et en monologuant au chevet du vieillard, il tenait des propos d'une sincérité plus profonde, plus honnête, et plus introspective qu'en présence d'autres personnes... ou même tout seul. Haskel était le surmoi d'Abe, sa conscience, son Jiminy Cricket.

Même à l'époque où il était au mieux de sa forme, Haskel s'abstenait de donner des réponses ou de prodiguer des conseils de façon classique. Il avait toujours été le champion incontesté de la « méthode socratique » — ou comme il préférait l'appeler lui-même, la « méthode talmudique ». Il interrogeait, fouillant de plus en plus profond avec chaque question. « Nous sommes les archéologues de la pensée, avait-il un jour déclaré. Il y a toujours un niveau plus enfoui à atteindre, et des trouvailles plus intéressantes à faire. Nous devons continuer à chercher jusqu'à être satisfaits de ce que nous avons trouvé. Et à ce moment-là, il faut continuer à fouiller, car nous ne devrions jamais nous estimer satisfaits. »

Abe n'avait pas encore fait siennes toutes les valeurs de Haskel. Il avait besoin de la présence physique du vieillard pour arriver à exprimer la quintessence de sa propre personnalité. Cela dit, il se rendait compte qu'en agissant ainsi, il se débrouillait pour intégrer la pensée de son mentor avant que celui-ci n'ait tout à fait perdu sa lucidité. Il se demandait parfois si cette façon de s'approprier Haskel était ou non moralement critiquable, s'il ne faisait pas preuve d'égoïsme en dévorant ainsi le vieil homme.

« Tu es le seul à qui je puisse parler de certaines choses, lui disait Abe. Parce que tu es le seul juriste que je connaisse à qui le fait d'être à la fois un avocat et un homme n'a jamais posé de problème. »

Abe disait vrai. Il avait besoin de Haskel pour exprimer ce qui lui tenait le plus à cœur, et ce qui l'effrayait le plus aussi, dans sa personnalité. Son côté vulnérable, son côté humain. Et c'était là une faiblesse potentielle grave, dans le caractère d'un avocat coriace !

La ligne de Haskel étant toujours occupée, Abe appela Justin Aldrich à l'interphone.

— Tu peux venir dans mon bureau ?

Assis en face d'Abe, Justin se tenait bien droit dans le fauteuil de cuir usé, devant le bureau ancien de l'homme de loi, bureau qu'Abe occupait déjà lors de ses débuts dans un petit cabinet ouvert sur la rue. John Justin Aldrich, qui entamait tout juste la trentaine, avec ses cheveux blonds raides, sa diction et son élégance aristocratique, représentait tout ce qu'Abe lui-même n'était pas, raison pour laquelle il avait été engagé.

— Tu sais qu'on a décroché Campbell ?

— J'ai appris ça avant que vous soyez revenu de l'entrevue.

— Comment ça ?

— J'ai trouvé Gayle en train de préparer le dossier.

— Toujours efficace, Gayle, hein ? Tu vas donc aller voir Campbell, écouter son compte rendu, et lui faire répéter son rôle en vue de l'inculpation.

— Pas de problème, Abe.

— Et maintenant, tu me mets au parfum en ce qui concerne Charlie O., s'il te plaît ?

— On a une complication qui se présente.

— Quoi, encore ?

Charlie Odell, un Noir d'à peine vingt ans, était condamné pour avoir abattu par balles Monty Williams, un politicien noir de réputation douteuse, alors que ce dernier sortait d'un McDonald à Newark où il avait fait halte durant la campagne qu'il menait pour se faire réélire aux élections municipales. Odell était affligé d'une proéminence marquée des dents supérieures qui lui donnait l'air constamment hilare et le rendait facilement reconnaissable. Il avait d'ailleurs été identifié par deux témoins oculaires, l'un blanc, l'autre noir. Et bien que le jeune homme ait clamé son innocence dès son arrestation, le jury le condamna, et le juge décréta la peine capitale.

Abe, viscéralement convaincu que Odell était innocent de ce crime, avait déposé un pourvoi en arguant de l'intérêt public, requête rejetée par le tribunal aussi bien d'État que fédéral. Le juge avait arrêté la date de l'exécution : deux mois plus tard. Depuis, l'affaire allait d'un rebondissement à l'autre.

D'abord, Charlie Odell s'était mis à souffrir d'une psychose de l'enfermement caractéristique des prisons. Le couloir de la mort l'avait rendu littéralement fou, si bien qu'il fallait désormais lui administrer des doses massives de Thorazine, Librium, Valium, et autres médicaments traitant les psychoses, dans le seul but de l'empêcher de se tuer en se cognant la tête contre les murs de brique. La Cour de cassation avait déclaré qu'au jour de son exécution, un condamné devait être guéri de ses troubles mentaux de façon à pouvoir comprendre la nature de la punition.

Et voilà que le destin expédiait une balle lobée de plus dans le camp de la défense.

— Alors, quelle est la dernière en date ?

— J'ai fait mon droit en même temps qu'une fille qui s'appelle Nancy Rosen, expliqua Justin. Elle faisait partie des étudiants de Haskel Levine pendant les deux dernières années où il a enseigné. Les parents de cette fille étaient de riches promoteurs immobiliers new-yorkais. Comme de bien entendu, elle a renié son milieu, viré à l'extrême gauche, et s'est mise à travailler pour Bill Kunstler. Comme elle ne s'entendait pas avec lui, elle a ouvert un cabinet dans une galerie commerciale à Newark.

— Encore un de ces purs produits du baby-boom qui fait une allergie au caviar.

— Ne nous mettez pas tous dans le même sac, Abe. Moi j'ai fait le chauffeur de taxi pour arriver à me payer mon droit. Le caviar ne manquait pas, mais la date de péremption était dépassée depuis longtemps, et on n'avait pas les moyens de renouveler le stock. « Les fauchés du *Mayflower* », voilà comment ma mère nous appelait. Fauchés, mais fiers.

— Quel rapport avec Rosen ?

— Eh bien ! vous n'allez pas en croire vos oreilles. Nancy Rosen m'a appelé pour me dire qu'elle sait qui a tué Monty Williams, mais qu'elle ne peut pas nous le révéler parce qu'elle tient ça d'un client, et que ça tombe sous le coup du secret professionnel.

— Bon sang, Justin, tu ne peux pas transiger avec elle ? C'est une question de vie ou de mort.

— Je l'ai suppliée de revoir sa position, mais sa réponse précise a été : « La vie de mon client est aussi en jeu. Je dois protéger mon client, quand bien même il aurait commis les sept péchés capitaux. »

Au regard des lois régissant la profession, Nancy Rosen avait raison, bien entendu. Pourtant, elle avait tort, songeait Abe, complètement tort vis-à-vis des règles de la correction et de la moralité.

— Justin, s'il te plaît, débrouille-toi pour la faire changer d'avis.

— Je ne pourrai guère qu'essayer, Abe. En attendant, je ferais mieux de filer à l'hôtel de Campbell. Je repasserai plus tard.

Abe acquiesça machinalement, absorbé dans les réflexions suscitées par la nouvelle situation que venait de lui exposer son collaborateur. Dans quelle mesure Justin pouvait-il exercer une influence sur une ancienne camarade de classe ? Il s'efforça de se mettre à la place de la jeune femme.

Abe avait besoin des connaissances de Haskel — ou

du moins, de sa présence — pour arriver à prendre des décisions épineuses concernant le dossier de Charlie O. On n'était plus qu'à quelque douze semaines du jour de l'injection, et douze semaines, dans le monde des recours juridiques, cela représentait une durée infime. Le fait que la ligne sonne toujours occupée chez Haskel était un bon signe. Peut-être cela signifiait-il que le vieil homme était dans un bon jour.

Abe quitta le cabinet, sa mallette à la main, et plongea dans l'air frais du mois de mars. Il marcha d'un bon pas, effectuant en sept minutes le trajet de huit cents mètres jusque chez Haskel. Étant l'exact contraire de la sienne, la maison du vieillard, inhospitalière, rébarbative, et pourvue de lourds rideaux qui masquaient les fenêtres, avait toujours vaguement impressionné Abe. Dès que Jerome, l'aide-ménager, lui ouvrit, Abe sentit la maladie qui planait dans l'atmosphère, s'acheminant vers son but ultime.

En entrant dans le bureau de Haskel à la suite de Jerome, Abe trouva le vieil homme très lucide, s'absorbant dans la lecture du *Boston Globe*, les lunettes relevées sur le front, dans une posture si semblable à celle d'autrefois qu'Abe sentit son cœur se serrer. Combien de fois il avait vu son mentor ainsi, avec ces lunettes-là relevées en arrière, sur le vaste dôme que formait son crâne.

Haskel fit signe à Abe d'approcher plus près de son fauteuil. La pièce était à ce point envahie de livres et revues, que le vieillard en faisait des piles qui jonchaient le sol comme autant de champignons géants. Abe finissait généralement par s'asseoir face au vieil homme, sur le bureau ancien en acajou, tournant le dos à l'unique fenêtre. Au mur, au-dessus de la grosse tête de Haskel, était fixée une série de vieux portraits à l'huile de rabbins européens barbus. « Mes inspirateurs », les appelait le vieillard.

Abe se pencha vers son mentor, qui lui murmura :

— Est-ce que je peux te faire une confidence, Abraham ?

Haskel persistait à l'appeler par son nom biblique

non abrégé, dont Abe préférait pourtant sans conteste le diminutif, plus américain. Abe serait toujours Abraham pour Haskel, qui estimait que cela correspondait bien au style juridique offensif de son protégé.

— Après tout, le patriarche Abraham fut le premier avocat de l'histoire, avait-il dit à Abe, bien des années auparavant. Il a plaidé devant Dieu la cause des villes condamnées de Sodome et Gomorrhe.

— Ouais, avait répondu Abe. Mais il a perdu.

— Ce n'est pas une honte de perdre dans un différend avec Dieu, avait répliqué Haskel. Il t'est arrivé de perdre face à des adversaires moins prestigieux.

Au souvenir de cette anecdote, Abe posa la main sur l'épaule du vieil homme et acquiesça :

— Vous pouvez me faire toutes les confidences que vous voulez, Haskel.

Le vieillard lui chuchota à l'oreille :

— Je ne prends pas toujours tous les médicaments qu'on me donne. Certaines fois, quand j'ai envie d'être moi-même, je coince les pilules contre ma gencive, et je les jette dans les toilettes un peu plus tard. (Là-dessus, il glissa un doigt perclus d'arthrite dans sa bouche, et en retira le cachet que Jerome lui avait donné un peu plus tôt, qu'il réduisit en poussière avec une force surprenante.) Ça me donne l'impression de maîtriser un peu ma propre vie. C'est vraiment si dramatique que ça ? Après tout, qui est-ce que je gruge ?

— C'est vous, que vous grugez, Haskel, et moi avec, protesta Abe. Ces médicaments font des merveilles. Leur effet est vraiment fantastique, ils vous permettent de ne pas souffrir.

Haskel secoua la tête avec véhémence.

— C'est à moi qu'appartient cette décision, pas à toi, ni à personne d'autre. Je réfléchirai à ce que tu viens de me dire, mais c'est très important pour moi, de prendre cette décision. Tu comprends ?

Abe hocha la tête... Comment aurait-il pu ne pas être d'accord ?

— Maintenant, raconte. C'est au sujet de Charlie O. ?

— Comment le savez-vous ?

— Tu viens me voir en plein milieu de ta journée de travail. Ça t'arrive seulement quand il est question d'une chose importante. Or je sais que l'affaire la plus importante que tu traites en ce moment est celle de ce jeune homme condamné à mort.

Abe fut stupéfait en constatant de quoi Levine se souvenait, en regard de ce qu'il laissait filer. On aurait dit que sa mémoire malade conservait une capacité de sélection très fine. Le vieil homme était capable d'oublier au beau milieu de son petit déjeuner qu'il mangeait des céréales, et pourtant, il trouvait le moyen de se rappeler en un éclair le dossier le plus pénible que son protégé ait jamais eu à traiter.

Haskel et lui ayant précédemment discuté de la psychose de l'enfermement qui affectait Charlie, Abe raconta au vieil homme le coup de téléphone de Nancy à Justin.

— Ton Charlie affronte le même problème que moi : les gens veulent le maintenir en vie de façon à ce qu'il puisse mourir quand *eux* seront prêts.

Le regard de Haskel commençait à devenir trouble, Abe comprit que d'un instant à l'autre, la communication allait devenir impossible. L'expérience lui avait appris que s'il restait sans rien dire auprès de son mentor, celui-ci se reprenait parfois en sursaut. En le contemplant, Abe remarqua une tache sur le pantalon du vieil homme. Haskel luttait contre la démence qui tentait de le terrasser... bataille qu'il remportait parfois en racontant les souvenirs de sa jeunesse à Vilnius, en Lituanie, où à l'âge de douze ans, jeune écolier d'une académie talmudique, il avait assimilé les textes sacrés hébraïques, aussi bien que le calcul, la géométrie et l'algèbre.

— Est-ce que je t'ai déjà raconté le voyage à Berlin que mon père et moi avions fait avant la guerre ?

Le père de Levine était un *melamed*, un simple instituteur dans une école juive.

— Plusieurs fois, oui.

— Et la leçon de natation ? insista Haskel avant d'enchaîner sans laisser à Abe le temps de répondre.

Mon père tenait tellement à ce que j'entre à l'université de Berlin. On y est donc allés. Et le hasard a voulu que ce jour-là, Hitler y prononce un discours.

Haskel avait raconté ce voyage à Abe quantité de fois, en lui peignant un tableau abominable de son père et lui, avec leurs boucles et leurs habits noirs, se faisant bafouer et cracher dessus par de jeunes gouapes nazies. Ils étaient restés en ville assez longtemps pour entendre l'allocution d'Hitler, ensuite de quoi ils avaient pris le premier train pour rentrer en Lituanie.

— Pendant le trajet de retour, mon père me posa cette question : « Quelles sont les trois choses que d'après la loi juive, un père doit apprendre à son fils avant que celui-ci ne devienne un Bar Mitzvah ? » Ma foi, les petites gouapes nazies m'avaient fait peur, mais pas au point de m'empêcher de répondre à cette question, qui était gravée dans ma tête : « D'abord, la Torah, ensuite un métier, et en troisième lieu (ce qui m'avait toujours sidéré), à nager.

« Et de ces trois choses, laquelle est la plus importante ? » me demanda mon père. Je lui dis qu'à mon avis, la bonne réponse était bien sûr la Torah, puisqu'elle contenait toutes choses. Alors mon père me demanda : « Mais quel est le *mitzvah* le plus important de la Torah ? » La réponse, je le savais, était : *Pickuach nefish* — l'obligation de sauver la vie.

Alors mon père me sourit et me demanda : « De ces trois choses, laquelle se rapproche le plus de l'obligation de sauver la vie ? » Sans lui répondre, je souris à mon père, pour lui indiquer que j'avais compris ce qu'il me disait. À l'époque, mon père m'avait déjà enseigné la Torah, et orienté vers une profession. Mais ce jour-là, à Berlin, il m'apprit à nager. Je me souviens des propos exacts qu'il me tint : « N'essaie jamais de nager à contre-courant. Efforce-toi toujours de repérer les dangers qui rôdent en dessous de la surface, et de sentir à l'avance quand le temps va changer. » Ainsi, en douceur, mon père me donna-t-il à comprendre que je n'irais pas à Berlin... que là-bas, le climat, le temps qu'il faisait, n'étaient pas bons pour moi. Et du coup, ce fut ici, qu'il m'envoya. La suite, tu la connais.

La suite, Abe la connaissait, en effet.

Le père de Haskel avait d'abord envoyé ce dernier poursuivre ses études à Boston, dans un collège juif, et de là, à Harvard, puis à l'Institut de droit de Harvard. Au bout d'un an à l'Institut, Haskel s'était engagé dans l'armée américaine, au sein de laquelle il servit en tant qu'interprète tout près du front, et prit des risques désespérés pour tenter de retrouver sa famille. À la fin de la guerre, il découvrit que tous avaient péri à Treblinka. Il regagna donc Harvard, obtint son certificat, entra au service du juge Felix Frankfurter, et entama une brillante carrière d'avocat. Il occupait son temps libre à enseigner la procédure pénale à Harvard, écrire trois livres traitant de la science du droit, apprendre une demi-douzaine de langues étrangères de plus — qu'il parlait toutes pratiquement sans accent — et faire pousser des fleurs, occupation qui, selon Abe, permettait à Haskel de garder plus fermement les pieds sur terre que la plupart des autres hommes de loi. Juste avant d'aborder la quarantaine, il épousa Estelle, la veuve de l'un de ses confrères, plus âgée que lui de plusieurs années. Ils n'eurent pas d'enfants.

Abe avait été l'un des premiers étudiants en procédure pénale de Haskel, et une amitié étroite s'était développée entre eux.

La méthode d'enseignement de Haskel déroutait nombre d'étudiants qui attendaient des réponses, et particulièrement en ce qui concernait une matière aussi pragmatique que la stratégie pénale. Mais Haskel n'apportait pas de réponses, il se contentait de poser un peu plus de questions.

« Je ne réponds pas aux questions, expliquait-il gentiment à ses étudiants. Je remets en question les réponses. Mon boulot consiste à vous plonger un peu plus loin dans la perplexité. Le vôtre consiste à trouver les réponses qui fonctionnent pour vous. Il n'y a que vous qui puissiez le faire. Moi, je veux vous y aider en remettant en question vos réponses. »

Abe éprouvait une sympathie naturelle envers la méthode pédagogique de Haskel, aussi bien qu'envers Haskel lui-même. Ils faisaient l'un et l'autre partie des gens à l'ancienne mode, bien que leurs opinions respectives en matière de spiritualité et de religion soient très différentes. En découvrant ce qu'il était advenu de sa famille, Haskel avait d'abord perdu la foi, pour la recouvrer petit à petit. Aujourd'hui, à l'approche de la mort, il était plus que jamais tourné vers la spiritualité. Abe, lui, était un sceptique.

— Comment pouvez-vous continuer à croire, avait-il un jour demandé à Haskel. Après ce que Dieu a permis qu'il arrive à votre famille ?

— Mon cher ami Abraham, lui avait répondu un Haskel beaucoup plus jeune et malicieux. Je dois répondre à ta question inquisitrice par une question de mon cru : quand on a survécu à un événement aussi cataclysmique que l'Holocauste, comment ne pas croire ?

— Croire en quoi ? En un Dieu qui punit les vertueux, et récompense le mal ? C'est ce qui s'est passé pendant et après l'Holocauste. Des Juifs innocents sont morts, et des Allemands coupables ont vécu une vie paisible.

— Je vais te raconter une histoire à propos de l'Holocauste que m'a racontée un jour mon ami Elie Wiesel, avait répondu Haskel. Elle se situe au moment de la pire époque d'Auschwitz, quand la situation était désespérée. Un grand rabbin Hassidique intenta une *din Torah,* une action, contre Dieu. Il l'accusa d'abandonner son peuple alors même que ce dernier traversait une période de grand besoin. Des témoins comparurent, on entendit des dépositions, et les jurés votèrent. Elie m'a dit que Dieu fut condamné à l'unanimité par le jury... après quoi, tout le monde pria.

— Et après avoir prié, ils furent tous expédiés dans les chambres à gaz, avait répliqué Abe, d'un ton irrité. Est-ce qu'il n'aurait pas mieux valu pour eux de résister, que se fier à un Dieu qui ne tient pas ses promesses ?

— Est-il vraiment préférable de se fier à des êtres humains qui ne tiennent pas leurs promesses envers Dieu ?

C'était bien du Haskel : toujours prêt à répondre à une question difficile par une question encore plus difficile, ou une anecdote — truffée de rabbins, savants talmudiques, et hommes de loi, bien entendu. Les anecdotes qu'il racontait reflétaient la dualité des mondes au sein desquels son esprit et son âme évolueraient toujours : le monde rationnel de la loi séculaire, et celui, mystique, de la religion.

Abe n'avait jamais été pratiquant, mais il se sentait très concerné par les principes religieux et l'événement historique que représentait la persécution des Juifs. C'était également un sceptique respectueux... dans tous les domaines. Un jour, il avait acheté pour Haskel un T-shirt sur lequel était écrit : « On peut remettre l'Autorité en question... mais d'abord, on lève le doigt. » Cette inscription résumait parfaitement l'attitude de scepticisme respectueux qu'observaient Abe aussi bien que Haskel chaque jour de leur vie. Ce dernier avait d'ailleurs conservé le T-shirt, sans toutefois le porter.

« Les T-shirts, ce n'est pas mon style », avait-il expliqué pour s'excuser.

Mais si sceptique que soit Abe dans pratiquement tous les domaines, il avait foi en la justice. Même au plus fort des années soixante et soixante-dix débridées, il n'avait jamais fumé d'herbe, manifesté la moindre velléité de résistance passive, ni transgressé la loi. Il reconnaissait, avec un mélange de fierté et de gêne, être un peu conformiste sur les bords. « Ne fais jamais rien en privé que tu ne serais pas fière de défendre en public », répétait-il à Emma. Abe avait dérogé à cette règle une fois, et cela l'obsédait encore.

Il s'efforça alors de ramener Haskel à la réalité. Il était difficile de dire dans quelle mesure le vieillard comprenait le récit d'Abe concernant le coup de téléphone de Nancy Rosen. Quand ce dernier lui expliqua que la jeune femme savait qui était le véritable assassin, Haskel répondit en évoquant le souvenir qu'il gardait de Nancy, à laquelle il avait enseigné la procédure pénale à l'Institut de droit de Harvard.

— C'était une passionnée, se rappela-t-il. Toujours en train de remettre en question le bon sens établi. (Le vieil homme posa alors une de ses questions habituelles, mais cette fois, Abe, qui pensait à autre chose, n'en saisit pas tout de suite l'à-propos :) Une avocate qui défend la résistance passive qu'exercent les autres, peut-elle refuser de la pratiquer elle-même ?

Haskel avait envie de continuer à parler, en apparence de l'affaire Odell, en réalité, de sa propre situation. Mais peut-être était-ce vraiment de l'affaire Odell.

— Un homme est-il véritablement lui-même, demanda-t-il, du moment qu'il prend des médicaments qui altèrent à ce point sa personnalité ? Charlie est-il vivant, grâce à ces médicaments, ou bien est-il déjà mort ?

Abe supplia le vieil homme de prendre ses cachets, mais remarqua bientôt que ce dernier ne l'entendait plus. Il embrassa alors doucement son mentor sur le crâne, et le remercia de ses conseils. Haskel se ressaisit soudainement.

— Quels conseils ? Et de quoi me remercies-tu ? D'avoir posé quelques questions, et râlé au sujet de mon traitement ? C'est moi, qui dois te remercier, de m'écouter et de me faire confiance même maintenant.

Abe s'éloigna dans Brattle Street, longeant les maisons de bois datant d'avant l'indépendance et les demeures de brique construites au XIXe siècle, et commença à se demander ce qui se passerait pour lui quand Haskel mourrait. Deviendrait-il l'un de ces éplorés qui se rendent sur la tombe des gens de leur famille pour leur « parler » ? Maintenant qu'il rendait visite à Haskel et « parlait » à son corps presque inconscient, il comprenait un peu mieux cet étrange phénomène.

Et comme il essayait d'imaginer la vie sans la présence physique du vieil homme, une idée jaillit dans son cerveau qui lui permettrait peut-être de gagner la course contre la montre dans l'affaire Odell. Haskel la lui avait-il soufflée intentionnellement ? C'était impossible à déterminer, puisque à ce moment-là, les pensées du vieil homme et les siennes propres se trouvaient en parfaite adéquation.

Mais que l'idée vînt de l'un ou de l'autre n'avait pas vraiment d'importance, c'était une idée du tonnerre.

Abe regarda sa montre : 5 h 45. Il s'arrêta sur le trottoir, et sortit son téléphone mobile de sa mallette.

— Justin ? C'est moi. Tu m'entends bien ?... Bon, alors écoute. Haskel vient juste de me suggérer un moyen de gagner un peu de temps pour Charlie. C'est risqué, mais...

CHAPITRE QUATRE

Il faisait chaud, ce soir-là, au Boston Garden. Peut-être était-ce l'une des astuces dont Red Auerbach usait, à en croire les on-dit, pour désavantager l'adversaire — comme, par exemple, de ne pas faire réparer le célèbre parquet, de façon à ce que seule l'équipe locale sache où se situaient les endroits traîtres. Abe avait réussi à joindre Emma au lycée, et à la persuader de quitter son groupe féministe un peu en avance, pour le retrouver devant le guichet des « réservations enregistrées », où les attendaient deux places en tribune au nom d'Abe.

Abe adorait ces sorties qui lui donnaient l'occasion d'assister à une rencontre sportive seul avec Emma. Il avait moins de mal à lui parler quand ils étaient tous les deux en train de regarder quelque chose, et non l'un en face de l'autre. En plus de ça, le sport — et particulièrement le basket — était une passion commune. Abe avait toujours plaisir à disputer un match père-fille, un-contre-un dans la cour, derrière la maison, et la plupart du temps, c'était Emma qui gagnait.

Le journal télévisé du soir avait annoncé qu'Abe représenterait Campbell, aussi plusieurs fans le félicitèrent-ils au sujet de son nouveau client. Quand on présenta les joueurs de l'équipe adverse, les fans poussèrent les huées amicales de rigueur à l'adresse d'Ewing et Oakley, mais le nom de Campbell déclencha une salve d'acclamations enthousiastes. Quelqu'un cria : « Elle l'a bien cherché », et quelqu'un d'autre renchérit : « Si t'en as fini avec elle, je prends la suite ! »

Emma tourna la tête vers son père, l'air écœuré.

— Ces mecs-là, ils ont déjà jugé et condamné la fille. C'est dégueulasse, mais caractéristique. Alors maintenant, tu comprends pourquoi les femmes victimes de viol sont si rares à porter plainte ?

— Oh ! Emma, répondit Abe. Ne prends pas ça si sérieusement. Ce sont des fans, qu'est-ce que tu veux ? Ils en ont déjà deux ou trois derrière la cravate, ça se voit.

Joe ne s'était pas trompé, son jeu ne cassait rien. Son comportement durant une bonne partie de la première période fut nettement inférieur au style agressif qu'il déployait habituellement. Il semblait apathique, ailleurs. Vers la fin du deuxième quart-temps, il marqua deux paniers coup sur coup, dont un à trois points. Il parut sourire à Abe tandis que l'arbitre levait les bras pour annoncer les trois points. La période prit fin sur un score favorable aux Knicks de quatre points.

Pendant le premier intervalle, Abe appela le cabinet pour joindre Justin.

— Je suis bien content que vous appeliez. J'ai découvert un truc incroyable.

— Quoi donc ?

— J'ai entré *Jennifer Dowling* dans Nexis, pour voir si elle avait déjà été impliquée dans une affaire, et banco ! L'année dernière, elle a intenté une action contre son patron pour harcèlement sexuel. Mais ce n'est pas tout ! La plainte a été déboutée... non-lieu. Je ne sais pas encore pour quelle raison, parce que les dossiers avaient l'air verrouillés. La dernière ligne précise que la plaignante a perdu.

— Terrible ! brailla Abe dans le combiné du taxiphone. Rassemble tout ce que tu peux trouver au sujet de cette affaire. Si elle a accusé quelqu'un d'autre à tort d'abus sexuel, ça va flinguer sa crédibilité.

— Est-ce qu'on peut invoquer une dénonciation calomnieuse d'abus sexuel malgré les lois sur la protection des victimes de viol ?

— Probablement. Ça n'a pas trait à son passé sexuel, mais à son passé de menteuse.

— Super. Vous devriez peut-être en informer Campbell ?

— Et comment ! Mais après le match. J'irai le voir dans les vestiaires pendant que ma charmante fille attendra dehors. Et si tu nous rejoignais au Harvest pour un petit dîner tardif, on pourrait discuter de cette bonne nouvelle.

— D'accord, je vous retrouve là-bas... quelle heure... 22 h 30 ?

— Ça devrait aller.

Ils raccrochèrent, puis Abe rejoignit Emma, qui mastiquait du pop-corn, complètement absorbée par le match.

— Tu as loupé un super tir de ton nouveau client, papa.

Le jeu s'acheva sur une victoire écrasante des Knicks par 124 à 103, Campbell totalisant en fin de match quatorze points et trois interceptions.

Le porte-parole des Knicks auprès des médias, Todd Curtis, montait la garde devant le vestiaire de l'équipe visiteuse, vérifiant les cartes de presse des journalistes qu'il ne reconnaissait pas. Quand Abe se présenta en tant qu'avocat de Campbell, Curtis lui fit immédiatement signe d'entrer, l'avertissant au passage que « rien ne reste confidentiel dans un vestiaire bourré de journalistes ».

Emma, la mine boudeuse, attendit à l'extérieur. Elle avait l'habitude de se voir écartée quand son père discutait de sujets confidentiels, et d'ordinaire, ne s'en formalisait pas. Mais cette fois, elle aurait vraiment voulu accompagner son père. Ç'aurait fait une super anecdote à raconter le lendemain midi, à la cantine.

C'était la première fois qu'Abe entrait dans un vestiaire de sportifs professionnels. Drôle de spectacle. Des hommes nus discutaient le plus naturellement du monde avec des femmes journalistes, ces dernières s'efforçant tant bien que mal de ne pas regarder le sexe de leur interlocuteur. Certains des joueurs étaient complètement nus, d'autres portaient une serviette autour des reins, quelques-uns se promenaient en slip, ou même tout habillés. Une atmosphère de sexualité virile insolente régnait là. Pas question qu'Emma mette les pieds dans ce vestiaire, songea Abe.

Les signes et manifestations de victoire étaient partout : de toute part, fusaient gros rires, jurons blagueurs, jargon sportif, et grandes claques dans le dos. Abe se fraya un chemin dans la mêlée de grandes statures, finit par repérer Campbell, tout habillé et environné de journalistes de télévision et presse écrite. Une femme de la chaîne WBZ le questionna sur la plainte pour viol dont il faisait l'objet, à quoi il répondit :

— Je suis ici pour parler du match. Je n'ai rien à dire sur quoi que ce soit d'autre. Directives de mon avocat.

Un envoyé du journal *Newsday* lui demanda s'il pensait que son jeu souffrait de cette accusation de viol, et Joe reconnut franchement qu'au début de la première période, sa concentration s'en était ressentie.

— On n'apprend pas à faire face à ce genre de choses, dans les stages d'entraînement.

Il ajouta aussitôt qu'après les deux paniers réussis vers la fin du deuxième quart-temps, sa concentration était revenue.

Il repéra alors Abe, et sans marquer de temps d'arrêt, le présenta poliment aux représentants de la presse.

— Mesdames, messieurs, voici mon avocat,

Abraham Ringel. À partir de maintenant, il s'exprimera à ma place pour tout ce qui concerne cette affaire.

Les caméras de télévision se tournèrent immédiatement vers Abe, en même temps qu'on lui décochait un feu nourri de questions.

— Campbell est-il coupable ?

— Sur quoi allez-vous baser votre défense ?

— La direction de la NBA vous a-t-elle contacté ?

— Quel tarif exigez-vous ?

Abe attendit que les vociférations se calment, puis d'une voix posée, annonça :

— Je n'ai qu'une brève déclaration à faire, pour le moment. Joe Campbell se dit entièrement innocent, et attend de pouvoir le prouver au tribunal. Mr Campbell coopère totalement avec la police, à qui il a déjà fourni plusieurs indications et pièces propres à le disculper. En dehors de ces quelques éléments, je n'ai pas de commentaire pour le moment. Je suis bien certain que vous comprendrez pourquoi.

Les questions reprirent, mais Abe fit la sourde oreille et murmura à l'oreille de Joe :

— Une nouvelle importante nous est arrivée. Une très bonne nouvelle. Il faut que nous vous en parlions. Pouvez-vous nous rejoindre au restaurant Harvest, sur Harvard Square, d'ici à peu près une demi-heure ?

Joe répondit qu'il allait devoir demander à ses entraîneurs si cela posait un problème qu'il ne prenne pas l'avion avec le reste de l'équipe pour rentrer à New York. Après avoir échangé quelques mots avec un petit homme aux cheveux grisonnants, il vint retrouver son avocat.

— C'est bon.

Abe se fraya un chemin dans la cohue et rejoignit Emma, qui se pressait en compagnie de plusieurs fans et groupies des Knicks dans l'espoir d'apercevoir leurs héros.

— Tu as réussi à le voir ? s'enquit la jeune fille.

— Oui. Il viendra nous retrouver au Harvest.

— Comment il est, tout nu ? demanda Emma avec un sourire taquin.

— Je ne l'ai pas vu nu, et tu ne le verras pas non plus. Ils s'étaient presque tous rhabillés. Les derniers avaient une serviette autour des reins, mentit son père. Mais parlons plutôt d'autre chose. Justin et moi devons retrouver Campbell, et toi, tu dois rentrer à la maison.

— Je ne pourrais pas le rencontrer ? Ça me ferait tellement plaisir de lui dire bonjour. Jon en sécherait de jalousie, s'il apprenait que je l'ai rencontré.

— Tu sais très bien que tu ne peux pas assister à une entrevue entre avocat et client, Emma. Tu connais la loi du secret professionnel.

— Mais si je reste juste le temps de lui dire bonjour, et qu'après, je rentre à la maison comme une bonne petite fille ? (Elle décocha à son père son sourire le plus irrésistible.)

— D'accord, mais pas plus de cinq minutes. Nous avons un tas de choses à nous dire, et Campbell n'a pas annulé son vol en retour en compagnie du reste de l'équipe pour s'entretenir avec *toi,* ma chère fille. Donc, après t'être poliment présentée, tu prendras un taxi, et tu rentreras à la maison te coucher.

— Ça marche. Merci, papa.

Le Harvest était un restaurant branché, établi dans un immeuble conçu par Ben Thompson, architecte coté, et principalement fréquenté par des universitaires. Réputé pour sa nouvelle cuisine, aussi bien que pour la discrétion et la tranquillité qu'on y trouvait, il arrivait cependant que certains trouvent l'endroit un peu trop aseptisé. Quelques jours auparavant, une femme s'était ruée hors de la salle après avoir reconnu Abe à la table voisine, en marmonnant tout haut qu'elle ne voulait pas s'asseoir à côté d'un sexiste qui défendait toujours les violeurs à la télévision.

Abe était arrivé un peu en avance pour obtenir sa table préférée, dans l'angle de la salle, et prévint le maître d'hôtel qu'un homme de grande taille les rejoindrait peu après. Il jeta de surcroît un coup d'œil alentour pour s'assurer que la femme qui avait quitté la salle ne s'y trouvait pas ce soir-là. Un scandale en présence de son nouveau client était bien la dernière des choses dont il eût besoin. Quand Joe Campbell arriva, il fut aussitôt conduit à la table d'Abe. Personne ou presque ne le suivit des yeux tandis qu'il traversait la salle. Dans la foule des universitaires, le basketteur passa pratiquement inaperçu.

— Vous connaissez Justin, Joe. Et voici ma fille, Emma, qui voulait vous rencontrer. Son petit ami est fou des Knicks. Emma va pouvoir faire ses choux gras de cette soirée pendant longtemps.

— Content de faire votre connaissance, Emma. Vous êtes très jolie.

La jeune fille rougit, incapable — contrairement à son habitude — de répondre à ce compliment inattendu qui la prenait au dépourvu.

— Je suis contente de vous rencontrer aussi, Mr Campbell. Beau match, surtout la deuxième période. Mais je peux vous poser une question ?

— Bien sûr, allez-y.

— Pourquoi Riley vous a-t-il fait marquer Douglas ? Vous ne marchez pas avec Dee Brown, d'habitude ?

— C'est exactement ce que je lui ai demandé. Je pense qu'il avait prévu que je serais moins bien concentré, et il n'a pas voulu prendre le risque de laisser Brown me balader. Douglas est moins dangereux devant les paniers.

Abe tapota sa montre.

— C'est l'heure, ma chérie. Tu vas rentrer à la maison, maintenant. Il y a des taxis devant le kiosque de la presse nationale. Il faut que nous nous mettions au boulot, à plus tard !

Emma fit la grimace, ramassa sa sacoche de livres, déposa un baiser sur la joue d'Abe, fit un petit signe d'adieu à Justin, assis de l'autre côté de la table, et tendit la main à Campbell.

— Une poignée de main énergique, mademoiselle. Pas courant, chez les femmes.

Emma gloussa, ce qui ne lui ressemblait guère, et s'éloigna.

Abe se rapprocha de Campbell. L'heure n'était plus aux bavardages.

— Justin a découvert un détail très important. Nous ne sommes pas encore tout à fait sûrs des conséquences que cela peut entraîner — ni même de pouvoir l'utiliser lors du procès — mais c'est une bombe en puissance.

— De quoi s'agit-il ? demanda Joe Campbell.

— On dirait que vous n'êtes pas le premier que cette Jennifer Dowling accuse d'abus sexuel. L'année dernière, dans le cabinet de relations publiques où elle travaillait, elle a porté plainte contre son patron pour harcèlement sexuel.

— C'était peut-être fondé, répondit le jeune homme.

— Ça n'en a pas l'air. Nous n'en sommes pas encore sûrs, mais il semble que sa plainte ait abouti à un non-lieu. Ce qui signifie qu'elle n'a pas pu étayer son accusation.

— Vous connaissez les détails de l'affaire ?

— Pas encore. Les dossiers sont verrouillés, apparemment.

— Est-ce que ça peut vous aider à obtenir le retrait de la plainte contre moi ?

— Ça ne peut pas faire de mal. Peut-être que ça aidera, en effet, on n'en sait encore rien.

— Ça ne m'étonne pas, reprit Joe. Elle a dit quelque chose au sujet d'une affaire juridique empoisonnante dont elle venait juste de se sortir, et elle semblait éprouver beaucoup d'animosité à l'égard des hommes. Je crois que je perçois mieux pourquoi, maintenant.

Il n'en allait pas de même pour Abe.

— Je ne saisis toujours pas. Elle devait bien savoir que nous finirions par découvrir cette précédente accusation. Sa plainte est de plus en plus inconsistante. Pourquoi a-t-elle crié au viol si elle savait que son accusation ne tenait pas debout ?

— Elle n'a probablement pas beaucoup réfléchi, supputa Joe. Elle a dû appeler le 911 dès que j'ai quitté la chambre, puisque la police m'attendait quand je suis arrivé à mon hôtel. Peut-être va-t-elle se raviser ?

— Ça se pourrait, répondit Abe, peu convaincu. Mais nous devons considérer qu'elle foncera, et agir en conséquence. Nous ne pouvons rien laisser au hasard.

— Y a-t-il autre chose que je puisse faire ? s'enquit Campbell.

— Pas pour le moment, si ce n'est essayer de vous rappeler tout ce qu'elle a pu dire.

La serveuse interrompit la conversation en annonçant aux trois hommes que les cuisines allaient fermer. Campbell demanda un citron pressé et une coupe de fruits des bois, Abe commanda un cappuccino décaféiné et une chocolate torte, et Justin, un verre de vin blanc et une assiette de charcuterie.

Pendant qu'ils attendaient, Joe déclara :

— Il y a un truc dont je me souviens.

— De quoi s'agit-il ? demanda Abe.

— Ça me gêne un peu de parler de ça.

— Considérez-nous comme des médecins. Il faut que vous nous disiez tout ce qui peut nous permettre de vous aider.

— Je ne suis pas sûr que ça joue en ma faveur, mais bon...

Campbell prit une bonne inspiration, comme s'il se préparait à tirer un lancer-franc décisif.

— Au lit, quand la pression a commencé de monter et qu'on en est venus aux choses sérieuses, je suis passé... aux caresses buccogénitales, disons. Ça a eu l'air de beaucoup lui plaire, elle gémissait carrément. Je lui ai ensuite demandé si elle voulait bien... comment dire, en faire autant pour moi. D'habitude, elles acceptent, mais elle n'a pas voulu. Elle a parlé de je ne sais quoi, d'une sale expérience en matière de fellation.

— On arrête là, s'il vous plaît, coupa Abe en posant doucement la main sur le bras de Joe. C'est exactement le genre de choses contre lesquelles je vous prévenais ce matin, quand nous avons fait connaissance. Nous risquons de nous retrouver en terrain dangereux, là. Laissez-moi parler un instant, et ensuite, vous poursuivrez.

— Très bien, mais je crois savoir ce qui vous inquiète, et ça n'est pas un problème.

— Peut-être pas, mais laissez-moi l'initiative de la conversation.

Abe réfléchit une minute à la façon dont il allait formuler la question qu'il voulait poser à Joe.

— Bon, alors je vais vous dire un mot de la loi sur le viol, que vous connaissez d'ailleurs certainement.

Campbell fixa intensément l'avocat pendant que ce dernier enchaînait :

— Une femme qui consent à se prêter aux préliminaires, et même à l'acte sexuel, garde toujours le loisir de dire non à n'importe quel moment. Elle peut refuser n'importe quel *type* de rapport sexuel, même après en avoir accepté d'autres, quels qu'ils soient.

— Ça, je le sais, coupa Campbell. Je me souviens de l'affaire Marcus Webb. (Joe faisait allusion à un ancien joueur des Celtics, accusé d'avoir contraint une femme à se livrer à des rapports anaux après qu'elle avait accepté des rapports ordinaires.) Ne vous tracassez pas, ce n'est pas ce qui s'est produit en l'occurrence.

Abe continua à mener plus ou moins la conversation comme il l'entendait, bien que ses inquiétudes se soient un peu dissipées.

— Elle vous a donc dit qu'elle ne voulait pas pratiquer la fellation avec vous, et vous n'avez pas insisté, c'est exact ?

— Oui, c'est ça. Mais elle...

— Attendez un peu, laissez-moi poursuivre, je vous prie. Vous ne l'avez pas obligée à pratiquer la fellation, c'est exact ?

— C'est tout à fait exact.

— Quoi qu'elle ait fait, elle l'a fait de son plein gré. Exact ?

— Exact.

— Bon, fit Abe avec un soupir de soulagement. Maintenant, on peut se remettre à parler comme des gens normaux.

Justin demanda à Campbell si Jennifer lui avait expliqué en quoi consistait cette sale expérience.

— Tout ce qu'elle m'a dit, c'est que ça n'avait rien à voir avec une quelconque maladie, ni rien de ce genre. Ça concernait strictement le domaine affectif. Elle m'a clairement fait comprendre que ça ne me regardait pas, et que nous devrions poursuivre et faire l'amour.

— C'est donc ce que vous avez fait, compléta Abe.

— Oui, mais à partir de ce moment-là, c'est devenu merdique. Je ne sais pas, mais ça m'a en quelque sorte coupé mes moyens. Elle avait l'air contrariée, elle aussi, mais elle n'a pas voulu s'en tenir là. On aurait presque dit qu'on voulait tous les deux en finir. C'est d'ailleurs bien ce que j'ai fait. Et je me suis tiré de là comme un voleur.

— Vous a-t-elle demandé de rester ?

— Non, mais je pense qu'elle voulait en discuter. Moi, certainement pas.

— Vous a-t-elle accusé de quoi que ce soit avant que vous partiez ?

— Non, excepté par le regard. Ses yeux m'accusaient d'insensibilité. Les miens ont reconnu mes torts.

— Je pense que ça suffira pour le moment, déclara Abe, en consultant à nouveau sa montre. Une journée chargée nous attend, demain. Il ne s'agit pas de votre affaire, mais d'un condamné à mort dont nous nous occupons, dans le New Jersey. Je passerai vous voir à New York, en rentrant. Nous pourrons aborder ensemble les étapes suivantes. D'ici là, essayez de vous rappeler le moindre détail susceptible de nous être utile. Pistes à creuser, témoins, tout. Quand jouez-vous votre prochain match ?

— Samedi soir, Cleveland. Une équipe coriace. Super ville.

Là-dessus, Campbell sembla cesser de se préoccuper de l'affaire. Quand la serveuse apporta les commandes, les trois hommes entreprirent de passer le match en revue. Quel pied de discuter un match de la NBA avec l'un des joueurs, songea Abe, impatient de rapporter à Emma l'analyse que fit Campbell du troisième quart-temps. Mais cette tâche agréable devrait attendre le retour de sa visite matinale au couloir de la mort du New Jersey.

CHAPITRE CINQ

TRENTON — VENDREDI 17 MARS

La vue d'une prison abritant un couloir de la mort faisait toujours froid dans le dos à Abe. L'idée qu'un État pouvait délibérément supprimer une vie humaine lui était incompréhensible, surtout à la lumière du scepticisme que lui inspirait l'équité du système judiciaire. Désormais, il savait pour de bon qu'au moins un innocent allait être attaché sur un brancard après quoi on lui injecterait un cocktail chimique infernal spécifiquement mis au point pour tuer. La prison en question était un grand et imposant bâtiment gris hérissé de fil barbelé gris fer étincelant. Quand il se réfléchissait sur le métal scintillant, le soleil créait une sorte de halo céleste, masquant le véritable enfer qu'abritaient en fait ces murs, Abe le savait bien.

Le couloir de la mort, se dit-il en songeant à la visite qu'il allait rendre à Charlie O., était plus vivant que la maison de Haskel. Au moins y existait-il quelque espoir de survie pour certains des jeunes détenus. Le New Jersey était doté d'une Cour de cassation plutôt libérale, et bien que la loi d'État admette la peine capitale pour les assassins, les tribunaux avaient soustrait plusieurs de ses victimes à l'exécuteur au cours des dernières années. De fait, personne n'avait réellement été exécuté dans le New Jersey depuis quelques décennies.

Mais Charlie était un cas particulier. Il avait tué un Noir. Or les détracteurs de la peine capitale clamaient depuis toujours qu'en Amérique, nul n'avait jamais été exécuté pour avoir tué un Noir. Charlie survenait à point nommé pour l'État. Pratiquement tous ceux qui prônaient la peine capitale souhaitaient la mort de Charlie Odell. Son annonce ferait l'objet d'un communiqué important.

Charlie lui-même souhaitait mourir... tout du moins, avant de commencer à prendre ses médicaments. Maintenant, il voulait vivre. Il voulait qu'Abe lui sauve la mise jusqu'au moment où il pourrait prouver son innocence.

Charlie n'avait jamais modifié d'un iota sa version initiale des faits, selon laquelle il s'agissait d'une erreur de personne. Au moment de l'assassinat de Williams, lui-même était en train de vendre de la poudre dans le centre-ville de Newark, à plusieurs pâtés d'immeubles de là. Bien entendu, le mec avec qui il traitait — le témoin sur lequel reposait son alibi — n'avait jamais voulu se présenter, aussi Charlie tenait-il à ce qu'Abe recherche un jeune Noir dégingandé affligé de la même proéminence des dents supérieures que son client.

Et c'était bien ce qu'avait fait Abe. Il avait engagé un privé noir de Newark pour lui faire passer la ville au peigne fin. En vain. Newark était un endroit où les gens venaient se planquer pour un temps — se fondre dans le décor — avant de repartir. On y trouvait quantité d'itinérants, surtout dans les milieux criminels. Pour peu qu'un autre jeune Noir avec les dents en avant ait abattu Williams, il était probablement reparti, maintenant, expliqua le privé à Abe au bout du compte.

Une fois garés, les deux avocats enfermèrent leurs objets de valeur dans la voiture louée à l'aéroport de Philadelphie, précaution obligatoire pour qui rendait visite à un condamné à mort. Nul n'était autorisé à introduire quoi que ce soit dans l'enceinte de la prison. Les gardiens inspectèrent jusqu'à la semelle droite de Justin, quand le détecteur d'objets métalliques se mit à sonner. Justin avait marché sur une punaise qui s'était fichée dans son talon. Après l'avoir enlevée, les gardiens autorisèrent le jeune homme à passer le contrôle de sécurité. On prit ensuite l'empreinte de la main des deux hommes, puis ils furent conduits dans un vestibule bouclé aux deux extrémités, et débouchèrent dans un parloir attenant au couloir de la mort. Une pièce spéciale était réservée aux avocats pour qu'ils puissent y rencontrer leurs clients en privé. Une vitre de Plexiglas, percée de trous d'aération qui leur permettaient de se parler, la divisait en deux de façon à isoler les hommes de loi du détenu. Tout contact était interdit.

Charlie était déjà assis derrière quand Abe et Justin s'installèrent. Le jeune Noir posa la main contre la vitre, et Abe en fit autant de l'autre côté de façon à ce que leurs mains se superposent. C'était la poignée de main du quartier des condamnés. Justin fit de même, puis le jeune détenu se cala le menton au creux des paumes et se mit à parler d'un ton monocorde.

— Les laissez pas me tuer, je vous en prie. J'ai peur. Aidez-moi, je vous en prie, c'est pas moi qui ai fait le coup.

L'uniforme orange de la prison, mal taillé, flottait autour de son corps tandis qu'il se balançait d'avant en arrière — unique manifestation physique de son angoisse. Abe travaillait avec le jeune homme depuis assez longtemps pour discerner que derrière la façade relativement calme qu'il offrait, étaient enfouies les émotions de tout un passé de misère... la souffrance née de l'abandon, de la résignation, du désespoir.

— Nous savons que ce n'est pas vous.

Abe se leva et posa une main rassurante près de la tête de Charlie, contre la paroi de verre. C'était le geste le plus réconfortant qu'il put adresser au jeune homme dans un contexte qui excluait tout contact réel. Il aperçut les initiales de la « femme » de Charlie, sculptées dans la masse des cheveux comme brillantinés du jeune Noir, et se plaça devant les trous de la vitre pour lui parler.

— J'ai des nouvelles encourageantes, Charlie. Justin connaît quelqu'un qui sait qui a fait le coup.

— Qui ça ?

— Elle ne veut pas me le dire, coupa Justin. Mais je ne la lâche pas. Ça prendra peut-être un peu de temps, mais j'ai bon espoir de finir par la décider.

— Du temps... c'est juste ce que j'ai pas. Il reste même pas six semaines, maintenant. (Il se balançait plus vite.)

— Écoutez, Charlie, j'ai une idée.

— C'est quoi ?

— C'est quitte ou double, mais nous n'avons pas le choix.

Les balancements cessèrent.

— C'est quoi ?

Abe s'avança et murmura sa réponse à l'oreille du jeune homme au travers des trous :

— Il va falloir arrêter de prendre vos médicaments pendant quelque temps, Charlie.

Le jeune homme eut l'air désorienté.

— Si j'arrête, je vais retomber fou. C'est ça que vous voulez ?

— Oui, c'est ça, répondit sombrement Abe. Essayez de comprendre ce que je vais vous expliquer, Charlie.

Le jeune condamné écouta son avocat, qui s'efforça de lui exposer l'idée que lui avait inspirée l'attitude de Haskel refusant de prendre ses médicaments.

— La loi du New Jersey n'admet pas qu'on exécute quelqu'un qui serait fou — fou aux yeux de la loi. Or, la loi considère que sans vos médicaments, vous *êtes* fou, psychotique. Vous n'êtes pas censé les aider à vous supprimer. Ni les aider à vous rendre sain d'esprit pour qu'ils puissent ensuite vous exécuter. Donc, arrêtez de prendre vos médicaments.

— Mais ils vont me forcer à les prendre.

— Il se peut qu'ils essaient, mais nous les traînerons en justice. La loi du New Jersey n'admet pas qu'on vous force à prendre des médicaments, à moins que vous ne représentiez un danger pour les autres, ou pour vous-même.

— Quand je ne les prends pas, j'essaie de me supprimer. Je me cogne la tête contre les murs.

— Ils peuvent vous protéger en vous mettant dans une cellule capitonnée. Ça vaut le coup d'essayer. Je gagnerai du temps, c'est certain.

Justin demeura silencieux. Il doutait, aussi bien des chances de succès de l'opération, que du bien-fondé moral de cette démarche, en vertu de laquelle un avocat conseillait à son client d'arrêter ses médicaments. Dans l'avion, en venant, Abe avait raconté à son jeune collaborateur le cas, survenu dans le Texas, d'un condamné à mort souffrant de psychose qui avait suspendu son traitement, et dont le juge avait ajourné la date d'exécution programmée.

— Si ça a marché dans le Texas, ça peut certainement marcher dans le New Jersey.

— Peut-être, répondit Justin. Mais a-t-on moralement le droit de conseiller à un client de suspendre son traitement ? Il court le risque de se supprimer lui-même.

— Les normes sont multiples, en ce qui concerne le couloir de la mort. En l'occurrence, il s'agit de sauver une vie, *pas* de se mettre le cul à l'abri. On est bien obligés de prendre quelques risques.

La peur qu'éprouvait Charlie s'accrut encore.

— Vous savez pas ce que c'est, d'être fou. Quand j'arrête les médicaments, je deviens carrément barjot. Je ne sais plus ce que je fais, et la seule chose que je veux, c'est mourir. J'ai pas envie de me retrouver dans cet état.

— Ça doit être horrible, en effet, reconnut Abe. Mais malheureusement, nous n'avons pas le choix. Il faut que vous arrêtiez de prendre vos cachets, si vous voulez rester en vie.

Charlie regarda Abe, les yeux pleins de larmes.

— Je crois que je comprends. Si je veux pas qu'*eux*

me suppriment, fit-il en pointant le doigt vers le gardien qui se tenait devant la porte. Il faut que *moi*, je veuille me supprimer.

Charlie comprenait. Abe et Justin également — autant qu'il était possible à quiconque de comprendre cette comédie de l'absurde. Ce n'était qu'une contorsion bizarre au cœur de la danse macabre à laquelle se livrait la justice du couloir de la mort.

L'entrevue prit fin presque aussitôt. Avant que les gardiens ne l'emmènent, Charlie leva le pouce à l'adresse d'Abe.

— C'est vous le patron. Aidez-moi, Mr Ringel.

— Je vais essayer, Charlie. Je te promets que je vais essayer, répondit Abe en rendant son regard à l'homme qu'il venait de condamner à une possible démence suicidaire.

CHAPITRE SIX

De retour sur le parking de la prison, Abe récupéra son téléphone cellulaire mobile et appela le cabinet.

— Je suis bien contente que vous appeliez, Abe, lança Gayle, d'une voix que l'électricité statique rendait grésillante. Rendi tient absolument à vous joindre *avant* que vous voyiez Joe.

— Où est-elle ? demanda Abe.

Outre son statut de maîtresse-par-intermittence d'Abe, Rendi était une enquêteuse hors pair qui travaillait en collaboration avec eux sur l'affaire Campbell.

— Elle vous attend devant l'immeuble où se trouve l'appartement de Campbell. Elle s'est dit que comme ça, elle ne risquait pas de vous rater.

— Qu'est-ce qu'elle a trouvé ?

— Elle ne veut pas que je vous en parle au téléphone mobile.

— Je croyais qu'on avait acheté un de ces modèles à sécurité... ces trucs à brouillage ?

— C'en est un, mais même...
— Les nouvelles étaient bonnes ?
— Peut-être mauvaises ?
— Alors, qu'est-ce que je dois croire ?
— Je n'en sais rien. Elle vous expliquera.
— Du nouveau ? s'enquit Justin en voyant Abe rengainer son Motorola après en avoir rabattu le petit volet de protection.
— On rejoint Rendi à New York.
Justin ne parvint pas à retenir complètement un grognement.
— Elle ne pouvait pas vous dire par téléphone de quoi il s'agissait ?
Justin avait horreur de voir Abe associer Rendi — qui n'était pas du métier — à leurs stratégies juridiques, persuadé que cela dénotait un manque de confiance de ce dernier à son égard. Ce n'était pourtant pas le cas, en l'occurrence. Abe savait que son éternelle survoltée d'enquêteuse avait le chic pour dénicher les points chauds. Quelle que soit la raison pour laquelle elle avait filé à New York, il s'agissait à coup sûr de quelque chose d'important. Rendi n'avait pas pour habitude d'en faire trop.
— Tu sais ce que je pense de ses intuitions, Justin. On a déjà discuté de ça.
Justin remonta la vitre de sa portière et soupira.
— Je sais, je sais. Rendi est un génie de l'instinct.
— C'est vrai. Mais regarde, je ne fais pas appel à elle pour ce qui relève du domaine juridique. Pour ça, c'est à toi que je m'en remets. En revanche, quand il s'agit de comprendre les gens, Rendi bat tout le monde. Le fait est que si elle venait à entrer dans une pièce bourrée de gens en train de faire la fête, il ne lui faudrait pas plus de quelques secondes pour deviner qui aime ou déteste qui, qui tire dans les pattes ou fait du lèche-bottes à qui. C'est ça, l'intuition. Ça ne s'apprend pas dans les instituts de droit.
— Dites, Abe, si un jour on a besoin de radios en coupe tomographique sagittale de cerveaux, on aura aussi vite fait, à mon avis, d'appeler l'Hôpital Central du Massachusetts.

Abe, gentiment railleur, pinça la joue de son collaborateur.

— Allons, allons ! Fais risette, mon coco. Nous sommes sur l'affaire la plus sensationnelle que connaisse pour le moment le pays, et nous ne pouvons que la gagner. Alors de quoi faudrait-il nous inquiéter ?

— Elle me cherche, voilà tout...

— C'est son truc, à Rendi. Et c'est justement pour ça qu'on fait appel à elle.

Rendi les attendait au pied de l'immeuble où se trouvait l'appartement de Campbell, devant le magasin de vêtements du rez-de-chaussée, dans la vitrine duquel son jean et son pull se fondaient parfaitement. En la regardant, assis dans la voiture, Abe songea à la place qu'elle en était venue à occuper dans chacun des multiples domaines de sa vie.

Leur rencontre remontait à dix ans, et à l'époque, il n'aurait pas su dire si elle était âgée de vingt-huit, ou plutôt quarante ans. Avec son teint mat, son visage au type européen, Rendi se présentait comme une étrange et mystérieuse femme d'origine ethnique, civilisation et âge indéterminés. « Je n'ai pas de langue maternelle, aimait-elle à dire. Parce que je n'ai pas de port d'attache. » Abe savait qu'en fait, Rendi parlait onze langues, et toutes avec un léger accent. Ce ne fut que beaucoup plus tard qu'il découvrit qu'elle était née en Algérie, avait quitté ce pays toute petite pour s'installer en Israël, puis travaillé pour le Mossad, au sein duquel elle acquit ses compétences d'enquêteuse, et avoisinait plutôt trente-cinq que vingt-huit ans.

Pourtant, malgré le puissant attrait qu'elle exerçait sur lui, la relation qu'ils entretenaient n'était pas simple. Bien que le décès de Hannah remonte à neuf ans, Abe nourrissait toujours un fort sentiment de culpabilité vis-à-vis de la disparition de sa femme. Rendi et lui avaient passé une nuit ensemble environ une semaine avant l'accident de voiture qui coûta la vie à Hannah. Cette coïncidence torturait Abe, qui s'infligeait souvent de remâcher la certitude crucifiante que Hannah devait être absorbée par ses doutes au sujet de cette infidélité quand elle avait percuté un arbre. Leur incartade inspira tant de remords à Abe et Rendi, que plusieurs années s'écoulèrent avant qu'ils puissent commencer de réfléchir aux sentiments qu'ils se portaient mutuellement. Aujourd'hui encore, leur liaison restait chaotique, Abe n'ayant toujours pas réussi à prendre des engagements vis-à-vis de la jeune femme.

— Abe, là, une place. Garez-vous vite.

Le problème bien réel que représentait le fait de se garer à Manhattan replongea Abe dans le présent tandis qu'il effectuait son créneau pour glisser la voiture de location dans un emplacement payant entre deux camionnettes, juste au pied de l'immeuble de Campbell, sur Broadway, entre la 86ᵉ et la 87ᵉ Rue.

— Si on allait à pied jusque chez Zabar pour s'envoyer un bagel ? proposa Abe en prenant Rendi par le bras.

— Laisse tomber, Abe, tu n'as pas le temps.

C'était si caractéristique de Rendi, d'attaquer bille en tête une conversation, qu'Abe dut réprimer un sourire. La moindre parcelle de sa jolie silhouette était pétrie d'énergie nerveuse. Il était littéralement impossible de se détendre quand on côtoyait Rendi. D'ailleurs, que quiconque se détende à ses côtés était bien la dernière des choses que souhaitait Rendi.

Comme de bien entendu, il fallut que Justin riposte :

— Quel est le problème, Rendi ? Vous trouvez que l'affaire Campbell ne nous bouscule pas assez les méninges comme ça ?

Rendi fit mine de ne pas entendre cette remarque, et entraînant les deux hommes à sa suite, gagna le coin du pâté d'immeubles pour bifurquer dans la 87ᵉ Rue.

— Il n'y en a pas pour longtemps. Je ne voulais pas vous dire ça au téléphone, et j'ai pensé que si vous alliez voir Campbell, il se pouvait que vous ayez besoin de lui faire comprendre qu'il s'agit d'un point vraiment crucial. Je vous ai donc apporté l'original au lieu de vous expédier un fax. (Ouvrant sa mallette, elle en tira une feuille en laquelle Abe reconnut un rapport de police tiré sur ordinateur.) Écoutez un peu ça. Quand je l'ai reçu, ce truc-là se présentait exactement comme un compte rendu ordinaire : « La plaignante déclare avoir tout d'abord consenti aux avances de l'agresseur, y compris au cunnilingus », bla-bla-bla. Maintenant, écoutez bien : « L'agresseur a alors mentionné — c'est cette partie-là qui m'a intéressée — une plainte pour harcèlement sexuel déposée par la plaignante contre son précédent employeur, laquelle concernait un rapport bucco-génital. » Le rapport poursuit ensuite : « La plaignante a réclamé de l'agresseur qu'il cesse et s'en aille. L'agresseur n'a tenu aucun compte du refus exprimé par la plaignante, et l'a forcée à se soumettre à l'acte sexuel. » Et voilà une autre petite douceur : « Légère micro-abrasion vaginale pouvant résulter d'un rapport sexuel forcé », d'après le Dr Mary Stiller qui a examiné la plaignante.

— Ouais, mais ça peut avoir plusieurs origines, objecta Justin.

— Il y a quelque chose qui cloche. Vous m'avez dit, vous deux, qu'après le match, en vous entendant parler de la plainte pour harcèlement sexuel déposée par Jennifer Dowling, Campbell a eu l'air surpris. Maintenant, il semblerait pourtant qu'il était déjà au courant.

— Il peut y avoir plusieurs explications à ça, déclara Abe. Il arrive souvent que pendant quelque temps, mes clients gardent certaines informations par-devers eux, tant qu'ils ne me font pas entièrement confiance. L'expérience m'a appris que les prévenus — même innocents — mentent souvent au sujet des détails de l'affaire susceptibles de leur occasionner de la gêne, ou risquant, croient-ils, de nuire à leur défense. Par la suite, quand ils se retrouvent au pied du mur, ils se mettent à coopérer.

— Quand même, insista Justin. Comment Campbell l'aurait-il su ? La fille lui avait dit ?

— Mais si elle l'avait fait, pourquoi ne nous l'a-t-il pas répété ? Et pourquoi a-t-il passé sous silence le fait qu'il était au courant de cette histoire de plainte, alors que ça jouait précisément en sa faveur ? poursuivit Rendi en tendant le rapport de police à Abe.

— Peut-être la fille ne dit-elle pas la vérité, répondit Abe.

— Descends un peu de ton nuage, Abe, ne serait-ce qu'une minute, conseilla Rendi à l'avocat. Il y a quelque chose qui cloche. Ce rapport me fait une drôle d'impression.

— En général, on n'échafaude pas une bonne défense — ni une accusation — sur de drôles d'impressions. (Abe se rendit compte du ton sarcastique de sa remarque, mais ne fit rien pour l'atténuer. Rendi se révélait toujours douée pour lui mettre du plomb dans la cervelle... trop douée.) Tu sais, Rendi, j'apprécie vraiment que tu accoures ici, comme ça, toutes affaires cessantes. Et parfaitement ponctuelle, en plus de ça, comme toujours. Mais si Justin et moi voulons arriver à temps pour voir Campbell avant qu'il parte pour Cleveland, il faut que nous nous en allions. Où est ta voiture ?

— Dans un parking. C'est toi qui règles mes frais.

— Je te raccompagne. Attends-moi ici, Justin.

Ils s'éloignèrent d'un même pas, bien qu'Abe se voie contraint d'allonger sa foulée pour soutenir l'allure vive de Rendi. La jeune femme paraissait devenir de plus en plus mince et longue, quand Abe commençait pour sa part à prendre un peu de ventre.

— Tu sais, Rendi, je ne vais pas mettre ça aux oubliettes. Simplement je ne veux pas me poser en adversaire vis-à-vis de Campbell. C'est un bon client, pour nous.

Ils poursuivirent en silence. Rendi n'essaya pas de faire admettre son point de vue à Abe en ce qui concernait Campbell. Elle se taisait, chose inhabituelle chez elle, et semblait ailleurs.

— À quoi penses-tu ? lui demanda son compagnon.

— À rien, je t'assure. À l'affaire Campbell...

— Je ne t'ai *jamais* vue ne penser à rien, Rendi.

Alors maintenant, explique-moi la vraie raison pour laquelle tu as apporté ce rapport en voiture de Cambridge à New York.

— Je voulais te le remettre en main propre... et puis tu me manquais, en plus.

La réponse de la jeune femme surprit Abe. Cela ne lui ressemblait pas, son corps souple était dénué de tout os fragile, de tout point faible. Rendi n'était que muscles, énergie, et courage.

— Je ne t'ai pas vu depuis que tu as accepté de te charger de l'affaire Campbell, poursuivit-elle.

— Reprends-moi si je me trompe, mais ça fait deux jours.

— Deux jours, ça peut être long, ou court, c'est selon.

— Tu parles comme Haskel.

— Je considère ce que tu viens de dire comme un grand compliment.

— C'en est un. (Il ébouriffa les cheveux de la jeune femme.) Je te vois ce soir.

— Ciao.

Quand Abe rejoignit Justin, ce dernier ne lui cacha pas sa contrariété d'avoir été abandonné dans les rues de New York. Abe tenta d'amadouer le jeune homme, lui passant le bras autour des épaules, et lui demandant conseil sur la façon de procéder pour placer Campbell en face de son apparente incohérence.

— Je ne tiens pas à ce qu'il se figure que nous le traitons de menteur. C'est le client à ne pas perdre, par définition. Je dois donc me débrouiller pour qu'il se sente assez en confiance avec nous pour dire la vérité. Quand un accusé innocent se met à jouer les prévaricateurs, il est bon à remiser au placard.

— Commencez par éviter de traiter Campbell de *prévaricateur*. J'ai comme l'impression qu'il fait partie de ces mecs qui préféreraient s'entendre taxer de menteurs plutôt que de prévaricateurs.

— De toute façon, je ne crois pas qu'il mente non plus. Il a probablement la trouille, tout simplement.

Joe accueillit les deux hommes à la porte de son

vaste appartement sur le toit, empli — à la grande surprise d'Abe — de livres, revues, lithographies élégantes aux murs, et disques laser de musique classique. Le jeune homme leur fit traverser le salon à sa suite pour les emmener dans un petit bureau au centre duquel trônait un gros ordinateur, flanqué d'une imprimante laser, d'un modem-fax, et de toutes sortes de manuels traitant de programmation. On aurait dit l'appartement d'un jeune chargé de cours, à Cambridge.

Campbell vit l'expression qui se peignit sur le visage de son avocat, lorsqu'il entra dans la pièce.

— Surpris ? demanda-t-il. Vous vous attendiez aux photos de gonzesses et aux revues sportives ?

Cette remarque mit visiblement Abe mal à l'aise.

— Eh bien ! disons qu'en aucun cas je ne m'attendais à débarquer dans une piaule d'intellectuel. Vous êtes un personnage plus complexe qu'il n'y paraît.

— On ne peut pas juger quelqu'un sur ses lectures et ses goûts en matière de peinture, mais il se trouve que je lis beaucoup, et que j'adore faire des recherches sur mon ordinateur. On en apprend tout ce qu'on veut, vous savez, expliqua Joe en tendant à Abe un tirage papier d'imprimante faisant état de quelque quarante affaires juridiques. Voici votre palmarès des dix dernières années. Plutôt impressionnant, surtout si on laisse de côté les quelques mois qui viennent de s'écouler.

— Ça devient dur de gagner, par les temps qui courent, répondit Abe, avant d'ajouter d'un ton détaché : Au fait, Joe, avant que j'oublie... J'aimerais que vous jetiez un coup d'œil là-dessus. (Il tendit au jeune homme l'intégralité du rapport de police, pour ne pas lui donner d'indications quant à ce qui le tracassait vraiment.)

Joe lut attentivement le rapport, et prit quelques notes au passage. Quand il eut terminé, il déclara calmement :

— Ce rapport contient quelques inexactitudes, mais il a l'air de coller en grande partie à la réalité.

Je suppose que chacun voit midi à sa porte, et que le viol est affaire de point de vue. Cela dit, je ne l'ai pas forcée, à mes yeux, c'est clair. Elle a bel et bien consenti au cunnilingus. En fait, elle m'y a invité. Je ne l'ai forcée à rien qui soit allé à l'encontre de sa volonté.

Abe attendit de voir si Joe allait mentionner la précédente plainte pour harcèlement sexuel. Constatant que le jeune homme n'en faisait rien, il lui posa franchement la question.

— Et cette plainte pour harcèlement ? Vous n'avez pas signalé, hier soir, que vous étiez au courant de ça ?

— C'était pourtant le cas. Mais je ne me suis absolument pas servi de ça comme dit le rapport. Elle m'a parlé de ses problèmes passés avec les hommes, et je me suis efforcé de me montrer compréhensif. À ce moment-là, elle s'est mise à dérailler un peu, mais à aucun moment, elle n'a signifié son refus. Au contraire, elle avait l'air de vouloir en finir, comme moi, d'ailleurs. Si c'est ça, un viol, alors j'ai violé et je me suis fait violer par plusieurs femmes, durant toutes ces années.

— Non, un viol, ce n'est pas ça — du moins, pas au regard de la loi. Le groupe féministe auquel appartient ma fille en nourrit peut-être une conception différente, mais juridiquement parlant, il s'agit simplement d'une relation sexuelle merdique, et je parierais que vous préféreriez aujourd'hui ne pas l'avoir menée à son terme.

— Vous pouvez le dire ! Des relations sexuelles merdiques, je peux en avoir autant que j'en veux, tous les soirs de la semaine si ça me chante. Pourquoi est-ce que j'irais mettre ma liberté — et ma carrière tout entière — en danger pour obtenir quelque chose que je peux avoir en quantité illimitée ?

— Ce n'est pas une très bonne défense, Joe, répondit Abe en souriant. La plupart de mes clients coupables risquent ce qu'ils n'ont qu'en quantité limitée — à savoir, leur liberté, et leur réputation —

pour obtenir un petit peu plus de ce qu'ils possèdent déjà en quantité illimitée : l'argent, principalement.

Abe pensait aux dizaines de clients fortunés qui avaient risqué, et parfois connu, la prison pour quelques dollars supplémentaires. Comme l'avait dit Emma en apprenant la condamnation de l'une des clientes en question : « Quel besoin avait-elle d'escroquer les gens ? Il lui fallait vraiment encore une autre Porsche ? » Curieusement, songea Abe, les gens pourvus de tout semblaient affligés d'un besoin compulsif de posséder encore plus. C'était là une étrange réalité.

— Pour tout vous dire, poursuivit Joe. Je suis allé jusqu'au bout autant pour elle que pour moi. En se montrant aussi hardie, elle avait pris des risques affectifs. C'est elle, qui m'a fait des propositions. Cela dit, si ce n'avait pas été le cas, je serais sûrement monté au créneau. En plus de ça, elle avait traversé une sale période, avec cette précédente histoire. En refusant de poursuivre, je l'aurais vraiment blessée. En tout cas, c'est ce que je me suis dit sur le moment.

— C'est bon, ça semble plausible — du moins, à mes yeux. Mais revenons-en à ce procès pour harcèlement sexuel. Quand et comment en avez-vous entendu parler pour la première fois ?

— Je dois vous le dire, Abe ? C'est gênant.

— Oui, vous devez me le dire, Joe. Je suis votre avocat. Je dois tout savoir.

— J'aimerais mieux ne pas aborder ce sujet, si ça ne vous dérange pas. Je ne crois pas que ça ait le moindre rapport avec l'affaire, et je trouve ça embarrassant, d'en parler.

— Vous devez m'en parler, Joe. Il se peut que ça se révèle un élément important pour cette affaire, surtout si l'accusation tombe dessus. Je n'ai pas envie de me balader avec des œillères.

— Si je vous en parle, répondit Joe, ça restera totalement confidentiel ? Vous me donnez votre parole que vous ne révélerez ça à personne ?

— Écoutez, Joe, les lois en matière de secret professionnel sont clairement stipulées dans le code professionnel, et les exceptions, clairement précisées. Et je respecte aussi bien les lois que les exceptions.

— Si je vous dis ce que vous voulez savoir, ça entrera dans le cadre de la loi, ou de l'exception ?

— S'il s'agit de quoi que ce soit relevant du *passé*, ça entre dans le cadre de la loi, et je suis tenu de ne jamais en parler à quiconque. Mais si vous m'annoncez que vous *projetez* un crime *à venir*, alors ça entre dans le cadre de l'exception, et je suis habilité à le rendre public.

— Je ne projette pas le moindre crime à venir, Abe. Je n'en ai pas non plus commis par le passé. Tout ce que vous avez besoin de savoir a trait au passé, mais je ne sais toujours pas si oui ou non, je dois vous le dire. Ce n'est pas que je ne vous fasse pas confiance en tant qu'individu, seulement je suis, comment dire... une célébrité, et les choses viennent à se savoir. Votre secrétaire, votre fille... n'importe qui peut colporter des potins.

— Vous pouvez me faire confiance, Joe, à moi et à toute mon équipe. Nous sommes tous des gens du métier. Nous avons fait serment de respecter le secret professionnel, et c'est notre pain quotidien. Quant à ma fille, ou quiconque ne faisant pas partie de mon équipe, je ne lui raconte rien de confidentiel. C'est pourquoi elle a dû quitter le Harvest, quand nous nous y sommes retrouvés. Vous avez ma parole là-dessus. Il *faut* que je sache, sinon je ne peux pas vous défendre et remporter la victoire. Je ne peux pas courir le risque de me faire matraquer par l'accusation.

— C'est bon, si vous me promettez de ne jamais parler à personne de ce que je vais vous dire, je suppose que je n'ai pas le choix.

— Personne, sauf mes collaborateurs et enquêteurs, et seulement en vertu d'une nécessité professionnelle d'information.

— C'est bon, Abe, je m'en remets à vous. Ce n'est pas joli. Si un jour ça venait à se savoir, ça foutrait ma vie en l'air. Je passerais pour un vrai pervers.

— De quoi s'agit-il ? s'enquit Abe, en se demandant s'il n'aurait pas mieux valu qu'il ne sache rien du tout.

— Chaque fois que je fais la connaissance, ou que j'entends parler d'une fille qui m'intéresse, je me renseigne à son sujet par ordinateur.

— C'est ça, votre grand secret ? demanda Justin, incrédule. Un tas de gens se renseignent sur ceux ou celles avec qui ils sortent. Je parierais qu'elle aussi s'était rancardée à votre sujet.

— C'est parfaitement compréhensible, ajouta Abe. Comment vous y prenez-vous ?

— Comme vous pouvez le constater, j'ai un modem, et toute une série de petits gadgets informatiques. J'ai même un logiciel qui permet de décrypter les mots de passe. C'est sûrement illégal de se servir de ce genre de truc, mais je l'ai eu par l'intermédiaire d'un réseau d'utilisateurs.

— Comment fonctionne ce logiciel ?

— Chaque dossier secret est doté d'un mot de passe qu'il faut connaître pour pouvoir entrer dans la banque de données. Vous n'en reviendriez pas si vous saviez à quel point la plupart des mots de passe sont enfantins. Une grande fabrique de jeans se servait du mot « braguette ». Une agence publicitaire que je connais utilise « subliminal ». Un tas de gens se servent de leur jour de naissance, de noms d'équipes sportives, du prénom de leurs enfants. Ce logiciel de décryptage arrive à trouver pratiquement tous les mots de passe figurant dans un dictionnaire courant.

— Et s'il ne s'agit pas d'un mot accepté au Scrabble ?

— Pas de problème. Si j'ai affaire à une grande compagnie, je récolte tous les renseignements que je peux dans les dossiers accessibles, et j'appelle ensuite une secrétaire en me faisant passer pour quelqu'un du service de comptabilité. Vous n'en reviendriez pas si vous saviez à quel point certaines personnes sont crédules, et avec quelle facilité on arrive à leur faire dire le mot de passe.

— De quelle façon cela vous a-t-il aidé à découvrir cette histoire de plainte, dans le cas de Dowling ?

— Facile, répondit Joe, très fier. Pour commencer, j'ai pris tous les renseignements que je pouvais sur elle dans les banques de données accessibles — CompuLaw, Nexis. Là, j'ai découvert qu'elle avait intenté une action en justice, sans obtenir gain de cause. Sa plainte avait été déboutée, mais les raisons de ce rejet étaient verrouillées. J'ai donc supposé que la boîte pour laquelle elle travaillait alors devait posséder un dossier classé à propos de cette plainte. Il m'a fallu quelques heures pour décrypter leur mot de passe. Un petit peu plus astucieux que la moyenne, mais pas si difficile que ça. C'était « embrouille ». Je suis entré dans la banque de données, et tout était là. Pas de problème.

— Je n'arrive pas à croire que ce soit si facile que ça à déverrouiller.

— Surveillez bien vos propres dossiers, Abe. Je parierais que vous ne connaissez même pas le mot de passe de vos dossiers confidentiels.

— Vous avez raison, c'est bien le cas. Mais soyez bien certain que dès demain, je vais tous les changer.

— Utilisez des mots de passe aléatoires, Abe, aléatoires. Une série de chiffres au hasard, sans rime ni raison. Ça, c'est impossible à décrypter... Et changez-en tous les mois, aussi. Et dites à votre secrétaire de ne les révéler à personne.

— Merci de ces conseils avisés, Joe.

— Mais rappelez-vous votre promesse. Personne n'aura vent de mon petit secret. D'accord ?

— D'accord. Votre secret ne court pas de risque, avec moi. Je ne vois pas pourquoi c'est si important pour vous. Ça n'a rien d'un secret honteux... vouloir en savoir plus sur une femme avec laquelle vous allez sortir.

— Je vais paraître tellement calculateur, tellement vicieux. Et c'est probablement illégal, en plus. Au fait, ajouta le jeune homme comme si l'idée lui venait soudainement à l'esprit, j'ai regroupé les tirages concernant Dowling dans une chemise. Vous la voulez ?

— Un peu, que je la veux. Et tout ce que vous pourriez avoir d'autre avec.

Campbell ouvrit un tiroir de son bureau, en tira

une chemise proprement étiquetée, et tendit plusieurs feuillets à Abe. Le premier était un jugement annulant le rejet de la requête, le second, un jugement spécifiant que la plainte avait par la suite été déboutée par le juge, et le troisième, un extrait du dossier secret de la compagnie de l'accusé, énonçant dans un jargon juridique sibyllin les raisons du déboutement en question. Cela suffisait à établir que Jennifer Dowling avait menti lors d'une déclaration sous serment, et ainsi perdu toute sa crédibilité, ce qui constituait une excellente piste d'enquête.

Abe prit les deux premiers feuillets, et rendit le troisième à Joe après l'avoir lu avec soin.

— Je ne veux pas de celui-là dans mon dossier, expliqua-t-il. Il entre probablement dans la catégorie des objets volés.

— Mais pourquoi ne nous avez-vous pas dit un mot là-dessus hier ? demanda Justin avec un soupçon d'irritation nettement perceptible.

— Je vous ai expliqué que ça me gênait un peu de reconnaître que je prenais des renseignements par ordinateur sur les filles avec qui je sors avant de les revoir. Ce n'est pas très courtois. Et puis, rappelez-vous, nous étions au Harvest. N'importe qui pouvait écouter notre conversation. En plus de ça, je n'étais pas sûr de pouvoir vous faire confiance. J'avais besoin de vous entendre me promettre que tout resterait confidentiel. Je tiens à ma réputation de type courtois.

— Il n'est pas question de courtoisie, en l'occurrence, coupa Abe. Mais de se défendre d'une accusation de viol calomnieuse. Vous ne pouvez tout simplement pas vous permettre de taire quoi que ce soit. Or vous avez fait pire que simplement taire cette information. Vous nous avez sciemment fait croire que cette histoire de plainte pour harcèlement sexuel vous venait aux oreilles pour la première fois, hier soir.

— C'est juste. J'en suis vraiment désolé. Ça ne se reproduira plus.

— Ça ne *doit* pas se reproduire. Ce genre de chose

peut parfaitement nous revenir en pleine figure au cours d'une audience. C'est bien clair entre nous ?

— On ne peut plus clair. Je ne commets jamais deux fois la même erreur, demandez un peu à Riley, l'entraîneur. Vous pouvez compter là-dessus.

CHAPITRE SEPT

En rentrant à Cambridge, ce soir-là, Abe trouva Emma, Jon, et Rendi qui regardaient le journal télévisé du soir. Jon préparait un exposé avec Emma. Rendi, qui s'occupait du dîner, avait invité le garçon à partager avec eux le repas du sabbat.

Abe aimait bien Jon. C'était un fils d'universitaires, dont la mère enseignait le droit à Harvard, et le père travaillait comme ingénieur aéronautique au laboratoire Lincoln, affilié à l'Institut technologique du Massachusetts. Jon était né à New York, ce qui expliquait sa fidélité envers les Knicks. Sa famille et lui étaient venus s'installer à Cambridge à la fin de sa première année de collège.

Jon se montrait poli et attentionné envers Emma, et appelait toujours Abe « Mr Ringel ».

— Bonjour, Mr Ringel. Super affaire ! Je suis sûr que vous allez la gagner. Même Emma s'est rangée à votre avis, hier soir, alors si vous arrivez à lui faire entendre raison à elle, vous pourrez convaincre n'importe qui.

— Papa ne m'a pas fait entendre raison, corrigea la jeune fille. Ses arguments antédiluviens ne convaincraient personne qui sache un tant soit peu ce qu'est un viol. C'est Joe Campbell qui m'a convaincue. Il a vraiment été sympa. Fais-le comparaître, papa, il gagnera son propre procès.

— Quel touchant témoignage de confiance envers ton père, ma chérie. Le client gagnera sans l'aide de son avocat. Ne dis pas ça devant Campbell —

surtout pas avant qu'il m'ait réglé mes très coûteux honoraires.

— Oh ! tu comprends bien ce que je veux dire, papa. Je t'ai entendu seriner ça des milliers de fois : un client innocent est plus important qu'un bon avocat. Tu es un super avocat, papa, mais dans l'affaire en question, tu disposes d'un client innocent comme on n'en fait guère. Ça va être du tout cuit.

— Ça n'est jamais du tout cuit, dit Rendi. On tombe toujours sur un pépin qui empêche la sauce de prendre.

La famille Ringel et ses invités semblaient toujours graviter dans les parages de la cuisine. Ce soir-là aussi. Du fait de leur permanente soif d'information, un poste de télévision miniature était installé sur le plan de travail. Le visage de Campbell s'afficha tout à coup sur le petit écran. La voix familière qui commentait était celle de Cheryl Puccio, le procureur du comté du Middlesex. Elle était interrogée par Bob Maverick, le journaliste sportif :

— Les viols perpétrés par des sportifs deviennent monnaie courante. Il faut mettre fin à ça. Nous allons faire un exemple de Joe Campbell. Il avait été invité à Boston pour jouer au basket, pas pour agresser les femmes. Il y est aujourd'hui invité pour comparaître au tribunal, et je pense qu'il restera un certain temps dans le Massachusetts aux frais des contribuables, dans une prison.

Maverick demanda au procureur si elle disposait d'arguments solides, et lui rappela que plusieurs autres plaintes à l'encontre de sportifs étaient restées sans effet.

— Celle-ci est beaucoup plus sérieuse que l'affaire Coleman, ou Webber, répondit-elle. Notre plaignante est une femme d'affaires sérieuse, menant une belle carrière, et non une quelconque groupie évaporée. Nous disposons de confirmations physiques, que je ne peux révéler pour le moment. Je ne suis pas libre non plus de dévoiler le nom de la victime, car elle ne veut pas le voir figurer dans la presse, vous comprenez pourquoi. J'ai bon espoir d'obtenir une condamnation et une longue peine de prison.

Le procureur poursuivit, citant quelques autres scandales sexuels mettant des sportifs en cause.

Abe enrageait. Médias et confrères se plaignaient toujours quand lui-même « plaidait une affaire dans la presse ». Ne comprenaient-ils donc pas ? Il n'avait pas le choix. Il était obligé de riposter quand ce type de racolage s'exerçait dans le « prétoire » de l'opinion publique. S'il ne répondait pas, une interview de ce genre risquait de nuire à Campbell, car le public se livrait rarement à une analyse objective de l'information, et croyait celui qui s'exprimait en dernier, qui qu'il fût.

— Il faut que tu lui rendes la monnaie de sa pièce, affirma Rendi. Tu ne peux pas la laisser dire ce genre de truc sans t'inscrire en faux.

— S'il te plaît, papa, ne mets pas la victime sur la sellette.

— La jeune femme en question n'est pas *victime*, répliqua Abe. Mais plaignante, et je crois son accusation calomnieuse.

— C'est l'impression que ça donne, en effet. Son nom à elle reste secret, alors qu'on entend celui de Campbell dans tous les bulletins d'information, ajouta Rendi.

— Ça m'agace toujours, tu sais, lança Abe. Cette manie de ne pas révéler l'identité de la plaignante dans les affaires de viol.

— De la *victime* du viol, papa.

— Ça, Emma, on ne le saura qu'au terme du procès. Pour le moment, Jennifer Dowling n'est pas une victime, mais la plaignante.

— Si son nom était divulgué, papa, elle deviendrait une victime.

— Pourquoi ça ? On divulgue bien toujours celui des plaignants, dans les autres affaires.

— Mais le viol, c'est tellement personnel, tellement intime.

— Pas si elle accuse publiquement quelqu'un.

— De toute façon, papa, les noms des plaignants

ne sont pas toujours divulgués. Tu te rappelles quand Rudy Warren, le plus jeune frère de Janie, s'est fait agresser dans Harvard Square, l'an dernier ? Son nom n'a pas été mentionné.

— Parce qu'il était mineur. Tu crois qu'il faut traiter les femmes adultes comme des mineurs ?

— Quand elles ont été violées ? Oui, peut-être.

— Pas très égalitaire, ça, Emma.

— Pragmatique, en tout cas, papa. Si on commence à divulguer le nom de la victime, dans une affaire de viol...

— De la plaignante, Emma.

— D'accord, de la plaignante... un tas de victimes de viol ne porteront jamais plainte. Il y en a déjà plein qui gardent ça pour elles. Si elles savaient que leurs noms allaient être étalés dans tous les journaux, elles seraient encore plus nombreuses à le faire.

— C'est la rançon de la présomption d'innocence.

— Tu sais, Abe, renchérit Rendi. Ça devrait faciliter mon enquête, que le nom de Jennifer Dowling soit révélé. Les gens qui la connaissent pourraient m'appeler pour me donner des informations.

— Exactement ! s'écria Abe, tout à fait convaincu. Voilà un argument probant. Je vais divulguer le nom de Jennifer Dowling à l'occasion de la conférence de presse.

— Papa ! Ne fais pas ça. Tout le monde va rappliquer pour s'occuper de ton affaire.

— Ça, je ne peux pas l'empêcher. Rendi m'a persuadé que je devais ça à Campbell. On ne peut négliger aucune chance de récolter des renseignements sur Dowling.

— Des saloperies, tu veux dire, papa ?

— S'il y a des saloperies à savoir, et qu'elles présentent un intérêt, alors oui, j'ai besoin d'en récolter. En tant qu'avocat de la défense, c'est mon boulot.

— Tu détestes pourtant que la presse en déballe au sujet des gens. Tu n'es pas cohérent avec toi-même, papa.

— Non, en effet, répliqua Abe, froissé. Mais je ne suis pas journaliste. Je suis avocat, et je représente un client. Je n'ai pas d'autre choix que de faire tout ce que je peux pour l'aider.

— Tout ? demanda Emma, dubitative.

— Du moment que ça reste légal, et moral. Tu te rappelles l'affaire de la marionnette ? Tu m'avais aidé à fabriquer un « Pepe » en papier mâché.

— Quelle affaire de marionnette ? s'enquit Jon. Emma ne m'en a jamais parlé.

Père et fille sourirent, tandis qu'Abe racontait l'affaire, l'une de ses préférées, qui faisait désormais partie de son répertoire. Il y avait, dans le sud du Texas, un juge farfelu nommé Crosby, qui siégeait toujours en compagnie d'une marionnette. Chaque fois qu'il avait une décision délicate à prendre, il sortait sa marionnette, s'en coiffait la main, et lui demandait conseil. Abe avait été prévenu par un avocat texan à qui il demanda comment un rigolo pareil pouvait être réélu. Le Texan répondit :

— Ma foi, je suppose que par ici, les gens apprécient les décisions de Pedro, la marionnette.

L'affaire que plaidait alors Abe impliquait un comique célèbre, pris dans une rafle de la brigade des stupéfiants. La seule chance pour Abe de remporter le procès consistait à faire déclarer le coup de filet non conforme à la Constitution. Au terme de la plaidoirie, le juge Crosby sortit sa marionnette et lui demanda :

— Que dois-je faire ?

Mais avant que Pedro ait pu répondre, Abe se leva et demanda si un « avocat du cru » pouvait adresser quelques mots à Pedro. Le juge acquiesça de bonne grâce, et Abe sortit sa propre marionnette, nommée « Pepe », qui adressa une argumentation éloquente à Pedro.

Le juge Crosby trouva la chose si drôle, qu'il — ou plutôt, que Pedro — trancha en faveur du client d'Abe — ou plutôt de Pepe.

Tandis qu'ils quittaient la salle d'audience, l'avocat texan confia à Abe qu'il n'en revenait pas.

— Personne n'a jamais pensé à faire une chose pareille.

— Ça n'a rien d'un exploit, répondit Abe. Les avocats savent tous que lorsqu'on a affaire à un juge femme, il vaut souvent mieux que ce soit une femme qui plaide. Même chose pour un juge noir, ou hispanique. Je me suis contenté de mener le raisonnement jusqu'à sa conclusion logique.

Jon et Emma s'esclaffèrent à la fin du récit puis la jeune fille reprit son sérieux :

— Cette affaire-là était différente, papa. Il y était question de drogue. Dans celle-ci, c'est d'un viol qu'il s'agit.

— D'un viol supposé, ma chérie. Et le fait de divulguer le nom de la plaignante nous aidera peut-être à prouver qu'il s'agit d'une allégation calomnieuse. Désolé, Emma, mais je dois en passer par là.

Là-dessus, Abe entreprit d'appeler les gens qu'il connaissait dans le milieu des médias, les informant un par un qu'il souhaitait répondre à l'interview donnée par sa consœur.

— Demain matin, 11 heures, à mon cabinet. Je ferai ma réponse à Puccio. Ça sera de la bonne information.

En un quart d'heure, il avait réussi à mettre sur pied une conférence de presse au pied levé. Abe ne rechignait pas — en général — à recevoir les journalistes. Il avait passé des années à établir ces relations, car c'était ainsi que fonctionnait le système juridique... la couverture médiatique faisait partie du jeu, pour le meilleur ou pour le pire, et l'embrouille en était la règle principale.

Il était une autre règle qu'appliquait Abe, concernant les repas à la maison. Quelle que fût l'importance de l'affaire à laquelle il travaillait, on n'en parlait pas pendant le dîner. Au petit déjeuner, soit. Au déjeuner, passe. Mais jamais pendant le dîner. Et cette règle ne souffrait aucune exception, pas même pour l'affaire Campbell. Emma détestait « la règle », au même titre que toute autre restriction arbitraire.

— C'est une règle pour gamins, avait-elle protesté.

— Tu as raison, répondit Abe. Mais le gamin, c'est *moi*, pas toi. J'ai *besoin* d'une restriction arbitraire, sinon je ne sortirais jamais des affaires auxquelles je travaille.

Au menu, ce soir-là, il y avait un couscous oriental, l'une des spécialités de Rendi. Emma, Abe et Jon le trouvèrent délicieux et complimentèrent le chef.

— Je ne te comprends pas, Rendi, déclara Emma en piochant dans le plat pour éviter les morceaux de viande. Tu es la femme la plus libérée, indépendante et résolue que je connaisse, et pourtant, tu fais la cuisine pour mon père comme si tu étais son esclave. Comment ça se fait ?

— Parce que j'en ai envie, répondit Rendi, sans une ombre d'hésitation. J'adore faire la cuisine pour vous deux. Ça permet à mon côté femme d'intérieur de se manifester, alors que dans mon travail, j'ai rarement l'occasion de le mettre en œuvre.

— Mais pourquoi tu ne demandes pas à papa de t'aider... au moins à faire la vaisselle ?

— Parce qu'il n'aime pas ça. Et puis, ça ressemblerait à un échange de bons procédés. Je n'ai pas *besoin* que ton père fasse la vaisselle pour me prouver qu'il me considère comme son égale. Il me le démontre dans tous les domaines. Les relations que nous entretenons, quoi qu'on puisse leur reprocher, sont fondées sur l'égalité.

— Ouah ! s'exclama Jon. Sacrément bien dit !

— T'emballe pas, répliqua Emma en posant le bras sur l'épaule du garçon. C'est Rendi qui vient de causer, pas moi. Si un jour, tu veux que *je* fasse la cuisine, tu t'occuperas des courses, de la vaisselle, et du dessert.

Tout en savourant baklavas et café turc, les quatre convives discutèrent du choix de Jon, qui avait décidé de s'inscrire à Stanford plutôt que Harvard, et de celui d'Emma, qui entrerait à Barnard, et non à Brown. Abe était satisfait de les voir opter pour deux universités différentes. Avoir un gendre comme Jon lui plairait *au bout du compte,* mais il souhaitait qu'Emma sorte avec d'autres garçons. Le fait que Barnard se trouve tout en haut du quartier ouest de

Manhattan ne l'enchantait pas, mais il savait que ce genre d'institut conviendrait à sa fille ultrapolitisée.

Les dîners comme celui de ce soir allaient manquer à Abe. De même que la présence physique d'Emma dans la maison. Quand elle partirait à l'université, Abe ressentirait d'autant plus l'absence de Hannah.

Dès 10 h 30, le lendemain matin, le cabinet d'Abe était bondé de journalistes, caméras de télévision, et micros. Ce n'était pas la première fois. D'ailleurs, les autres locataires s'étaient déjà plaints que la présence de caméras dans l'immeuble gênait leurs clients. Abe n'y pouvait pas grand-chose, si ce n'est tenter de leur expliquer qu'il était difficile à un homme de loi d'exercer sans se soumettre de loin en loin à une invasion des médias.

À 11 heures précises, Abe commença :

— Cette affaire met en péril la liberté individuelle de tous les Américains. S'il est possible d'inculper quelqu'un de viol au vu des preuves — ou plutôt de l'absence de preuves — fournies en l'occurrence, alors nul n'est à l'abri d'une inculpation calomnieuse. En lisant soigneusement le procès-verbal d'arrestation — que je tiens à disposition de qui voudra le consulter — on relève plusieurs détails importants. Premièrement, la supposée victime reconnaît avoir initialement accepté le rapport sexuel. Inutile, deuxièmement, d'être un champion de la lecture entre les lignes pour se rendre compte que cette accusation calomnieuse d'abus sexuel n'est pas la première que porte la jeune femme en question. Je vous invite à examiner ceci avec soin, puis à faire preuve de courage en rendant compte du passé de la plaignante aussi scrupuleusement que vous rendez compte de celui de l'accusé.

Abe s'interrompit et planta ses yeux dans ceux de Mike Black — qui avait fait paraître un article le matin même, dans lequel il demandait pourquoi, si Abe Ringel croyait en l'innocence de son client, il ne risquait pas sa crédibilité personnelle, au lieu de se retrancher derrière les protestations d'innocence de Campbell ?

— Je suis prêt à mettre en jeu ma réputation professionnelle en affirmant aujourd'hui que si jamais cette affaire vient à passer devant les jurés, Campbell sera acquitté.

Sitôt sa déclaration terminée, les questions affluèrent.

— Maître Ringel, j'ai remarqué que dans le rapport de police que vous avez produit, le nom de la victime n'est pas oblitéré. S'agit-il d'un oubli ?

— Non. Je vous ai remis le rapport intégral, sans omission. Jennifer Dowling n'est pas considérée comme une victime présumée. Elle est la plaignante, et nous avons l'intention de prouver qu'elle porte une accusation calomnieuse.

— Vous voulez qu'on publie son nom ?

— La décision vous appartient. J'espère que vous le ferez, bien sûr. Et j'encourage quiconque détient des renseignements au sujet de Jennifer Dowling à appeler mon cabinet. C'est la raison pour laquelle nous avons décidé de divulguer son nom. Nous espérons que les gens qui la connaissent vont apporter des renseignements factuels.

Les questions redoublèrent.

— Pourquoi vous en prenez-vous à la victime supposée d'un viol ?

— Mettre la victime sur la sellette. C'est une stratégie discutable, non ?

— Pourrons-nous interviewer Campbell ?

Abe répondit d'abord à la dernière question :

— Pourquoi ne tentez-vous pas d'interviewer Mrs Dowling ? C'est elle, la plaignante. Mon client bénéficie de la présomption d'innocence. Le système en vigueur dans notre pays veut que ce soit le plaignant qui se retrouve sur la sellette. Cela devrait valoir aussi dans le cas des procès pour viol.

Abe écouta encore quelques questions, donna encore quelques réponses, puis clôtura la conférence de presse.

Justin l'entraîna alors dans une salle de conférences.

— Vous vous êtes sacrément avancé, en mettant en jeu votre réputation professionnelle. C'est sur bande vidéo, ça, et pour toujours ! Si Campbell perd, les chaînes de télé vont diffuser ce clip sans arrêt. Pourquoi avez-vous fait ça ?

— Parce que ce type est innocent, et qu'il va être *reconnu* comme tel. Contrairement à Charlie O., Campbell a tout pour lui... et pour nous. On va exploiter ça au maximum. Je sais ce que je fais, Justin. Laisse-moi souffler un peu, tu veux ?

— C'est vous le patron. Et c'est votre réputation qui est en cause. Je pourrai dire que je n'ai jamais entendu parler de vous, plaisanta Justin.

— Quelles nouvelles de Charlie O. ? Il a arrêté de prendre ses cachets ?

— Je lui ai parlé il y a une heure. Il a arrêté, en effet. Le psychopharmacologue auprès de qui je me suis renseigné m'a dit qu'il pouvait s'écouler quelques jours avant qu'on commence à voir une différence.

— Ils savent, à la prison, qu'il a arrêté ?

— Je n'en suis pas certain, mais quand ils le découvriront, ils vont sans doute l'obliger à reprendre ses médicaments.

— On vit dans un sacré monde, fit Abe, songeur. Un avocat doit rendre fou son client pour lui sauver la vie. Pas étonnant qu'il coure tellement de blagues douteuses sur le compte des hommes de loi.

Le lundi soir, Abe fut invité par Larry King à participer à un débat avec Gloria McDermot, avocate féministe qui s'était spécialisée dans la défense des victimes de viols. Ce fut à peine si King put placer un mot pendant que McDermot et Ringel disputaient des lois habituellement observées en matière de preuves — y compris en ce qui concernait la présomption d'innocence — et cherchaient à établir s'il convenait ou pas de les prendre en compte dans les affaires de viol.

Gloria ouvrit le feu :

— Vous savez, Abe, que le viol est le délit grave que

l'on tait le plus, en Amérique. Et la principale raison pour laquelle les victimes de viols n'entament pas de poursuites contre leurs agresseurs tient à ce que des avocats comme vous les traînent dans la boue, en divulguant leur nom, et en les soumettant à des interrogatoires comme si c'étaient elles qui avaient commis le crime.

— C'est juste, Gloria, le viol est souvent passé sous silence. C'est un problème grave dont nous sommes tous conscients. Cela dit, il existe un problème tout aussi grave que vous persistez à ignorer.

— De quoi s'agit-il ?

— Le viol est aussi le délit qui donne lieu au plus grand nombre d'accusations calomnieuses, notamment pour ce qui est des viols par une personne connue. On relève plus d'accusations inventées de toutes pièces en matière de viol par une personne proche, que pour n'importe quel autre délit grave, et c'est précisément pour cela qu'il nous faut des avocats qui passent au crible les déclarations de chaque supposée victime.

— Vous voyez, Abe, vous êtes en train de vous comporter comme je le disais, vous accusez les victimes de viols de mentir.

— Pas toutes, pas même la plupart. Seulement certaines. C'est pourquoi nous avons besoin de lois bien définies en matière de preuves, surtout pour les affaires de viol.

Le débat se poursuivit pendant une demi-heure, la plupart des téléspectateurs qui appelaient se prononçant en faveur de McDermot. Abe sentit pourtant qu'il avait réussi à faire passer son point de vue.

Le lendemain matin, Rendi fit une entrée fracassante dans le cabinet d'Abe.

— J'ai tous les renseignements qu'il te faut sur l'affaire de harcèlement sexuel de Dowling.

Abe s'interrompit au beau milieu de ce qu'il dictait à Gayle.

— Désolé d'avoir coupé le début de ta phrase avec le milieu de la mienne, lança-t-il, ironique.

Sans relever, Rendi se lança dans un exposé de ses découvertes :

— J'ai des précisions sur la raison pour laquelle la plainte de Dowling a été déboutée.

— Envoie.

— Jennifer Dowling a intenté une action contre Nick Armstrong, son employeur, après que ce dernier lui avait promis une promotion moyennant une fellation.

— Où diable es-tu allée te procurer ça ? Les dossiers sont verrouillés.

— Coup de téléphone anonyme... d'un type qui travaillait avec Dowling. Il a entendu ta conférence de presse. NBC a divulgué le nom de la plaignante, les autres chaînes, non.

— Qu'est-ce qu'il t'a raconté ?

— Tout un tas de ragots et bruits de couloir, dont la plupart ne nous seront d'aucune utilité. Mais le truc sur Nick Armstrong, j'ai réussi à le vérifier auprès d'une bonne source.

— Qui ça ?

— L'avocat d'Armstrong. Je lui ai rendu quelques petits services. Il t'apprécie, et espère que tu pourras un jour lui déléguer quelques affaires.

— Qu'est-ce qu'il t'a raconté d'autre ?

— Elle s'est exécutée, mais pas lui.

— Je me demande comment elle en est arrivée là ?

— J'ai obtenu la réponse à cette question en interrogeant une ancienne collègue de Jennifer. La boîte venait de perdre son client principal, Drexel Burnham, qui avait fait faillite. Le secteur des relations publiques, comme tu le sais, n'est pas florissant en ce moment. Jennifer était aux abois, et pour conserver son boulot, elle avait besoin de l'appui d'Armstrong.

— Donc, elle lui a taillé une pipe ?

— C'est là que ça se gâte.

Justin, qui venait d'en finir avec une communication téléphonique, rejoignit Abe et Rendi.

— J'ai manqué des trucs ?

— La plainte calomnieuse pour harcèlement a l'air

de se confirmer. C'est bon, Rendi, continue, pressa Abe.

Rendi, qui le connaissait bien, perçut sans mal son enthousiasme contenu.

— Donc, Armstrong s'est « désavoué » — si c'est bien le terme qui convient. Mais il a fait pire. Ce type-là est un fumier ambulant, c'est moi qui vous le dis. Il a recommandé Jennifer Dowling à un autre sous-directeur de la boîte, en la décrivant comme « la meilleure suceuse de New York ». Jennifer, ulcérée, a porté plainte contre les deux hommes.

— Qui vous a dit ça ? demanda Justin, qui avait manqué le début de la conversation.

— Sa collègue, qui travaille toujours au sein de la compagnie en question. C'est d'ailleurs cette même collègue qui a fini par craquer sous la pression qu'exerçait la direction, et révéler que Jennifer lui avait tout raconté.

— Grâce à quoi la boîte a obtenu le déboutement de la plainte... c'est bien ça ?

Abe, comme à son habitude, précédait tout le monde d'une longueur.

— Exactement. Jennifer avait menti dans sa déposition, en prétendant avoir repoussé les avances des deux hommes, ce qui, bien entendu, était faux en ce qui concernait Armstrong. Du coup, ça a anéanti toute sa crédibilité. La seule chose que ce cauchemar lui a valu, c'est d'arriver à un compromis — foireux, si vous voulez mon avis — en fonction de quoi le dossier contenant sa déposition serait verrouillé, et la raison du déboutement tenue secrète, si elle acceptait le non-lieu.

— Ça, c'est ce qui s'appelle débouter une plainte ! conclut Justin.

— Ça me fait de la peine pour elle, ajouta Rendi.

— Je comprends, mais il se trouve que c'est une aubaine pour notre client. Peux-tu nous trouver quelqu'un qui connaisse les détails de cette affaire et accepterait de témoigner... la fameuse collègue, pourquoi pas ?

— Non, elle n'acceptera pas de témoigner, mais je peux essayer de trouver quelqu'un d'autre.

Ce n'était pas tout. Le chauffeur de la limousine avait confirmé que Jennifer et Campbell échangeaient baisers et caresses dans la voiture, et que la jeune femme avait invité son compagnon à la suivre dans sa chambre.

Jusqu'à l'unique preuve physiologique — la légère micro-abrasion vaginale « pouvant résulter d'un viol » d'après un médecin spécialiste — qui se révélait pour le moins ambiguë. L'expert en matière d'abrasions vaginales, le Dr Joshua Weisburger, de l'Hôpital central du Massachusetts, avait confirmé que si l'abrasion relevée chez Jennifer pouvait provenir d'un viol, il se pouvait tout aussi bien qu'elle résulte d'un rapport consenti de part et d'autre, notamment si le pénis de l'homme était d'une taille exceptionnelle, et si la femme n'avait jamais eu d'enfants.

Désormais, selon Abe, l'accusation ne disposait plus du moindre argument, en dehors de la parole d'une soi-disant victime qui avait porté à l'encontre de son précédent employeur une accusation de harcèlement sexuel calomnieuse — ou que le dossier officiel établissait comme telle. S'il s'agissait de n'importe quel délit, ou de n'importe quel prévenu, se dit Abe, l'accusation plierait boutique. Mais Puccio n'en faisait rien. Elle ne proposait même pas de compromis. Ce dossier-là promettait de déboucher sur un procès qui sentait la promotion médiatique à plein nez.

Les choses s'annonçaient bien. La série noire allait s'achever, pour Abe. Bien qu'il ait le sentiment d'avoir pensé à toutes les éventualités envisageables, il décida, plus par habitude que par nécessité, de faire revoir les détails de l'affaire par Rendi et Justin. Il n'y avait rien qui puisse clocher.

CHAPITRE HUIT

CAMBRIDGE — JEUDI 23 MARS

— Ils le forcent à avaler ses cachets ! annonça Justin en entrant dans le bureau d'Abe. Le juge a programmé une audience avec Odell d'ici une heure. Le type qui nous représente sur place va s'en occuper. Il est en route pour le tribunal. Cette histoire fait un ramdam de tous les diables. Le procureur vous en colle l'entière responsabilité sur le dos. Il dit que vous faites du vedettariat aux dépens de votre client.

— Est-ce qu'on est prêts à faire appel si le juge approuve les soins forcés ?

— On n'attend plus que le signal.

— Abe, CNN vous demande au téléphone, lança Gayle. À propos des soins forcés. Ça s'est répandu comme une traînée de poudre.

— Allo ! Abe Ringel à l'appareil.

Le journaliste souhaitait savoir s'il était vrai qu'Abe avait conseillé à son client d'interrompre son traitement.

— Je ne discute jamais des conseils que je donne à un client, répondit Abe. (Là-dessus, il posa une question de pure forme au journaliste :) Que conseilleriez-vous à un ami qui risquerait de mourir à moins d'interrompre son traitement pour troubles mentaux ?

Justin dressa l'oreille.

— Non, reprit Abe. Je ne suis ni en train de confirmer que je lui ai conseillé d'agir ainsi, ni en train de le nier. Je vous laisse tirer vos propres conclusions... Bien sûr que je mesure les risques. Et vous, mesurez-vous les risques qu'on encourt en ne faisant rien ?... Non, je ne souhaite pas être interviewé en direct à la télévision.

Une interview n'arrangerait en rien les affaires de son client, Abe le savait, car jamais le grand public n'approuverait sa démarche.

D'autres appels suivirent : ABC, NBC, CBS, PBS, le

New York Times, le *Post*. L'affaire, épineuse, risquait de le devenir encore plus, quelle que soit la décision du juge.

— Le juge s'est prononcé, Abe. (Gayle apparut dans l'embrasure de la porte.) Stein attend au bout du fil.

— Salut, Max. Alors, c'est bon, ou pas ? demanda Abe à son vieux camarade, avec lequel il avait fait ses études de droit, et qui le représentait sur place dans l'affaire en question.

— Entre les deux, répondit Max. Le juge Cox a consenti pour un temps l'ordonnance de ne pas faire. On ne recourra pas à la force pour le moment. Il veut te voir au tribunal en compagnie d'Odell lundi prochain. L'ordonnance ne sera effective que jusque-là. Ce qu'il décidera ensuite, tout le monde se le demande. En tout cas, il n'a pas vraiment mâché ses mots à ton sujet.

— Qu'est-ce qu'il me reproche ?

— Tu aurais dû t'y prendre de façon moins détournée, intenter une action pour faire interrompre le traitement, au lieu de conseiller à Charlie O. de balancer ses cachets.

— C'est qu'il viendrait m'apprendre à faire mon métier ! Il sait que nos chances sont meilleures si l'État doit forcer Charlie à ingurgiter ses cachets.

— C'est bien ce qui lui déplaît.

— Très bien, on sera prêts lundi. On dispose d'un excellent expert en psychopharmacologie.

— Essaie de te trouver un expert en éthologie juridique. Il se pourrait que tu en aies besoin.

Abe et Justin décidèrent de passer les deux jours suivants à se préparer en vue de l'audience avec Odell et du procès Campbell. Abe adorait cette partie du travail d'avocat. Pas de clients dans les parages, pas de publicité intempestive, pas de juges. Rien d'autre que la stratégie juridique. Un chirurgien planifiant une opération compliquée, ou un général, une bataille décisive, devaient procéder de la même façon. Dans cette espèce de partie d'échecs, Abe déployait le meilleur de son talent, anticipant les tactiques de ses adversaires pour mieux les contrer.

Tout s'organisait impeccablement pour les deux affaires, quand sans crier gare, Justin remarqua un détail curieux dont il aurait pu se rendre compte une dizaine de fois, mais sur lequel il ne s'était pas attardé. Il feuilletait le dossier contenant les tirages d'imprimante de Joe Campbell, quand son regard s'arrêta sur le dernier feuillet du palmarès d'Abe, tout en bas duquel étaient imprimés les chiffres *08 :43.* Justin se reporta alors au tirage concernant l'affaire Jennifer Dowling, pour voir quels étaient les chiffres qui y figuraient.

Au bas de ce feuillet-là, il n'y avait rien.

La réaction première de Justin consista à ne pas prêter attention à ce détail et à s'orienter vers des pistes plus prometteuses, cette petite différence de présentation ne semblant avoir aucune incidence sur l'affaire Campbell. Le jeune homme se rappela toutefois ce qu'Abe lui avait dit lors de son premier jour de travail : « Il faut toujours chercher les indices ailleurs que dans les endroits évidents. » Là-dessus, il avait illustré la leçon en racontant à son jeune collaborateur comment, plusieurs années auparavant, il avait remporté une affaire de droit civil en remarquant un détail en haut d'une feuille télécopiée qui lui avait été remise pendant la « phase découverte » de l'affaire. Le *contenu* de cette feuille n'était pas particulièrement révélateur, avait expliqué Abe, mais les chiffres indiquaient le numéro de téléphone d'où provenait la télécopie expédiée à l'accusé. *Ce numéro,* lui, s'avéra fantastiquement révélateur, car il mettait au jour une possibilité jusque-là insoupçonnée de complicité dans la machination visant à anéantir l'entreprise du plaignant.

Cette anecdote revint à l'esprit de Justin tandis qu'il examinait le bas des deux tirages. S'agissait-il ici de quelque chose de révélateur ? Ou bien cette piste allait-elle, comme la plupart, s'achever en cul-de-sac ? Abe adorait raconter l'histoire de la télécopie, mais il ne parlait jamais des centaines d'autres affaires au cours desquelles un indice l'avait entraîné sur des pistes fumeuses qui ne menaient nulle part. Cela dit, on ne perdait rien à vérifier, même si c'était un gaspillage d'énergie, se dit Justin en composant le numéro de la compagnie responsable de la banque de données en question.

Le message enregistré sur le répondeur du service clientèle de la compagnie était horriblement long, proposant tout un éventail de choix au sein d'autres éventails de choix, mais Justin finit tout de même par entrer en communication avec un véritable être humain.

— Compulaw vous remercie d'avoir appelé son Service Clientèle. Ici, John Tierney, en quoi puis-je vous être utile ?

— J'ai une question à vous poser à propos de chiffres figurant au bas d'un tirage concernant votre service d'archives.

— Voyons si je peux vous aider, monsieur.

— Que signifient les chiffres *08 :43* ?

— Ils indiquent que l'abonné est resté en communication avec notre base de données pendant huit minutes et quarante-trois secondes.

— Il se trouve que j'ai un autre tirage sur lequel ces chiffres n'apparaissent pas. Quelle signification cela pourrait-il avoir ?

— Je n'en suis pas certain, mais ça peut venir de notre récent changement de présentation.

— Qu'entendez-vous par là ?

— Si vous êtes certain de disposer de l'intégralité du tirage, cela peut signifier que le feuillet sur lequel les chiffres ne figurent pas a été effectué avant que nous changions de présentation de façon à faire apparaître l'heure de la communication. Nous avions reçu tout un tas de réclamations de la part de cabinets juridiques auxquels cette précision était nécessaire. Nous avons donc modifié la présentation.

Cette information aiguillonna la curiosité de Justin.

— De quand date cette modification ?

Le technicien reprit la communication au terme d'un bref silence.

— Ça devait être le 1er mars de cette année.

— Merci.

— Y a-t-il autre chose que je puisse faire pour vous ?

— Non, c'est parfait comme ça.

— Bonne journée.

Après avoir raccroché, Justin se renversa dans son fauteuil, les pieds sur son bureau, et réfléchit à l'information qu'il venait de recevoir. À ce moment précis, Abe entra d'un pas nonchalant dans la pièce où se trouvait l'ordinateur.

— Du nouveau ?

— Eh bien ! oui. (Il se redressa et tendit à Abe le tirage sur lequel figuraient les chiffres entourés d'un cercle.) Vous voyez ça ?

— Oui.

Justin lui tendit alors le tirage concernant le harcèlement sexuel.

— Et là, vous voyez : pas de chiffres.

— Oui, et alors ?

Abe ne comprenait rien aux techniques de programmation informatique. Il ne s'en servait pas, n'y croyait pas, et en avait horreur. « Moi, j'aime écrire sur de gros blocs de papier jaune. C'est comme ça que j'arrive à réfléchir. » Il avait pourtant insisté pour que le cabinet s'équipe d'un matériel dernier cri, et pour que, lui excepté, tout le monde sache s'en servir. « Comme ça, je ne suis pas obligé de m'y mettre », répétait-il. Justin adorait décrire à ses copains, élevés comme lui à l'ère de l'information, la réaction d'Abe la première fois qu'il reçut un fax par le téléphone mobile sans fil que Gayle avait réclamé. « Cette machine infernale crache du papier ! s'était-il écrié, émerveillé. Alors qu'il n'y a même pas de câble.

« — La transmission par télécopie ne se fait pas par câble, avait expliqué Justin. De toute façon, même dans le cas d'un téléphone à fil, tout est électronique.

« — Je le sais bien, avait répliqué Abe, froissé. Mais au moins, quand il y a un fil, je vois que c'est relié à quelque chose. »

L'épisode du jour prouva l'utilité d'un tel équipement — sans qu'Abe ait seulement à appuyer sur une touche.

— Je ne comprends même pas en quoi consiste ce que je ne comprends pas. (Abe, ébahi, regardait Justin, assis devant lui.) Pourquoi le fait que ces chiffres figurent au bas de l'un des tirages, et pas de l'autre, est-il important ?

— Ce n'est pas *ça*, qui a de l'importance, Abe, mais le fait que le type de présentation a changé le 1er mars.

— Et alors ?

— Alors, Joe nous a dit qu'il avait rencontré Jennifer pour la première fois à New York le 10 mars. Mais si les tirages la concernant ont été effectués *avant* le 1er mars — comme le technicien semblait le dire — alors, Joe *devait* avoir rencontré cette fille au moins dix jours plus tôt qu'il ne l'affirme.

— Mais pourquoi mentirait-il à propos de *ça* ?

— Je n'en sais rien, Abe. Mais ce que je sais, en revanche, c'est qu'il a peut-être trouvé une excuse pour son premier mensonge, mais il va avoir plus de mal à se tirer d'un deuxième. Je commence à me faire du souci à propos de ce mec.

— Est-il possible, reprit Abe, que tu te trompes au sujet de cette histoire de présentation ?

— C'est possible, oui, admit Justin. Mais seulement s'il se trouve que, pour une raison ou pour une autre, le tirage dépourvu de chiffres n'est pas complet.

— C'est bon, attends une seconde, enchaîna Abe en fouillant parmi les feuillets. Montre-moi ce que je suis censé chercher.

Justin se leva, et désigna l'indication horaire qui figurait au bas du palmarès d'Abe, puis la fin du feuillet concernant Jennifer Dowling, où ne figurait rien. Abe examina de près l'espace vierge qui s'étendait après la fin de la dernière affaire Dowling.

Son regard s'attarda sur ce qui ressemblait à des taches d'encre, à l'extrême bord du feuillet. Voici ce qu'il vit :

— Qu'est-ce que c'est que ce bazar ? demanda-t-il à Justin.

— Je me demande. On dirait le haut de je ne sais quels signes, ou lettres, mais il y en a trop pour que ce soit une indication d'heure.

— D'où sortent ces trucs, à ton avis ? insista Abe, en scrutant les signes sibyllins.

— C'est peut-être le début de l'affaire suivante ? supputa le jeune homme.

— Mais s'il y a bel et bien une autre affaire à la suite, déclara Abe, rayonnant. Ça ne signifierait pas, des fois, que la recherche de Campbell a suscité plus d'informations que ça ?

— Ça se pourrait, reconnut Justin.

— Et donc, poursuivit Abe, *ce feuillet* n'étant pas le dernier de la demande de recherche, il se pourrait qu'une indication d'heure figure à la toute fin de la recherche. Et si tel est le cas, cette demande de recherche peut fort bien dater d'*après* le 10 mars, comme nous l'a dit Campbell.

— Peut-être, admit Justin, penaud.

— Tu as sans doute été vite en besogne, Justin. Joe ne nous a peut-être pas menti une seconde fois. N'allons pas présumer notre client coupable de mensonge réitéré sans avoir de preuve, s'il te plaît. Rien ne nous permet d'affirmer une chose pareille.

— Rien, en dehors du fait qu'il nous a déjà menti une fois, et que nous savons maintenant qu'il peut ne pas nous avoir donné l'intégralité du tirage. Pourquoi Campbell passerait-il quoi que ce soit sous silence s'il est aussi innocent qu'il le prétend ?

— Je n'en sais rien. Les gens innocents mentent à tout bout de champ, surtout à leurs avocats. Cela dit, je serais curieux de savoir ce que veulent dire ces signes. Tu arriverais peut-être à élucider ça en décryptant ces petites marques, au bas de la feuille.

— Je peux essayer, mais ça ne va pas être facile, répondit Justin, prenant les feuillets qu'Abe lui rendait et repassant derrière le bureau.

À mesure qu'il les contemplait et les examinait, les marques sibyllines commencèrent à prendre une vague signification aux yeux de Justin. Il pouvait s'agir de l'extrême sommet d'un groupe de mots ou de lettres occupant toute une ligne du tirage. La partie visible était pourtant trop infime pour qu'il puisse retrouver les mots sous-jacents.

Et tout à coup, il eut une inspiration. Après avoir photocopié une page du tirage, il découpa dedans assez de mots pour former un alphabet complet en mettant toutes les lettres bout à bout sur une seule longue ligne. Il masqua ensuite sa « ligne modèle » à l'aide d'une fiche de bristol de façon à ne laisser apparaître que l'extrême sommet des lettres. Cela lui permit de comparer son alphabet modèle avec le sommet des lettres qui figuraient au bas du tirage Dowling.

Il reconnut la plupart des majuscules — un « P », un « É », un « N », un « Y », un « M » et un autre « P » — ainsi que le sommet de plusieurs minuscules telles que « t », ou « k ». Il lui restait maintenant à remplir les blancs de façon à former une suite cohérente de mots. L'opération lui faisait penser aux parties de pendu du passé, ou au jeu plus moderne qu'est la *Roue de la Fortune.* Il s'évertua pendant près d'un quart d'heure à reconstituer les différentes possibilités en comparant les sommets des lettres, et aboutit bientôt à la chose suivante :

« -- P----- -- -Ét-t -- N-- Y--k ---t-- M--k P-t--- »

À l'aide des différentes combinaisons qu'il testa le jeune homme déduisit un enchaînement logique de mots et noms : « Le Peuple de l'État de New York contre Mark Peters. »

Ce n'était pas la seule possibilité, mais celle-ci semblait convenir, compte tenu du sens et du contexte. On aurait dit l'intitulé d'un compte rendu juridique de New York. Justin entra le tout dans CompuLaw, son logiciel de recherche juridique, et attendit de voir si l'ordinateur allait trouver une affaire correspondant à cette donnée.

Au bout de quelques minutes, des mots commencèrent à s'afficher sur l'écran. Il y avait bel et bien une affaire portant ce nom. Elle concernait un procès pénal remontant à 1987, celui d'un homme accusé de jouer au passe-dix — une variante du bonneteau — dans le centre de Brooklyn.

Justin n'y comprenait plus rien. Quel rapport Mark Peters avait-il avec Jennifer Dowling — ou plutôt Joe Campbell ? Comment une affaire de passe-dix pouvait-elle figurer dans une recherche ayant fourni le compte rendu des affaires de harcèlement sexuel de Jennifer Dowling ?

Justin emporta sa petite panoplie de décryptage et le compte rendu de l'affaire Peters dans le bureau d'Abe.

— Je crois que j'ai trouvé, Abe, mais ça m'a tout l'air de ne mener nulle part.

Il montra comment il avait rempli les blancs.

Abe fut très impressionné par l'inventivité de son jeune collaborateur.

— Nom d'un chien ! Comment t'es-tu débrouillé pour trouver ça ?

— C'est à force de regarder la *Roue de la Fortune* au lieu de plancher, pendant mes études de droit.

Il lui montra ensuite le compte rendu de l'affaire Peters. Abe le lut à plusieurs reprises, s'efforçant d'y trouver un quelconque rapport avec l'affaire Campbell. En vain. Cela ne menait vraiment nulle part.

Il examina à nouveau l'anagramme composée par son collaborateur.

— Ça ne serait pas possible que ton « Mark » soit en fait une « Mary » ?

— J'en doute, répondit Justin avec l'air d'un expert en quelque science fraîchement acquise. Le sommet des « k » se voit, alors que celui d'un « y » n'apparaîtrait pas.

— Qu'est-ce que tu dirais du prénom « Merle » ? Un « l », ça pourrait passer pour un « k », non ?

— Ça pourrait, mais il y aurait un problème d'espacement, sur la ligne.

— Alors « Merl » ?

— On ne court aucun risque à les essayer tous, répondit Justin en retournant vers la pièce où se trouvait l'ordinateur.

Il en revint au bout de quelques minutes.

— Pas d'affaire au nom de « Merle », « Merl », ou même « Mary ». Je crois que c'est Mark, le prénom.

— L'affaire Mark Peters n'a pourtant aucun rapport avec Jennifer Dowling ou Joe Campbell. À mon avis, il faut que tu retournes au charbon, Justin. Maintenant que tu m'as mis en haleine avec tes histoires de tirages d'imprimante, voyons si on peut pousser l'idée jusqu'au bout.

— Je vais faire de mon mieux, mais je n'ai pas grand espoir.

— Je sors un petit moment, annonça Abe en bâillant. J'ai besoin de prendre un peu l'air. Je reviens d'ici une demi-heure. Tu veux que je te rapporte quelque chose du square ?

— Ouais, un bon bouquin sur les anagrammes.

Abe longea trois pâtés d'immeubles en direction de Harvard Square pour aller y acheter un journal et réfléchir. En arrivant au kiosque, il se rendit compte qu'il avait faim, et jeta un coup d'œil à la vitrine de la boutique de restauration rapide, au coin de la place. Une affichette annonçait le sandwich du jour, le « Po'Boy », spécialité du Sud. Abe ignorait de quoi il s'agissait, et ce nom ne le mit pas en appétit, mais il se rendit compte, sans pouvoir se l'expliquer, que son regard était attiré par les mots *Po'Boy*.

Et tout à coup, il comprit. Mais bien sûr ! Comment pouvait-il — comment Justin pouvait-il — être passé à côté ? En contemplant les majuscules *P* et *B*, il s'aperçut que leurs sommets respectifs étaient identiques. L'ami Mark pouvait porter le nom de famille — peu vraisemblable — de Beters, ou Belers, ou même Belare. Ils étaient passés à côté de cette considération évidente parce que « Peters », nom de famille très répandu, remplissait parfaitement l'espace blanc.

Abe rebroussa chemin au pas de course jusqu'à son cabinet, où il trouva Justin aux prises avec l'ordinateur.

— Justin ? Ça pourrait être un « B », et non un « P », annonça Abe en pointant l'index sur le nom de famille de Mark, sur le tirage.

— Bon Dieu, mais vous avez raison ! s'écria le jeune homme. Et moi qui étais sûr d'avoir trouvé les bonnes majuscules. Je ne jouais plus que sur les minuscules. Mais qu'est-ce que c'est que ce nom-là, Beters avec un seul « t » ?

— Bizarre, mais ça vaut le coup d'essayer, insista Abe, qui n'était pas peu fier de sa découverte.

Justin tapa le nom de l'affaire, composant d'abord le nom « Beters », au lieu de « Peters ». Banco ! Au bout de quelques secondes, une affaire récente s'afficha sur l'écran, intitulée « Le Peuple de l'État de New York contre Mark Beters ». Peut-être celle-ci allait-elle présenter un rapport avec l'affaire Jennifer Dowling ?

Pourtant, cette fois encore, la lecture attentive du dossier se révéla infructueuse. L'affaire Beters concernait un procès à l'issue duquel un pompiste d'Albany, contre qui le seul chef d'accusation de viol avait été retenu, fut condamné à huit ans de prison. La condamnation était énoncée dans une ordonnance ne comportant qu'un paragraphe. Cela semblait assez banal et ordinaire.

Tout à coup, un autre intitulé apparut sur l'écran : « Le Peuple pour Beters contre McGrath, Superintendant de Police. » Là encore, il était question de Mark Beters. Il s'agissait d'une procédure d'habeas corpus ordonnant que Beters soit relâché, compte tenu du fait que la plaignante, une certaine Prudence Crane, s'était rétractée à la suite d'une reconversion à la foi chrétienne, et de conseils prodigués par un prêtre.

— Tout ça est passionnant, fit Abe. Mais quel est le rapport avec Jennifer Dowling ? Pourquoi l'affaire Beters figurait-elle dans une recherche au sujet de Jennifer Dowling ?

— Je ne sais pas, mais je vais continuer à me renseigner sur ce Beters jusqu'à ce que je sache quel rapport il a avec Dowling.

CHAPITRE NEUF

L'état de Haskel s'était encore détérioré. Les mains, la bouche du vieil homme tremblaient, et ses yeux larmoyaient. Abe lui trouva l'air aussi triste qu'à l'époque du décès d'Estelle, sa femme, trois ans auparavant. De toute évidence, il ne prenait pas ses médicaments. En voyant à quel point son vieil ami souffrait, Abe sentit son cœur se serrer. Et l'idée que Charlie Odell se débattait lui aussi avec ses propres démons sur le conseil de son avocat affectait doublement Abe.

Après avoir passé quelques minutes à supplier Haskel de prendre ses médicaments, Abe lui décrivit son problème d'ordinateur. Le vieillard réfléchit quelques minutes, puis se mit à poser ses questions rituelles :

— Si cette fille, Dowling, n'a rien à voir avec le nommé Beters, quel point commun peuvent présenter les deux épisodes qui les concernent ? Pour quelle raison quelqu'un souhaiterait-il consulter les dossiers de ces deux personnes-là en même temps ?

— C'est une bonne question, répondit Abe, dont le cerveau galopait à la recherche d'une réponse.

Et tout à coup, il comprit.

— Merci, Haskel, tu m'as éclairé une fois de plus.

Puis il repartit en direction de son cabinet, dans

l'espoir d'y trouver quelqu'un qui sache se servir de l'ordinateur.

Mais il n'y avait personne. Abe appela Justin : pas de réponse. Il gagna donc la pièce réservée à l'informatique, et s'aperçut que le Macintosh était allumé, et le service de recherches qu'avait consulté son jeune collaborateur, toujours affiché sur l'écran. Il appuya sur quelques touches pour comprendre comment lancer une recherche et tandis que, debout devant l'appareil, il se grattait la tête avec perplexité, Justin entra.

En trouvant Abe les doigts sur le clavier, Justin hurla :

— Ne touchez à rien ! Vous risquez d'effacer tout ce qu'il y a en mémoire, vous ne le savez pas ? Qu'est-ce que vous essayez de faire ?

— Haskel m'a demandé pour quelle raison qui que ce soit pourrait souhaiter consulter ces deux affaires en même temps. Il est sur la bonne piste. Alors maintenant, est-ce que tu saurais traduire cette question intelligente en jargon informatique ?

— Bien sûr, répondit le jeune homme. Y a-t-il un, ou plusieurs mots dont le sens soit à la fois assez large et assez précis pour déboucher sur ces deux dossiers-là à l'issue d'une seule demande de recherche ?

— Ça doit se trouver, répondit Abe, pensif. Il faut que nous trouvions des catégories qui regroupent plusieurs affaires possédant des caractéristiques communes.

— Vous avez compris le truc, Abe. Si vous perdez le procès Campbell, vous pourrez toujours vous recycler comme programmeur.

— Voyons, reprit Abe. « Viol » est trop restreint, puisque l'affaire Dowling ne fait pas état de ça. On y mentionne un rapport sexuel librement consenti moyennant une promotion.

— « Harcèlement sexuel », alors ?

— Ouais, mais c'est trop restreint pour l'affaire Beters.

— Qu'est-ce que vous dites de « abus sexuels » ?

— Bien trop vaste. Il y a probablement des milliers

d'affaires qui rentrent dans cette catégorie. Il faut la restreindre.

— Qu'est-ce que vous pensez de « accusations calomnieuses d'abus sexuels », ou « accusations calomnieuses » ?

— Ou alors « rétractations », ajouta Abe. Quelque chose dans ce goût-là ?

— Ça n'a pas l'air mal.

Justin appuya sur diverses touches, et au bout de quelques minutes de tentatives infructueuses et corrections, il en vint à soumettre « abus sexuels — non-lieu — année en cours — New York ».

Sept affaires ! Direction : l'imprimante. À nouveau quelques manipulations, puis le tirage, et enfin, les dossiers : les deux concernant Jennifer Dowling, puis celui d'une femme ayant porté une accusation calomnieuse de viol à l'encontre d'un homme qui l'aurait agressée sous la menace d'un revolver dans Central Park, une affaire de viol par une personne connue, dans laquelle une adolescente reconnaissait avoir tout inventé après que son père avait appris qu'elle n'était plus vierge, une autre dans laquelle une femme séparée de son ami affirmait que ce dernier l'avait violée, pour ensuite se rétracter quand ils se réconcilièrent, et une affaire concernant une rétractation de rétractation, faisant suite à une plainte pour viol.

Et enfin, l'affaire Beters ! Qui ne venait pourtant pas immédiatement après les dossiers Dowling dans le tirage, aussi Abe demanda-t-il à Justin comment il se faisait que les trois ne s'enchaînent pas comme dans le tirage initial de Campbell. Le jeune homme lui expliqua que l'ordre des dossiers pouvait changer au fil des jours, à mesure que de nouvelles pièces venaient grossir la catégorie en question. Il se pouvait aussi, reconnut le jeune homme, qu'il n'ait pas formulé sa demande de recherche exactement comme il le fallait. En tout cas, une conclusion évidente s'imposait : ce n'était pas en soumettant le nom de la jeune femme à l'ordinateur que Campbell avait obtenu le compte rendu des affaires Dowling. Peut-être avait-il commencé par là, mais ce n'était pas ce qui lui avait permis d'obtenir à la fois les dossiers la concernant, et celui de l'affaire Beters sur le même tirage. Il avait dû les obtenir en sollicitant une recherche dans une catégorie beaucoup moins précise, concernant des cas récents d'accusations d'abus sexuel aboutissant à un non-lieu.

— Je ne comprends pas, déclara Justin. Mais en tout cas, une chose est claire : Campbell nous a encore menti.

— Mettez un bémol à votre fougue accusatrice, jeune homme ! conseilla Abe. Je comprends que tu ne sois pas peu fier de ta petite découverte informatique, à laquelle il est normal que tu souhaites trouver une signification. Mais en l'occurrence, tu es à côté de la plaque. Il y a matière à se poser quelques questions, certes, mais tout ça ne prouve rien.

— Écoutez, Abe, riposta Justin, agacé. Nous sommes tenus de présumer notre client innocent. Je ne remets pas ça en cause. Mais ça ne veut pas dire pour autant que nous devons fermer les yeux en face de la vérité.

— La vérité m'intéresse autant que toi, Justin, et je ne suis pas certain d'apprécier ce ton moralisateur. Cela dit, continue, va jusqu'au bout. Mais ne commence pas à te braquer contre Joe. Il est probablement en mesure de tout nous expliquer. On ne lui en a même pas donné la chance.

— Eh bien ! faisons-le. Mettons-le en présence de ce que j'ai découvert.

— Trop tôt. Il risque d'avoir l'impression que nous le traitons en adversaire et non en client. Il perdra toute la confiance qu'il nous accorde peut-être encore, et ne jouera pas franc-jeu avec nous.

— Qu'est-ce que vous diriez d'un petit tour chez Zimmerman ? demanda Justin.

Gustav Zimmerman, chercheur bostonien, était l'autorité absolue en matière de détection de mensonge.

— Ça ne marcherait pas avec Campbell, rétorqua Abe.

— Je ne parlais pas de la *machine à détecter*, précisa Justin. Mais de la *technique*.

— Je sais de quoi tu parles, mais ça ne marchera pas non plus.

La *technique* dont parlait le jeune homme était une ruse à laquelle Abe recourait parfois lorsqu'il soupçonnait un client de ne pas jouer franc-jeu avec lui, tout en estimant qu'il était trop tôt pour le confondre. Il proposait alors au client en question de se soumettre à une séance de détection de mensonge, ce qui permettrait ensuite de convaincre l'accusation d'abandonner les poursuites. Là-dessus, pendant le trajet menant chez Zimmerman, Abe expliquait à son client qu'il était impossible de tricher avec le polygraphe, qu'il s'agissait d'une machine infaillible. En général, le client reconnaissait avoir menti avant même d'arriver au cabinet de détection. Justin n'était même pas sûr que Zimmerman existait vraiment.

— Joe sait très bien qu'il ne lui suffirait pas de passer devant le détecteur pour convaincre Cheryl Puccio d'abandonner une affaire aussi médiatique, poursuivait Abe. Il flairerait l'arnaque, et trouverait une bonne raison pour ne pas se soumettre à la séance. Ne perds pas de vue que ce type est intelligent. Deuxième meilleur résultat de la NBA au test d'aptitudes... derrière David Robinson. À moins et jusqu'à ce que nous soyons en mesure de produire des preuves tangibles — et non les déductions ambiguës que t'inspire ta découverte informatique —, nous continuerons à traiter Joe Campbell en client innocent. Pigé ?

— Oui, chef, répondit Justin, gratifiant Abe d'une parodie de salut militaire.

— Et maintenant, pendant que je vais à Trenton assister à l'audience avec Charlie Odell, toi, tu vas m'exploiter cette histoire d'ordinateur à fond. La présomption d'innocence n'est qu'une présomption. Une base de départ. On peut l'anéantir en produisant des preuves tangibles. D'ici là, je crois à l'innocence de Campbell. Tu piges ?

Avant d'entrer dans le cabinet d'Abe, Justin Aldrich avait travaillé pour plusieurs hommes de loi, dont quelques-uns de bonne, d'autres de mauvaise réputation. Jamais encore il n'en avait connu qui s'attachent autant à leurs clients, aussi en était-il venu à vouer une grande admiration à son patron. Pourtant, cette fois, il craignait que l'attachement louable d'Abe envers son client ne l'aveugle.

— Vous savez, Abe, lui dit-il. J'apprécie votre franchise à mon égard, et aussi le fait que vous ne m'épargniez pas.

— Tiens bon, petit gars, tu réussiras peut-être à apprendre des trucs dont on ne t'a pas parlé, chez les avocats de la grande ville !

CHAPITRE DIX

NEWARK — LUNDI 27 MARS

Abe et son expert en pharmacologie, le Dr Ralph Hoxie, arrivèrent à 8 h 30 à Newark devant le vieux palais de justice en grès bistre pour assister à l'audience avec Charlie Odell programmée par le juge, Cox.

Celui-ci fixa le début de la séance à 9 heures. On fit entrer Charlie dans la salle, chaînes aux pieds et menottes aux poignets, et l'huissier le fit asseoir à côté de son avocat. Le Dr Hoxie avait annoncé à Abe que le jeune homme serait affecté de spasmes musculaires dus à l'arrêt du traitement antipsychotique. Mais il y avait pire : le regard vide, et le balancement permanent qui faisait cliqueter les chaînes contre la table. Abe savait que de tous les jeunes ayant grandi dans les cités, aucun ne tiendrait à donner de lui-même le spectacle de ce personnage lamentable et hagard.

Le juge alla droit au but :

— Maître Ringel, il y a une chose que je voudrais savoir, et savoir tout de suite. Avez-vous conseillé à votre client mentalement déséquilibré de ne plus prendre ses médicaments ?

Abe entrevit une échappatoire dans la question du juge :

— Si la cour est prête à déclarer que Mr Odell, mon client, était mentalement déséquilibré au moment où il a *commencé* à ne plus prendre ses médicaments, il devient inutile de poursuivre la séance.

— Cessez de jouer au plus fin avec moi, maître Ringel, et répondez à ma question.

— Loin de moi l'idée de jouer au plus fin avec vous, Votre Honneur. Il convient de déterminer si oui ou non, Mr Odell était sain d'esprit à l'époque où il prenait encore ses médicaments. Si l'on considère que non, alors mon client peut entamer son traitement sans avoir à craindre d'être exécuté. En revanche, si l'on considère qu'il était sain d'esprit, les conseils qui lui ont été donnés par qui que ce soit ne rentrent plus en ligne de compte, car la décision de suspendre son traitement lui appartient en propre. En conséquence, Votre Honneur, je suis en droit de réclamer que soit déterminé son état mental avant de faire connaître ma réponse à votre question.

— Comment pourrais-je savoir s'il était sain d'esprit *à ce moment-là* ? répliqua le juge avec irritation. Je n'ai pas eu l'occasion de le rencontrer à ce moment-là. On le *présumait* sain d'esprit, puisqu'il devait être exécuté, et voilà que maintenant, le psychiatre de la prison m'annonce que le détenu n'est pas sain d'esprit. Il n'a pas l'air sain d'esprit, cela ne fait aucun doute. Maintenant, répondez à ma question.

L'échange avait permis d'attirer l'attention de l'auditoire sur le jeune Noir assis à côté d'Abe. L'avocat dut se faire violence pour se retenir de passer un bras protecteur autour des épaules de Charlie. Offrir du réconfort au jeune homme ne servirait pas son dessein du moment, et pourtant, de toutes les fibres défensives et protectrices de son corps, Abe n'aspirait qu'à démolir les caméras de télé qui cadraient en gros plan le visage tiraillé de tics de son client.

— En effet, je lui ai conseillé d'interrompre son

traitement, et aujourd'hui encore, j'enjoins formellement aux autorités carcérales de cesser d'administrer à mon client tout médicament susceptible d'affecter son état d'esprit, son cerveau, ou ses émotions.

— Est-ce là ce que *lui* souhaite, maître Ringel ? Peut-être faudrait-il que je désigne un tuteur qui agisse dans l'intérêt de Mr Odell, et non dans le vôtre ?

— Je *m'emploie* actuellement à agir dans l'intérêt de Mr Odell, et n'importe quel tuteur raisonnable reconnaîtrait que l'intérêt de mon client consiste à rester en vie, même si cela l'oblige à être fou pendant une période donnée.

Le procureur appela alors le psychiatre de la prison, le Dr John Blanchard, un homme d'une cinquantaine d'années à l'air rébarbatif, et aux cheveux gris taillés en brosse à la mode des années cinquante. Le Dr Blanchard déclara que Charles Odell avait traversé une période de psychose caractérisée à la suite du rejet de son dernier appel, qu'il ne se rendait pas compte de ce qui lui arrivait. Le médecin précisa qu'en tant que praticien, il estimait qu'Odell n'était pas en état d'être exécuté conformément à la norme en usage. Il décrivit ensuite le traitement qu'il avait prescrit au détenu, et la façon dont cela avait restitué au jeune homme la lucidité mentale autorisant l'exécution. Puis il exposa ce qui arrivait à Odell depuis l'interruption du traitement.

Le juge lui demanda alors :

— En tant que médecin, estimez-vous que l'état de Mr Odell tel que nous le voyons aujourd'hui, permette d'envisager son exécution ?

— Non. Il ne se rend pas compte du châtiment qu'il encourt. Il est psychotique et suicidaire au dernier degré. Nous l'avons placé sous surveillance permanente pour l'empêcher de se supprimer.

— Encore une question, docteur : en tant que médecin, estimez-vous que Mr Odell recouvrerait sa lucidité si je décidais que ses médicaments devaient lui être administrés de force ?

— Oui, Votre Honneur.

Abe interrogea à son tour le Dr Blanchard.

— Avant de commencer à exercer la médecine, docteur, avez-vous prêté le serment d'Hippocrate ?

— Oui.

— Vous rappelez-vous quel en est le principe premier ?

— Oui.

— Énoncez-le pour la cour, je vous prie.

— Je m'abstiendrai de tout mal.

— Respectez-vous ce serment ?

— J'essaie.

— Saviez-vous que si le traitement prescrit par vos soins opérait, Odell serait exécuté ?

— *Susceptible* d'être exécuté. On n'est jamais certain de l'issue, dans ce type de circonstances.

— En prescrivant le traitement en question, vous accroissiez pourtant les chances qu'avait Odell d'être exécuté ?

— Oui, mais...

— Avant d'en venir au « mais », je veux être sûr du « oui ». Vous accroissiez *sciemment* ses chances d'être exécuté.

— Oui... mais pas celles qu'il avait de mourir effectivement, ajouta le médecin.

— Pourquoi, docteur ? Parce que selon vous, sans ce traitement, mon client risquait de se suicider ?

— Oui.

— Cette méthode vous permet-elle de réduire ce risque ?

— Nous pouvons tenter de le faire, sans aucun doute.

— Il n'y a rien que vous puissiez faire pour réduire le risque que court Odell d'être exécuté s'il recouvre sa lucidité, n'est-ce pas ?

— Non. C'est à vous, et à la cour qu'incombe cette tâche. Pas à moi.

— La tâche qui vous incombe consiste-t-elle à aider l'État à exécuter Charles Odell ?

— Non, répondit le Dr Blanchard, haussant le ton. Ma tâche consiste à lui faire recouvrer sa lucidité.

— Vous *savez,* n'est-ce pas, que si vous l'aidez à recouvrer sa lucidité, l'État tentera de l'exécuter ?

— Oui, mais...

— Et donc *vous faisiez bel et bien du mal* à Odell en lui permettant de recouvrer sa lucidité, c'est juste ?

— Non, c'est faux ! déclara le médecin avec force, braquant l'index vers le visage de l'avocat. Je lui ferais du *bien* en le débarrassant de sa psychose. C'est l'État, qui l'exécuterait.

— Pas sans votre aide, n'est-ce pas ?

— En effet, mais ça n'entre pas dans le domaine de mes responsabilités. Ce n'est pas moi, qui rédige les lois.

— Vous vous contentez d'obéir aux ordres, n'est-ce pas ? demanda Abe avec mépris, sans même attendre de réponse.

L'objection sollicitée par le procureur fut admise, et le médecin quitta la barre, écumant de rage.

Le juge était visiblement contrarié :

— Vous voulez que votre client se suicide, maître Ringel, ou bien est-ce le contraire ?

— Non, nous ne voulons pas qu'il se suicide. Mais nous ne voulons pas non plus qu'il prenne ce traitement antisuicide qui n'est pas vraiment antisuicide mais pro-exécution. S'il le prend, il mourra. Ce que nous voulons, c'est que vous l'empêchiez de se supprimer sans l'obliger à prendre les médicaments en question, déclara Abe.

Le juge était furieux.

— Je sais ce que vous voulez. Vous voulez qu'il soit *suicidaire,* sans aller jusqu'à *commettre* le suicide. Vous voulez qu'il reste fou, mais en vie.

— C'est juste, Votre Honneur. C'est mon travail : le maintenir en vie.

— Ça n'est pas le mien, aboya le juge. Le mien consiste à m'assurer que les avocats comme vous ne roulent pas l'institution, et ne manipulent pas les lois de façon à les rendre ridicules. L'État a-t-il d'autres témoins à produire ?

— Pas pour le moment, Votre Honneur.

— Dans ce cas, veuillez appeler votre premier témoin, maître Ringel, déclara le juge.

À cet instant précis, Abe lui trouva un air de ressemblance avec son professeur de trigonométrie de Boston, qui débitait par cœur toutes les équations qu'il enseignait.

— La défense appelle le Dr Ralph Hoxie.

Le Dr Ralph Hoxie était un petit homme un peu efféminé, et affligé d'un tic nerveux, mais son visage, encadré d'une chevelure et d'une barbe rousses, rayonnait de chaleur et de bienveillance. Il donnait l'impression de travailler nuit et jour dans un laboratoire, et tel était le cas.

Quand le Dr Hoxie eut énoncé son impressionnant curriculum professionnel, Abe lui demanda d'expliquer quel avait été l'effet des médicaments prescrits par le psychiatre de la prison. Suivit un exposé détaillé de deux heures, décrivant l'action pharmacologique de divers médicaments antipsychotiques, ainsi que leurs effets secondaires. La plupart des auditeurs avaient quitté la salle quand le docteur aborda la dernière partie de son témoignage. La chaîne de télévision du tribunal changea d'affaire, et passa à un procès pour viol en Californie.

Le juge demanda alors au procureur de quand datait la dernière prise de médicaments de Charles Odell.

— D'avant l'ordonnance provisoire de ne pas faire que vous avez consentie, Votre Honneur. Ce qui doit se monter à quatre ou cinq jours, je pense.

Le juge demanda à l'huissier de faire approcher Charlie. Comme il fallait s'y attendre, le silence s'abattit sur l'assistance tandis que l'huissier s'exécutait. Debout devant les magistrats, le détenu vacillait d'avant en arrière, ses chaînes traînant sur le lino. Le juge l'interpella :

— Mr Odell, savez-vous qui je suis ?

Abe bondit.

— Votre Honneur, veuillez, je vous prie, ne vous adresser à mon client *que* par mon intermédiaire. Mr Odell invoque le Cinquième Amendement en vertu duquel il est libre de ne répondre à aucune question.

— Asseyez-vous, maître Ringel. Je veux découvrir moi-même si oui ou non, Mr Odell souhaite poursuivre son traitement.

— Je suis désolé, Votre Honneur, mais Mr Odell ne peut ni ne veut répondre à aucune question.

Le juge se tourna alors vers le Dr Hoxie, qui avait disposé quelques-uns des médicaments antipsychotiques sur la table, devant lui, pour étayer son témoignage.

— Docteur Hoxie, voulez-vous, je vous prie, montrer un comprimé de Thorazine à Mr Odell de façon à ce qu'il le voie bien ?

— Objection, objection ! hurla Abe. Ceci n'est absolument pas conforme.

— Veuillez vous asseoir et vous taire, maître Ringel. Nous sommes ici dans ma salle d'audience, et c'est moi qui décide de la conformité de ce qui s'y passe. Vous disposez pour votre part du droit d'élever des objections et de faire appel. Docteur Hoxie, veuillez montrer le comprimé à Mr Odell.

Le médecin s'exécuta, élevant le gros cachet jaune entre le pouce et l'index d'un geste nerveux.

— Et maintenant, Mr Odell, vous pouvez prendre ce comprimé si vous le souhaitez, annonça le magistrat d'une voix lente et forte en désignant le médicament que tenait le Dr Hoxie.

— Objection ! cria Abe. (Sur quoi, se tournant vers le jeune Noir, il lui lança :) Charlie, retournez vous asseoir. Huissier, ramenez Mr Odell jusqu'à sa place.

— N'en faites rien, monsieur l'huissier. Laissez Mr Odell où il se trouve, ordonna le juge.

Charlie, qui se tenait à une cinquantaine de centimètres du Dr Hoxie, le regarda fixement. Puis ses yeux se portèrent sur le comprimé que le médecin tenait du bout des doigts. Puis il regarda le juge. Et enfin son regard revint se poser sur le comprimé. Abe écumait. Un silence absolu régnait dans la salle, que rompait à peine le chuchotement des cameramen qui pressaient les techniciens de revenir sur ce procès-là.

Tout à coup, Charlie Odell se jeta d'un bloc — chaînes et menottes comprises — sur le Dr Hoxie terrorisé, et lui mordit la main en essayant d'attraper le comprimé.

Un vent de panique souffla sur la salle d'audience. L'huissier tenta de séparer Charlie et le Dr Hoxie, pendant qu'Abe se ruait sur le jeune homme pour l'empêcher d'avaler le comprimé. Le comprimé tomba sur le lino, Abe le rafla.

— Donnez ce comprimé à votre client, maître Ringel, lança le juge. Il est évident qu'il souhaite le prendre.

— Je refuse, riposta Abe d'un ton de défi. Mon client n'est pas sain d'esprit. Il n'est pas en mesure de décider s'il souhaite ou non prendre des médicaments.

Là-dessus, il jeta le comprimé par terre et d'un coup de talon, le réduisit en poudre.

— Par le présent acte, j'ordonne aux autorités carcérales d'exiger de Mr Odell qu'il prenne ses médicaments, vociféra le juge en appuyant sa phrase d'un violent coup de maillet. Je déclare qu'il est dans l'intérêt de Mr Odell de prendre ses médicaments, et qu'il souhaite prendre ce comprimé. Vous n'aurez probablement même pas besoin de recourir à la force, ajouta le magistrat en se tournant vers le psychiatre de la prison. Le cas échéant, vous avez l'autorisation de le faire dans des limites raisonnables.

— Par le présent acte, je requiers que l'ordre émis par Votre Honneur soit suspendu durant vingt-quatre heures pour me permettre de faire appel.

— Cessez de finasser, maître Ringel. Mr Odell va reprendre son traitement. La séance est levée. Emmenez le prisonnier. Bonne journée.

— Bonne journée ! répéta Abe d'un ton ironique alors qu'il quittait la salle d'audience en repensant à cette affaire plaidée dans le Texas, à l'issue de laquelle, au bas de la condamnation à mort d'un homme, un juge avait apposé sa signature en l'ornant d'un petit graffiti représentant un sourire. Dans le brouhaha des voix surexcitées des journalistes et des badauds, il ne distinguait plus qu'un son : le cliquetis des chaînes s'éloignant alors que l'huissier ramenait un innocent vers son enfer personnel, plus près du rendez-vous avec son bourreau.

Abe quitta la salle du juge Cox, démoralisé. L'audience avait été un désastre. L'unique espoir pour Charlie O. consistait à faire appel de la décision du juge. Il se pouvait que le comportement de ce dernier choque les magistrats de la cour d'appel, se dit Abe, qui l'espérait bien.

Tant que durait l'audience, Abe n'avait pas pensé au problème Campbell. Mais une fois sorti de la salle, ses pensées se concentrèrent à nouveau sur le basketteur. Il tira son téléphone cellulaire de sa poche, et essaya de joindre Justin. La ligne étant envahie de friture, Abe dut s'y reprendre à plusieurs fois.

Les petits motifs affichés par l'économiseur d'écran dansaient sous les yeux de Justin qui s'évertuait à comprendre le tirage étalé devant lui. La sonnerie du téléphone anéantit sa concentration.

— Mauvaises nouvelles, annonça Abe, sur quoi il informa son collaborateur de la situation de Charlie.

— Vous allez obliger Cox à faire machine arrière, Abe. La cour d'appel n'admettra jamais les micmacs de ce juge. Offrir à un fou de prendre ses médicaments, c'était de la connerie.

— J'espère bien.

— Dites, Abe, revenons-en à Campbell. Il se passe un truc pas clair.

— Du nouveau ?

— Ouais. Vous vous souvenez que quand on a tapé notre demande de recherches concernant les « accusations calomnieuses », l'affaire Beters n'est pas apparue à la suite du bazar Dowling ?

— Ouais, tu n'as pas su me dire pourquoi.

— Eh bien ! je crois que je saurais, maintenant. En fin de compte, toutes les affaires qui figurent aujourd'hui entre les deux dossiers en question ont été rentrées dans la banque de données entre le

20 février et le 10 mars. Ce qui signifie que Campbell a dû faire sa recherche quelque temps avant le 20 février... Pas après le 10 mars, comme il nous l'a dit.

— Tu recommences avec tes histoires de chronologie, Justin ! Tu avais reconnu que ça ne menait nulle part, non ?

— Ça en avait l'air quand vous avez remarqué les petits signes, au bas de la page, mais je n'en suis plus si sûr, maintenant. Je continue à penser que Joe a pu rencontrer Jennifer pour la première fois avant la date du 10 mars qu'il nous a indiquée.

— Pourquoi mentirait-il à propos de *ça* ?

Abe attendit la réponse de Justin, en vain, car la communication s'interrompit brusquement. Après un rapide changement de pile, Abe entendit à nouveau la voix de son interlocuteur.

— Ouais, je disais donc que de toute façon, Abe, je n'ai aucune idée de la raison pour laquelle Campbell mentirait à propos de quoi que ce soit... à condition qu'il soit aussi innocent que vous l'affirmez. Qu'allez-vous faire, maintenant que je vous ai donné ce renseignement supplémentaire ?

— Rien du tout, riposta Abe. Du moins, pas pour le moment. On n'a pas assez d'éléments pour le confondre. Jusque-là, ce ne sont que de simples soupçons. Il nous faut plus de données que ça.

— Mais on en a des tas. Ce renseignement, que l'ordinateur...

— Il faut que tu saches, Justin, coupa Abe, que je n'accorde pas grande confiance à tes petits jeux informatiques. J'admire ta persévérance et ton inventivité, mais je me fie beaucoup plus aux instincts humains qu'à ton gadget technologique. Il faudrait quelque chose de plus probant, de décisif, pour me convaincre que Campbell est coupable de mensonge à notre égard... voire de viol. J'ai chargé Rendi d'étudier l'aspect humain de la chose. Voyons déjà si elle nous rapporte quoi que ce soit. Rappelle-toi à quel point les déclarations de Jennifer Dowling sont peu convaincantes. Nous avons affaire à un client innocent, et rien de ce que tu m'as soumis n'arrive à me faire changer d'avis. Continue tes recherches. Après tout, l'innocence de Joe n'est qu'une présomption.

CHAPITRE ONZE

CAMBRIDBE — VENDREDI 31 MARS

Ça n'était pas réglo. La perspective d'enquêter sur les comportements sexuels d'un client sans qu'il en sache rien mettait Rendi mal à l'aise. Et quand Rendi était mal à l'aise, tout son corps se rebellait. Elle faisait partie de ces femmes qui se mettent entièrement dans leurs moindres gestes, émotions, ou réactions. Justin avait un jour dit de Rendi qu'elle incarnait « le sentiment en mouvement ».

C'était la femme la plus passionnante que connaisse Abe : sombre, souple et musculeuse, preste, parlant vite, et pensant plus vite encore. Et bien que cela fasse pratiquement dix ans qu'ils étaient amis intimes et associés, une grande partie de sa personnalité demeurait mystérieuse. « Je viens de partout et de nulle part, aimait-elle affirmer. Je ne sais pas où je serai le mois prochain. » Elle avait vécu à Cambridge plus longtemps que partout ailleurs, et adorait raconter cette blague au sujet de la bohémienne de Roumanie qui annonce à son amie qu'elle va vivre en Amérique. « Mais c'est loin ! » répond l'amie, et la bohémienne de riposter : « Loin d'où ? » Rendi était une bohémienne de l'esprit, une nomade. Elle n'avait pas d'endroit duquel être loin.

Abe espérait en apprendre plus sur elle avec le temps, mais apparemment, c'était une souffrance pour la jeune femme que de divulguer des détails personnels. Durant son adolescence, elle avait fait du théâtre, et voyagé avec une troupe internationale dont la spécialité consistait à jouer Ibsen en plusieurs langues. Pendant cette période-là, qui dura près de deux ans, elle fut recrutée afin de mener sa première mission secrète pour le compte du Mossad — rien de particulièrement dangereux, puisqu'il s'agissait surtout de photographier certains lieux bien précis en Turquie, Grèce, Tchécoslovaquie, Égypte, et une fois, même, au Liban, avant que la guerre bouleverse le pays. Elle se fit prendre à deux reprises, et on lui confisqua sa pellicule, mais elle jouait les touristes innocentes à la perfection.

Tout était imprévisible, chez Rendi, surtout ses opinions. C'était une féministe enragée... avec des idées et des réactions très personnelles. Elle ne voulait pas — ne pouvait pas — se satisfaire d'un statut de subalterne, que ce soit dans le domaine professionnel, ou ailleurs. Pour elle, le viol représentait l'humiliation suprême, mais elle pensait aussi que les femmes devaient endosser la responsabilité de leurs propres actes, ce qui expliquait que l'affaire Campbell soit si énigmatique à ses yeux. Ses propres sentiments à l'égard du rôle tenu par Jennifer Dowling dans l'agression en question la troublaient.

Quelques mois auparavant, Emma et Rendi s'étaient livrées à un bruyant affrontement verbal, au dîner, à propos de l'argument de la « tenue provocante », qu'invoquait souvent la défense lors des procès pour viol.

— C'est sûr, un homme n'a pas le droit de violer une femme qui porte une robe transparente avec rien en dessous, avait concédé Rendi à Emma. Cela dit, poursuivit-elle, appuyant son affirmation de tous les gestes de son corps, il n'y a qu'une idiote pour porter des vêtements pareils au nez et à la barbe d'un homme avec qui elle n'a pas envie de faire l'amour. La tenue vestimentaire émet un signal puissant, ma chérie. Uses-en avec beaucoup de soin.

Emma se lança dans une mitraillade tous azimuts.

— Une femme a le droit de porter ce qu'elle veut, devant qui elle veut, sans pour autant pousser une quelconque bête sauvage à interpréter ça comme une incitation au viol.

— Tu as raison, ma chérie, c'est sûr ! Mais quand on vit dans une jungle truffée de bêtes sauvages, il ne faut pas faire l'erreur de supposer qu'elles ne vont pas se comporter comme telles. Un gardien de zoo ne laisse jamais la porte de la cage ouverte, même s'il est en droit de ne pas se faire dévorer par le lion.

Rendi était l'agent d'élite d'Abe. Son adaptabilité de caméléon lui permettait de s'immiscer dans n'importe quel groupe, si fermé soit-il. Abe avait eu recours à elle pour pénétrer le cercle des musulmans noirs de Newark, dans le vain espoir de découvrir si ces derniers n'étaient pas responsables du meurtre de Monty Williams. Une autre fois la jeune femme s'était fait passer pour une Italienne, traînant des jours durant dans un petit café du nord de la ville pour écouter des conversations qui avaient aidé Abe à confondre un témoin déposant pour le gouvernement, lors d'une affaire de blanchiment de capitaux.

En plus des fonctions d'agent de confiance qu'elle remplissait auprès d'Abe, Rendi lui tenait lieu de critique cynique et réaliste à domicile. Elle avait tout vu, ne faisait confiance à personne, et possédait des valeurs personnelles bien ancrées — au nombre desquelles une loyauté, une honnêteté intransigeantes — mais se révélait nihiliste en matière de règlements. Pour elle, la règle d'or tenait en ces mots : « C'est celui qui a l'or, qui fait la loi », et sa conception de réciprocité s'énonçait ainsi : « Dépêche-toi de faire à autrui ce qu'il s'apprête à te faire. » C'était une femme complexe que cette Rendi.

En dehors de son rôle de maîtresse d'Abe par intermittence, elle était la meilleure amie adulte d'Emma. Quand elle réfléchissait aux relations de son père avec Rendi, Emma se demandait souvent pourquoi ces deux-là, qui paraissaient si bien s'entendre, ne se décidaient pas à « se marier, et en finir avec cette histoire d'amour en dents de scie ». Abe aurait aimé parler à sa fille du « problème » auquel Rendi et lui se heurtaient, mais c'était là un secret que jamais il ne pourrait partager avec elle.

Cette fois, Abe demandait à Rendi de faire mine d'appartenir à une ethnie des plus loufoques.

— Tu veux que je me fasse passer pour une groupie de basketteurs ? répéta la jeune femme, incrédule. Qu'est-ce que c'est que ça, au juste ?

Abe lui expliqua de son mieux, et ils se mirent d'accord pour que Rendi vienne chez lui le soir même se faire équiper et habiller comme l'exigeait son nouveau rôle. Elle arriva donc avec un carton plein d'accessoires. Abe lui tendit un soutien-gorge rembourré, qu'elle examina et jeta par-dessus son épaule.

— Mes seins me plaisent comme ils sont, déclara-t-elle.

— Ce n'est pas *toi,* qu'on envoie dans les bars à sportifs, Rendi, c'est une *groupie.* Il faut que tu aies l'*air* d'une groupie, si tu dois t'immiscer dans ce milieu-là.

— Je ne pourrais pas y aller avec elle, papa ? demanda Emma, qui connaissait d'avance la réponse. Ça ne serait pas vraiment *moi,* je jouerais la comédie, moi aussi, comme Rendi. Et *moi,* avoir des gros seins, j'*adorerais* ça — pour une soirée, en tout cas.

Emma ramassa le soutien-gorge délaissé qui traînait par terre, et se le plaqua sur la poitrine.

— Je savais que je n'aurais même pas dû te dire ce que Rendi allait faire, répondit Abe. Ni te laisser l'aider à se costumer.

— Ça veut dire que je ne peux pas l'accompagner ?

— Tout juste. Rendi est un agent expérimenté. Elle sait comment s'y prendre pour mener à bien ce genre de mission, qui requiert une grande maîtrise professionnelle. Tu n'as pas l'âge de fréquenter les bars, quels qu'ils soient, et sûrement pas un bar de rencontres pour sportifs comme le Champion. Je ne tiens pas à ce que tu deviennes une groupie de troisième mi-temps.

— Pas de risques, papa.

Pendant qu'Abe et Emma se chamaillaient, Rendi mit la dernière main à son costume : minijupe collante en cuir noir, ceinture rouge, talons aiguilles noirs, bas résille, et crinière blonde mi-longue.

— Une vraie louloute ! décréta Rendi en tapotant sa chevelure blonde.

— Une belle choucroute, oui ! rectifia Emma, railleuse.

Le tatouage en cœur noir et rouge qu'elle avait acheté chez le coiffeur, à côté de son lycée, était de trop, même aux yeux d'Abe, surtout quand il apprit où Rendi avait l'intention de le placer.

Emma poussa un sifflement que n'aurait pas désapprouvé un ouvrier du bâtiment. Rendi éclata de rire en se rappelant le petit sermon dont elle avait gratifié la jeune fille, au sujet des « tenues provocantes ». Et voilà qu'elle était maintenant en train de s'attifer en véritable allumeuse.

— C'est un déguisement, d'accord ? précisa-t-elle. Un déguisement, sans plus. Je ferai attention. Ce sont des *femmes*, que je vais rencontrer, pas des *hommes*.

Abe s'esclaffa et tendit à nouveau le soutien-gorge rembourré à Rendi.

— Alex O'Donnell m'a dit qu'il fallait porter ce truc-là pour avoir l'air d'une vraie groupie. Les sportifs ont tendance à juger les femmes sur leur tour de poitrine. Le terme précis qu'il a employé, c'était : « gonzesses à gros nibards ».

— Il y a encore des mecs qui parlent comme ça ? s'enquit Rendi.

— Apparemment, il y en a encore dans les vestiaires... du moins, au dire d'Alex, qui a l'air de savoir, répondit Abe.

— Répugnant, décréta Emma.

— Ne t'en prends pas à l'intermédiaire, Emma, riposta Abe d'un ton froissé. Je me contente de rapporter les propos de mon expert en matière de sportifs.

— Pas étonnant qu'on les traite de bourrins ! Autant dire qu'ils...

— Un peu de respect, ma chérie, coupa son père. C'est grâce à l'un des individus en question que je peux te payer des études.

— Je ne parle pas de Joe Campbell, papa. Lui n'a pas l'air de coller au stéréotype que t'a décrit Alex.

— Ça se peut, mais de toute façon, aucun stéréotype n'est valable, répliqua son père.

Rendi saisit la perche qui lui était tendue.

— Alors, pourquoi veux-tu me faire porter ce foutu soutien-gorge ?

— Parce qu'il faut justement que tu colles au stéréotype de la groupie.

Sur ce, Rendi fourra quelques mouchoirs dans son propre soutien-gorge, et se transforma en gonzesse à minijupe et gros nibards. D'une certaine façon, elle s'en moquait. Il ne s'agissait pas vraiment d'elle... tout juste d'une nouvelle mission, pas très attrayante, cette fois. Rendi avait horreur du basket, et n'avait jamais pu comprendre l'engouement d'Abe et Emma pour ce sport. Abe avait un jour réussi à la persuader d'assister avec lui à un match de sélection important mais elle l'avait vexé en lisant un livre de poésie pendant la rencontre. Cette invitation n'avait jamais été réitérée, et ce n'était pas Rendi qui allait s'en plaindre.

Et maintenant, voilà qu'Abe l'invitait à entrer dans le monde tapageur et scandaleux où se pratiquait le culte du héros-bête de sexe — ou plutôt du héros-maquereau, se dit-elle —, au sein duquel on suivait les sportifs professionnels où qu'ils aillent, dans tous leurs déplacements.

Son travail consistait à se procurer tous les renseignements qu'elle pourrait au sujet des tendances sexuelles de Joe Campbell, et se faire une idée de la façon dont vivent les groupies. Abe avait averti Campbell et Alex qu'il envoyait son agent enquêter sur les cercles des groupies pour y glaner des informations en vue du procès. Il avait dit la même chose à Emma. Il ne pouvait pas leur révéler le but véritable de cette opération clandestine, ni la raison qui avait motivé cette enquête, à savoir les soupçons que nourrissait Justin à propos de la vie sexuelle de Campbell.

CHAPITRE DOUZE

NEWARK — VENDREDI 31 MARS

— Comment savais-tu que tu me trouverais ici ? demanda Nancy Rosen, levant les yeux vers Justin depuis le banc de musculation sur lequel elle était allongée, dans le vieux gymnase délabré du centre-ville de Newark.

La musculation était une discipline dont peu de femmes, surtout parmi les Blanches, s'aventuraient à explorer les profondeurs. Avec son costume d'homme de loi, Justin faisait tache.

— Ta réputation de sportive t'a trahie, répondit Justin. Je n'ai pas d'autre moyen pour arriver à te parler. Pourquoi ne m'as-tu pas rappelé, bon sang ? On a besoin d'une réponse. Qui a tué Monty Williams ?

— Je ne t'ai pas rappelé parce que je ne peux pas te le dire. Bouge ton pauvre cul informe, Justin. Va voir sur place, et trouve-toi des pistes à explorer.

— Si tu savais la quantité de recherches qu'on a faites ! répliqua Justin, la main devant la bouche pour que le Noir musculeux allongé sur le banc d'à côté ne l'entende pas. On a même enquêté sur certains de *tes* clients, les Musulmans noirs de Newark, qui avaient envoyé des menaces à Williams. Jusqu'à maintenant, on n'a rien trouvé.

— Vous ne cherchez pas au bon endroit. Les Musulmans n'ont rien à voir dans ce coup-là. C'est tout ce que je peux te dire.

— C'est bon, admit le jeune homme. Au moins, on ne retournera pas se fourvoyer dans cette impasse-là. Tout ce qui me reste à faire, maintenant, c'est établir la liste complète de tes autres clients. Un petit indice de plus pour aujourd'hui, Superwoman ?

Nancy continua à manœuvrer le cintre de traction, qu'elle courbait sans relâche.

— Tu vas en baver, Justin. Désolée, mais je ne peux pas t'en dire plus. Le code professionnel ne prévoit pas de dérogation, même si c'est un innocent qui se trouve dans le couloir de la mort. Je suis obligée de m'en tenir à la règle du jeu. D'ailleurs, en consultant les archives, je suis tombée sur une affaire identique à celle-là, en Géorgie... Il y a quatre-vingts ans de ça.

— Identique ? répéta Justin, incrédule.

— Ouais. Ça concernait un type nommé Leo Frank.

— J'en ai entendu parler. Un homme d'affaires juif condamné à la suite du meurtre d'une jeune femme travaillant pour lui.

— C'est ça. Eh bien ! Il se trouve que l'un des autres employés de Frank avoua par la suite à son propre avocat avoir *lui-même* commis ce meurtre.

— Et alors, l'avocat en question dénonça-t-il son client ?

— Non. Une fois l'affaire terminée, il écrivit un article sur le dilemme dans lequel il s'était trouvé. C'est d'ailleurs comme ça que je suis tombée sur ce dossier.

— Que disait-il, dans son article ?

— Qu'il serait radié du barreau s'il dévoilait ce que son client lui avait dit confidentiellement. Je ne peux pas transgresser les lois, Justin.

Le jeune homme rétorqua :

— Ce n'est pas l'attitude que tu prônais à l'époque de l'affaire Jimmy Hawkins.

Hawkins, pasteur noir de Newark qui pratiquait la résistance passive, fut arrêté pour avoir organisé des sit-in lors de réunions du conseil municipal de la ville. Le procureur avait déclaré dans son argumentation que les règles et lois devaient être observées quelles que soient leurs conséquences morales. Nancy avait alors répliqué par un plaidoyer passionné et efficace en défense de ceux qui « transgressent les lois pour créer un monde plus moral, par opposition à ceux qui les appliquent pour préserver un monde immoral ». Une fois l'affaire terminée, la jeune femme, très fière, avait envoyé à Justin les coupures de presse la concernant.

— Quel souvenir veux-tu laisser de toi ? demanda

ce dernier, plantant son regard au fond de celui de Nancy. Celui d'une femme qui s'en est tenue aux lois et a laissé un Noir innocent se faire exécuter ? Ou d'une femme qui a transgressé l'une de ces lois pour sauver la vie d'un innocent ?

Nancy se releva du banc sur lequel elle était allongée, et se campa face à Justin.

— Ta question n'est pas honnête, et tu le sais. Quand j'ai affirmé que Jimmy Hawkins ne devait pas être puni parce qu'il avait transgressé les lois, *moi*, je les respectais. Ce qui constitue une argumentation finale recevable dans l'État du New Jersey. Et voilà que maintenant, tu me demandes, à *moi*, de transgresser les lois... de risquer mon certificat d'avocate ? Tu le ferais, toi, Justin ? Dis-moi, tu le ferais ?

Sans hésiter une seconde, le jeune homme répondit :

— Si la vie d'un innocent était en jeu... tu m'étonnes, que je le ferais !

Justin savait qu'il n'était pas tout à fait sincère envers Nancy. Qu'il ferait n'importe quoi, à cette heure, pour tirer Charlie du couloir de la mort... remporter le procès. Et ça lui était égal, de ne pas être sincère.

Pour l'heure, il était arrivé à ses fins. Il était content de sa dernière réplique. Une aussi belle chute allait faire réfléchir Nancy... et peut-être lui inspirer assez de culpabilité pour lui délier la langue.

CHAPITRE TREIZE

BOSTON — VENDREDI 31 MARS

Rendi était entrée plusieurs fois dans le Westin Hotel à l'occasion de dîners, de missions, et même une fois pour un tête-à-tête romantique avec un vieil ami d'enfance. Mais elle n'avait jamais mis les pieds au Champion Bar, abreuvoir à sportifs professionnels, fans, et groupies. Si elle voulait entrer dans les cercles des groupies, c'était là qu'elle devait faire ses débuts.

La grande salle était emplie d'odeurs mélangées de fumée et de parfum. Le Champion était un endroit clinquant, lambrissé de panneaux métalliques, verre et bois. Des postes de télévision diffusaient diverses émissions et rencontres sportives. Le son, très bas, créait un bourdonnement émaillé de termes techniques. Personne n'avait l'air de suivre ce qui se passait sur les écrans, qui n'étaient là que pour le fond sonore. Une dizaine de filles, dont les âges s'échelonnaient de vingt à trente-cinq ans, étaient assises aux tables, et au bar. Et une demi-douzaine d'hommes, tous bâtis comme des armoires, se tenaient debout autour du bar.

Rendi se jucha sur un tabouret, à côté d'une petite femme pulpeuse d'à peu près vingt-cinq ans qui se présenta sous le nom de Patsy. Une cigarette pendait de ses lèvres et elle contemplait d'un œil vide la fumée qui s'en élevait.

— Je viens de déménager de Los Angeles pour m'installer à Boston, annonça Rendi, en espérant que l'intonation de sa phrase l'aiderait à passer pour une Californienne du Sud. Je suivais les Lakers à fond, quand j'étais là-bas. Tu es déjà allée au Forum Club ? (Pour se préparer, elle avait lu toute une série d'articles sur les groupies, publiés par le *L.A. Times* quand Magic Johnson avait décidé d'arrêter le basket.)

— Je voudrais bien ! répondit Patsy avec enthousiasme. Je connais seulement Boston, New York, et Philadelphie. Il paraît qu'il y a un milieu d'enfer, à *L.A.*

— Y a de tout, expliqua Rendi. Entre les Lakers, les Clippers, et les types des équipes universitaires, ça fait un sacré paquet de mecs. Une sacrée concurrence, aussi, avec les jeunes nanas des régions rurales qui arrivent à *L.A.* Les mecs veulent tout le temps de la chair fraîche.

— Au rancart à vingt-sept ans, soupira Patsy. Dire

que les joueurs se figurent que c'est *eux* qui ont la vie dure !

— Comment ça se présente, le milieu, ici ?

— Ça peut aller. Il y a quelques gnangnans parmi les Celts. On dirait qu'il y a des Mormons qui leur font la morale depuis les bancs de touche, mais il y en a des marrants. Moi, la plupart du temps, je sors avec les visiteurs. C'est vachement plus relax, avec eux. Ils n'ont pas de souci à se faire à cause de leurs femmes, ou de leurs petites amies.

— Tu as entendu parler de la « règle d'or » que Riley avait inventée quand il entraînait les Lakers ? demanda Rendi.

— Non, c'est quoi ? Un truc style couvre-feu ?

— Plutôt le contraire.

— C'est-à-dire ?

— Les femmes de certains Lakers accompagnaient leur mari pendant les déplacements, alors ça empêchait les autres joueurs de s'éclater. Les femmes se serrent les coudes, tu vois le truc, quoi. Alors les mecs qui faisaient la foire avaient peur qu'au retour, elles racontent tout ce qu'ils faisaient pendant les déplacements à leurs propres femmes.

— Ouais, et alors ?

— Eh ben ! ça commençait à déteindre sur leur qualité de jeu, en déplacement... la nervosité, tout ça.

— Et qu'est-ce qu'il a fait, Riley ?

— Il a exclu toutes les femmes des déplacements, et les Lakers ont recommencé à gagner à l'extérieur.

— Comment elles ont pris ça, elles ?

— Il y en a quelques-unes qui ont rué dans les brancards.

— Et alors ?

— Alors Riley leur a fait : « Dites donc, c'est les joueurs qui marquent les pions, pas leurs femmes, et les joueurs, il faut les lâcher. »

— Preuve que baiser pendant les déplacements, c'est bon pour le moral.

— Du moment que c'est pas avec sa femme, précisa Rendi.

Patsy s'esclaffa avec elle, et toutes deux renouvelèrent leur commande au bar.

— Il y a un mec à New York qui me fait vraiment craquer, confia Rendi, en se penchant pour éviter la fumée de la cigarette de sa compagne.

— Ah ouais ? C'est qui ?

— Campbell, le grand Blanc.

— Eh ben, t'as la moitié de Manhattan avec toi ! C'est le plus mignon des albinos de la NBA.

Rendi n'était pas tombée sur le mot *albinos* au cours de ses recherches, mais elle n'eut pas besoin de se creuser longtemps les méninges pour comprendre que cette allusion blafarde désignait la couleur de peau de Campbell, au sein d'une ligue composée en majeure partie de joueurs noirs.

— On peut fantasmer, non ? répliqua-t-elle.

— Pas grand-chose qui permette de le faire, quand y a moyen ni de toucher ni de juger sur pièces. (Patsy gloussa.) C'est vachement plus sûr, pas de doute.

— L'histoire de Magic a mis un frein à la nouba, c'est normal, fit Rendi.

— Pas trop, à Boston. Ici, ça n'a jamais été aussi délirant qu'à *L.A.* ou Chicago, d'après ce que tout le monde disait.

— Ah ! c'était le bon temps, quand tout ce qu'il y avait à craindre, c'était de tomber enceinte, ou de choper une bonne vérole.

— Pas la peine de craindre pour tes palpitations, cocotte, Campbell est super difficile, et super discret. Pas du tout le genre à se vanter d'avoir sauté toute la Californie, comme Witt Chamberlain.

— T'as pas d'autres détails sur lui ? demanda Rendi, dont l'accent californien frisait la perfection.

— Pas trop. Je sais que c'est un timide, qu'il lit beaucoup. Il lui arrive de se balader avec un ordinateur portable.

— Quoi d'autre ?

— Ah ! ouais, tiens, un truc qui devrait te servir, à *toi.* Il aime pas les toutes jeunes... les minettes. Ce qu'il aime, c'est les femmes mûres, sérieuses. C'est ce qui se dit, en tout cas.

— C'est un tordu, au lit ? demanda Rendi, sans témoigner la moindre gêne.

— J'en sais rien, je suis jamais sortie avec lui. Mais je connais une fille qui dit qu'elle l'a fait.

— Comment ça, qui *dit* qu'elle l'a fait ?

— Oh ! Tu connais la musique. Y a un tas pas possible de conneries qui circulent. Certaines nanas se contentent de raconter des salades. Y en avait pas, des comme ça, à L.A. ?

— J'en sais rien... si, bien sûr, il devait y en avoir...

— Tu es sûre que tu connais le milieu, là-bas ?

Rendi craignit un instant de s'être trahie.

— Je suis un petit peu plus vieille que toi, tu sais... Quel âge tu as... Vingt-cinq, vingt-six ?

— Vingt-sept, je l'ai déjà dit.

— Eh ben ! moi, plus que ça, déclara Rendi. Et nous, les nanas un peu plus âgées, on n'a pas le culot que vous avez, vous, les mioches. Les nanas qui suivaient les stars du rock ont monopolisé l'attention pendant longtemps... la concurrence était pas aussi vache.

— Ouais, c'est vrai, c'est devenu tellement féroce, maintenant, qu'il y en a même qui racontent des chars. (Patsy désigna une femme plus âgée à la crinière rouge feu, assise toute seule au fond du bar.) Tu vois Cynthia, là-bas ? Regarde pas, jette seulement un coup d'œil.

— Ouais.

— Elle fait partie des nanas qui racontent des conneries. Elle se fait presque plus personne. Personne d'important, en tout cas. Mais ça l'empêche pas de dire qu'elle couche avec tout le monde... même avec des mecs qui ne sortent jamais. Personne y croit, d'ailleurs.

— C'est qui, la petite veinarde qui s'est fait Campbell ?

— Qui *dit* qu'elle s'est fait Campbell, rectifia Patsy. Une nana qui s'appelle Chrissy. Mais elle traîne pas par ici. Elle traîne nulle part, d'ailleurs. Ça fait un moment que je l'ai pas vue dans le secteur.

— Ça me botterait de lui parler. Rien que pour le

plaisir de l'entendre raconter quel effet ça fait, avec Campbell.

— C'est ce qu'elle *dit*, qu'elle est sortie avec lui. N'oublie pas qu'il ne faut pas croire tout ce que tu entends, à Boston.

— Tu sais pas où je pourrais la trouver ?

— Ben, non... je l'ai jamais trop appréciée, tu sais. On discutait presque pas, elle et moi. Une fois ou deux, grand maximum. Mais Bev, que tu vois là-bas... (Patsy désigna à Rendi une fille de haute taille, en grande conversation avec un ex-sportif-recyclé-homme d'affaires)... elle connaissait vachement bien Chrissy. Elle pourra peut-être te rancarder.

Tout en continuant à discuter avec Patsy, Rendi garda un œil sur Bev. Quand elle vit la jeune femme monter en direction des toilettes pour dames, elle lui emboîta le pas.

Comme elle s'y attendait, les toilettes étaient un atelier de remise en forme pour les corps aussi bien que les visages, dont l'éclairage tamisé flattait les traits des cinq filles occupées à s'enduire des crèmes et eaux de toilette de marque alignées devant elles. Rendi prit place à côté de Bev, devant le miroir. La jeune femme, vêtue de rouge des pieds à la tête, s'affairait à retoucher ses lèvres vermillon.

— Salut, Bev, ça fait un bail que j'ai pas vu Chrissy dans le secteur. J'ai un message à lui faire passer, mais je l'ai pas encore vue.

— T'as pas su la nouvelle ? répondit Bev sans même adresser un regard à sa voisine. Chrissy s'est mariée. Avec un connard qui travaille dans la viande sous vide. Super pognon, super muscles, super connard.

— Comment il s'appelle ?

— Je sais pas. Stan quelque chose. Un truc polonais comme Kowalski, ou Karinski. En tout cas, je sais que sa boîte s'appelle Merit Meats. Je m'en souviens, parce que Chrissy m'a fait envoyer une boîte de steaks gratosse, une fois, avant qu'ils se marient. Mais j'ai pas eu de nouvelles depuis qu'elle est partie en banlieue.

— Quelle banlieue ?

— Je sais pas, quelque part au sud, vers la côte. Il a un bateau, lui. Peut-être bien Cohasset, ou Marshfield, je sais pas.

— Merci, Bev.

— Hé dis donc, va pas l'appeler pour lui transmettre un message de la part d'un mec du milieu, hein ? Ça risquerait de faire des histoires. Je crois pas que Stan sache ce qu'elle fabriquait avant qu'elle retrouve sa fleur pour ses beaux yeux à lui.

— Mais non, te bile pas. C'est un message de la part d'une vieille copine à elle.

— Ah ouais ? Qui ça ?

— Tu m'excuses, Bev, mais c'est personnel.

— Qu'est-ce que j'en ai à foutre, moi ! Mais va pas lui dire que c'est moi qui t'ai rancardée.

Rendi fit mine de tirer une fermeture Éclair en travers de ses lèvres, et sortit des toilettes pour regagner le bar. Elle avait besoin de respirer un peu. Et envie de rentrer chez elle. Son travail de la soirée était terminé. Tout ce qui lui restait à faire, c'était de trouver une femme nommée Chrissy, mariée à un Polonais du nom de Stan qui dirigeait une boucherie industrielle appelée Merit Meats et vivait sur la côte sud avec son bateau.

Tranquille, se dit Rendi en roulant vers Cambridge.

CHAPITRE QUATORZE

CAMBRIDGE — LUNDI 10 AVRIL

— Alors, Rendi, qu'est-ce que tu nous rapportes de beau ?

Abe avait organisé une rencontre de mise au point avec Rendi et Justin dans son cabinet de Cambridge. Rendi appréciait aussi peu Justin que lui ne se sentait à l'aise en sa compagnie. Elle considérait le grand, jeune et bel avocat comme un gamin gâté qui ne méritait pas la chance dont il bénéficiait en apprenant le métier sous la tutelle d'Abe. « Pourquoi lui ? » avait-elle demandé quand Abe lui annonça que parmi les trente-cinq étudiants frais émoulus de Yale, Harvard, et Columbia, il choisissait Justin.

« Parce qu'il est différent de moi. C'est un procureur dans l'âme. Il sait voir l'autre côté des choses. J'ai besoin d'un point de vue différent. Nous autres — toi, moi, Gayle — on est trop semblables. »

« Comment pouvez-vous travailler avec un paquet de nerfs comme Rendi ? » avait un jour demandé à Abe son jeune collaborateur. Rendi lui faisait peur. Il n'avait pratiquement jamais approché quelqu'un comme elle. Il était séduit, et se méfiait en même temps, mais l'énergie et l'impatience dont elle faisait preuve inspiraient au jeune homme une sorte d'effroi.

Justin adorait raconter des « histoires de Rendi » à ses collaborateurs du cabinet. « Vous connaissez la pub pour le ketchup... celle où on voit la sauce sortir lentement de la bouteille ? Eh bien ! Rendi m'a dit que ça la rendait dingue de voir ça dégouliner aussi lentement. Qui voudrait acheter un ketchup coulant lentement ? D'après elle, plus ça va vite, mieux c'est. J'imagine ce que ça doit être au lit, avec elle. » Un jour, Justin sortit des toilettes, en hurlant de rire. « Rendi est entrée dans les toilettes pour femmes en même temps que j'entrais chez les hommes, juste à côté. À peine dedans, voilà que j'entends la chasse d'eau. Du coup, quand on ressort, je lui demande comment ça se fait. Elle m'a expliqué qu'elle tire la chasse d'eau sitôt dans les toilettes si bien qu'au moment de sortir, l'eau s'arrête de couler, ce qui lui évite de perdre une seconde. Cette nana est cinglée. C'est une enquêteuse du tonnerre, mais un drôle de numéro. »

Pour le moment, l'enquêteuse en question était en train de faire son rapport sur sa curieuse soirée :

— J'ai obtenu un tas de ragots, mais rien qui tienne vraiment la route, annonça Rendi en étalant ses notes devant elle. J'ai trouvé la fille, Chrissy Kachinski. Elle sortait avec Campbell, autrefois... du moins, c'est ce qu'elle affirme. Elle a l'air de dire la vérité. Rien de particulier à son sujet. Genre plutôt pétasse. Deux ou trois nuits avec Campbell ici, à Boston. Un week-end sur l'île Martha's Vineyard. Rien de tordu. Elle dit qu'il a eu l'air de s'empoisonner, au lit. Ils se sont quittés assez vite. Il était contrarié.

— Rien d'autre ?

— Rien que m'ait dit Chrissy. Mais elle m'a parlé d'une autre fille avec qui Campbell était sorti, une certaine Darlene Walters. Le genre de femme d'affaires bostonienne. Elle travaillait dans un laboratoire d'analyses chimiques pour le compte de First Boston. Chrissy a reçu un coup de téléphone de Darlene Walters qui l'avait vue au Ritz, un soir, en compagnie de Campbell. Elle a averti Chrissy des tendances violentes de Campbell. Chrissy a pensé qu'elle lui disait ça par jalousie, elle-même n'ayant jamais constaté de telles tendances, mais elle a tout de même conservé le nom et le numéro de téléphone de Darlene au cas où.

— Et alors, tu es remontée jusqu'à Darlene ?

— J'ai essayé, mais elle n'a pas voulu me parler.

— Chou blanc ?

— Abe, tu devrais savoir que Rendi Renaad ne fait jamais chou blanc.

— Bon, alors qu'est-ce que tu as découvert ?

— J'ai discuté avec plusieurs des amies de Darlene. La plupart ont refusé de parler. Mais une certaine Margie m'a révélé un truc intéressant que Darlene lui avait confié.

— De quoi s'agit-il ?

— Campbell aurait eu une défaillance sexuelle, avec Darlene. Elle l'appréciait, mais il ne s'est pas contenté de partir le plus vite possible, comme avec Chrissy.

— Qu'est-ce qu'il a fait ?

— Je ne sais pas bien. Margie n'était pas au courant de tous les détails. Ou alors, elle n'a pas voulu en venir aux confidences cochonnes avec moi. Tout ce qu'elle a bien voulu me dire, c'est que l'épisode avait été très pénible pour Darlene. Elle avait des bleus sur les jambes, et pleurait en racontant ça à Margie.

— Rien d'autre ?

— Rien de spécial. C'est loin de donner une image reluisante de notre client.

— Vague, tout de même. Peut-être que Darlene aime bien qu'on la traite à la dure, et que c'est allé plus loin que prévu. Pas joli-joli, mais je pourrai m'en tirer si le procureur l'apprend. Et toi, Justin ? reprit Abe. Quels sont les résultats de tes recherches sur ordinateur ?

— Je n'ai obtenu que des trucs vagues et anecdotiques, moi aussi. Mais j'ai bien peur qu'un petit tableau assez détestable ne commence à émerger.

— Vas-y, répondit Abe.

— Comme je vous l'ai déjà dit, je pense — sans être en mesure de le prouver — que Campbell pourrait s'être procuré par ordinateur le compte rendu de l'affaire de harcèlement sexuel de Dowling quelque temps avant la date à laquelle il affirme avoir rencontré la jeune femme. Quel que soit le jour où il l'a obtenu, nous savons — avec certitude, en l'occurrence — qu'il ne s'est pas contenté de rechercher le nom de Jennifer Dowling. Il a recherché *tous* les noms et affaires qui entraient dans une vaste catégorie regroupant les accusations calomnieuses d'abus sexuels.

— Et donc, mon cher Justin, quelle raison se cache là-derrière ?

— J'en vois plusieurs, mais aucune n'est bonne.

— C'est si moche que ça ? s'enquit Abe, l'air inquiet.

— Moche, c'est le mieux de ce que j'ai à proposer, répondit le jeune homme. Ensuite, c'est de pire en pire.

— Pas terrible, hein ? coupa Rendi.

— Pas terrible, non.

Abe cita Shakespeare :

— *Le pire n'est point tant que nous pouvons dire : « Voici le pire. »* (Il secoua la tête.) Vous êtes des pessimistes invétérés, vous autres.

— C'est bon, lança Justin, piqué. Possibilité numéro un : Campbell ment au sujet de la date de sa première rencontre avec Dowling. En réalité, il la rencontre avant le 10 mars, sort avec elle à Boston, et *ensuite,* se procure par ordinateur le compte rendu de l'affaire, comme il nous l'a dit.

— Possible, fit Abe. Mais pourquoi nous mentirait-il au sujet de *cette date-là* ? Dowling pourrait sans doute prouver — avec l'appui de ses amies, ou de ses collègues de bureau — quand elle l'a rencontré pour la première fois. Et bon sang, qu'est-ce que ça changerait, qu'il l'ait *effectivement* rencontrée plus tôt ? Ce n'est pas si moche que ça, Justin. Bon, et qu'est-ce qui vient après, sur ta liste de catastrophes ?

— On passe donc à la possibilité numéro deux : « pire ». Enfin, pire si Campbell dit vrai au sujet de la date de sa première rencontre avec Dowling.

— Pourquoi ça ?

— Parce qu'à ce moment-là — pour peu que j'aie raison à propos de la date à laquelle il se procura le compte rendu de l'affaire —, à ce moment-là, ça signifierait qu'il se l'est peut-être bien procuré *avant* de réellement la rencontrer.

— Qu'est-ce que tu entends par « réellement la rencontrer » ?

— Eh bien ! peut-être l'avait-il vue quelque part... dans une soirée, par exemple. Il se peut qu'elle l'ait ensuite oublié, alors que lui se souvenait d'elle. Peut-être qu'un ami lui avait parlé d'elle, alors qu'ils ne s'étaient jamais rencontrés... pas encore. Là-dessus, il se procure le compte rendu pour vérifier à qui il a affaire, et ensuite, il la rencontre *à nouveau,* et ils sortent ensemble.

— D'accord, ça à l'air plausible. Mais ce n'est pas non plus si terrible que ça, du point de vue d'un jury.

— Rappelez-vous, Abe, qu'il ne s'est pas procuré des renseignements uniquement au sujet de Dowling. Ses recherches concernaient une vaste catégorie.

— Alors quelle est ton explication là-dessus, Justin ?

— Ça paraît évident. Campbell doit consulter cette catégorie de loin en loin, pour s'assurer qu'aucune des filles avec lesquelles il sort n'est du genre à aller répandre ensuite des accusations calomnieuses. Rappelez-vous à quel point il nous a dit tenir à sa réputation de type courtois.

Rendi opina.

— Ça paraît logique...

— Bon sang ! coupa Abe. L'époque a-t-elle empiré au point qu'avant de sortir avec une fille, un type doive vérifier à qui il a affaire pour ne pas écoper d'une accusation calomnieuse de viol ?

Sans relever, Rendi poursuivit sur son idée :

— Logique, mais pas certain.

— Qu'entendez-vous par là ? demanda Justin.

— On peut envisager une autre raison.

— Meilleure que la mienne ?

— Non, répondit Rendi d'un air grave. Bien pire.

— C'est bon, venons-en à la possibilité numéro trois : « bien pire », conclut Abe avec une grimace.

Rendi se leva et se mit à faire les cent pas.

— Et s'il s'était passé la chose suivante — simple hypothèse je le reconnais... d'ailleurs, ça ne s'est certainement *pas* passé de cette façon. Et si, j'ai bien dit *si,* alors qu'il n'avait jamais entendu parler de Jennifer Dowling, Campbell avait effectué par ordinateur une recherche au sujet des dernières affaires en date dans la région de New York, au cours desquelles des femmes avaient déposé des plaintes calomnieuses pour abus sexuels. Après quoi, il aurait *délibérément* choisi de sortir avec ces femmes-là ?

— Quoi ? Vous êtes folle ! s'exclama Justin. Pourquoi un homme irait-il sortir avec des femmes dont il *sait* qu'elles ont porté contre d'autres des accusations calomnieuses d'abus sexuel ? Les hommes se méfient de ces femmes-là comme de la peste, ils les fuient. Personne n'a *envie* de se voir coller une accusation de harcèlement sexuel sur le dos, surtout pas un sportif professionnel.

— C'est juste, répondit Rendi. *La plupart* des hommes se méfient de ces femmes-là... parce que *la plupart* des hommes ne sont pas des violeurs. (Puis, après un temps d'arrêt, comme si elle se demandait si elle devait ou non poursuivre, Rendi reprit :) Et si un type projetait de violer une femme, avec la ferme intention de s'en sortir impunément ? Quel genre de femme choisirait-il, à laquelle personne n'accorderait la moindre crédibilité ? (Elle répondit aussitôt à sa propre question :) Une femme ayant *déjà* porté une accusation *calomnieuse* à la suite de quoi elle fut reconnue menteuse. Une femme comme Jennifer Dowling.

— Je n'ai jamais rien entendu d'aussi délirant, Rendi, rétorqua Abe d'un air furieux. On croirait entendre Gloria McDermot, cette ultra-féministe parano. J'attends mieux de toi...

— Je ne suis pas sûr que Rendi se trompe tant que ça, coupa Justin. Il est possible — mais c'est une hypothèse répugnante, je le reconnais — que Campbell ait calculé sa décision de sortir avec Jennifer parce qu'il projetait de la violer, et savait que personne ne la croirait si elle se manifestait.

— Seigneur ! voilà que tu sombres aussi dans le délire de la persécution, Justin, comme Rendi. Cette monture-là ne nous mènera pas loin. Ça ne colle pas. Réfléchissez à ce qu'implique votre hypothèse.

— Il se pourrait qu'on soit dans le vrai, Abe... Peut-être Campbell a-t-il bien retenu l'histoire du gamin qui criait « au loup ! » à tort et à travers, et établi un parallèle avec la femme adulte qui crie au viol sans raison.

— N'allons pas formuler trop tôt des déductions ridicules, décréta Abe. Vous tirez tous les deux un tas de conclusions à partir d'une ou deux sorties d'imprimante et d'un début d'enquête sur le terrain. Or ces données sont tout au plus arbitraires. Il se peut que Campbell soit en mesure de nous fournir une explication. Nous nous laissons emporter par nos imaginations.

— Vous avez sans doute raison, admit Justin. Ne perdons pas de vue que Campbell et Dowling se sont rencontrés par hasard près de l'immeuble dans lequel elle travaille. Ça ne cadre pas avec votre théorie, Rendi, si ?

— Les rencontres fortuites ne le sont pas toutes, rétorqua son interlocutrice. Je passe mon temps à organiser des rencontres « fortuites » avec les gens sur lesquels j'enquête. Ça n'a rien de sorcier.

— Restons-en là, insista Abe. Nous sommes l'équipe chargée de la *défense* de Campbell. Cessons de penser en procureurs, et réfléchissons en avocats. Je vais défendre cet homme... et remporter le procès.

CHAPITRE QUINZE

CAMBRIDGE — SAMEDI 15 AVRIL

Pendant ses études de droit, Justin avait milité au sein de la Société fédéraliste, groupe conservateur qui se targuait de prendre le contrepied du conformisme « politiquement correct » en matière de racisme, sexisme, et politique. Il s'inscrivait aux cours que dispensaient les enseignants de droite, et tournait le dos à des professeurs comme Haskel Levine, qu'une génération plus tôt, Abe avait préférés entre tous. Justin avait rédigé un devoir d'examen portant sur le danger que représentait le féminisme pour la liberté. Bien qu'il se montre toujours poli face à une femme, les vues politiques qu'il nourrissait, au sujet du viol par exemple, soulevaient parfois la colère de ses amies.

— Quelle affaire ! avait-il lancé un jour, ce qui mit Rendi hors d'elle. Un viol, ce n'est pas comme une fracture, ni même une dent cassée. Il n'y a pas de dégât réel. Rien à soigner, sauf les susceptibilités froissées.

À la suite de cette démonstration d'insensibilité masculine, Rendi s'était retenue de lui casser une dent pour se contenter de lui infliger un descriptif détaillé des sentiments que ressent quiconque à la suite du viol de son intimité. Le jeune homme avait fait mine d'écouter ce qu'il tint pour un sermon féministe, en dépit de la sincérité qui transparaissait comme toujours dans les sermons de Rendi.

L'affaire Campbell commençait à opérer de subtiles transformations chez Justin. À mesure que ses soupçons envers le basketteur se précisaient, la compassion que lui inspirait Jennifer Dowling s'accroissait. Et si Campbell avait exploité le passé sensible de la jeune femme ? Ce n'était qu'une hypothèse. Mais si elle s'avérait ? Justin nourrissait une grandissante sympathie à l'égard de la jeune femme, car comme elle, il s'était laissé prendre au piège des belles paroles de la star du basket. Abe avait raison : Justin devait se comporter en avocat. Ce qui ne signifiait pas pour autant qu'il ne pouvait pas avoir des pensées et des sentiments d'être humain.

Justin et Abe déjeunèrent au Bombay Restaurant, face à l'Institut Kennedy, près de Harvard Square. C'était là qu'ils tenaient leur séance hebdomadaire de mise au point stratégique.

— Vous ne pouvez pas défendre Campbell en faisant comme s'il n'y avait pas de lézard... comme si vous ne saviez rien de plus que ce qu'il vous a dit.

— Je ne peux pas non plus me baser sur tes seuls soupçons, répondit Abe avant de s'attaquer à son poulet tandoori. C'est notre client, j'ai une responsabilité juridique et morale envers lui.

— Il vous a menti, et plus d'une fois, avec ça.

— Tous mes clients me mentent, et plus d'une fois.

— Ce mec-là est un pourri.

— La plupart de mes clients sont des pourris. Je crois que c'est Mark Twain qui a dit un jour : « S'il n'y avait pas de mauvaises gens, il n'y aurait pas de bons avocats. »

— Abe, je *sens* que Campbell est coupable.

— C'est ton opinion. Tu as le droit de t'y tenir, et de me la faire connaître... en privé. Mais sache que je ne la partage pas.

— Vous souffrez du SACA, Abe.

— Qu'est-ce que c'est que ce truc-là ?

— « Syndrome d'aveuglement caractérisé de l'avocat. » C'est le terme qu'on employait à l'époque où je faisais mes classes dans le cabinet du procureur.

— Écoute, Justin, avec le temps, tous les bons avocats finissent par posséder un flair qui leur permet de reconnaître un coupable. Les clients ne nous roulent pas comme ça.

— Ah ouais ? Et l'affaire Patrick, alors ?

Justin faisait allusion à une affaire dans laquelle Abe avait été engagé pour représenter un Noir sans ressources nommé Orlando Patrick, accusé du meurtre d'un chauffeur de taxi au cours d'un cambriolage. Le frère d'Orlando, Marcel, déclara sous serment être l'assassin. Le jury le crut et acquitta Orlando. Marcel fut alors inculpé de meurtre, et Orlando déclara sous serment qu'il avait *lui-même* abattu le chauffeur de taxi. Le second jury acquitta donc Marcel. L'affaire souleva un véritable tollé au sein de la population, surtout quand on découvrit qu'aucun des deux frères ne pouvait repasser en jugement étant donné qu'ils avaient déjà eu l'un et l'autre à répondre du crime en question.

— Cette affaire-là sortait de l'ordinaire, riposta Abe. Les frères Patrick étaient les deux meilleurs menteurs que j'aie jamais vus. Je me demande encore aujourd'hui lequel des deux disait la vérité.

— Et s'ils avaient menti tous les deux ? (Justin soupira.) Abe, vous représentez tellement d'inculpés coupables, que vous vous acharnez à voir en Campbell un innocent comme on n'en rencontre presque jamais... pour justifier le métier que vous faites.

— Qui t'a mis ces âneries dans le crâne, Justin ?

— C'est vous. Je constate ça à votre acharnement à croire Campbell innocent. Combien de fois avez-vous entendu dans la bouche de vos confrères avocats ce lieu commun selon lequel il vaut mieux laisser dix coupables en liberté, que condamner à tort ne serait-ce qu'un seul innocent ?

— Oh ! une fois par jour, à peu près. Mais ce n'est pas un lieu commun. Je croyais que tu le savais.

— Je le sais, oui. Il n'y a rien de plus enthousiasmant pour un avocat que de défendre un inculpé innocent.

— Sauf quand on perd. C'est encore pire de perdre quand on représente quelqu'un que l'on sait innocent.

— Mais même quand on perd, on sait qu'on agit vraiment dans la main de Dieu en défendant un innocent. J'envie les avocats de Mike Tyson, même s'ils ont perdu. Ils le savaient innocent. En fait l'affaire Campbell se présente à bien des égards comme l'exact contraire — l'image miroir — du procès Tyson.

— Comment ça ? s'enquit Abe.

— Un tas de gens croyaient Tyson coupable à cause de la réputation que lui avaient faite les médias, de son côté mal dégrossi et de ses manières carrées. Et pourtant, vous et moi pensions qu'il était vraiment innocent. Quant à Campbell, tout le monde a l'air de considérer qu'il est innocent à cause de son charme et de sa bonne éducation. Et aussi parce qu'il est blanc. Moi, je pense qu'il est coupable jusqu'au trognon.

— J'ai plaisir à constater que tout le monde croit Joe innocent, répondit Abe. Ça ne peut pas faire de mal, devant le jury. Dans ce jeu-là, il n'y a qu'une issue : gagner... que le client soit noir, blanc, innocent ou coupable.

— Mais c'est quand même plus gratifiant de dépenser toute cette énergie quand le gus est innocent.

— Et comment, c'est d'ailleurs dans cet état d'esprit que j'aborde l'affaire Campbell.

— Dites, Abe, quel effet ça fait de tirer d'affaire un mec qu'on sait coupable ?

— C'est épouvantable, surtout quand il s'agit d'un crime atroce comme un meurtre, ou un viol. Mais c'est encore pire quand on perd pour un client innocent, parce que notre boulot, c'est de gagner.

— Même quand on représente un coupable ?

— Oui, même pour un coupable. S'en réjouir n'entre pas dans les obligations professionnelles... c'est la raison pour laquelle je n'assiste jamais aux fêtes qu'organisent mes clients coupables pour célébrer leur victoire.

— Bon sang ! Ça doit être épouvantable de voir un assassin ou un violeur s'en tirer parce qu'on a réussi à jouer plus fin que l'accusation.

— Tu en feras toi-même l'expérience un jour, Justin.

— Je meurs d'impatience, grinça le jeune homme.

— Tu as raison sur un point : pour que le principe selon lequel « mieux vaut laisser dix coupables en liberté » ait une valeur aux yeux d'un avocat, il faut tomber de temps à autre sur un inculpé innocent. Et je continue à croire que Campbell est l'innocent en question.

— Pardi ! Quand on n'arrive pas à trouver son innocent, on se le fabrique.

— Pas si simple. N'importe quel avocat digne de ce nom fournit un meilleur travail quand il croit son client innocent.

— Je comprends. C'est d'ailleurs ce que je dis. On *croit* son client innocent, tant qu'il existe *la moindre* possibilité d'étayer une telle conviction. À partir de là, quand les preuves de sa culpabilité commencent à se profiler, le syndrome d'aveuglement se développe. Les preuves, on ne les voit plus du tout, même si elles sont sous notre nez. Je suis surpris de constater qu'en dépit de votre expérience, vous n'arrivez pas à percer à jour le charme de Campbell.

— Le charme de Joe n'a rien à voir là-dedans, Justin. Il se peut qu'il ait agi sur Emma, mais moi, c'est aux preuves... à *tes* preuves, que je m'attache. Et je ne les trouve pas convaincantes. Elles m'ébranlent un peu, mais ça ne me contrarie pas, au contraire. Cela dit, sans preuve tangible, que veux-tu que je fasse ?

— Que vous laissiez tomber comme vous l'avez fait avec Kraus, suggéra Justin.

Un souvenir fugace traversa l'esprit d'Abe, l'image de Henry Kraus, *Überführer* néo-nazi marchant au pas de l'oie, qui avait été arrêté dans le centre de Boston où il manifestait pour que les Noirs soient renvoyés en Afrique, et les Juifs, en Russie. Abe avait accepté de représenter Kraus en vertu du Premier Article de la Constitution. Kraus était ensuite passé à la télé pour déclarer qu'il avait choisi Abraham Ringel pour le représenter parce qu'il lui fallait « un bon avocat juif bien retors ». Abe avait aussitôt laissé tomber l'affaire, et annoncé qu'il ne se laisserait jamais choisir pour quoi que ce soit par un nazi sous prétexte qu'il était juif. Décision qui provoqua quelques remous, surtout quand Kraus l'attaqua pour rupture de contrat.

Abe avait gagné grâce au témoignage d'un agent secret de la Ligue antidiffamation, qui témoigna que Kraus avait orchestré l'incident tout entier dans le but de démontrer qu'on ne pouvait pas faire confiance aux juristes juifs.

— Vous avez laissé tomber cet enfoiré avant même de savoir qu'il s'agissait d'un traquenard, lui rappela Justin.

— Ouais, mais quand je l'ai laissé tomber, personne ne s'imaginait que je le croyais coupable. J'ai pris la peine de défendre le droit qu'il avait de faire des discours racistes et antisémites. Mais je ne voulais pas être son avocat. Le cas qui nous intéresse aujourd'hui est différent. Si je lâche Campbell sans un mot d'explication, tout le monde va penser que j'ai appris quelque chose qui m'a amené à le croire coupable. Même si c'était vrai, je ne pourrais pas faire ça... Mais ça ne l'est pas.

— Pitié, Abe, ne venez pas me dire que vous ne pouvez plus vous débarrasser de l'affaire Campbell, gémit Justin.

— C'est pourtant vrai, affirma Abe. Même si je le croyais coupable moi aussi... ce qui n'est pas le cas. Mieux vaut laisser dix coupables en liberté...

— Je *connais* la musique, coupa Justin. Mais ça prend une autre dimension quand on fait partie de ceux qui libèrent le violeur coupable.

— Premièrement, on n'en fait pas partie. Et deuxièmement, on n'a pas le choix, répondit Abe.

— Si, on l'a. Il vous suffit de mettre Campbell en

présence des informations que vous avez glanées : la totalité du truc informatique... la réputation qu'il a. Tout le binz. Campbell a le droit de savoir ce que nous savons de lui. Certains clients ne tiennent pas à être représentés par des avocats au courant des squelettes que renferment leurs placards.

— Que faudrait-il que je lui dise, selon toi, Justin ?

— Tout ce qu'on a trouvé, le gros paquet puant qu'on a déniché. Et aussi comment on a mis la main dessus.

— Tu veux vraiment qu'il nous vire ?

— C'est lui qui décide. Il a le droit de savoir en détail ce qu'on pense de lui, et ce qu'on est disposés, ou pas disposés à faire pour lui.

Abe réfléchit un moment.

— Je crois que tu as raison là-dessus. Nous devrions lui donner une chance de nous expliquer ce que toi et Rendi avez déniché. Et je ne vais pas m'amuser à lui dorer la pilule.

— J'ai comme l'impression que vous allez devoir le confondre avant le jugement.

— Et comment !

— Vous voudrez que je vienne vous tenir la main ? demanda le jeune homme.

— Pas ce coup-là. Cette fois, ça va se jouer un-contre-un, sans arbitre.

CHAPITRE SEIZE

BOSTON — MARDI 18 AVRIL

Pour préparer l'entrevue d'Abe avec Campbell, Justin retourna dans la salle d'informatique, et Rendi, sur le terrain. Abe avait besoin, même s'il lui fallait du temps pour les réunir, de documents — de preuves tangibles — pour étayer tout ce qu'il allait jeter au visage de Campbell. Il savait que l'habileté avec laquelle son client devinait le fonctionnement psychologique de ses interlocuteurs le servirait, lors de cette entrevue. Mais Abe se flattait, lui aussi, d'être doué d'intuition. L'avantage dont il bénéficiait, comme toujours, tenait à sa préparation exceptionnelle. Il se refusait à poser la moindre question dont il ne connût déjà la réponse... avec preuve à l'appui.

Les recherches menées par Justin sur l'ordinateur avaient révélé que pendant sa dernière année d'université, Campbell s'était marié avec une étudiante intelligente et belle nommée Annie Higgins. Capitaine de l'équipe universitaire de ski de la Northeastern et championne de descente en slalom, la jeune femme était elle-même une star, dans le milieu sportif. Le mariage avait duré cinq ans, mais le couple s'était séparé au bout de deux.

Rendi se lança tête baissée sur cette piste, et réussit à retrouver Annie Higgins, qui travaillait comme démarcheuse pour le magasin Filene. Annie décréta qu'elle refusait de parler de Campbell. « Ce moment-là de ma vie est passé », dit-elle à Rendi, mais comme cette dernière insistait, la jeune femme accepta de la rencontrer autour d'un déjeuner sur le pouce... sans s'engager fermement. Elles se retrouvèrent dans un restaurant branché qui donnait sur le Boston Common, le Biba, doté de quelques tables dans des coins tranquilles.

— Mon mari était quelqu'un de gentil, lança Annie, sitôt assise.

Rendi observa son interlocutrice, jeune femme aux traits bien dessinés, d'une beauté dans le genre pêche et blanc cassé. Elle ressemblait un peu à Jennifer Dowling : trente ans à peine, et habillée avec goût.

— À combien de temps remonte votre divorce ?

— Deux ans, à peu près. Joe s'est montré généreux. Il a même payé mes études.

— Il devait se sentir responsable de votre séparation, non ?

Annie tourna la tête vers la petite fenêtre et regarda la mare qu'avait rendue célèbre le livre pour enfants intitulé *Laissez passer les canards*. Ses yeux s'emplirent de larmes.

— Ce n'est pas sa faute, dit-elle sur le ton de l'excuse. Il allait bien avant que toutes ces groupies lui mettent le grappin dessus. Il adorait m'emmener en canot, quand on sortait ensemble.

Rendi eut le sentiment que si elle grattait un peu derrière la façade, Annie accepterait de parler — peut-être même le souhaitait-elle. Cette jeune femme avait besoin de raconter ce qui lui était arrivé.

— Qu'est-ce que vous voulez dire par « pas sa faute » ?

— On s'entendait très bien sexuellement, à l'université, avant de se marier... et même après, pendant quelques mois. Ensuite, il est entré à la NBA, et il a commencé à faire un peu la fête, pendant les déplacements.

— Vous avez dû souffrir de ça ?

— Au début, oui. Mais on finit par s'y faire. Les femmes des joueurs le disent toutes. Ça fait partie du boulot. À l'époque, personne ne se souciait des maladies. J'arrivais à m'accommoder des incartades de Joe. On y arrive toutes.

— Quel était le problème, alors ?

— Le problème, c'est qu'au bout d'un moment, la situation s'est dégradée.

— À cause des groupies ?

— Non, ce n'était pas ça. Des groupies, il y en a eu plein, bien sûr. Je suis certaine que ça a contribué au problème. Joe a perdu tout intérêt pour les rapports sexuels. Quand il était à la maison avec moi, tout allait bien... du moins, au début. J'arrivais à le satisfaire, vous comprenez.

— Qu'est-ce qui a provoqué un changement ?

— Je ne sais pas. Peut-être les groupies, peut-être autre chose. Tout ce que je sais, c'est qu'au bout d'un moment, quand il rentrait à la maison, il ne pouvait plus... il n'y arrivait plus, vous comprenez. Il restait inerte. J'ai essayé de me montrer compréhensive, de l'aider. Nous sommes même allés consulter une ou deux fois un conseiller conjugal, mais ça le gênait, de parler de ça.

— De quoi ?

— De son impuissance.

— Était-il impuissant dans tous les cas, avec les groupies aussi ?

— C'est ce qu'il m'a dit. Et c'est ce qu'il a dit aussi au thérapeute. Mais maintenant, je sais que ce n'était pas vrai.

— Comment l'avez-vous su ?

— Un jour, je suis tombée sur une lettre que lui avait envoyée je ne sais quelle pétasse de Phoenix — si je dis pétasse, c'est vraiment parce que cette fille était la dernière des salopes — qui décrivait leurs coucheries. Ça paraissait crédible. Ça m'a rappelé le Joe Campbell de l'université. Ce qui me dépassait, c'était qu'il ait besoin de faire ça avec ce genre de fille.

— Comment avez-vous réagi ?

— J'ai eu envie de le planter là. C'était un avertissement. Je suis restée quelques mois, mais ç'a été les pires.

— Comment ça ?

— C'est gênant à dire, miss Renaad. Je peux vous faire une confidence très personnelle ?

— Bien sûr. Ça reste entre femmes. On essaie d'aider Joe Campbell et celles qu'il pourrait rencontrer.

— Bon, alors je vais vous raconter ce qui s'est passé. Oh ! mon Dieu. Je n'ai jamais raconté ça à personne.

— Allez, Annie. Ça vous fera du bien de parler.

— Joe a fait de gros efforts pour que ça se passe bien entre nous. Il y a des gars qui auraient laissé tomber, en matière de sexe, ou continué de sortir avec ces espèces de putes. Mais je dois reconnaître que Joe a fait un tas d'efforts pour venir à bout de son... problème, vous saisissez.

— Pour quelle raison pensez-vous qu'il ait fait tous ces efforts, alors qu'il arrivait à trouver satisfaction avec les groupies ?

— Il faut comprendre Joe, répondit Annie. Il

déteste se considérer comme un sportif minable qui n'y arrive qu'avec des putes sans cervelle. Il vient d'un milieu pauvre, et le fait de s'en être sorti lui procure beaucoup de fierté. Il désire profondément faire l'amour avec des femmes intelligentes et brillantes. Seulement il n'y arrive pas. Du moins, pas sans recourir à des trucs bizarres.

— Quel genre de trucs bizarres ?

— Il essaie de s'exciter lui-même.

— Comment s'y prend-il ?

— C'est difficile à dire, répondit Annie d'une voix étouffée par l'émotion.

— Je vous en prie, essayez, c'est important. (Rendi passa le bras autour des épaules de la jeune femme.)

— C'est bon. Joe s'est mis à inventer des histoires avec moi. Il me demandait de faire semblant de ne pas vouloir coucher avec lui. Au début je me refusais sur le ton de la plaisanterie, mais ça ne marchait pas. Alors il m'a demandé de faire comme si j'étais vraiment sincère. Ça l'excitait, et on faisait l'amour.

— Est-ce que ça a résolu son problème ?

— Pendant un temps, oui. Mais ça n'a pas marché longtemps. Il n'arrivait pas à obtenir une érection s'il sentait que j'avais envie de faire l'amour avec lui. Alors il s'est mis à me forcer quand je ne voulais *vraiment* pas.

— C'est-à-dire ?

— Eh bien ! je n'aimais pas faire l'amour quand j'avais mes règles. Il le savait, et me forçait. Ensuite, il s'est mis à me réveiller au milieu de la nuit, surtout après des journées difficiles, et il m'obligeait.

— Vous voulez dire qu'il vous violait ?

— Ce n'était pas un viol. Nous étions mariés.

— Le contrat de mariage n'a rien d'un permis de viol, reprit Rendi, haussant le ton.

— Je sais, je sais, répondit Annie comme pour se défendre. Mais j'ai joué le jeu, pour ainsi dire. Je voulais qu'il arrive à obtenir une érection, même si je ne tirais aucun plaisir de nos rapports. C'était une espèce de pacte avec le diable. Ce n'était pas un viol. Du moins, pas pour moi.

— C'est pour cette raison que vous l'avez quitté ?

— Non. Je suis partie parce que la situation a encore empiré. Pendant les dernières semaines que nous avons vécues ensemble, Joe n'obtenait plus d'érections qu'en me faisant mal. Il m'attachait... me brutalisait... j'avais des bleus. La dernière fois, il m'avait plaquée au sol tellement fort que je m'étais presque évanouie. Alors il m'a giflée, et puis... (Annie ne put poursuivre. Elle sanglotait.)

— Ç'a *bel et bien* été un viol, conclut Rendi en tendant la main vers celle de la jeune femme.

— Ce n'était pas sa faute, reprit Annie. Ces groupies... la vie qu'il menait... Ça l'a flingué. Ce n'était pas le vrai Joe.

— Mais il se peut que maintenant, ça le soit, fit Rendi en faisant signe au garçon pour qu'il vienne chercher le chèque.

CHAPITRE DIX-SEPT

NEWARK — LUNDI 24 AVRIL

Pendant qu'Abe préparait son entrevue avec Campbell, Justin, lui, dut se charger d'une affaire inachevée avec Nancy Rosen, à Newark.

Cette fois, ils se retrouvèrent au cabinet de la jeune avocate. Sans crier gare, cette dernière avait appelé Justin, l'invitant à passer pour discuter.

Le « cabinet » de Nancy consistait plus précisément en une boutique donnant sur Springfield Avenue, coincée entre une gargote et un « temple » des Témoins de Jéhovah.

— Mon officine était autrefois la mercerie Cohen, annonça Nancy, désignant sur le mur une photo du vieux commerce devant lequel se tenait un marchand juif. Les temps changent, reprit la jeune femme. Dans le temps, les Juifs étaient merciers, ouvriers, escrocs de petite envergure.

Pointant l'index en direction d'un kiosque à journaux, de l'autre côté de la rue, elle expliqua à Justin que les membres de la bande Silverstein venaient là faire leur loto, dans les années cinquante.

— Aujourd'hui, ces boutiques appartiennent aux Afro-Américains, ou à quelques Coréens. Il faut se souvenir de ses origines.

Mais l'évocation nostalgique de Nancy n'intéressait guère Justin. Il était venu à Newark pour une raison précise.

— Pourquoi m'as-tu appelé, alors que jusque-là, tu refusais de me répondre ?

— Parce que je me suis rendu compte que tu avais raison, répondit Nancy. Je n'arrive pas à me satisfaire des règles du jeu en laissant mourir Odell. Il faut que je fasse quelque chose. Après tout, comment une avocate qui défend la résistance passive pourrait-elle refuser de la pratiquer elle-même ?

— Ça pourrait être du Haskel Levine.

— C'en est. Je l'ai appelé. Il était dans un de ses bons jours.

— *Toi,* tu as appelé Haskel Levine ? Tu me fais marcher !

— Pourquoi ça ? Tu crois que de ses anciens étudiants, Abe est le seul à apprécier ses conseils ?

— Nancy, tu fais pile ce qu'il faut ! Qu'est-ce qui t'a poussée à appeler Haskel ?

— Un tas de choses. D'abord, j'ai fait quelques vérifications supplémentaires sur cette fameuse affaire Leo Frank — celle dont je t'ai parlé la dernière fois. J'ai découvert que le vieil avocat moralisateur qui refusait de transgresser les lois, les avait en fait contournées de façon à sauver la vie de Frank.

— Qu'est-ce qu'il a fait, au juste ? demanda Justin.

— Ce n'est pas clair, mais il a dû faire *quelque chose.* Dans son autobiographie, que j'ai réussi à exhumer, il laisse entendre qu'il s'était *débrouillé* pour que le gouverneur sache que Frank était innocent. (Là-dessus, Nancy s'empara d'un vieil ouvrage, et lut une phrase sibylline :) « Bien que je n'aie pas dévoilé au gouverneur Slayton les faits qui m'avaient été confiés sous le sceau du secret, tout me porte à penser que d'une façon ou d'une autre, il en eut connaissance. »

— Rusé, le vieil enfoiré, commenta Justin. Il devait être aussi américano-américain que moi. Et qu'a fait le gouverneur en question ?

— Il a commué la peine capitale de Frank en détention à perpétuité, sans justifier sa décision, ce qui a provoqué un tollé au sein de la population.

— Et qu'est-ce qui s'est passé ?

— Des citoyens respectables ont fait une descente en groupe à la prison, se sont emparés de Frank, et l'ont liquidé.

— Ouah, dis donc, quelle histoire ! Et c'est ça qui t'a fait changer d'avis ?

— Je ne peux pas laisser mourir Odell, répéta Nancy. J'ai appris dans les éditions du matin que votre pourvoi-catastrophe avait été rejeté.

— Ouais, la cour d'appel a sanctionné le juge Cox à la suite de ses simagrées, mais elle a approuvé sa décision finale.

— Et Charlie prend ses médicaments ?

— Oui, il les prend, et ils ont commencé à faire effet.

— Il sera donc bientôt apte à subir l'exécution ?

— Tout juste. Mais qu'est-ce que tu vas faire, toi, pour empêcher ça ? demanda Justin. Tu peux me dire qui a tué Williams ?

— Non, je ne peux pas te le dire *à toi.* Je vais essayer de passer un marché avec le procureur.

— Quel genre de marché ?

— Je vais lui échanger le nom de l'assassin contre l'immunité pour mon client. Je lui révélerai le nom de mon client quand il aura consenti l'immunité, pas avant.

— Et tu crois que Duncan va accepter ça ? C'est une peau de vache, ce procureur. Pour lui, le coupable est déjà dans le couloir de la mort.

— Duncan me connaît, Justin, et dans son for intérieur, il me croira quand je lui dirai que l'assassin n'est autre que mon client.

— Mais est-ce qu'il n'aura pas moyen de découvrir lequel de tes clients est le coupable en question ? Tu comptes de sacrées crapules, parmi les types que tu représentes.

— C'est là que se niche la beauté de mon plan. Le type en question ne fait pas partie des crapules. Ce n'est pas un récidiviste. Il s'est amené en passant dans la rue, le jour de l'assassinat de Williams, avant qu'Odell se fasse épingler. Il croyait avoir les flics aux trousses. Personne ne sait que je le représente. Je ne l'ai pas vu depuis des mois. Une fois que votre gus s'est fait ramasser, mon client s'est fondu dans le décor. Il m'appelle une fois par mois pour prendre des nouvelles.

— Les flics pourraient le trouver s'ils connaissaient son identité ?

— Sans doute. Il ne fait pas de vagues, mais ils arriveraient à le trouver s'ils en avaient vraiment besoin. Il n'est pas parti s'enterrer je ne sais où, ni rien. Et à moins de connaître son nom, personne n'irait penser à lui. Quand il sourit, il ressemble un peu à Odell, mais aux yeux de la plupart des flics, tous les Noirs se ressemblent. Si je te disais le mobile, tu ne me croirais pas. Rien de politique.

— J'apprécie, Nancy, fit Justin, passant le bras autour des épaules de la jeune femme. Tu as fait pile ce qu'il fallait.

— J'espère que tu dis vrai. Et je prie pour que ça marche.

— Je te croyais athée ?

— Dans les moments comme celui-là, je fais appel à toute l'aide que je peux trouver, répondit Nancy avec un sourire préoccupé.

CHAPITRE DIX-HUIT

CAMBRIDGE — LUNDI 15 MAI

Le plan de Nancy Rosen échoua lamentablement. Kevin Duncan, le procureur, refusa d'accorder l'immunité au client de la jeune femme, et accusa en plus cette dernière, Abe et Justin, d'avoir mis au point un scénario fictif dans le but de sauver la vie de Charlie Odell.

— Le client de Rosen *n'existe pas,* déclara Duncan à un journaliste. Ringel et Rosen sont deux extrémistes de gauche qui ont monté cette affaire dans l'espoir de sauver Odell. Ce même Ringel qui, rappelez-vous, conseilla à Odell de ne plus prendre ses médicaments. Il ne reculera devant rien.

Justin et Nancy se retrouvaient à la case départ, et rien d'encourageant ne se profilait à l'horizon.

On avait restitué sa lucidité à Charlie O., les possibilités d'appel étaient épuisées, et il ne restait plus que trois semaines avant la date de l'exécution. Entre Odell et l'injection fatale, il n'y avait plus que Nancy Rosen et son client anonyme.

Justin appela la jeune femme pour discuter de ce qu'ils pouvaient essayer d'autre.

— Et maintenant, tu accepterais de me le livrer, ce nom ?

— Pas encore.

— Qu'est-ce que tu entends par là ? Tu me le livreras à temps pour sauver Charlie ? Je n'ai pas envie qu'il finisse comme Leo Frank... Il ne reste que trois semaines.

— Je sais, Justin. Je t'ai dit que je ne le laisserais pas mourir, et je tiendrai parole.

— Qu'est-ce que tu comptes faire ?

— Je ne peux pas te le dire pour le moment, expliqua Nancy. Mais tu le sauras en temps voulu.

NEWARK — LUNDI 22 MAI

Une semaine plus tard, Abe reçut un appel irrité de Duncan.

— Mr Ringel, Nancy Rosen nous a dit que l'un de ses clients, nommé Rodney Owens, a tué Monty Williams, et qu'elle est en mesure de le prouver. Pouvez-vous passer à mon cabinet demain pour discuter de ce nouveau développement ? Et venez donc en compagnie de votre collaborateur, John Justin Aldrich.

— Pourquoi pas cet après-midi ? demanda Abe en feuilletant son agenda de poche. 4 heures, ça vous irait ?

— Très bien.

— Pourquoi tenez-vous à voir mon collaborateur ?

— Parce que Mrs Rosen nous a dit qu'elle traitait avec Mr Aldrich, dans cette affaire.

Pendant le trajet vers l'aéroport, Justin appela Nancy sur son téléphone mobile.

— Comment ça se fait que tu aies informé le procureur et pas moi ?

— J'avais besoin de quelques jours de délai avant de tout mettre en œuvre. Je vais t'expliquer ce qui nous attend. Ça ne craint rien si je te parle au téléphone ?

— Non. On a fait l'achat d'un de ces modèles cellulaires à système de sécurité... pour cette raison. Vas-y.

— J'ai pris contact avec Owens, mon client, reprit Nancy. Et je lui ai conseillé de se présenter à la police.

— Qu'est-ce qu'il a dit ?

— Il a refusé, comme je m'y attendais.

— Et alors ?

— J'ai annoncé à Owens que j'allais écrire au procureur l'après-midi même, pour lui révéler qui était l'assassin, en quoi consistait son mobile, et ce qu'il m'avait dit en entrant dans mon cabinet le jour où Williams s'est fait descendre. Il m'avait donné des détails dont seul l'assassin pouvait être au courant. Que j'ai consignés dans un dossier.

— Qu'a dit Owens ?

— Il est devenu dingue. Il a menacé de me tuer, de me faire radier du barreau.

— Qu'est-ce que tu as répondu ?

— Que ma décision était prise, et que je l'appelais pour lui donner un jour ou deux de battement pour faire ce qu'il avait à faire avant que le procureur reçoive la lettre.

— C'est pas vrai ! Nancy... tu as dit à Owens de mettre les bouts ?

— C'était plus bref, mais ça revenait au même.

— Et qu'est-ce qui s'est passé ?

— Owens a mis les bouts. Le procureur a reçu ma lettre, cherché Owens, et appris qu'il était parti en catastrophe la veille. Personne ne l'a vu. Mais je crois savoir où il est.

— Qu'a fait Duncan ?

— Tu ne vas pas le croire, Justin. Il m'a menacée, *moi,* de m'inculper d'obstruction au cours de la justice, et de me faire radier du barreau.

— Je veux bien le croire. Tu as mis ton certificat d'avocate en danger pour Charlie.

— Qu'est-ce que je pouvais faire d'autre ? Il faut que je sauve la peau de ce type. Et que je donne aussi à mon client une chance de s'en sortir. Ils n'ont pas voulu lui accorder l'immunité, alors je lui ai donné l'occasion de se l'accorder lui-même en disparaissant. Ce n'est pas génial, mais c'est le mieux que j'aie pu trouver. Largement mieux que ce qu'avait fait le vieil avocat de l'affaire Leo Frank. Ton client ne mourra pas.

— Merci, Nancy. Je te dois une fière chandelle. Si cette histoire doit te causer des ennuis, sache que tu peux compter sur mon aide.

Justin se doutait bien que cette histoire allait *certainement* causer des ennuis à Nancy. De gros ennuis.

Quand Abe et Justin arrivèrent au cabinet du procureur, au cinquième étage du vieux palais de justice, il était 4 heures passées de quelques minutes. Justin avait mis Abe au courant des nouvelles annoncées par Nancy au téléphone. Cela chiffonnait toujours Abe, que les procureurs soient installés dans le même bâtiment que les juges, alors que les avocats se voyaient relégués dans des bureaux situés quelques pâtés d'immeubles plus loin. Un seul regard aux sinistres murs gris et au mobilier fourni par l'administration lui remit en mémoire la raison pour laquelle il préférait être à l'écart.

Le procureur Kevin Duncan était là, flanqué de son assistant principal et d'un policier. Il aborda tout de suite le sujet.

— Soyons directs, Mr Ringel. Vous avez un client dans le couloir de la mort, que vous dites innocent. Il n'existe aucun moyen de prouver son innocence devant la cour sans Owens, le client de Mrs Rosen. Or la déposition de Mrs Rosen ne constituerait qu'une déposition sur la foi d'autrui, et ne serait pas recevable en raison du secret professionnel qui entoure la relation avocat-client. Si vous voulez sauver Odell, il faut que vous nous aidiez à trouver Owens.

— Ce n'est pas mon problème, répondit Abe. Je n'ai aucune responsabilité envers Owens, ce n'est pas mon client. De quelle façon pourrais-je, *moi,* vous aider à le trouver ? Je ne sais rien de lui.

— Mais Nancy Rosen, si. Elle connaît ses amis, sa famille, et doit savoir où il se trouve. Nous avons des raisons de penser que si Nancy Rosen voulait nous aider à trouver Owens, elle pourrait le faire.

— Dans ce cas, pourquoi ne demandez-vous pas ça à Nancy ? Qu'attendez-vous de moi ?

— Nous lui avons demandé de nous aider, mais elle a refusé. Elle prétend n'être au courant de rien. Nous n'en croyons pas un mot.

— Et que voulez-vous que je fasse, moi ?

— Vous pouvez nous aider à faire pression sur elle. Nous avons l'intention d'inculper Nancy Rosen d'obstruction au cours de la justice, et nous pensons que Mr Aldrich pourrait prouver que Mrs Rosen a conseillé à son client de prendre la fuite. Nous voudrions que Mr Aldrich témoigne contre Nancy Rosen.

— C'est hors de question, répondit Justin.

— Vous n'avez pas le choix, Mr Aldrich. Odell est dans le couloir de la mort, et il y restera, à moins que vous ne nous aidiez à mettre la main sur Owens. La seule chance que nous ayons de le trouver consiste à foutre Rosen sous le rouleau compresseur. Et le rouleau compresseur, Mr Aldrich, c'est *vous.*

— Espèce d'enfoiré ! (Abe bondit de sa chaise comme s'il allait se jeter sur Duncan.) Vous vous servez de Charlie Odell comme d'un otage pour obtenir la peau de Nancy Rosen.

— C'est votre façon de voir les choses, Mr Ringel. Pour ma part, ce n'est pas ainsi que je formulerais les choses. Mr Aldrich détient des informations susceptibles de nous aider à prouver qu'une avocate de la circonscription a enfreint la loi, infraction prolongée, puisque Owens est toujours en fuite. *Nous* avons intérêt à retrouver Owens, et *votre* client Odell a intérêt à ce qu'Owens soit retrouvé. Pouvons-nous travailler ensemble, ou bien le statu quo est-il maintenu ?

— Par statu quo, vous entendez qu'Odell soit exécuté ?

— C'est *en effet* le statu quo, Mr Ringel.

— Nous allons y réfléchir, répondit Abe, sachant qu'il ne pouvait pas demander à Justin d'aider le procureur à mettre son amie Nancy en prison. Vous êtes un fumier, Duncan. Vous laisseriez exécuter un homme que vous savez innocent, si mon collaborateur ne témoigne pas contre Nancy Rosen ?

Un sourire sarcastique étira les lèvres du procureur.

— Je ne sais pas s'il est innocent. Je sais que votre amie Rosen soutient qu'un autre homme, introuvable bien sûr, a paraît-il avoué qu'il avait, *lui,* commis ce meurtre. De faux aveux, on nous en sert à longueur de temps, Mr Ringel, surtout dans les affaires à grand battage, vous ne l'ignorez pas. D'ailleurs, je ne suis pas certain que cet Owens ait avoué quoi que ce soit à Rosen.

— Et ces trucs dont seul le véritable assassin peut être au courant ?

— Je ne sais pas de quoi vous parlez, Mr Ringel. Les informations se colportent. Rosen a pu apprendre ça grâce aux bruits de couloirs qui circulent au palais.

Ça ne serait pas la première fois que la chose se produit.

— Vous êtes une ordure finie, Duncan.

— Une chose encore, Mr Ringel. Je ne veux pas que vous, ni Mr Aldrich, parliez à Nancy Rosen de la proposition que je viens de vous faire. Si vous le faisiez, elle pourrait décider de se planquer comme Owens, et nous serions alors obligés de *vous* inculper *vous et votre collaborateur* d'obstruction au cours de la justice. Vous disposez de trois jours pour déterminer si Odell doit être exécuté, ou si Rosen doit aller en prison. Il n'existe pas d'alternative. C'est un choix cruel. Mais j'ai entendu dire que Mr Aldrich et vous vous y entendiez en matière de choix cruels. Mr Ringel, Mr Aldrich, je vous souhaite une bonne journée.

CHAPITRE DIX-NEUF

CAMBRIDGE — MARDI 23 MAI

L'état de Haskel se dégradait de semaine en semaine. Des journées entières s'écoulaient désormais sans qu'il prononce un mot. Abe passait presque tous les matins, en se rendant à son cabinet, pour voir son vieux maître et lui parler. Il arrivait qu'il n'obtienne pas de réponse, mais parfois, il saisissait un sourire, un froncement de sourcils, une larme, une lueur malicieuse dans le regard profond et las du vieil homme. Abe n'était pas sûr de voir ces manifestations. Peut-être Haskel réagissait-il à son propre discours intérieur, et non au monologue d'Abe. Certains jours, Haskel parlait, tenant bien souvent des propos sibyllins, ou se lançant dans de longues digressions fumeuses.

Ce jour-là, Abe s'installa au chevet de Haskel pour réfléchir à la façon dont il allait répondre au dilemme horrible que le procureur du New Jersey leur infligeait, à Justin et lui. Abe relata au vieil homme l'entrevue avec Duncan, lui dépeignant Charlie Odell comme un otage, et le procureur, comme un tyran. Soudain, Haskel se mit à parler, débitant d'abord quelques paroles étouffées, indistinctes, avant de poursuivre d'une voix chantonnante, rappelant la litanie des étudiants récitant le Talmud. Abe prêta l'oreille.

« Il y a bien longtemps, en Judée, à l'époque où les Romains occupaient le pays, était une ville fortifiée dans laquelle mille Juifs vivaient en paix. Un jour, un général tyrannique assiégea la cité, et suspendit tout ravitaillement en nourriture et en eau. Puis il adressa aux Anciens de la ville un message leur offrant le choix entre deux possibilités : soit ils livraient aux soldats l'un des citoyens de la ville, qui serait ensuite exécuté, soit la population tout entière mourrait de faim. »

Parvenu à la fin de son histoire, Haskel se tut et commença à somnoler. Abe tenta de le réveiller, mais en vain. Sa visite était achevée. Il reviendrait le lendemain. Entre-temps, il lui fallait découvrir ce que son vieux maître avait voulu lui faire comprendre avec son histoire énigmatique, et si cette dernière pouvait lui apporter une indication quant à la décision qu'il devait prendre d'ici deux jours.

— Justin ! appela Abe en entrant dans la salle d'accueil de son cabinet. J'ai besoin de toi ce matin pour une recherche juridique extraordinaire.

Justin jaillit hors de son bureau, le visage empreint de cet entrain que seuls semblent éprouver les juristes frais émoulus.

— Volontiers, Abe. Bibliothèque ? Ordinateur ? Quoi aujourd'hui ?

— Ni l'un ni l'autre, répondit Abe. Tu vas te pencher sur l'un des plus anciens documents juridiques de toute l'histoire.

— J'adore l'histoire juridique, surtout les vieilles sentences d'exécution anglaises. Que voulez-vous que je cherche ?

— Rien d'anglais. Rien qui soit même *rédigé* en anglais. J'ai besoin de toi pour chercher quelque chose dans le Talmud.

— Dans le Talmud ? Mais je ne lis pas l'hébreu, moi.

— C'est en araméen, la langue quotidienne des Juifs à l'époque où le Talmud fut rédigé. Ça ressemble un peu aux rapports d'audience qu'on lit de nos jours. Le Talmud fait état des débats juridiques tenus par les principaux rabbins des troisième, quatrième, et cinquième siècles.

— Abe, vous ne croyez pas qu'on a assez de pain sur la planche comme ça, sans aller exhumer des arrêtés rabbiniques vieux comme tout ?

— Haskel m'a raconté une histoire, ce matin. Je pense qu'elle était extraite du Talmud. Peut-être qu'elle comporte des réponses susceptibles de nous aider dans l'affaire Odell ?

— Comment un débat vieux de quinze cents ans pourrait-il nous aider dans le cas de figure Odell ?

— Ça ne peut pas faire de mal, répondit Abe en haussant les épaules. Tu as mieux à proposer ?

Là-dessus, il rapporta l'histoire de Haskel au sujet de la cité fortifiée, et demanda à Justin de trouver comment les rabbins avaient résolu le dilemme exigeant le sacrifice d'un innocent pour la survie d'une population entière. Il conseilla au jeune homme de faire le tour de plusieurs écoles rabbiniques pour obtenir des informations sur cette histoire, et demander s'il en existait des traductions en anglais.

Quelques heures plus tard, Justin était de retour. Il avait trouvé le texte évoqué par Haskel, qui se révéla tout aussi elliptique que l'histoire du vieil homme. Les rabbins avaient développé une argumentation selon laquelle, si le tyran réclamait un otage spécifique, il fallait le lui livrer, ce qui permettrait de sauver la population. Toutefois, si le tyran réclamait un otage indéterminé, les Anciens ne désigneraient personne pour l'exécution, même si cela entraînait la destruction de la cité entière et de ses habitants.

— Leur réflexion n'était pas dépourvue de logique,

expliqua Justin. Si le tyran choisissait lui-même la victime, il devenait le responsable. En revanche, si les Anciens prenaient cette décision, le poids leur en incombait.

— Pas étonnant que nous autres, Juifs, soyons si nombreux à embrasser la carrière de juriste, déclara Abe. Ces subtilités talmudiques sont encore plus difficiles à comprendre que les chicanes du droit commun anglais. En quoi tout ça nous aide-t-il vis-à-vis de notre dilemme Duncan ?

— Je vais y réfléchir un peu.

— D'accord, mais fais vite. Il ne nous reste plus que deux jours.

CHAPITRE VINGT

CAMBRIDGE — MERCREDI 24 MAI

Quand Abe arriva à son cabinet, le matin de l'entrevue avec Joe Campbell, le jeune homme l'attendait déjà dans son bureau, vêtu d'une tenue de sport de marque, allant et venant dans la pièce comme s'il s'échauffait avant un match. Il était à mi-parcours des matches de sélection de la NBA. Les Knicks n'avaient fait qu'une bouchée des Heat, au premier tour, et attendaient le résultat d'une poule entre Pacers et Bulls, dont l'issue désignerait leur prochain adversaire.

— Eh bien ! Joe, vous êtes matinal. Je croyais que les basketteurs aimaient faire la grasse matinée.

— Ça ne vous est pas venu à l'idée, que je pouvais avoir hâte de me débarrasser de cette histoire ? J'ai besoin de me concentrer sur ce qui me permet de gagner ma vie.

— Ouais. Cela dit, vous n'avez aucun souci à vous faire. Vous êtes innocent, Joe, non ?

— Vous savez ça mieux que quiconque.

— Je sais ça, moi ?

La question demeura en suspens.

Abe prit une chemise dans le vieux placard à dossiers en chêne, à côté de son bureau, fouilla parmi les feuillets qu'elle contenait, et regarda Joe.

— Nous avons un problème.

— Comment ça, *nous*, Grand Sachem ? demanda Joe. Il n'y a que moi, qui ai un problème, rappelez-vous. Vous n'êtes accusé de rien.

Du moins, pas encore, songea Abe avant de donner un tour plus agressif à la conversation :

— J'ai bel et bien un problème, et ce problème, c'est vous.

— Qu'est-ce que vous entendez par là ?

— Je ne crois pas que vous ayez joué franc-jeu avec moi.

— Je vous ai dit que je vous présentais mes excuses, et que ça ne se reproduirait plus. On ne peut pas passer par-dessus ce truc-là et poursuivre ?

— Ce n'est pas de *ce mensonge-là* que je parle, répondit Abe. Justin et Rendi pensent que la façon dont vous nous avez décrit votre première rencontre avec Jennifer et la découverte de son histoire de harcèlement sexuel, tout ça n'est qu'un tissu de mensonges.

Le comportement tout entier de Campbell changea tout à coup. Joe n'était plus le jeune homme poli qui avait fait si bonne impression sur Abe au Four Seasons, mais un sportif au langage ordurier.

— Qu'est-ce que vous bavez, là ? De quel droit vous me sortez ça ? Je vous ai promis de dire la vérité. Je vous paie pour que vous me fassiez confiance, pas pour que vous passiez votre temps à m'insulter, lança-t-il, furieux. N'importe quel putain d'avocat serait prêt à se couper une couille pour avoir la chance de me défendre, et vous, vous venez me traiter de menteur. Je vous emmerde, moi.

Abe détestait cette partie du travail d'un avocat, qui consiste à regarder le client dans le blanc des yeux en lui déclarant qu'on remet tous ses propos en cause. On n'apprend pas à mener ce genre de discussions pendant ses études de droit, et parmi les ouvrages qui tapissaient les murs du bureau d'Abe, ne figurait aucun manuel sur le sujet. Un quart de siècle de pratique lui avait enseigné à quel point ce type d'entrevue pouvait se révéler important pour gagner un procès, surtout quand le client mentait sans pour autant être coupable de ce dont on l'accusait — phénomène bien plus courant que les observateurs extérieurs ne pourraient le supposer.

Abe, qui s'attendait à la réaction de Joe, répondit d'une voix calme :

— Cessez de jouer la comédie. Je m'efforce de vous aider. Je suis votre médecin, et je viens de voir le résultat de votre radio du crâne qui m'apprend que vous avez un cancer opérable. Préférez-vous que je fasse comme si de rien n'était, ou que j'essaie de vous guérir ?

— Qu'est-ce que ces conneries de radios du crâne et de cancer ont à voir avec mon procès ? Les radios du crâne ne décèlent pas les mensonges.

— Mon équipe et moi examinons les faits. Or les faits révèlent à nos yeux exercés — de la même façon qu'une radio du crâne révèle des choses aux yeux exercés d'un médecin — qu'il se pourrait que vous ne disiez pas la vérité. Pourquoi nous mentiriez-vous, Joe, si vous êtes innocent ?

— Putain, mais c'est vrai ! Voilà que maintenant, vous venez me dire — mon propre putain d'avocat, à qui je donne un fric fou pour assurer ma *défense,* vient me dire que je suis *coupable* ! Qui vous a nommé procureur ? Qui vous a nommé *Dieu* ? Rien ne m'oblige à accepter ça. Je vais faire cinquante mètres dans la rue et aller regarder dans les Pages jaunes. N'importe quel blanc-bec de l'Institut de droit serait capable de remporter ce procès, surtout avec les renseignements que j'ai dénichés sur Jennifer.

— Je ne dis pas que je vous crois coupable. D'ailleurs, je continue à vous croire innocent, quoique je ne sois plus aussi convaincu qu'avant, mais je me demande si vous m'avez toujours dit la vérité. Justin et Rendi vous croient coupable. Et ils ont trouvé des documents troublants qui appuient leur façon de voir les choses.

— De quoi vous parlez, au juste ? Quels documents ? Et les informations concernant Jennifer, alors ?

— Justin et Rendi pensent que vous saviez tout à son sujet *avant* de sortir avec elle. C'est la raison pour laquelle vous l'avez choisie. Ils sont convaincus qu'il s'agissait d'un traquenard de but en blanc, que vous choisissez toujours des femmes ayant eu un problème par le passé — accusation calomnieuse de viol, ou de harcèlement sexuel, quelque chose qui les empêchera de remporter un procès pour viol. Est-ce qu'ils ont raison, Joe ?

Le jeune homme eut l'air sonné. Puis il grommela :

— Et *vous,* maître, vous les croyez ?

— Je ne sais pas. Justin a découvert des trucs intéressants, sur l'ordinateur. Par exemple, que vous aviez obtenu le tirage concernant l'affaire de Jennifer quelques jours avant de sortir avec elle. Et aussi, que la demande de recherche que vous aviez posée concernait les affaires d'accusations calomnieuses d'abus sexuels.

Une expression abasourdie se peignit sur le visage du jeune homme. De toute évidence, Joe Campbell n'avait jamais été placé en face d'une telle accusation. Abe ne parvint pas à déterminer s'il s'agissait d'une expression de culpabilité, ou plutôt d'innocence abasourdie. Pour la première fois, Joe Campbell restait sans voix. Abe laissa passer une fraction de seconde, puis reprit :

— Vous ne me facilitez pas la tâche. J'ai besoin de découvrir qui vous êtes.

Cette fois, Joe ne demeura pas silencieux.

— Vous vous prenez pour qui, cet enfoiremanne de Sherlock Holmes ? Arrêtez vos conneries et atterrissez un peu. Vous êtes un putain d'avocat d'assises. Vous travaillez pour moi. Votre boulot — votre *seul* boulot — c'est de me tirer d'affaire. Pas de venir me dire que je mens, ni de me dire que votre collaborateur — que je paie — me croit coupable parce qu'il a fait joujou avec son ordinateur. Tout ça, c'est des conneries.

— Expliquez-moi en quoi ce seraient des conneries, Joe. J'aurais plaisir à me laisser convaincre. Allez-y, jetez un coup d'œil là-dessus.

Il tendit au jeune homme la chemise contenant les tirages d'imprimante, et lui expliqua l'hypothèse de Justin selon laquelle les documents en question prouveraient que cette recherche datait d'avant la rencontre « fortuite » de Joe et Jennifer. Le jeune homme examina les tirages en silence.

— Tout ça est compliqué, Abe, fit-il en désignant le tirage sur le procès Jennifer Dowling. J'ai fait plusieurs recherches. La première concernait Jennifer. Je l'ai faite après l'avoir rencontrée... comme je vous l'ai dit. Je ne sais pas pourquoi aucune date ne figure là-dessus. Peut-être que CompuLaw n'en faisait figurer que sur les recherches venant de cabinets juridiques. Peut-être que la dernière partie du tirage ne concernait pas ma recherche, et que je l'ai jetée. Ou peut-être que CompuLaw a merdé. Ça arrive, ce genre de choses, vous savez.

— Et pour ce qui est de la recherche plus générale concernant les plaintes calomnieuses pour abus sexuels ?

— Cette recherche-là, je l'ai faite... tout de suite après celle concernant le procès Dowling, et j'ai découvert son histoire de plainte calomnieuse. Je voulais en savoir plus sur les femmes qui déposent ce genre de plaintes.

— Pourquoi ça ?

— Par curiosité intellectuelle, je suppose... et aussi parce que je voulais comprendre Jennifer. Je voulais être certain qu'elle n'était pas du genre à essayer de me piéger.

— C'est précisément ce qu'a pensé Justin... au début, déclara Abe, impressionné par la rapidité avec laquelle Joe trouvait une explication crédible.

— Justin avait raison... au début. Pourquoi est-ce qu'il a changé d'avis ?

— Parce que ce n'est pas tout, Joe... même si vous

me dites la vérité au sujet de cette histoire d'ordinateur.

— Alors quoi ?

— Notre enquêteuse, Rendi Renaad, nous a fourni des renseignements troublants au sujet de vos tendances sexuelles, recueillis auprès de vos amies groupies.

— Vous avez demandé à *notre* enquêteuse de dénicher des informations qui puissent me foutre dedans ? demanda Joe, à nouveau agressif. Mais bon Dieu, vous vous prenez pour qui ? Un mec de la presse à scandales ?

— Non, Joe. Je suis votre avocat, et si dur à avaler que ça puisse paraître, j'essaie de vous aider. Rendi a mis la main sur des trucs moches.

Joe marqua un temps d'arrêt, se leva, et se pencha avec un regard menaçant au-dessus d'Abe, qui posa le doigt sur le bouton de l'alarme silencieuse qu'il avait fait installer quelques années auparavant, après s'être fait agresser au cours d'une entrevue houleuse par une cliente accusée d'avoir assassiné son mari incestueux. Il allait appuyer, quand Joe s'éloigna, revint, et lui dit :

— Je n'ai pas le choix, Mr Ringel : j'insiste pour que vous renvoyiez Rendi et Justin. Je ne veux plus qu'ils s'occupent de mon procès. Ils n'ont pas confiance en moi, et je ne tiens pas à payer les gens pour qu'ils aillent dénicher des informations susceptibles de me foutre dedans.

— Désolé, Joe, mais ça, c'est moi que ça regarde, pas vous. Si je suis chargé de votre défense, *je* choisis mes collaborateurs. J'ai besoin d'eux. Et besoin aussi qu'ils récoltent tout ce qu'on peut dénicher à votre sujet. Il vaut mieux qu'eux le fassent, plutôt que le procureur. Tout ce qu'apprennent Justin et Rendi reste confidentiel.

— Ça m'est égal, ils n'ont plus rien à voir avec mon dossier.

— Le seul moyen de les écarter de ce dossier, c'est de m'en écarter avec eux.

— C'est bon, je vous vire aussi... dès maintenant,

avec toute votre équipe. Je n'ai plus besoin de vos services. Vous m'enverrez vos honoraires.

Abe s'attendait à cette réaction.

— J'aimerais que ce soit aussi simple que ça, mais ça ne l'est pas.

— Comment ça ? J'ai quand même le droit de vous virer, vous et votre équipe, non ?

— Bien sûr, que vous avez le droit, mais il se pourrait que vous n'ayez pas intérêt à en faire usage.

— Et pourquoi ça, bon Dieu ? Vous croyez me faire peur ?

— Ce n'est pas la question, répondit Abe. Je vous ai promis de ne jamais divulguer aucune des révélations que j'ai entendues de vous en tant qu'avocat, et je suis tenu par cette promesse. Il faut que vous compreniez comment fonctionne l'institution. Si vous et moi nous séparons à ce point de l'affaire — quel que soit le prétexte qu'on donnera en pâture à la population — le message transmis sera clair.

— Ouais, les gens se diront que vous êtes un pétochard, et que j'ai eu envie d'engager un vrai avocat à votre place. Ça ne me fera pas grand mal, c'est à vous que ça en fera. Et alors ? Vous survivrez.

— Ce n'est pas ça.

— Ah bon ? Alors quoi au juste ?

Abe se leva, s'empara d'un livre, sur l'étagère, et trouva la page qu'il voulait faire voir à Joe.

— La décision adoptée par la Cour de cassation il y a deux ans, lors d'un procès intitulé *X* contre *Whiteside,* a déclenché une épidémie parmi les avocats : ils se sont tous mis à abandonner leurs dossiers à la veille du procès. Et quel que soit le prétexte qu'ils avancent, tout le monde, au sein de l'institution, sait de quoi il retourne. Tenez, lisez ce paragraphe.

— Minute, je ne fais pas partie de l'institution, moi, et je n'ai pas envie de lire je ne sais quelle connerie de bouquin juridique. Dites-moi ce que ça raconte.

— Ça décrit le cas de figure de l'avocat qui pense que son client projette de mentir à la barre. Quand un avocat se doute d'une chose pareille, il doit alors laisser tomber le dossier, ou dénoncer son client. Or, aucun avocat ne pouvant s'en tirer avec une réputation de dénonciateur, tout le monde opte pour la solution de facilité.

— Et ça consiste en quoi ?

— À abandonner, ou mieux : à s'arranger pour se faire virer. Tous les juges, procureurs, journalistes, et spectateurs d'audiences savent ce que ça signifie. Me renvoyer sur ce coup-là, ça reviendrait à publier vos aveux sur un encart en pleine page dans le *New York Times* du dimanche. C'est ça, que vous voulez faire ?

— Putain de merde, ça va, vous avez gagné.

— Ça n'a rien à voir avec le fait de gagner, Joe. Du moins, pas contre vous, riposta Abe. D'un côté, je voudrais bien que vous nous viriez sans couler votre barque du même coup. Mais vous n'en avez pas la possibilité, et moi, je n'ai pas la possibilité d'abandonner parce que ça vous foutrait dans la merde. Du coup, c'est *moi*, qui ai un problème, Grand Sachem. Et mon problème, c'est que j'en sais trop pour notre bien à tous les deux. Je continue à penser, malgré votre explication, que vous avez pu vous servir de votre ordinateur pour vous renseigner sur Jennifer *avant* de la rencontrer. J'ignore pourquoi. Comme j'ignore si oui ou non, vous l'avez violée. Mon sentiment profond est que vous ne l'avez pas fait. Cette conviction ne tient pas à ce que *vous* m'avez dit, mais au fait que la version de Jennifer soit si faible. J'ai du mal à croire le moindre de vos propos. Par ailleurs, je sais qu'innocent, coupable, ou quelque part entre les deux, vous allez donner du fil à retordre à l'accusation, car vous êtes un fin comédien.

— Eh bien ! je suis heureux d'entendre que l'accusation aura du mal à me faire condamner, déclara Campbell en regardant par la fenêtre. Si vous restez à mon service, je veux que vous fassiez tout ce qui est en votre pouvoir pour vous en assurer... quels que soient les soupçons que vous éprouvez à mon égard, ou les certitudes de vos enfoirés de collaborateurs.

— Je ferai tout ce que la loi m'autorise à faire, mais

je refuserai de la transgresser, que ce soit pour votre bénéfice, ou celui de quelqu'un d'autre, répondit Abe.

— Qu'est-ce que ça signifie ? Qu'est-ce que vous *refuserez* de faire pour mon bénéfice ?

— Je ne pourrai pas vous permettre de mentir à la barre.

— Doucement les basses. Vous allez jouer sur du velours, avec moi. Je suis un mec raisonnable. Je comprends votre problème, et je vais le résoudre (Campbell plongea un regard grave dans celui d'Abe.) Je m'engage à ne pas mentir à la barre.

Le basketteur se dominait à nouveau. Tout à coup, il eut l'air sincère. Ce mec est incroyable, se dit Abe, imaginant Campbell en train de jouer la comédie de la sincérité avec ses innombrables conquêtes. Lui arrivait-il de perdre son sang-froid ? Peut-être était-ce la clé du problème ? Campbell ne perdait jamais son sang-froid. Ce genre de chose pouvait devenir infernal, en matière de sexe.

À présent, Joe s'exprimait posément, mais la précipitation n'était pas loin, derrière ses propos.

— Reste un point sur lequel je ne transigerai pas.

— Lequel ?

— Si je décide d'aller témoigner, j'irai témoigner, et c'est marre. Je n'ai pas envie de perdre ce procès — et ma liberté, et ma carrière avec — sous prétexte que mon propre avocat ne me croit pas. Je vous le dis tout de suite : je suis innocent, et je témoignerai.

Abe sentit la moutarde lui monter au nez.

— Vous me prenez pour qui ? Je ne sais quelle groupie débile prête à gober votre comédie ? J'ai une amie, à Hollywood, qui me dit toujours : « La sincérité est l'essence du jeu d'acteur. Quand on est capable de feindre la sincérité, on peut feindre n'importe quoi d'autre. » Qui croyez-vous rouler dans la farine, ici ? Vous voudriez que je m'estime satisfait parce que vous m'avez regardé droit dans les yeux en me racontant un mensonge ?

— Non, je suis sincère, reprit Campbell. Cette histoire est un enfer pour moi, et je commence à comprendre que j'ai bel et bien un problème. Ça un côté malsain, de prendre des renseignements confidentiels au sujet des femmes avec qui je sors. Je vais aller consulter un psy.

— Vous êtes dans votre droit, fit Abe en haussant les épaules. Vis-à-vis de la loi, en tout cas. Si vous m'affirmez que vous allez témoigner en toute sincérité, je suis juridiquement tenu d'accepter, car je n'ai aucun moyen de déterminer *à coup sûr* si vous êtes en train de mentir. Je n'ai pas de boule de cristal. Et après tout, certains accusés disent la vérité, alors que leurs avocats les croient en train de mentir. *Personnellement,* je ne suis pas certain de vous croire. Mais *juridiquement,* je dois vous croire, car je ne suis pas en mesure de produire des éléments concrets prouvant que vous mentez. Je ne sais pas comment je vais aborder le problème.

— Je suis censé prendre ça comme un avertissement ?

— Non. Comme des propos d'être humain qui parle tout seul. En tant qu'avocat, je suis satisfait de ce que vous m'avez dit. Je suis bien forcé de l'être, malgré mes doutes. Étant chargé de votre défense, je suis tenu d'avoir tendance à vous croire.

— C'est complètement barjot, votre truc.

— Peut-être, mais nous sommes quelques-uns, dans la profession, à cumuler les statuts d'être humain et d'homme de loi. Et de temps à autre, ça donne lieu à quelques tiraillements. Mais ce n'est pas votre problème. C'est le mien. Mon problème, c'est *vous.*

— Et moi, je me situe où, dans tout ça ? demanda Campbell.

— Vous vous retrouvez avec un avocat qui pense que vous mentez peut-être, et qui n'est certain ni de votre innocence, ni de votre culpabilité, mais doit tout de même empêcher l'accusation de prouver que vous mentez, et que vous êtes coupable. Je déteste me trouver dans cette situation. Mais ça, c'est *mon* problème.

— Du moment que ça ne devient pas le *mien,*

répondit le jeune homme. Mais je suis sérieux, à propos de mon droit à témoigner.

Une expression menaçante passa sur son visage quand Abe le raccompagna à la porte. Mais l'avocat n'avait pas le temps de s'en soucier. Son souci du moment consistait à trouver le moyen de défendre son client sans perdre son certificat d'avocat... ni son âme.

Deuxième partie

UN JURY COMPOSÉ DE SES PAIRS

CHAPITRE VINGT ET UN

CAMBRIDGE — JEUDI 25 MAI

Abe avait beau regretter d'un côté que Campbell ne lui ait pas signifié son congé, d'un autre côté, il ne demandait qu'à assumer la défense du basketteur. Comme tous les avocats, Abe rêvait de la grande victoire juridique qui le catapulterait dans les manuels de droit et des débats télévisés à grande audience que tout le monde regarde. Rares étaient les avocats qui réalisaient ce rêve, mais ceux qui y parvenaient — se disait Abe — s'assuraient une place au soleil pour le restant de leurs jours. Ils restent à tout jamais « l'avocat qui a gagné l'affaire X ». F. Lee Bailey resterait à tout jamais l'avocat qui remporta l'affaire Sheppard ; Howard Weitzman, celui qui remporta l'affaire De Lorean ; William Kunstler, celui qui remporta l'affaire Chicago 7 ; Roy Black, celui qui remporta l'affaire William Kennedy Smith. Or, toute une partie d'Abe Ringel aspirait à devenir l'avocat qui remporta l'affaire Campbell.

Abe Ringel était déjà connu dans la région de Boston, de même que parmi ses confrères. Il comptait sur une victoire à l'issue de l'affaire Campbell pour le propulser dans le petit cercle des avocats dont les noms étaient identifiés dans tout le pays. Cette victoire, il la flairait, aussi les complications mises au jour par Justin et Rendi le contrariaient-elles.

Mais cette partie-là de sa personnalité était également celle dont Abe se sentait le plus honteux. Jamais il ne discutait de son côté ambitieux avec Haskel. Le vieil homme n'aurait ni compris ni approuvé. Aux yeux de Haskel, la loi n'était pas un commerce, ou une distraction. C'était une haute destinée à laquelle on était appelé, une activité érudite, une profession honorable. Haskel détestait la promotion personnelle, la publicité, les relations publiques, et tout ce qui allait avec la nouvelle tendance qui poussait les juristes à se transformer en hommes d'affaires et en habitués des gros titres. « La seule publicité d'un homme de loi devrait être la qualité de son travail », avait toujours dit le vieillard à ses étudiants sceptiques.

Abe ne demandait qu'à adhérer à la conception que Haskel nourrissait de la pratique du juriste, mais il ne pouvait se conformer en permanence à de tels principes. Il justifiait ses fréquents passages sur les ondes ou à la télévision en se répétant que la méthode de Haskel valait pour l'époque de Haskel, mais que la compétitivité croissante dans le milieu juridique, ainsi que l'utilisation croissante des médias par des procureurs aux dents longues avaient rendu les vues de Haskel obsolètes.

À l'époque de Haskel, on respectait un avocat pour son intégrité, sa capacité à prodiguer des conseils au sujet d'une situation donnée, à résoudre les conflits. La victoire était importante, bien sûr, même en ce temps-là, mais il n'y avait pas que cela qui comptait. Aujourd'hui, alors que les avocats vantaient leurs talents comme s'il s'agissait de céréales, ou de nourriture pour chiens, la victoire était devenue primordiale. Les avocats, au même titre que les sportifs, étaient jugés en fonction de leur palmarès, de l'attention que leur portaient les médias, et de leur dernière victoire dans une affaire de haut vol.

Rudy Giuliani en était un parfait exemple. Il s'était servi de la publicité faite par les médias comme d'un tremplin pour accéder à la fonction de maire de New

York. S'il avait suivi les conseils de Haskel, où en serait-il, à cette heure ?

Et pourtant, une part d'Abe regrettait cette époque révolue durant laquelle Haskel parvint à se hisser au premier rang, devenant l'avocat le plus respecté de Boston sans franchir, fût-ce une seule fois, le seuil d'un studio de télévision ou de radio. « Je ne fais jamais de commentaire au sujet d'une affaire ailleurs que dans le prétoire », affirmait-il pour répondre aux questions des médias. Et il s'en tint toujours à ses convictions.

Bien entendu, il existait en Abe une autre part — la meilleure. Il avait œuvré plus souvent qu'à son tour pour le bien public, en défendant d'obscurs accusés dépourvus de la moindre chance de s'en tirer. Pourquoi ? Ni pour la gloire ou la célébrité, ni pour l'argent... Parce qu'il croyait en la valeur d'une institution juridique basée sur la controverse, au sein de laquelle tout accusé pouvait bénéficier de la meilleure défense. Abe savait qu'utiliser les médias pour déblayer le terrain était l'une des possibilités qu'offrait l'institution. Mais il savait que cela alimentait aussi son ambition personnelle. « Le système reposant sur la controverse est le pire système juridique possible — à l'exception des autres », enseignait Haskel à ses étudiants. Il comprenait à quel point le système en question, quoique facile à gruger pour des avocats dénués de scrupules et ambitieux, était nécessaire à la survie de la liberté. Haskel n'avait jamais aucun mal à trouver le juste équilibre. Pour Abe, c'était toujours une difficile bataille.

Bien qu'il ait honte de son côté ambitieux, Abe sentait qu'il devait discuter de son dilemme avec son mentor. Comme d'habitude, Jerome vint lui ouvrir la porte, et comme d'habitude, Abe trouva Haskel assis à son bureau. Ou plutôt, somnolant à son bureau. Quel pitoyable et triste spectacle c'était là ! Abe décida de laisser le vieillard finir son somme, et en profita pour s'imprégner de l'atmosphère paisible qui régnait dans la pièce. Son regard se posa sur une photo en noir et blanc du mariage de Haskel avec

Estelle. La mariée était plus grande que le marié, et du coup, semblait le dominer. Haskel, tout jeune, avait posé une main sur l'épaule de son épouse. Il portait une veste de smoking noire, dont dépassait son taliss.

— Je vais te dire un secret.

Abe sursauta. Haskel l'avait pris au dépourvu.

— J'ai dû monter sur une caisse pour cette photo. Je mesurais une tête de moins qu'Estelle, au bas mot. Tu n'avais jamais remarqué ?

Abe sourit, secouant la tête.

— Comment vous sentez-vous, aujourd'hui ?

— Assez bien. Tu es venu marmonner à côté de moi, ou tu comptes me laisser prendre part à la discussion, pour changer ?

— Je ne marmonne pas, Haskel. Certaines fois, j'ai peur de vous déranger.

— Alors tu parles tout seul, et tu te donnes la réplique comme si c'était moi ?

— Quelque chose dans ce goût-là.

— Alors parle.

— Attendez un peu. Vous êtes en train de me dire que pendant tout le temps où vous m'avez entendu parler, vous faisiez semblant de, euh... comment dire, d'être à côté de la plaque ?

— Non, quand je suis à côté de la plaque, je ne suis plus là. J'ignore où je suis, d'ailleurs. Il arrive que je te laisse marmonner pour pouvoir dormir. (L'espace d'un instant, le sourire malicieux du vieillard le fit ressembler au jeune marié, sur la photo pâlie.)

Abe fit un exposé complet à Haskel, qui jusqu'alors n'avait entendu que des bribes de l'affaire Campbell. Il s'abstint de révéler au vieil homme qu'il avait déjà décidé de conserver le dossier, car il voulait lui donner à croire qu'il attendait des conseils sur ce qu'il devait faire.

Haskel parut sentir qu'Abe avait pris sa décision, mais il supposa qu'elle consistait à abandonner l'affaire Campbell pour protéger sa propre carrière. Il pointa l'index vers Abe en un geste magistral, comme s'il se retrouvait dans une salle de classe, en train d'admonester un étudiant sur le point de commettre une erreur.

— Peut-on abandonner un client lorsqu'on vient de recevoir des informations désagréables ? demanda-t-il. N'est-ce pas à ce moment précis qu'il a le plus besoin de son avocat ?

Sur quoi, abandonnant sa ligne de conduite habituelle, Haskel adressa un conseil direct à Abe :

— Tu ne peux pas te retirer de cette affaire maintenant. Si tu le faisais, le monde interpréterait ton départ comme un message. Or ce message, tu es tenu par une obligation sacrée de ne pas l'émettre. D'ailleurs, poursuivit le vieillard, il reste possible que Justin et Rendi se trompent. Le client est peut-être innocent, en dépit des informations désagréables. Rashi, le grand commentateur talmudique, a écrit qu'un magistrat ayant changé d'avis au sujet de l'innocence d'un prévenu devait « s'ingénier à trouver la moindre possibilité de prouver que son jugement initial était le bon, et l'accusé, vraiment innocent ».

Jusque-là, Abe n'avait aucun mal. Ce qui le rongeait, c'était de se rendre compte qu'il conservait l'affaire aussi bien au nom de ses perspectives personnelles que par obligation morale envers Campbell. Il se demanda s'il conserverait cette affaire si, au lieu d'une riche superstar du nom de Campbell, elle mettait en cause le premier Jones venu voué à finir condamné. N'aurait-il pas réussi, dans ce cas, à se trouver une échappatoire morale qui lui permette de se dégager de sa responsabilité ? Ne se serait-il pas laissé convaincre plus facilement par les éléments apportés par Justin et Rendi ? Abe connaissait la réponse. Et pourtant, il n'en était pas certain. Il était sûr, en revanche, de devoir croire en l'innocence de Campbell. Et il désirait remporter la victoire. À tel point que cela devait lui obscurcir le jugement.

— Va-t'en, maintenant, Abraham. Je suis fatigué et je vais bientôt me mettre à divaguer. À quoi je ressemble, peux-tu me le dire, quand je dérive hors de cette dimension ? C'est si laid à voir que ça ?

— Vous ressemblez à vous-même, mentit Abe.

— Quand je mourrai, Abraham, tu t'assureras qu'on m'enterre avec mes lunettes ? Jerome est trop tête en l'air, et j'ai peur qu'à l'arrivée du croque-mort, avec tout le chambardement que ça causera, on ne pense pas à me mettre mes lunettes.

— Bien sûr, Haskel, j'y veillerai.

Abe se détourna pour s'en aller.

— Je te remercie, Abraham.

— De quoi ?

— De ne pas me demander pourquoi je veux être enterré avec mes lunettes.

— Je crois que je sais pourquoi.

— Tu me connais si bien que ça ?

— Je me connais, moi. Et je sais que j'aurais peur de m'ennuyer sans pouvoir lire.

La musique du rire de Haskel accompagna Abe jusque sur le perron, et dans la rue.

CHAPITRE VINGT-DEUX

CAMBRIDGE — JEUDI 25 MAI

Il restait à peine dix jours avant l'exécution de Charlie Odell, et ce jeudi-là, Abe devait annoncer à Duncan, le procureur du New Jersey, si oui ou non, Justin acceptait de témoigner contre Nancy Rosen. Abe avait tout essayé : de la Cour de cassation, au gouverneur, en passant par le journal télévisé Nightline. En pure perte. Le procureur persistait à affirmer que Odell était l'assassin, et que Abe, Justin, et Nancy avaient monté de toutes pièces cette histoire de fugitif que nul n'attraperait jamais.

— Si Nancy Rosen dit la vérité, avait répondu Duncan par le biais de Nightline, qu'elle nous dise donc où se trouve le véritable assassin, que nous puissions le capturer et entendre les aveux qu'il nous fera lui-même.

Nancy maintint sa décision de ne pas révéler à l'accusation où se trouvait son client. De son côté, l'accusation était prête à suspendre l'exécution de Charlie O. si Justin acceptait de témoigner contre Nancy. « Ça prouverait au moins que vous n'êtes pas de mèche avec elle, déclara Duncan à Abe. Une fois en prison, elle nous dira où se trouve Owens... Tôt ou tard. »

Pour Justin et Abe, la situation se résumait au choix suivant : sacrifier la carrière de Nancy, ou la vie de Charlie. Il n'existait pas d'autre option, et le temps était compté. Si Justin devait témoigner contre Nancy, il faudrait encore un jour ou deux pour mettre en route le protocole permettant de suspendre l'exécution. C'était maintenant ou jamais. Abe et Justin devaient trancher.

— Cette décision-là, Abe, il va falloir que vous la preniez à ma place, déclara Justin. Moi, je suis concerné de façon trop personnelle là-dedans. Je suis trop proche de Nancy. Je sais ce que je veux faire. Ce que je ne sais pas, en revanche, c'est ce que je devrais faire.

— Tu n'as pas d'autre choix que de témoigner contre Nancy. Je sais bien que tu es son ami. Mais tu es aussi l'avocat de Charlie Odell. Et c'est la vie de cet innocent, qui est en jeu. (Abe repensa à l'histoire talmudique de Haskel, racontant comment un général romain exigea que lui soit livrée une personne qu'il ferait exécuter, à défaut de quoi la ville entière serait rasée.) Duncan veut la peau de Nancy, et ce, pour une bonne raison. Après tout, elle *est bel et bien* coupable d'avoir prévenu et encouragé son client à prendre la fuite. Odell, en revanche, est innocent.

— Je sais bien que vous avez raison, Abe, mais ce n'est pas ça qui va faire taire ma conscience.

Abe appela Duncan.

— Vous allez l'avoir, votre morceau de chair fraîche, annonça-t-il.

— Envoyez Mr Aldrich à Newark pour 9 heures demain, devant le jury d'accusation, ordonna Duncan. Et si Mrs Rosen vient à l'apprendre, notre marché sera annulé. Votre collaborateur témoignera à 9 heures. À 10 heures, la condamnation sera prononcée, et à 11, Mrs Rosen, arrêtée. Avec un peu de chance, nous aurons Owens en garde à vue à l'heure où on boucle.

— Nous sommes d'accord : dès que Justin a témoigné, Odell est relâché, que vous trouviez Owens ou pas.

— C'est ça. Dans la mesure où vous ne rancardez pas Rosen pour qu'elle puisse joindre Owens.

— Ne vous en faites pas, répondit Abe. Vous m'avez foutu dans la merde jusqu'au cou.

— C'est ce que je voulais. Demain matin, 9 heures.

NEWARK — VENDREDI 26 MAI

La matinée se passa comme prévu. Justin témoigna, déclarant que Nancy Rosen lui avait dit avoir prévenu Owens à temps pour qu'il puisse quitter la ville. Nancy fut arrêtée, et l'affaire Odell, déboutée à l'initiative du procureur Kevin Duncan, qui annonça qu'une chasse à l'homme était entreprise à l'échelle du pays pour retrouver l'assassin de Monty Williams.

Tard, cet après-midi-là, Charlie Odell fut transféré du couloir de la mort à l'hôpital psychiatrique du New Jersey, où il passerait quelques semaines avant d'être remis en liberté. Abe et Justin l'attendaient sur place pour l'accueillir. Odell leur fit des remerciements entrecoupés de larmes, après quoi Justin se mit en route en direction de la prison de Newark pour aller rendre visite à Nancy.

Quelle ironie, se disait le jeune homme. Il venait de contribuer à sauver la vie d'un professionnel du crime — même si ce dernier était innocent de *ce crime-là* — en ruinant celle d'une professionnelle de la justice — même si, *en l'occurrence,* elle avait transgressé la loi. À la centrale pour femmes de Newark, il se soumit aux habituels contrôles de routine. On fit venir Nancy au parloir, vêtue de son uniforme bleu de détenue. Si quelqu'un avait jamais été à son avantage dans ce type d'uniforme, c'était bien Nancy. Une fois installés, ils décrochèrent le combiné qui leur permettait de communiquer au travers de la vitre de Plexiglas.

— Je suis désolé, Nancy. Je n'avais pas le choix.

— Je sais. En envoyant ma lettre, je savais que ça finirait comme ça.

— Tu vas être condamnée, et sans doute radiée du barreau... et moi, pendant ce temps-là, je suis le témoin phare du gouvernement. Ça m'écœure.

— Si ça peut te consoler, Justin, sache que dans la situation inverse, j'aurais témoigné contre toi. Tu as fait ce qu'il fallait.

— Mais c'est *toi* qui paies les pots cassés.

— Écoute, Justin, je n'ai jamais pensé tenir le coup longtemps, dans la profession. Je suis une extrémiste, une révolutionnaire. Je savais qu'un jour ou l'autre, je devrais faire le choix entre mon certificat et ma conscience. Mais c'est une sacrée sortie ! « Elle sauva une vie innocente. » Combien d'avocats peuvent se vanter d'avoir une épitaphe pareille sur leur pierre tombale professionnelle ?

— Tu te rends compte que tu vas écoper d'une peine de prison ?

— C'est le lot des extrémistes. Je vais faire une sacrée avocate en milieu carcéral.

— Je ne pourrai pas fermer l'œil tant que nous ne t'aurons pas fait sortir de là, et récupérer ton certificat.

— Il faut d'abord que tu aides Duncan à m'enfermer et à me le prendre.

— Tu crois que je ne le sais pas ? C'est la dernière situation dans laquelle je pensais me trouver un jour : aider un enfoiré de procureur à mettre une amie en prison parce qu'elle a fait ce qu'il fallait faire. Je me fais l'effet d'une véritable sous-merde. Toi, Nancy, tu es une authentique héroïne. Si on avait la possibilité d'échanger nos places, comme Darnay et Carton dans le *Conte des Deux Villes* de Dickens !

— Ce n'est pas d'un conte qu'il s'agit, répondit Nancy tandis que ses yeux s'emplissaient de larmes.

CHAPITRE VINGT-TROIS

CAMBRIDGE — DIMANCHE 28 MAI

Justin avait à faire, ces temps-ci. En plus du rôle qu'à son corps défendant il avait dû jouer dans l'affaire Odell, le jeune homme s'était vu charger de recherches visant à définir ce qu'un avocat pouvait faire au juste sans transgresser les lois de l'éthique, pour défendre un client lui ayant menti. Terrain bourbeux, ne comportant que de rares jalons significatifs.

Ce jour-là, un dimanche, était réservé aux recherches en question. Abe et Justin s'attendaient à passer la journée à travailler. Emma était en rogne, Abe s'en doutait bien, car elle avait décidé de lui mettre le grappin dessus pour aller au cinéma d'art et d'essai qu'elle aimait tant. Il avait horreur de la décevoir et se sentait coupable. Tous les pères éprouvaient-ils la même chose, se demanda-t-il, ou juste ceux qui élevaient seuls leurs enfants ? Mais bon, il ferait en sorte de se rattraper plus tard aux yeux de sa fille... d'une manière ou d'une autre.

— Si Moïse était redescendu du mont Sinaï avec une liste de commandements réservés aux avocats défendant des clients qu'ils croient coupables, lança Justin, pour plaisanter, il n'aurait pas eu besoin de deux tables.

— Comment ça ? lui demanda Abe.

— Il y a une poignée de lois, tout au plus. Le problème, c'est qu'elles sont toutes truffées d'exceptions, de lacunes, et de zones d'ombre.

— Donne-moi un exemple-du-genre, demanda Abe, employant une expression dont son père raffolait autrefois. (À quoi sa mère répondait chaque fois : « un exemple-du-genre, ce n'est pas un argument ».)

Justin réfléchit un instant.

— Un avocat ne peut pas décider d'abuser le juge.

En tant que membre de la cour, il est tenu à une obligation de franchise envers le juge.

— D'accord, Justin. Ça, c'est le premier commandement. C'est d'ailleurs tout ce qu'il y a d'évident.

— Oh ! non, répliqua Justin. On peut sans aucun doute plaider *non coupable* alors qu'on sait son client *coupable*.

— Ouais, mais ce n'est qu'une formule. Personne ne s'y laisse prendre. Quand on plaide « non coupable », ça signifie qu'on réclame un jugement, et non qu'on *croit* le client innocent.

— En d'autres termes, c'est une invention juridique, comme tant d'autres choses dans le domaine de la justice, conclut Justin. C'est bon, je vous concède le point. Mais qu'en est-il de l'avocat qui interroge un témoin de la partie adverse et qui s'efforce, tout en *sachant* que le type dit la vérité, de le faire passer pour un menteur ? Vous allez pouvoir faire ça à Jennifer Dowling, vous ?

— Un peu, que je vais pouvoir, et j'y arriverai, parce que cette fille *est* une menteuse. Elle a menti à la police à propos de tout un tas de trucs.

— Ça, c'est un faux-fuyant, Abe, poursuivit Justin. Parce que vous et moi, *on sait* — contrairement au juge et aux jurés — que Jennifer dit la vérité à savoir : que Campbell l'a violée.

— Je ne *sais* rien de tel, moi, et toi non plus. De toute façon, c'est au jury de trancher.

— Bien sûr, mais vous allez essayer de les abuser et d'influencer leur décision.

— Écoute, Justin, ce n'est pas moi qui établis les lois. Personne n'a dit que je ne pouvais pas interroger un témoin de la partie adverse qui, à mon avis, dit la vérité. Je suis même *tenu* de le faire, d'après la loi en vigueur.

— En d'autres termes, vous vous contentez d'exécuter les ordres... comme le psychiatre du New Jersey.

— Coup foireux, Justin. Les lois en question sont justes.

— Peut-être, mais on ne peut pas nier qu'elles

donnent parfois de mauvais résultats. Étant peu claires, elles peuvent créer confusion et incertitude.

— Mais bon sang ! pourquoi crois-tu qu'elles soient si peu claires ? (Abe eut envie d'abattre le poing sur le bureau, mais il se borna à hausser le ton.) Parce que la plupart de ceux qui les ont pondues, les grands chefs responsables des associations de juristes, ne savent rien de la vraie vie. Et parce qu'en plus, ceux qui en savent quelque chose ne veulent pas se mouiller dans les cas difficiles.

— Du calme, Abe. Vous m'avez demandé de vous donner un exemple de loi, je ne fais que vous dire qu'il n'y en a pas, exception faite de la seule et unique qui soit claire.

— À savoir ?

— Vous ne pouvez pas faire comparaître Campbell si vous *savez* qu'il va mentir à propos de *quoi que ce soit*... voilà.

— Ah ! oui ? Le mot « savoir » est-il donc si clair que ça ? Est-ce que nous *savons* ce que tu soupçonnes, au sujet de Campbell ?

— Non, reconnut Justin. Nous n'en sommes pas certains. Vous avez *décidé* de ne pas en être certain. Abe, vous avez raison d'affirmer que le mot « savoir » représente la porte de sortie de l'avocat... c'est le mot qui ne veut rien dire. Il se trouve même des magistrats siégeant à la Cour de cassation pour le reconnaître. Je suppose que ce que chaque avocat estime « savoir » ou pas, ne regarde que sa propre conscience. La vôtre, Abe, que dit-elle ?

— Figure-toi, Monsieur Je-Sais-Tout, que je ne l'ai pas consultée, ces jours-ci. Je ne le fais qu'en dernier ressort, et je n'en suis pas là.

— Ça ne va pas tarder.

— Je n'en suis pas sûr. Si je le fais comparaître, et que je limite son interrogatoire direct de façon à ce qu'il reste le plus à l'écart possible de tout mensonge ?

— Comment comptez-vous y arriver ?

— Je n'ai pas dit que j'y arriverais. Mais si j'essayais ? Si je me contente de lui poser des questions au sujet des événements qui ont mené directement au viol ? Je ne lui demande rien au sujet de la rencontre initiale, et je m'arrête avant d'aborder l'acte final.

— Comment comptez-vous y arriver sans que les jurés se rendent compte que vous essayez de les rouler dans la farine ?

— Je ne sais pas, mais on peut y réfléchir avant de laisser tomber.

Abe adorait cette partie du travail, ce tête-à-tête, cette relation privilégiée avec son brillant jeune poulain. L'effort déployé pour déjouer et dérouter son adversaire. Pour adapter une tactique de victoire au cadre d'une morale acceptable... d'utiliser son cerveau pour esquiver sa conscience.

— Bon, voyons ce que ça donne, déclara-t-il à Justin. Tu es Campbell, et moi, je te soumets à mon interrogatoire direct. Voyons si ça marche. Tu dois témoigner en toute sincérité, en te contentant de répondre aux questions, d'accord ?

— D'accord, allez-y.

Abe se leva, et campa la meilleure imitation qu'il puisse produire de sa propre personne en train d'interroger son client. Il entraîna Justin sur le terrain de la rencontre à New York, en prenant soin de ne poser aucune question susceptible d'obliger l'accusé à révéler qu'elle n'avait rien de fortuit :

— Racontez-nous comment Mrs Dowling et vous avez entamé la discussion, le 10 mars. (Puis :) Expliquez au jury, je vous prie, comment vous en êtes arrivés à décider de vous revoir à Boston, la semaine suivante. (Ou encore :) Comment en êtes-vous venu à vous retrouver dans sa chambre d'hôtel ?

Toutes ces questions étaient formulées de façon à éluder la vérité — quoique la vérité en question, Abe et Justin le savaient l'un et l'autre, pouvait fort bien n'être que partielle. Mais cela suffisait à satisfaire à la responsabilité morale des avocats.

Sans cesser d'éluder la « vérité », Abe aborda ensuite le début de la soirée du 15 mars, puis l'épisode dans la chambre d'hôtel. Là, il dut redoubler de prudence.

— Est-il arrivé un moment où Mrs Dowling s'est

éclipsée dans la salle de bains ? Vous a-t-elle dit ce qu'elle allait y faire ?

À ce moment-là, Justin redevint lui-même :

— Abe, vous me faites dire *une partie* de la vérité, pas tout.

— Et alors ? C'est mon boulot. L'une des fonctions les plus importantes d'un avocat consiste à isoler ce qui, dans la vérité, peut être bénéfique au client, de ce qui peut lui faire du tort.

— Au risque de n'obtenir qu'une demi-vérité ? demanda Justin pour la forme.

— Tout juste. L'avocat qui divulguerait « l'entière vérité » au risque de faire du tort à son client n'exercerait pas longtemps.

— C'est plus facile à entendre qu'à mettre en application, grogna Justin, tandis qu'Abe reprenait son rôle.

— Mrs Dowling a-t-elle dit, ou fait quoi que ce soit qui vous ait donné à croire qu'elle voulait partager des relations sexuelles avec vous ? Veuillez exposer aux jurés ce qu'elle a dit et fait. Avez-vous interprété cela comme un consentement ? Ce sera tout !

C'était une illustration magistrale de la technique consistant à promener le témoin sur le fil du rasoir — l'équivalent juridique des préliminaires sexuels. Il fallait laisser le jury *déduire* ce qui s'était passé, et déduire aussi qu'Abe en restait là afin d'épargner à la salle l'indélicatesse d'une description technique de rapports sexuels.

— Beau boulot, Abe, reconnut Justin. Vous avez réussi à me faire dire la vérité — ou éviter de dire des mensonges, au moins — tout en donnant à croire que les rapports entre Campbell et la fille étaient librement consentis. Cela dit, vous n'avez fait que *retarder* le dilemme moral.

— Comment ça ?

— Je vais vous montrer. C'est *vous* qui faites Campbell, maintenant. Moi, je suis Puccio.

— Vas-y.

Justin se lança dans son interprétation personnelle

du regard insistant adressé par le procureur au faux prévenu, puis lança :

— Mr Campbell, votre excellent avocat vous a amené jusqu'au moment où se déroula le rapport sexuel avec Mrs Dowling. J'aimerais vous poser quelques questions relatives à cet acte en lui-même. Est-il vrai, Mr Campbell, que juste avant de se prêter au rapport en question, ma cliente est revenue sur son consentement initial et vous a prié d'en rester là ?

Abe prit son expression la plus vertueuse :

— Non, monsieur, ce n'est pas vrai. Elle n'avait qu'une envie : que je la pénètre. D'ailleurs, elle m'a même supplié de le faire le plus vite possible.

— Un instant, pouce ! cria Justin en levant la main. Vous trahissez la règle du jeu. Vous venez de faire proférer un mensonge éhonté à Campbell. S'il faisait ça au tribunal, vous seriez obligé de vous lever pour dire au juge qu'il ment.

— Pas du tout. Toi, tu penses qu'il ment, *moi* pas... du moins, je n'en suis pas persuadé.

— Bon, alors, je vais vous poser une autre question : Est-il vrai que vous avez décidé de sortir avec Jennifer Dowling parce que vous saviez qu'elle avait perdu un procès pour harcèlement sexuel ?

— Non, je ne l'ai appris qu'après que nous avons fait l'amour.

— Stop, Abe. Vous savez que c'est un mensonge.

— Oui, je le sais, mais montre-moi la loi qui dit que je dois signaler un mensonge suscité *par l'accusation* lors de son interrogatoire.

— Tout de suite, répliqua Justin en ouvrant un gros ouvrage à la page de la décision prise par la Cour de cassation lors de l'affaire *X* contre *Whiteside.* Il est écrit là, noir sur blanc, qu'un avocat ne doit pas permettre à son client de commettre une violation de serment, ni de fournir une réponse qu'il sait fallacieuse.

— Écoute, Justin, réfléchis une minute. Est-ce que *moi* — avocat de la défense — j'ai *suscité* cette réponse fallacieuse de Campbell ? Ne serait-ce pas plutôt *toi,* le procureur, qui as suscité une telle réponse lors de ton interrogatoire ?

— Et alors, qu'est-ce que ça change ?

— Tout ! s'exclama Abe. Ça change tout si c'est le procureur qui suscite une réponse que *lui* ne sait pas fallacieuse. Je n'en suis pas responsable.

— Mais c'est de la sophistique ! rétorqua Justin.

— Les sophistes étaient de grands juristes, répondit Abe. La justice entière n'est que sophistique. Les sociétés civilisées sont fondées sur ce genre de subtilités.

— La subtilité en question, c'est de la connerie, Abe, et vous le savez très bien.

— Je le sais, et tu le sais. Mais la loi ne l'interdit pas de façon explicite. Or, ce que la loi n'interdit pas, elle le permet. Et ce que la loi n'interdit pas à un avocat pour défendre son client, elle lui *enjoint* de le faire.

— Vous pensez donc que la loi vous autorise, et même vous enjoint de faire comparaître Campbell tant que *vous* ne suscitez pas de réponses fallacieuses de sa part lors de votre interrogatoire direct, même si vous êtes persuadé que *le procureur, lui,* en suscitera lors de son interrogatoire ?

— Oui, si ça peut aider Campbell à remporter son procès. C'est ce que je pense à moins, et jusqu'à ce que tu puisses me prouver le contraire.

— C'est un faux-fuyant, ça, Abe. Même si vous ne croyez pas que Joe soit coupable. Vous savez — et pour le coup, vous le savez vraiment — qu'il vous a menti au sujet de la façon dont il a utilisé son ordinateur, et aussi qu'il a un passé sexuel pas très net.

— Je ne lui poserai pas de questions là-dessus. Quant à Puccio, elle n'est pas au courant de cette histoire d'ordinateur, et même si elle venait à l'apprendre, elle ne pourrait pas s'en servir.

— Vous tirez donc parti des lacunes de l'accusation ?

— Bien sûr que oui, et je ne vois pas quel mal il y a à ça.

— Tout dépend de ce qu'on entend par « mal ».

— Et maintenant, Justin, tu vas rédiger un petit

résumé de notre discussion et le verser au dossier, s'il te plaît.

— Et un petit résumé-spécial-planqué, un !

— Suffit, Justin. Il faut qu'on fasse venir Campbell ici pour le préparer, des fois qu'il doive comparaître. Autant lui apprendre à zigzaguer entre les peaux de bananes.

— Pas de survêtement, aujourd'hui, Joe, lança Abe dans le combiné du téléphone. Venez à mon cabinet en costume classique, ou en blazer bleu marine. Mettez la tenue que vous comptez porter au tribunal. Je veux vous donner mon avis sur les tenues que vous allez mettre.

— Ça y est, répétition générale, costumes et tout le tralala.

En temps normal, Abe riait quand un client essayait de faire usage d'humour pour détendre la situation, mais il commençait à prendre de la distance avec Joe Campbell. Il ne perdait pas de vue que dans l'enceinte du prétoire, dans les couloirs du tribunal, il devrait se montrer amical. C'était un aspect essentiel du boulot d'avocat d'assises... faire semblant d'apprécier le client.

Certains avocats y parvenaient mieux que d'autres. Le jour où Vince Fuller, l'avocat de Mike Tyson, commença à marquer de la distance avec l'ex-champion, médias et jurés en prirent aussitôt note. L'excès inverse consistait à imiter Bruce Cutler, l'avocat de John Gotti, qui prenait chaque fois la peine d'aller embrasser son client. Abe Ringel s'en tenait à un juste équilibre entre ces deux attitudes : qu'il apprécie ses clients ou pas, il les gratifiait de tapes amicales dans le dos — amicales, mais pas affectueuses.

Ce samedi après-midi-là, entre les murs de son cabinet, il n'avait pas besoin de faire semblant. En dehors de Justin et Rendi, il n'y aurait personne. Quand Emma viendrait les rejoindre pour dîner, Abe devrait faire un peu meilleure figure. Emma n'était au courant d'aucun des éléments défavorables à Campbell. À ses yeux, Joe était toujours le gentil héros, mais Abe ne pouvait pas la détromper. Les contraintes du secret professionnel ne l'autorisaient pas à faire des révélations à une adolescente de dix-sept ans dont le petit ami se serait fait couper en quatre pour les beaux yeux de la star des Knicks.

Campbell arriva de New York par le vol de midi. Il ne disposait que de quelques heures, car les Knicks partaient le soir même pour entamer le second tour des matches de sélection, et il devait être de retour à La Guardia dès 20 heures.

À 13 h 30, le basketteur entra d'un pas nonchalant dans le cabinet où l'attendait son avocat, flanqué de Justin et Rendi. Abe s'était dit que la présence de l'équipe au complet donnerait un aspect officiel à l'entrevue. Il était temps que Campbell se mette à prendre sa situation au sérieux.

La tenue du jeune homme prouvait hélas de façon flagrante qu'il n'avait pas saisi le conseil de son avocat : il arborait une veste de cachemire brun clair décontractée, une chemise marron foncé, une cravate rose négligemment nouée, un pantalon rouille, et des mocassins Mephisto marron. Une eau de toilette de prix complétait sa tenue.

Abe l'examina et secoua la tête.

— Vous n'essayez pas de *séduire* les jurés, Joe, mais de les *convaincre*. Pas question de jouer la carte du jeune homme chic. Je veux des trucs classiques. Cette tenue-là, c'est bon pour draguer, Campbell, pas pour le tribunal.

— Désolé, Abe, je n'ai pas plus classique. C'est la tenue que je portais à l'enterrement de Reggie Lewis.

Abe remarqua que le jeune homme avait un peu perdu de sa morgue, depuis l'intermède houleux de leur dernière rencontre, comme s'il avait l'intention d'arrondir un peu les angles.

— Alors, filez en ville trouver quelque chose de plus classique, conseilla-t-il. À moins que vous teniez à ce que ce procès devienne *votre* enterrement. Allez voir chez Brooks Brothers, ou Saks. Je veux vous voir en chemise blanche à boutons, costume bleu marine, cravate bleue, couleurs discrètes. Vous ne faites pas de pub pour Benetton. Je veux que vous ayez l'air d'un chanteur de chorale, compris ?

— Ouais, compris. Je suis en train de recevoir des conseils vestimentaires de la part du type qui a remporté le titre d'avocat le plus mal sapé de Boston trois ans de suite.

Abe se força à sourire. Il n'accordait guère d'attention à sa garde-robe, qui se composait d'amples costumes fripés et démodés, et de quelques pulls, cadeaux d'anniversaire d'Emma et Rendi.

— Quand je remporte un procès, dit-il, tout le monde sait que ce n'est pas grâce aux vêtements. De toute façon, ce n'est pas moi qu'on juge, c'est vous.

— Je croyais que vous teniez mordicus à la vérité. Vous êtes pourtant en train de me conseiller de porter un mensonge, non ?

— On n'a pas besoin de prêter serment pour s'habiller, riposta Abe, en repensant à l'une de ses premières affaires d'objecteurs de conscience, au cours de laquelle il représentait un hippie à cheveux longs. Il avait insisté pour que le hippie en question se fasse couper les cheveux avant le verdict, mais le jeune homme avait refusé. Abe avait prévenu son client que cette attitude provocatrice risquait de lui valoir plusieurs mois de prison supplémentaires. À la vue de la chevelure du jeune homme, le juge avait souri et dit : « Enfin un accusé honnête qui ne passe pas chez le coiffeur juste pour impressionner les magistrats ! Voilà qui est rafraîchissant ! Par égard pour votre honnêteté, je vais réduire votre peine de six mois. » Depuis cette affaire-là, Abe hésitait souvent à anticiper les réactions des juges et jurés en matière de tenue vestimentaire et d'aspect physique. Cette fois, pourtant, il était formel.

Pas Rendi.

— Minute, Abe. Réfléchissons. Est-ce que ce serait néfaste que quelques-unes des jurés femmes se rendent compte de l'allure qu'avait Campbell dans sa tenue de drague ? Après tout, ce n'est pas pour avoir séduit Jennifer Dowling qu'on le juge, mais pour l'avoir violée.

— Vous réfléchissez en femme, pas en avocat, coupa Justin.

— Peut-être, mais c'est ce qu'il nous faut, répondit Abe. Tu penses vraiment, Rendi, que les femmes qui font partie du jury ont envie d'être séduites par un accusé ?

— Non, ce dont elles ont envie, c'est de pouvoir se rendre compte par elles-mêmes si oui ou non la victime supposée a pu être séduite.

— Il se peut que Rendi marque un point, dit Abe. Un de mes amis, spécialisé dans les affaires de viol, soutient que la victoire est plus facile à remporter si l'accusé est beau gosse, que s'il est affreux. Les jurés ont un mal fou à admettre qu'une femme ait pu accepter d'avoir des rapports sexuels avec un type moche.

— Je continue à croire que Campbell devrait comparaître dans une tenue adaptée au tribunal, plutôt qu'à une sortie en ville, déclara Justin. Un accusé qui porte des vêtements trop décontractés, ça donne une impression d'arrogance. Le tribunal est un endroit sérieux.

Campbell avait suivi cet échange de passes verbales comme un spectateur assistant à un match de tennis. Il prit alors la parole :

— D'accord, je suis convaincu. Pas de pantalon rouille, ça ira ? J'ai pigé. Je m'habillerai classique, mais avec une petite touche personnelle, et je serai séduisant, mais sans que ça se voie trop. Tout le monde est content ?

Abe, Rendi, et Justin acquiescèrent d'un signe de tête.

— Bon, maintenant que ce point-là est réglé, passons à la chose suivante, lança Abe. Votre taille.

— Je fais du quarante-quatre grande taille. Pourquoi ça ? Vous comptez m'acheter une veste ?

— Je ne parle pas de votre carrure, reprit Abe en regardant le jeune homme droit dans les yeux. Je parle de la taille de votre sexe.

— Qu'est-ce que c'est que ces conneries ? Vous

devenez dingue ? Vous voulez parler de la taille de ma bitte ?

— Écoutez, Joe, si vous préférez que Rendi quitte la pièce pendant que nous parlons de ça, je suis sûr qu'elle comprendra.

— Ce que je *préférerais,* riposta Campbell en jetant un bref coup d'œil en direction de Rendi, laquelle avait du mal à garder le sérieux requis, c'est discuter de la taille de ma bitte avec *Rendi,* plutôt qu'avec *vous.* Ça ne vous regarde pas, bon Dieu ! Et de toute façon, ça ne servirait qu'à vous rendre jaloux.

Là-dessus, il décocha un regard triomphant à la jeune femme, qui sourit d'un air poli.

— Dois-je considérer qu'au travers de cette remarque, vous confirmez que votre sexe *est en effet* inhabituellement gros ? demanda Abe. (Sans attendre la réponse, il poursuivit :) Votre sexe, c'est bel et bien mon affaire. Parce qu'en l'occurrence, votre sexe a provoqué une abrasion vaginale chez Mrs Dowling qui ne peut avoir que deux origines : un viol, ou bien un rapport sexuel consenti avec un homme doté d'un pénis de dimension inhabituelle. Que faut-il croire ?

— C'est bon, puisque vous insistez : j'ai une grosse bitte. Je suis grand, comme mec. Et les grands mecs, ils ont des grosses bittes.

— Pas tous, plaça Rendi. J'ai fait des recherches à ce sujet dans des revues médicales.

— Eh bien ! *moi,* j'ai une grosse bitte, insista Campbell. Et la plupart de mes coéquipiers aussi.

— C'est bon, ça suffit comme ça, conclut Abe. Je n'ai abordé le sujet que pour déterminer si oui ou non, je devais vous faire examiner par un médecin, qui lui, serait habilité à prendre vos mesures. Je n'aurais pas tenu à vous envoyer chez un médecin si vous aviez un sexe de petite taille, étant donné que l'accusation aura accès aux rapports médicaux. Mais en l'occurrence, je vais vous prendre un rendez-vous avec le Dr Costello, de l'Hôpital central du Massachusetts.

— Je ne me laisserai mesurer la bitte par aucun médecin.

— Pourquoi ça ? demanda Rendi d'un ton malicieux. Vous avez peur de ne pas être à la hauteur ?

— Ça suffit, Rendi, coupa Abe. (Il comprenait dans quelle intention elle plaisantait : étant la seule femme dans la pièce, elle donnait le ton de l'échange.) C'est du sérieux. Écoutez, Joe, vous n'avez pas le choix. Si nous ne fournissons pas de preuve médicale explicite quant à la taille de votre sexe, l'accusation fera ses choux gras de cette affaire d'abrasion. Il faut que vous nous apportiez une preuve médicale d'une solidité infaillible.

— À propos de solidité, répliqua Campbell. Le médecin va devoir se débrouiller pour me faire bander, avant de prendre mes mesures ? Après tout, j'étais en érection, quand j'ai causé une abrasion vaginale à Jennifer Dowling. Comment est-ce qu'il va s'y prendre, pour me faire bander ? Il va faire venir une belle petite infirmière ?

— Je l'ignore, répondit Abe. Eux savent comment faire. Épargnez-moi les détails, s'il vous plaît, et contentez-vous de rencontrer le Dr Costello.

— Pas question. Je refuse. Je ne suis pas obligé d'accepter.

— Si, Joe... si vous tenez à gagner.

— Non, je ne suis pas obligé. Vous ne pouvez pas faire valoir auprès du jury qu'étant donné ma taille, je *dois* avoir un gros sexe, et leur laisser le soin de supposer le reste ?

— J'imagine que si, mais ça ne sera pas aussi convaincant qu'un rapport médical établissant de façon explicite la taille de votre sexe.

— Tout dépendrait de la marge entre mon gabarit réel et celui que supposeraient les jurés à la suite de votre brillant plaidoyer, n'est-ce-pas ?

Comprenant qu'il battait Abe sur son propre terrain, Campbell eut un petit sourire satisfait.

— Qu'est-ce que vous voulez dire par là ?

— Pourquoi est-ce qu'on ne s'en tient pas là ? Je n'ai pas l'intention de me soumettre à un examen. Vous allez arguer de ma stature, et laisser entendre au jury que la taille de ma bitte est proportionnelle au reste. Et le jury croira ce qu'il a envie de croire. Et maintenant, on ne pourrait pas passer à un sujet plus facile, *s'il vous plaît* ?

— C'est bon, si vous insistez. (En dépit de ses soupçons, Abe devait reconnaître que l'aisance avec laquelle Campbell saisissait les subtilités de la stratégie juridique l'impressionnait.) Venons-en à votre témoignage.

— Je témoigne. C'est simple.

— J'aimerais que ça le soit. Mais ça ne l'est pas, parce que vous nous avez menti, et que si vous mentez au jury, nous devrons le dire au juge. Je ne peux pas prendre ce risque.

— Pas de problème. Je ne mentirai pas au jury.

— C'est bon, mais si vous devez témoigner, vous allez le faire à notre idée.

Abe exposa alors son plan d'attaque : lui, Abe, s'abstiendrait de demander à Joe comment il en était venu à rencontrer Jennifer, et comment s'était déroulé leur rapport sexuel. Il ne pousserait pas plus loin que le moment où Jennifer avait consenti au rapport en question.

— Bon Dieu, Ringel, vous me foutez en première ligne pour éviter de vous mouiller le cul ! s'écria Campbell, furieux. Les jurés vont voir ça gros comme une maison. Ils vont se gratter le ciboulot en se demandant pourquoi vous ne m'avez pas posé la question clé.

— Le problème, c'est que je ne peux pas vous poser la question clé, parce que je crains que vos réponses ne tombent sous le coup de la violation de serment.

— Ce que vous craignez, je n'en ai rien à foutre. Ce que je crains, moi, c'est d'aller en prison. Votre putain de peau ne vaut pas plus cher que la mienne, mais la mienne, je vous *paie* pour la protéger. Je vous ai dit que j'avais l'intention de dire la vérité, et je dis *vrai*.

— Désolé, Joe, mais je ne me sens pas assez en confiance pour vous poser des questions auxquelles je pense que vous risquez de donner de fausses réponses.

— Le procureur me les posera, c'est couru

d'avance. Et je lui répondrai de la même façon que je vous aurais répondu, à vous.

— Mais Puccio, elle, ne *sait* pas que vous mentez. Elle se contente de *supposer* que vous le faites. De toute façon, c'est *son* problème, pas le mien. Vous n'êtes pas son client, mais son adversaire. Les lois ne sont pas les mêmes.

— Putain, quelle profession de merde, la justice ! Il n'y a qu'un juriste pour comprendre quoi que ce soit à ces lois !

— Elles se justifient autant que les règles de la NBA qui sanctionnent les brutalités. Chaque profession a ses lois particulières. Je suis tenu de respecter les miennes, au même titre que vous, les vôtres. Si vous violez la règle qui sanctionne les brutalités sur le terrain, vous écopez d'une pénalité. Si moi, je vous pose une question à laquelle je sais que vous allez répondre par un mensonge, j'écope d'une pénalité.

— Eh bien ! vous n'avez qu'à l'encaisser. Ça fait partie du jeu. Riley, notre entraîneur, dit toujours que ramasser une pénalité au bon moment, ça peut se révéler une excellente tactique.

— La différence entre vous et moi, c'est que quand vous ramassez une pénalité, l'adversaire, lui, marque un point. Dans le domaine de la justice, quand on écope d'une pénalité, on est éliminé... pour de bon. Je ne mettrai pas mon certificat d'avocat en jeu pour vous, pas question.

— Eh bien ! il est hors de question que moi, je monte en première ligne pour protéger votre certificat d'avocat.

— Dans la vie, il faut faire des compromis, et je crois que celui-là pourrait fonctionner... si toutefois nous devions y avoir recours.

— Je ne fais pas de compromis quand ma vie est en jeu. Et si je m'arrangeais pour déballer le truc comme si je répondais à une autre question ? Supposons que vous me demandiez : « Jennifer Dowling a-t-elle dit qu'elle souhaitait coucher avec vous ? » À ce moment-là, au lieu de me contenter de répondre :

« Oui », j'ajoute : « Nous avons ensuite fait l'amour, et c'était consenti de part et d'autre. »

— Ça ne suffit pas. Je risquerais de devoir quand même me lever pour dire au juge ce que je sais, étant donné que votre réponse faisait suite à une de *mes* questions.

Campbell secoua la tête.

— Quelle merde ! Quelle merde, la justice !

— Vous avez le droit d'en penser ce que vous voulez, mais pour moi, c'est la loi, et je n'ai pas d'autre choix que de l'appliquer.

— On verra bien, fit le basketteur d'un ton énigmatique. On verra bien.

L'échange aurait pu se prolonger longtemps, si Emma n'était pas entrée dans le bureau d'Abe. Elle était très en beauté, comme si elle avait fait un effort de toilette pour rencontrer le client vedette de papa. Surpris de constater avec quelle rapidité l'après-midi s'était écoulé, Abe se leva, signifiant la fin de l'entrevue.

— Bonjour, petite demoiselle... mais je devrais peut-être plutôt dire « jeune demoiselle » ?

Campbell s'était levé pour saluer Emma. En le voyant déployé ainsi, de toute sa hauteur, Abe dut s'avouer que son client était bel homme, d'autant que sa tenue l'avantageait.

— Vous êtes classe, comme ça, Mr Campbell, lâcha Emma.

Cette réflexion surprit tout le monde, à commencer par la jeune fille elle-même.

— Merci... vous aussi, vous êtes classe.

Abe suivit l'échange d'une oreille professionnelle, tout en songeant à l'impression que ferait Joe sur les membres d'un jury, à la barre, ou ailleurs.

Le jeune homme se prépara à prendre congé.

— Il faut que j'aille à l'aéroport. J'ai un chauffeur qui m'attend, en bas. Je peux déposer quelqu'un ?

Quel type adorable il savait être — ou en tout cas, faire mine d'être — pour peu qu'on ne le pousse pas dans ses retranchements, se dit Abe. Il allait falloir veiller à ce que le jeune homme se sente l'esprit tranquille, au tribunal.

— Au fait, je tiens à vous inviter tous autant que vous êtes à assister à un match contre les Celtics... la saison prochaine.

— C'est une super idée, ça ! lança Emma, en regardant son père avec l'air qu'elle prenait toujours quand elle avait envie qu'il partage son opinion.

— On en reparlera, Joe, répondit Abe, prudent. Emma va bientôt entrer à l'université. À partir de l'année prochaine, elle ne sera plus très souvent dans le coin.

— À l'université ? C'est super, ça. Où est-ce que vous irez ?

— À Barnard, répondit Emma.

— Bien. Vous allez pouvoir devenir une vraie fan des Knicks, et vous attacher à une équipe de gagneurs.

CHAPITRE VINGT-QUATRE

CAMBRIDGE — LUNDI 29 MAI

— Des femmes sur le retour. Tout un paquet, tonna Henry Pullman. Bardées de petits-enfants. Foyers stables, pas d'histoires de cul, pas de divorce. Mariées toutes jeunes. Des nanas genre Miami Beach en hiver. Frileuses. Italiennes, Irlandaises, Juives, Grecques, et peut-être même quelques Américaines protestantes de souche britannique. Pas de Noires. Pas de jeunes, de quelque race que ce soit. Personne de vraiment instruit, ou vraiment cultivé. Pas d'abrutis, pas de génies non plus. Petites vies routinières. Pas de fantaisie. La plus grande aventure de leur vie, ça pourrait être une croisière Princess. Pas de fanas de saut à l'élastique, ni de varappe extrême. Des gens qui conduisent une Chevrolet, ou une Buick. Pas une

BMW. À mourir d'ennui. Voilà notre jury. Le jury qu'il nous faut.

Satisfait de sa déclaration, Henry Pullman se lissa la barbe.

Installés dans le bureau d'Abe, les deux hommes s'affairaient à éplucher une pile de comptes rendus de recensements, relevés démographiques, et rapports d'enquêtes. Pullman, un homme mince, à la barbe et aux cheveux gris, âgé de quelque soixante-dix ans, était l'expert engagé par Abe pour aider à sélectionner les jurés susceptibles, dans la plus large mesure possible, d'acquitter Campbell. Pullman avait pris part à quantité de procès de haut vol. Ancien syndicaliste du Bronx, il avait ouvert la voie à la technique — mais n'était-ce pas plutôt un art ? — consistant à aider les avocats à sélectionner les jurés susceptibles de se rallier à leur cause. Quand il avait fait ses débuts, à la fin des années 60, dans des affaires concernant des militants d'extrême gauche impliqués dans des manifestations contre la conscription au moment de la guerre du Vietnam, Pullman s'était fait éreinter par les juristes conservateurs, qui lui reprochaient de vouloir infléchir la tendance du jury, au lieu d'aider à composer un assortiment impartial. Désormais, même les cabinets juridiques les plus conservateurs faisaient appel à lui, ou aux copieurs qui lui avaient emboîté le pas dans ce qui était devenu l'une des entreprises les plus florissantes des années 80 : la composition scientifique des jurys. En dépit de la concurrence, Henry Pullman restait l'expert entre tous les experts.

— Et les amoureux de sport, là-dedans ? demanda Abe.

— Ne t'inquiète pas, Puccio va s'en débarrasser. Des fans des Knicks, surtout. Mais ça ne pourra pas nous nuire. Les fous de sport peuvent être dangereux. Ils vouent un culte à leurs héros, et en cas de déception, ils sont capables de la pire méchanceté. Garde-toi des fans en tous genres, et encore plus des fanatiques.

— Et les hommes jeunes, alors ? BCBG, bons bourrins sportifs ?

— Mauvais, ça. Ils sont jaloux. En plus de ça, ils tirent la bourre aux féministes. Mauvais.

— Mais qu'est-ce qu'elles ont de si bien, les femmes sur le retour ?

— Elles désapprouvent le fait qu'une jeune femme aille à l'hôtel avec un homme. On leur a appris que seules, les traînées accompagnaient les hommes dans leur chambre. Et elles veulent justifier leurs existences bien policées. Les interdits... elles respectent les interdits. Elles se figureront que Jennifer Dowling l'a bien cherché. Elles nous seront précieuses. Crois-moi. Ce sont les femmes sur le retour, qui ont fait acquitter William Kennedy Smith.

Sitôt la sélection effectuée, Rendi serait chargée des investigations au sujet des membres du jury. Assise à côté d'Abe, elle fulminait à l'écoute des clichés, sexistes et autres, qu'invoquait Pullman.

— Vous partez du principe que les femmes sur le retour pensent toutes de la même façon, lança-t-elle.

— *Au contraire*[1], ma chère, répondit Pullman, comme s'il avait entendu cette critique des milliers de fois — ce qui était effectivement le cas. Toute personne est un individu. Nous ne pouvons pas nous offrir le luxe d'en apprendre assez sur le compte de chacune pour émettre un jugement spécifique. C'est *là* que vous intervenez. Plus vous parviendrez à apprendre de choses concernant l'individu qu'est chaque juré en puissance, moins nous devrons nous baser sur des stéréotypes. Tout dépend donc de vous. Si vous m'obtenez des renseignements spécifiques, je peux étayer mes recommandations. Sinon, nous en reviendrons aux critères de base. D'après les critères de base, les femmes sur le retour font les meilleurs jurés dans les procès pour viol par une personne connue.

— C'est à la limite de la manipulation.

— Écoutez, reprit Pullman. Le procureur dispose

1. En français dans le texte.

de vastes ressources : police, enquêteurs, banques de données. Les accusés ont besoin de moi pour rééquilibrer le jeu.

— Seuls les accusés riches peuvent se permettre de faire appel à vos talents, rétorqua Rendi. L'assistance juridique n'en a pas les moyens. Même l'accusé issu de milieu moyen ne le peut pas.

— Je suis un luxe, reconnut Pullman en désignant sa coûteuse veste de tweed marron ornée de renforts de cuir aux coudes. Comme Abe Ringel. Les accusés pauvres ne peuvent pas non plus se permettre de faire appel à lui. Le monde dans lequel nous vivons n'est pas juste et bon.

— Les gens protestent toujours quand les accusés riches s'adressent à des avocats chers, tu sais, ajouta Abe. Mais personne ne trouve rien à redire quand les riches vont voir un médecin cher.

— Les gens riches se sont débrouillés pour acquérir le droit de bénéficier de ce qu'il y a de mieux, enchaîna Pullman.

— Toi, tu es revenu de tes convictions de syndicaliste de gauche, déclara Abe, pour taquiner son ami.

— Tu peux parler, Abe. Toi et moi sommes devenus deux capitalistes bon teint, et nous en éprouvons tous les deux un peu de culpabilité. Pas tout à fait assez pour que ça nous empêche de bien gagner notre vie.

— Que peux-tu nous apprendre d'autre, Henry ? Que disent tes sondages ? Les gens croient-ils Campbell, ou bien Dowling ?

— Ça dépend de qui on interroge. Tout est fonction des données démographiques. Les jeunes femmes croient Dowling. Les femmes âgées, non. Le résultat le plus frappant qui ressort de ce sondage, c'est qu'à peu près toutes les personnes interrogées — même celles qui croient Dowling — ont l'air d'*apprécier* Campbell. Les gens l'apprécient, même s'ils pensent qu'il est peut-être coupable.

— Ça signifie que nous devrions le faire comparaître, affirma Justin à Abe.

Avant même que ce dernier ait le temps de répondre, Pullman intervint :

— Pas si vite, jeune homme. Il se peut que ça veuille dire le contraire.

— Comment ça ?

— Les gens ont l'air d'apprécier Campbell *de loin.* Sans l'avoir entendu témoigner à la barre. Il se peut que mes résultats de sondage signifient que Campbell ne *doit* pas témoigner... que sa cote de popularité sera *meilleure* si les gens ne l'entendent pas déclarer je ne sais quoi à la barre pour tenter de se sortir de la situation.

— Opinion intéressante, fit Abe. Il va falloir attendre que tout ça se décante. Et c'est *moi,* qui finirai par prendre la décision.

— Et un fantôme ? Tu en veux un ? À combien : quatre, six, douze ?

— Qu'est-ce que c'est que cette histoire de fantôme ? s'enquit Justin.

— Un jury fantôme, précisa Pullman. Une fois le vrai jury sélectionné, j'essaie de trouver un groupe de gens — douze, dans le meilleur des cas — ressemblant trait pour trait aux vrais jurés. Âge, sexe, origine sociale, race, opinions politiques ou autres : identiques. Je les paie pour assister aux audiences, et écouter tout ce que le jury va entendre. Quand les vrais jurés se retirent pour délibérer, eux aussi. J'appelle ça un jury fantôme.

— Quelle utilité ont-ils ?

— Tous les jours, sitôt l'audience terminée, je les interroge un par un... J'essaie de déterminer quel effet témoignages et argumentations ont eu sur eux : qui ils ont cru, quels arguments les ont convaincus, qui ils ont apprécié, détesté, ce qu'ils n'ont pas compris. Après quoi j'explique à Abe ce qu'il doit faire pour améliorer sa stratégie. Tout repose sur l'analogie entre les jurés fantômes et les vrais, qui les pousse à réagir de la même façon aux preuves et arguments.

— Sacré postulat ! s'exclama Rendi. Il pourrait se révéler faux.

— C'est le mieux que nous puissions faire. Plus fiable que lorsque les *avocats* se livrent tout seuls à ce genre de suppositions. Mes recherches démontrent que souvent, même les meilleurs des avocats ne sont pas en phase avec les jurés ordinaires.

— Cette histoire de jury fantôme, ça ne ressemblerait pas à ce que l'accusation a mis en place dans le cas de O.J. Simpson ? demanda Justin.

— Comment ça ?

— Le procureur avait rassemblé une espèce de pseudo-jury à Phoenix pour tester son plaidoyer.

— Et qu'est-ce qui s'est passé ?

— Les jurés l'ont acquitté.

— Je parie que l'accusation a ensuite procédé à quelques ajustements, glissa Rendi.

— Henry a raison quand il dit que les avocats ont besoin d'aide, ajouta Abe. Quand j'ai commencé dans la profession, je n'avais pas les moyens de m'offrir un jury fantôme, alors je demandais à ma mère, Sylvia, d'assister aux audiences.

— Comment s'en sortait-elle ? demanda Justin.

— Très bien... à partir du moment où le jury se composait de femmes sur le retour. Moins bien, quand il ne comprenait que des hommes jeunes.

— Le principe est le même, renchérit Pullman.

Abe poursuivit :

— Même Haskel, qui n'avait rien d'un homme du peuple, affirmait à ses étudiants que le dimanche précédant un procès, un avocat avait intérêt à sortir au cinéma, à regarder la télévision, ou à faire un tour dans le métro, au lieu d'aller plancher à la bibliothèque. « Faites ce que vont faire les jurés, répétait-il. Lisez ce que les jurés vont lire. Regardez les émissions qu'ils vont regarder. Mettez-vous dans leur peau. »

— Tout ça frise quand même la manipulation, lança Rendi. Je parie que Haskel n'a jamais eu recours à un expert en matière de jury.

— Nouvelle erreur, ma chère, répliqua Pullman avec un sourire. Haskel exècre ce que je fais, mais il a eu recours à mes services une fois — à son corps défendant. Comment croyez-vous que j'aie fait la connaissance d'Abe ?

— Haskel s'en voulait de faire appel à toi, confirma

Abe. Mais il refusait de laisser ses sentiments personnels causer du tort à un client.

— Il avait même suivi mes conseils, précisa Pullman. Je n'oublierai jamais l'époque où il a été engagé dans l'équipe d'avocats chargés de la défense du Dr Spock, le pédiatre, lors de ce procès pour complot pacifiste. C'était l'une de mes premières affaires. J'étais un blanc-bec. L'un des jurés s'appelait Charles White. Haskel tenait d'un rabbin du coin que le type était juif malgré son nom. Haskel voulait le faire figurer dans le jury, parce qu'il pensait qu'un Juif témoignerait plus de compréhension vis-à-vis des gens refusant la conscription, compte tenu du nombre de Juifs émigrés aux États-Unis pour éviter de servir dans l'armée du Tsar. Je n'étais pas d'accord, et je lui ai dit : « Un Juif qui change de nom pour s'appeler Charles White entend prouver qu'il est plus américain que l'Oncle Sam. Ce type ne témoignera aucune compréhension à la cause pacifiste. » Haskel m'a écouté, et a récusé ce juré-là. Par la suite, Charles White lui a écrit pour lui dire qu'il désapprouvait le fait qu'il défende des pacifistes refusant la conscription. J'avais vu juste.

— Et vous voyez toujours juste ? s'enquit Justin.

— J'aimerais bien. Ce qu'il y a de plus frustrant, dans le travail que je fais, c'est que je finis rarement par savoir. Même si ma partie l'emporte, ça ne prouve pas que j'ai vu juste au sujet de tel ou tel juré. Cela dit, je sais qu'il m'est arrivé à plusieurs reprises de me tromper, alors j'essaie de tirer les enseignements de mes erreurs.

— Essaie de ne pas te tromper dans l'affaire Campbell, s'il te plaît, supplia Abe. Celle-là, il faut que je la gagne.

— Drôle de façon de présenter les choses ! Tu ne me demandes pas ça parce que *Campbell* est innocent, mais parce qu'il faut que *toi*, tu gagnes. Ça ne te ressemble pas, Abe. Qu'est-ce que tu sous-entends ?

— Rien du tout, Henry. Rien. Trouve-moi seulement les meilleurs jurés sur lesquels tu pourras mettre la main. Les douze vrais, et les douze fantômes.

— Il n'y a que les vrais, qui comptent, releva Rendi avec son cynisme habituel.

CHAPITRE VINGT-CINQ

BOSTON — LUNDI 19 JUIN

Le jour de l'ouverture d'un procès d'assises en vue était en général une vraie foire aux médias, les cadreurs des équipes de télé se poussant et se bousculant les uns les autres pour se placer de façon à capter les images vidéo les plus frappantes en vue des informations du soir. De leur côté, les avocats peaufinaient leurs déclarations. Fendre la foule des caméras avec assurance et humilité à la fois, exprimer les sentiments appropriés à la situation, pouvait se révéler une épreuve difficile même pour un avocat expérimenté. Ce jour-là ne fit pas exception à la règle, tandis qu'Abe et son équipe se frayaient un chemin vers l'entrée du palais de justice, bâtiment du XIXe siècle dans les murs duquel allait se dérouler le procès intitulé *L'État* contre *Campbell*.

— Posez-vous une seule question toute simple, déclara Abe comme on lui brandissait une douzaine de micros sous le nez. Quel *besoin* un joueur de basket beau et célèbre, ayant un succès fou auprès des femmes, aurait-il de recourir au viol ?

La question demeura en suspens. Avocats et spectateurs pénétrèrent dans l'enceinte de la vaste salle d'audience que présidait Madame le juge Marie Gambi.

Il avait décidé que le procès débuterait sitôt les matches de sélection terminés. La surprenante défaite des Knicks lors des finales de l'Eastern Conference avait valu quelques jours de répit à Joe Campbell entre banc de touche et banc des accusés.

Il en avait profité pour se remettre des suppositions auxquelles se livraient les médias quant à l'effet de cette accusation de viol sur son jeu — correct, mais sans plus — lors des matches de sélection. Il était maintenant décidé à faire tout ce qu'il fallait pour gagner. En l'occurrence, il ne s'agissait pas d'un jeu. S'il venait à perdre, il n'y aurait pas de saison suivante.

— Procédons au choix des jurés, décréta le juge Gambi, ponctuant ses propos d'un coup de maillet.

Marie Gambi — baptisée « la tata-gâteau universelle » dans un récent article de presse — était considérée par tous comme l'impartialité incarnée. Autrefois religieuse, elle avait quitté le couvent, épousé un cadre fortuné travaillant dans l'informatique, et entamé des études de droit à l'âge de quarante ans. Une fois diplômée, elle était devenue procureur — gagnant l'estime générale — puis juge. Marie Gambi était le seul magistrat du Massachusetts à refuser de porter la robe lors des audiences. « Ça me donne trop l'air et le sentiment d'être une bonne sœur », affirmait-elle pour s'expliquer.

Ce jour-là, comme la plupart des autres jours, le juge Gambi portait une veste bleue, un chemisier blanc, et une jupe grise. Aujourd'hui encore, bien qu'elle avoisine la soixantaine et qu'il se soit écoulé quelque vingt ans depuis qu'elle avait renoncé au voile, Abe lui trouvait un air de bonne sœur. Elle continuait à observer quelques principes désuets, refusant, par exemple, de laisser rediffuser par les chaînes de télé les audiences qu'elle présidait — attitude qui ne lui attirait guère de sympathie de la part des médias. Mais elle ne paraissait pas s'en soucier. « Les procès sont des événements sérieux. Je me refuse à laisser quiconque vendre des aliments pour chiens pendant mes suspensions d'audience », avait-elle déclaré.

D'emblée, Abe utilisa ses six possibilités de récusation — dont un avocat peut disposer sans avoir à se justifier — après avoir retenu huit des jurés sélectionnés. Restaient quatre personnes, dont il allait bien falloir qu'il s'accommode. Abe sentait l'odeur de laine imprégnée de tabac qui se dégageait de la veste de Pullman. Il était rare qu'il se sente oppressé, dans une salle d'audience, mais cette sélection-là commençait à s'éterniser. Compte tenu du battage médiatique ayant précédé le procès, le juge Gambi avait décidé d'autoriser les avocats à interroger les jurés. Campbell se taisait, et n'avait causé aucune difficulté à Abe qui remerciait le ciel. Le hasard du choix des jurés jouant pour le moment en leur défaveur, il avait son content de préoccupations — surtout depuis que l'huissier avait fait entrer la femme qui ne tarda pas à se retrouver gratifiée du surnom « Cauchemar de Pullman » d'abord, et « Miss Plongée-sous-Marine » ensuite.

Julianne Barrow, âgée de vingt-neuf ans, diplômée de Wellesley, exerçait la profession d'attachée commerciale dans une banque du centre de Boston. C'était une grande et belle jeune femme, mince, élégante, portant une veste bleu marine de marque sur les épaules de laquelle cascadaient ses longs cheveux blonds. Elle donnait l'impression de rayonner d'une assurance tranquille, tout à fait le genre de femme dont il fallait se méfier.

— Le type même du premier juré, prévint Pullman. Fais ton possible pour t'en débarrasser.

Tout en posant ses questions à Julianne Barrow, Abe se rendait compte qu'il ne parviendrait à découvrir aucune particularité rédhibitoire ni dans le passé, ni dans les opinions de la jeune femme. Personne, dans l'entourage proche de cette dernière, n'avait été violé, ni accusé de viol. Elle croyait possible le viol perpétré dans le cadre d'une relation amoureuse, mais pensait que toutes les femmes ne disaient pas la vérité. Quel moyen Abe avait-il de se débarrasser d'elle ?

Il n'existait qu'une faille possible dans la cuirasse de la jeune femme.

— Avez-vous jamais été mariée ?

Abe connaissait la réponse, les investigations menées en hâte par Rendi ayant révélé que Mrs Barrow était divorcée.

— Je pense que vous devez le savoir, maître Ringel. Vous avez dû enquêter sur mon compte, j'en suis persuadée.

C'était une femme intelligente, qui ne devait pas s'en laisser conter. Était-ce un atout, ou au contraire un inconvénient pour eux ? se demanda Abe.

— C'est exact, Mrs Barrow, répondit-il. Je sais que vous avez divorcé. Est-ce récent ?

Il savait de quand datait le divorce de la jeune femme, mais il fallait dire quelque chose.

— Mon divorce remonte à six mois.

— C'est très récent. Je suis sûr que vous vous en ressentez encore ?

— Vous voulez savoir si je déteste toujours les hommes ? (Elle sourit.)

Abe ne put s'empêcher de lui rendre son sourire. Une charmeuse, celle-là, et douée de repartie, avec ça. Il fallait à tout prix qu'il se débarrasse d'elle. De tous les jurés, cette femme risquait d'être la personne qui verrait clair dans le jeu de Campbell.

— Je veux savoir si vous êtes encore perturbée par tous ces récents bouleversements personnels, rectifia-t-il. Vous avez dû investir beaucoup de votre temps à fonds perdu, à l'occasion de ce divorce. Il se peut que votre rôle de juré finisse par vous peser, pour peu que le procès se prolonge.

— Ne vous inquiétez pas pour ma vie privée, maître Ringel. J'ai le droit et la chance de faire partie d'un jury, quel que soit mon statut marital, n'est-ce pas ?

Drôle de réponse, songea Abe. La plupart des gens menant une vie bien remplie essayaient de se soustraire à leur devoir de juré potentiel. Il n'était pas pensable que cette jeune femme-là ait eu envie de consacrer quelques semaines de son temps à cela, à moins qu'elle n'ait rien de mieux à faire. Abe avait déjà eu affaire à de tels jurés, par le passé : des gens solitaires, parfois dans la détresse, dans la vie desquels il ne se passait presque rien. Cela pouvait avoir des conséquences pénibles sur le déroulement du procès. Ces jurés-là avaient tendance à faire traîner les choses en longueur, à faire durer la procédure.

Mais la personnalité de la jeune femme en question ne semblait pas relever de cette catégorie. Après tout, elle avait un bon emploi. Peut-être souhaitait-elle exercer sa prérogative de juré parce qu'elle avait foi dans l'institution juridique ? Ou parce qu'elle avait une ambition à assouvir ?

Abe changea de sujet.

— Quelles activités pratiquez-vous durant vos loisirs, Mrs Barrow ?

— Je fais de la plongée sous-marine, et de l'escalade.

— Un casse-cou, si je comprends bien ?

— Je m'entretiens.

Abe s'efforça d'amener le juge à récuser Julianne Barrow « pour cause de suspicion légitime », mais il ne parvint à fournir aucune raison qui emporte la conviction du magistrat.

— Il aurait fallu vous réserver une possibilité de récusation, lui déclara cette dernière.

Abe crut déceler une réprimande, dans le ton du juge Gambi. Puis il s'éloigna du banc des jurés pour retourner à la table de la défense, respira à fond et comprit qu'il n'avait fait qu'entendre sa voix intérieure formulant une critique.

Il *aurait dû* conserver quelques-unes de ses possibilités de récusation. Cela tenait toujours du coup de poker. Lors de la dernière affaire qu'il avait plaidée, il s'était gardé deux possibilités. Au bout du compte, il ne les avait pas utilisées, les quelques jurés restant à choisir s'étant révélés corrects. Il s'était alors dit qu'il aurait dû en récuser deux autres plus tôt. Là-dessus, il avait perdu le procès, et décidé qu'à l'avenir, il ne gaspillerait plus ses possibilités de récusation de cette façon. Et voilà que maintenant, il s'en mordait les doigts.

Il s'excusa de sa bévue auprès de Campbell, mais le jeune homme ne parut pas affecté.

— Laissez-moi m'occuper de Miss Plongée-sous-Marine, lui glissa-t-il avant d'adresser un sourire enjôleur à la jeune femme.

Le choix des jurés s'éternisait. Trois des jurés restants, qu'Abe aurait aimé pouvoir récuser, furent sélectionnés. Ils n'avaient rien de cauchemars, mais rien d'enthousiasmant non plus. L'un d'eux était un Hispanique d'une trentaine d'années, qui travaillait sur le chantier de construction du nouveau tunnel desservant l'aéroport. Il était marié, et père de deux filles. Suivaient deux Blancs d'une cinquantaine d'années, fonctionnaires l'un et l'autre, dont le statut familial ne fut pas spécifié. Le douzième juré choisi était une Noire d'une trentaine d'années, mère de deux garçons qu'elle élevait seule, et infirmière à mi-temps.

Pullman, qui aurait voulu qu'Abe essaie de la faire récuser pour cause de suspicion légitime, murmura à ce dernier :

— Mes recherches ont mis en évidence que les femmes noires s'acharnent sur les hommes inculpés de viol, quelle que soit la race de l'accusé, et celle de la plaignante.

— Je ne dispose d'aucun motif qui me permette de la récuser, répondit Abe à voix basse. Et de toute façon, elle me fait bonne impression.

— Tes impressions, elles ne valent pas tripette à côté du résultat de mes recherches, insista l'expert.

— Peut-être, mais il va falloir qu'on s'accommode de cette femme, alors autant essayer d'en tirer le meilleur parti.

Neuf des douze jurés, ainsi que les deux suppléants, inspiraient une relative satisfaction à Abe. Quatre des jurés choisis sortaient en droite ligne du recrutement initial opéré par Pullman : des mémés à cheveux gris donnant l'impression d'avoir tout juste achevé une partie de mah-jong, ou de canasta, au Fontainebleau Hotel de Miami Beach. Parmi elles, se trouvaient une Irlandaise de Somerville, une Italienne vivant dans le quartier nord de Cambridge, une Juive de Lexington, et une Arménienne de Watertown.

Venait ensuite un Noir d'une quarantaine d'années, plombier de son état, marié, sans enfants, et vivant à Winchester. Les quatre autres « bons » jurés étaient des ouvriers blancs : deux Italiens, un Américain de souche britannique, et un Grec.

Enfin, au bout de trois jours d'une sélection difficile, le juge Gambi put annoncer :

— Nous avons un jury.

Abe se tourna alors vers Pullman, l'air résigné.

— Et maintenant, tu vas me trouver douze bons fantômes, qu'on puisse mesurer l'ampleur des dégâts.

Tandis que Pullman et Rendi quittaient la salle d'audience pour se mettre en quête des fantômes en question, Abe et Justin se préparaient à affronter le procès. Il se pouvait que ça ne dure pas plus de deux ou trois jours — dans l'éventualité où Campbell n'aurait pas à témoigner. En revanche, les choses pouvaient prendre jusqu'à deux semaines s'il comparaissait, et que l'accusation dépose un pourvoi. On ne pouvait jamais augurer de rien, dans un procès d'assises, surtout pas lorsque l'accusé était un homme comme Joe Campbell.

CHAPITRE VINGT-SIX

Le juge Gambi enjoignit au procureur Cheryl Puccio d'appeler son premier témoin à la barre. Joe Campbell, en blazer bleu, pantalon gris et cravate rouge, semblait ailleurs. Plongé dans ses pensées, il ne leva même pas la tête quand Jennifer Dowling passa à côté de lui.

Abe regarda le jeune homme et se demanda à quoi il pouvait bien songer. Au contraire de la plupart de ses clients — innocents ou coupables — Campbell restait une énigme pour lui. Si différents qu'aient été les accusés multiples et variés dont Abe s'était fait le défenseur, il n'avait jamais pu pénétrer leurs pensées. Dieu merci. Le souvenir d'un courtier en Bourse accusé d'escroquerie lui revint en mémoire. L'homme avait passé l'intégralité du procès plongé dans les cours du hareng saur et les cotes boursières. Il fut acquitté, et *au même moment,* fit un malheur sur le marché. Pour autant que le sache Abe, Campbell pouvait très bien être en train de réfléchir à son prochain match... ou de projeter sa prochaine offensive féminine. Quoi qu'il en soit, Abe avait besoin que le jeune homme se concentre sur ce qui se passait dans la salle.

— Soyez attentif, s'il vous plaît, lui demanda-t-il d'un ton pressant. Il va falloir que vous me disiez quand Jennifer ment, même si ça ne concerne que des détails infimes, pour que je puisse attaquer là-dessus bille en tête quand mon tour viendra de l'interroger.

— Bien sûr, bien sûr, répondit Campbell, délaissant les pensées qu'il remâchait jusque-là.

— J'aurai aussi besoin que vous établissiez un contact visuel avec les jurés, poursuivit Abe. Il arrive que certains d'entre eux cherchent à déceler les réactions d'un accusé face à tel ou tel nouvel élément. (Voyant qu'il ne tirerait rien de Campbell, Abe décida de lui raconter une anecdote que Haskel avait coutume de relater à ses étudiants). Tenez, écoutez donc cette histoire, Joe.

— Si vous insistez.

— J'insiste, oui. (Au point où il en était, Abe aurait fait les pieds au mur pour peu que cela pousse son client à s'intéresser au débat. Et ensuite, que faudrait-il ? Une fanfare de carnaval ? Abe fit appel à tous ses talents de conteur.)

» Un jour, un homme inculpé du meurtre de sa femme passa en jugement. On n'avait pas trouvé de cadavre, mais les preuves directes étaient éloquentes. Au cours de son argumentation finale, l'avocat déclara aux jurés qu'une surprise de taille les attendait : il allait compter jusqu'à dix, et la femme que l'on tenait pour morte ferait son entrée dans la salle d'audience. “Un, deux”, commença l'avocat. À “sept”, tous les jurés avaient le regard braqué sur la porte. “Huit, neuf, dix”, acheva l'avocat. Les jurés attendirent, mais la porte demeura fermée. Alors l'avocat sourit et leur expliqua : “Voyez, vous avez tous les yeux tournés vers cette porte. Vous devez donc éprouver un doute raisonnable à propos du décès de l'épouse de mon client. Cette petite expérience, poursuivit-il d'un ton triomphant, prouve que tous, vous nourrissiez un doute raisonnable, et que donc, vous devez acquitter l'accusé." En dépit de cette démonstration logique, le jury déclara l'accusé coupable. Par la suite, l'avocat déçu demanda à l'une des femmes participant au jury comment elle avait pu voter en faveur de la condamnation après avoir, comme tous les autres jurés, tourné les yeux vers la porte. "C'est vrai, lui répondit la femme. *Nous* avons tous regardé la porte. Mais nous avons remarqué que l'accusé, *lui,* ne l'avait pas fait. *Lui,* savait que personne n'allait ouvrir cette porte."

Abe passa le bras autour des épaules de Campbell.

— Prenez cette histoire à cœur, Joe. Vous avez intérêt à tourner les yeux vers la porte.

Cette fois, lui sembla-t-il, Campbell l'avait écouté. Il se mit à observer les jurés pendant que Jennifer Dowling entamait son témoignage.

Cheryl Puccio était une grande artiste du prétoire. C'était une jolie femme avoisinant la quarantaine, ni trop sophistiquée, ni trop provocante, et très crédible auprès des jurés. Elle portait des costumes gris qui lui donnaient une allure masculine, sans pour autant la rendre impressionnante. Sa voix, un brin monocorde, était apaisante, et son débit, rapide. Elle ne souriait jamais. Cheryl Puccio était tout entière à son travail, pas question de badiner. Elle était pétrie de sincérité. Personne n'aurait voulu d'elle comme voisine de table au cours d'une longue soirée de banquet, mais Abe savait qu'elle était faite pour le rôle dans lequel elle se retrouvait : celui du valeureux champion de la jeune femme victime de l'homme féroce et brutal.

— Veuillez indiquer votre nom au jury.

— Je m'appelle Jennifer Dowling, annonça le témoin d'une voix ferme triturant le bas de sa stricte veste de couleur sombre.

Abe remarqua avec plaisir à quel point les tenues

que Campbell et Dowling s'étaient choisies pour comparaître se ressemblaient.

— Que faites-vous, dans la vie ?

— Je travaille dans une agence de publicité de Manhattan.

Du coin de l'œil, Abe observa la réaction que suscitait la jeune femme chez Joe. Ce dernier allait-il laisser transparaître de la pitié ? De la colère ? Du mépris ? L'avocat fut surpris de constater que Joe manifestait une totale absence d'émotion. Difficile d'imaginer qu'il ait un jour pu se passer quoi que ce soit entre eux deux. Jennifer, remarqua Abe, semblait se donner du mal pour éviter de tourner le regard vers l'endroit où se trouvait la table de la défense. Si les membres du jury s'en apercevaient, comment interpréteraient-ils cela ?

— Quand avez-vous fait la connaissance de l'accusé, Joseph Campbell ?

— Je l'ai rencontré le 10 mars, près de l'immeuble dans lequel je travaille.

— S'agissait-il d'une rencontre fortuite ?

— Oui.

Abe poussa un soupir de soulagement inaudible. Il tenait pour assuré que ni Cheryl Puccio ni Jennifer Dowling ne connaissaient la théorie de Justin sur la façon dont Campbell en était venu à rencontrer Jennifer.

Là-dessus, en douceur, Cheryl Puccio interrogea son témoin au sujet de sa première rencontre avec Joe Campbell, puis du dîner chez Stellina, à Watertown. À l'évocation du nom de Stellina, le juré originaire de Watertown murmura quelque chose à l'oreille de la femme assise à côté de lui.

— Les jurés ne pourront communiquer entre eux qu'une fois tous les témoins entendus, précisa le juge Gambi d'un ton sévère.

Dans les milieux juridiques, tout le monde savait que les jurés n'observaient jamais cet avertissement rituel. Les rites n'en étaient pas moins essentiels à la survie de toutes les institutions... y compris des procès.

Puccio questionnait à présent son témoin sur l'épisode du Charles Hotel. Pour Jennifer Dowling, ç'allait être un autre test crucial. Allait-elle dire la vérité, reconnaître qu'elle avait initialement voulu coucher avec Joe Campbell ? Ou au contraire, esquiver et raconter des craques ? Abe espéra qu'elle opterait pour la seconde solution. La plupart des victimes de viol le faisaient, il ne l'ignorait pas, parce qu'elles craignaient, en divulguant l'entière vérité — y compris le fait d'avoir consenti à se livrer aux préliminaires, voire plus —, de donner à croire aux jurés qu'elles avaient cherché ce qui leur était arrivé.

Au cours de l'une de leurs séances de mise au point stratégique, Abe avait passé à son client une vidéo du procès de William Kennedy Smith, dans laquelle on voyait la plaignante, Patricia Bowman, se faire interroger par l'avocat de la défense. À un moment donné, Bowman nia avoir jamais éprouvé la moindre attirance pour Smith. Quand elle affirma qu'elle ne se rappelait pas comment son collant s'était retrouvé dans la voiture de Smith, Abe avait arrêté le magnétoscope.

— C'est à ce moment précis que l'affaire a pris fin, avait-il expliqué à Campbell. Par la suite, les jurés ont cessé d'écouter Patricia Bowman, parce qu'ils avaient cessé de la croire. (Revenant alors à l'affaire de son client, Abe avait poursuivi :) Il va falloir que nous trouvions un détail de ce genre dans le récit de Jennifer Dowling. Si nous parvenons à la prendre en flagrant délit de mensonge — même s'il ne s'agit que d'un mensonge insignifiant — les membres du jury cesseront de prêter l'oreille, même si elle dit vrai.

— Pourquoi une femme s'étant fait violer irait-elle mentir à propos de ce qui s'est passé avant son agression ? avait demandé Justin.

— Parce qu'elle pense que si elle dit la vérité sur la façon dont elle a accepté jusqu'à un certain point les avances de l'homme, pour ensuite dire non, certains jurés refuseront de condamner son agresseur, même s'ils croient à son récit de victime.

Rendi s'était énervée.

— Il y a des gens bouchés au point d'être incapables de se fourrer dans le crâne que le viol n'a rien d'un crime de moralité. C'est une atteinte au droit d'une femme à choisir avec qui elle souhaite, ou ne souhaite pas coucher.

— Ça, Rendi, *nous* le savons, avait répondu Abe. Mais les jurés, eux, n'en sont pas tous convaincus.

Abe fut surpris et déçu d'entendre Jennifer Dowling dire la vérité et reconnaître qu'elle avait pris l'initiative de ce rapport sexuel. Puccio avait dû lui montrer, elle aussi, la vidéo de Patricia Bowman.

Jennifer détailla l'épisode au jury, racontant qu'elle avait eu envie de faire l'amour avec Campbell, qu'elle était allée dans la salle de bains pour mettre son diaphragme en place, pour en ressortir vêtue en tout et pour tout de son chemisier déboutonné, ensuite de quoi elle avait abordé la question franchement avec Campbell, et lui avait caressé le sexe.

Pendant que Jennifer dressait la liste de tout ce à quoi elle avait consenti, Joe, lui, hochait la tête en signe d'approbation. Abe remarqua que le jeune homme s'était placé de telle sorte qu'il paraissait adresser son commentaire muet au jury — en particulier à la catégorique Miss Plongée-sous-Marine.

Puccio arrivait maintenant au point critique du témoignage.

— Donc, en vous retrouvant avec lui dans la chambre, vous étiez disposée à faire l'amour avec Joseph Campbell de votre plein gré. Quelque chose s'est-il produit qui vous a fait changer d'avis ?

— Oui.

— Que s'est-il passé ?

— Mr Campbell m'a murmuré quelque chose à l'oreille.

— Que vous a-t-il murmuré ?

— La première fois, je n'ai pas bien compris. Mais il a ensuite répété un peu plus fort.

— Êtes-vous bien sûre d'avoir compris ce qu'il a dit ?

— Oui, j'en suis certaine. Il s'est très bien fait comprendre.

— Veuillez répéter au jury ce qu'il vous a dit.

Au moment où Jennifer commençait à répondre, Abe se tourna pour observer quelle réaction ses déclarations provoqueraient chez Campbell. Abe allait entendre pour la première fois les propos que son client avait, paraît-il, tenus à la jeune femme. Il se demanda ce qui pouvait bien avoir transformé aussi subitement une partenaire sexuelle consentante en victime de viol.

— Il m'a dit la chose suivante... (Jennifer parlait d'une voix sourde, mais audible.) « Tu vas me tailler une bonne pipe comme tu l'as fait à Nick Armstrong, au bureau. Il paraît qu'il n'y a pas meilleure suceuse que toi, quand tu veux obtenir une promotion. »

Jennifer se mit à sangloter sans bruit. Plusieurs jurés la regardaient pleurer. Le regard de Miss Plongée-sous-Marine était braqué sur Campbell, qui hochait la tête. Il devait s'être rendu compte que le premier juré l'observait, car il plissa les paupières et esquissa un *tss-tss* muet, mimiques imperceptibles exprimant sa déception affligée en voyant Jennifer outrepasser les limites de la vérité et se mettre à mentir.

Au début, Abe ne comprit pas ce que son client essayait de faire. Puis la lumière se fit : Campbell *témoignait* sans se déplacer jusqu'à la barre. Il était en train de mener une conversation soutenue, muette, et privée, avec Miss Plongée-sous-Marine, le juré le plus important, le plus dangereux. Campbell s'efforçait de la séduire, sans en passer par des moyens physiques. Il faisait appel à l'intellect de la jeune femme. À en juger par l'expression qui se lisait sur le visage de Miss Plongée-sous-Marine, Joe Campbell semblait marquer des points, comme d'habitude.

Puccio, occupée à réconforter Jennifer, passa à côté de la scène, de même que le juge Gambi. Jennifer cessa de pleurer, sécha ses larmes à l'aide d'un mouchoir, et poursuivit son témoignage.

Puccio lui demanda alors d'expliquer la portée des propos de Campbell.

D'une voix hachée, la jeune femme révéla le secret qui avait failli anéantir sa vie.

— L'année dernière, j'ai fait une fellation au sous-directeur de l'entreprise pour laquelle je travaillais, dans l'espoir d'obtenir une promotion.

À peine eut-elle prononcé ces mots, qu'un hoquet de stupeur général se fit entendre dans la salle d'audience. On aurait dit que Jennifer Dowling, si convenable, venait tout à coup de s'exhiber nue devant le jury. Spectateurs et jurés, stupéfaits, se tournèrent les uns vers les autres, et se mirent à discuter.

— L'assistance est priée de ne pas se manifester, cria le juge Gambi, ponctuant ses propos de coups de maillet. Aucun commentaire ne sera toléré de la part des spectateurs ou de la presse, et encore moins des jurés. Poursuivez, maître Puccio.

Cheryl Puccio savait, bien entendu, quelle réponse Jennifer Dowling ferait à sa question. Mais elle n'avait pas le choix. Il fallait qu'elle la pose, sans quoi Abe le ferait, et il valait toujours mieux atténuer l'effet que risquait de produire l'interrogatoire adverse en divulguant les pires informations lors de l'interrogatoire direct. De toute façon, la réponse de la jeune femme constituait un atout important, quoique hasardeux, sur quoi l'accusation pourrait étayer sa cause.

Une fois le calme revenu dans la salle, Puccio reprit son interrogatoire direct.

— Êtes-vous fière de ce que vous avez fait ?

— Non, je me sens mortifiée. C'était un acte stupide, indécent, et désespéré. Je croyais qu'il n'y avait pas d'autre solution pour éviter de perdre mon emploi.

— L'avez-vous perdu, en fin de compte ?

— Oui.

— Pourquoi cela ?

— Parce que l'homme à qui j'ai fait une fellation a dit à son patron, le directeur, qu'« il n'y avait pas meilleure suceuse que moi ». Le directeur m'a donc à son tour demandé de lui faire une fellation et j'ai refusé. Il m'a alors licenciée.

Abe aurait pu élever une objection pour déposition sur la foi d'autrui en ce qui concernait l'échange supposé entre le sous-directeur et le directeur, mais il fallait que toute l'histoire soit exposée pour qu'il puisse ensuite prouver que la jeune femme avait menti en portant plainte pour harcèlement sexuel.

En entendant la question que posa ensuite Puccio à son témoin, Abe sentit le cœur lui manquer.

— Savez-vous comment Mr Campbell avait appris ce qui s'était passé entre vous et vos employeurs ?

Il guetta la réponse de la jeune femme, se demandant si oui ou non, l'accusation avait découvert l'histoire des tirages d'ordinateur.

Mais Jennifer répondit :

— Je n'en ai aucune idée.

À ce moment-là, Campbell haussa les épaules et écarta les mains, comme pour exprimer à la fois pitié et triomphe. Puis, il secoua la tête à nouveau pour signifier que Jennifer Dowling ne disait pas la vérité. Cette fois, Abe vit Miss Plongée-sous-Marine émettre une mimique dubitative en réponse. Il se prit à espérer que les doutes de Julianne Barrow concernaient Jennifer Dowling, et non Joe Campbell.

La dernière question posée par Puccio avait surpris Abe. Le procureur devait savoir que la réponse de Jennifer allait donner à la défense matière à mettre en doute le récit du témoin. Abe commença à se formuler son argumentation : « Jennifer Dowling n'a bien sûr "aucune idée" de la façon dont Joe Campbell en est venu à connaître son trouble, ténébreux, et coupable secret, puisque aucun élément ne prouve que Joe Campbell l'a bel et bien appris. » Le fait que Puccio pose elle-même cette question lors de l'interrogatoire direct lui épargnait les scrupules qu'il aurait éprouvés à le faire, une fois son tour venu d'interroger le témoin. Il supposa que Puccio n'avait voulu laisser aucun détail dans l'ombre. Les avocats commettaient souvent l'erreur, se dit-il, de croire que leur travail consistait à faire la lumière sur tous les détails... à laisser la place nette. La vie, pourtant, regorgeait de zones d'ombre, aussi les avocats nuisaient-ils souvent à leurs causes en se montrant trop systématiques et maniaques, même si cela ne servait pas les intérêts de leurs clients. Cheryl Puccio avait posé une question de trop.

— Ça me fait penser au catcheur, expliqua Abe à Justin et Rendi, tandis qu'ils s'octroyaient un déjeuner sur le pouce à l'occasion d'une suspension de séance.

Campbell avait refusé de se joindre à eux, préférant aller se détendre dans un gymnase tout proche.

Au gémissement que poussa Rendi, Abe comprit qu'il avait dû lui infliger son histoire de catcheur une bonne dizaine de milliers de fois, mais Justin ne la connaissait pas.

— C'est bon, lança ce dernier, certain d'avance qu'il allait le regretter. Racontez-moi l'histoire du catcheur.

— Le type en question était accusé d'avoir arraché l'oreille de son adversaire avec les dents au cours d'une rencontre. L'avocat du catcheur accusé en était à interroger à son tour l'arbitre, unique témoin oculaire. Ayant atteint le moment crucial de son interrogatoire, il demande : « Vous n'avez pas *vu* mon client arracher l'oreille de son adversaire avec les dents, n'est-ce pas ? » Et le témoin répond : « Non, je ne l'ai pas *vu* arracher l'oreille de son adversaire avec les dents. » Mais au lieu de s'en tenir là, voilà que l'avocat pose encore une question : « Dans ce cas, comment *savez-vous* qu'il lui a arraché l'oreille avec les dents ? » Et sans une seconde d'hésitation, le témoin répond : « Parce que je l'ai vu qui la recrachait ! »

CHAPITRE VINGT-SEPT

Sitôt la pause de midi terminée, Puccio reprit l'interrogatoire de Jennifer Dowling.

— Qu'avez-vous dit à Campbell, après qu'il vous a

demandé de lui « tailler une bonne pipe comme à Nick Armstrong » ?

— J'ai crié « Arrête ! » mais plus je criais, plus il se montrait décidé à continuer, jusqu'au moment où il m'a forcée à me soumettre. Il m'a violée. Il m'a fait mal. Il savait que je voulais qu'il s'arrête, mais il m'a violée, et il y a pris plaisir.

— Êtes-vous certaine demanda Puccio, de bien lui avoir signifié votre refus ?

Jennifer Dowling regarda Campbell droit dans les yeux, et répondit :

— Il ne m'a jamais été donné d'être plus certaine de quoi que ce soit. Il savait que je voulais qu'il s'arrête. Mais on aurait dit que ça l'excitait encore plus. Il voulait me violer, et c'est ce qu'il a fait.

Tout en soutenant le regard de Jennifer Dowling, Campbell hochait la tête de façon presque imperceptible. Puis il détourna les yeux pour jeter un regard fugace du côté de Miss Plongée-sous-Marine. Le regard dubitatif de cette dernière semblait maintenant s'adresser à Jennifer Dowling.

— Le témoin est à vous, maître Ringel, déclara alors Cheryl Puccio.

Abe allait devoir affronter le cauchemar moral de l'avocat : interroger une victime de viol témoignant pour l'accusation, et que l'on soupçonnait de dire la vérité. C'était devenu moins pénible que par le passé, quand les avocats avaient le droit de poser au témoin de l'accusation des questions concernant son passé sexuel tout entier, et que les jurés ne consentaient à condamner que si la victime était vierge. À l'époque, les avocats n'avaient d'autre choix que de « la jouer sordide » selon l'expression d'Emma. Dieu merci, se dit Abe, il y avait maintenant les lois sur la protection des victimes de viol. Au moins, les avocats n'étaient-ils plus obligés de se comporter de *cette façon-là*. Cela dit, l'avocat de la défense n'était pas dispensé pour autant de démontrer — quoi qu'il en pense — que le témoin présenté par l'accusation mentait.

Tout en se dirigeant vers Jennifer Dowling et en lui déclinant son identité, Abe s'efforça d'oublier ses scrupules moraux. L'ennemi, c'est elle, se répétait-il en son for intérieur. C'est mon boulot de la discréditer. Entre la condamnation et l'acquittement de Campbell, il n'y a que cette fille. Il faut que j'amène le jury à ne plus la croire.

Quand il interrogeait un témoin de la partie adverse, Abe le prenait toujours à la gorge d'emblée. Faire en sorte d'arriver « petit à petit à la question qui tue », ce n'était pas son truc. Les préliminaires se justifient sans aucun doute dans le domaine des relations sexuelles, mais pas dans celui des interrogatoires, se dit Abe. S'il existe une faiblesse, exploitons-la dès les premières secondes. Mettons les jurés de notre côté d'entrée de jeu, et ils y resteront tout au long de l'interrogatoire.

— Mrs Dowling, tout à l'heure, au cours de l'interrogatoire du procureur, vous déclariez n'avoir aucune idée de la façon dont mon client, Joe Campbell, en était arrivé à découvrir le problème que vous aviez connu dans votre ancien emploi. Est-ce exact ?

— Oui.

— Vous ne lui en aviez pas parlé ?

— Non.

— Vous n'avez ni amis ni collègues en commun, n'est-ce pas ?

— Pas que je sache.

— Qu'entendez-vous par « pas que je sache » ? Si vous aviez des amis, ou des collègues en commun, vous le *sauriez*, n'est-ce pas ?

— Je pense que oui.

— Le fait est, donc, que vous n'avez aucune connaissance en commun, est-ce juste ?

— C'est juste.

— Et vous ne comprenez pas de quelle façon Mr Campbell a eu connaissance de votre problème, n'est-ce pas ?

— Non, je ne le comprends pas. C'est d'ailleurs la raison pour laquelle j'étais si surprise.

— Votre Honneur, lança Abe en s'adressant au juge, je propose que soit rayée la déclaration du témoin concernant sa surprise, déclaration qui dépasse le cadre de ma question.

— Proposition admise, répondit le juge Gambi. Le témoin se bornera à répondre aux questions de Me Ringel.

— Reprenons, Mrs Dowling. Il vous semble donc normal que mon client n'ait pas eu la possibilité d'apprendre ce qui vous était arrivé dans votre emploi précédent, est-ce exact ?

— Oui, c'est exact.

— Dans ce cas, Mrs Dowling, cela n'autorise que deux choix : soit mon client savait quelque chose qu'il n'avait pas la possibilité de savoir, soit vous ne disiez pas la vérité quand vous avez déclaré sous serment aux jurés que Mr Campbell vous avait murmuré quelque chose à l'oreille au sujet du problème en question. Lequel est le bon, Mrs Dowling ?

— Objection, Votre Honneur ! lança Puccio. Me Ringel est en train de développer une argumentation, et non d'interroger le témoin.

— Rejetée, maître Puccio. Il existe une différence marquée entre un interrogatoire argumenté, et une argumentation interrogative. Me Ringel frôle la limite, mais il reste du bon côté. Vous pouvez répondre, Mrs Dowling.

— Je dis la vérité, maître Ringel.

— Dans ce cas, vous considérez que mon client est capable d'accomplir l'impossible, est-ce exact ?

— Objection !

— Retenue. Cette fois, vous basculez dans l'argumentation, Me Ringel. Cette question sera rayée du procès-verbal. Il n'est pas nécessaire que vous y répondiez, Mrs Dowling.

— Merci, Votre Honneur, reprit Abe. Donc, Mrs Dowling, vous affirmez que vous dites la vérité, c'est juste ?

— C'est juste.

— Dans ce cas, je vais vous poser une question. Disiez-vous la vérité, quand vous avez déclaré à la police que c'était mon client qui vous avait fait des avances sexuelles le premier ?

— Je n'ai pas souvenir d'avoir déclaré cela à la police.

— Puis-je me permettre de montrer au témoin le rapport de police faisant état de sa déposition, Votre Honneur ?

— Souhaitez-vous que cela entre dans le cadre de la déposition ?

— Oui.

— Pas d'objection à formuler, précisa Puccio.

Abe remit à Jennifer un exemplaire du rapport de police, qu'il lui demanda de lire en silence.

— Ce rapport rend-il compte de façon globalement fidèle des déclarations faites par vous à la police, le soir où vous avez affirmé vous être fait violer ?

Jennifer acquiesça.

— Dans ce cas, voulez-vous en lire la première phrase au jury ?

La jeune femme lut à haute voix :

— « La plaignante reconnaît avoir initialement consenti aux avances de son agresseur, au nombre desquelles le cunnilingus. »

— Une lecture objective de cette phrase suggère donc bien, n'est-ce pas, que ce fut mon client qui fit les premières avances ?

— Objection ! (Puccio se leva.) Ce document est explicite en soi.

— Objection retenue.

— Soit, admit Abe. Ce document est, en effet, explicite en soi, aussi chacun des membres du jury pourra-t-il décider de ce qu'il signifie. Je vais donc maintenant passer à ce que *vous* avez dit à la police, Mrs Dowling. Avez-vous déclaré, le jour où vous avez fait cette déposition, que c'était *vous*, et non mon client, qui aviez *la première* proposé un rapport sexuel, et que c'était *vous*, et non mon client, qui vous étiez livrée aux premiers gestes sexuels ?

— Je me sentais gênée de dire à l'agent...

— Veuillez d'abord répondre à *ma* question, je vous prie, coupa Abe. Le jour de votre déposition, avez-vous, oui ou non, déclaré à la police que vous aviez pris l'initiative ?

— Non. Je peux m'expliquer.

— Je n'en doute pas. Mais *le fait est,* n'est-ce pas, que vous avez dissimulé des informations à la police la première fois que celle-ci vous a interrogée.

— C'est exact, mais la raison pour laquelle...

— Maître Puccio vous donnera, j'en suis sûr, l'occasion d'expliquer pourquoi vous n'avez pas dit l'entière vérité ce jour-là. Mais pour le moment, la seule chose qui m'intéresse, c'est le *fait* que vous n'ayez pas dit l'entière vérité.

— Objection !

— Retenue. La phrase que vient de prononcer Me Ringel sera rayée. Vous n'avez pas à en tenir compte. Veuillez passer à la question suivante.

— Y a-t-il quoi que ce soit d'autre, Mrs Dowling, que vous n'ayez pas dit à la police ce jour-là ?

— Peut-être, mais je ne m'en souviens pas.

— Eh bien ! je vais vous aider à vous en souvenir. Avez-vous précisé, dans votre déposition initiale, que vous aviez quitté votre soutien-gorge dans la salle de bains ?

— Non.

— Avez-vous précisé qu'en ressortant de la salle de bains, vous ne portiez plus que votre chemisier déboutonné, et aviez quitté tous vos vêtements ?

— Non.

— Les policiers vous ont-ils demandé de leur préciser tout ce qui s'était passé ?

— Oui.

— Vous leur avez pourtant dissimulé ces faits-là.

— Je ne pensais pas qu'ils étaient si importants que ça.

— Et pourtant, *aujourd'hui,* vous vous êtes dit qu'ils étaient assez importants pour être dévoilés au jury.

— Oui.

— Serait-ce parce que Me Puccio vous a conseillé de mentionner ces faits-là ?

— Objection !

— Quel est le motif de votre objection ?

— Secret de la relation avocat-client, répondit Puccio sans vraiment y croire.

— Vous ne représentez pas *Mrs Dowling,* répliqua le juge. Vous ne l'ignorez pas, maître Puccio. Vous représentez *l'État.* Objection rejetée. Le témoin peut répondre.

Jennifer regarda Cheryl Puccio, qui hocha la tête comme pour lui donner la permission de répondre.

— En effet, Me Puccio m'a dit de tout dire... de ne rien cacher.

— Et vous êtes bien sûre de ne rien cacher du tout, en ce moment ?

Jennifer hésita.

— Je ne pense pas cacher quoi que ce soit, mais il se peut que j'aie omis certains détails.

Abe comprit qu'il avait réussi à persuader la jeune femme qu'il était peut-être au courant de certains détails qu'elle pouvait avoir oubliés. L'assurance de Jennifer Dowling était ébranlée. Le moment était venu de l'interroger à propos des omissions que comportait sa déposition auprès de la police.

— Est-il vrai que vous n'avez pas dit à la police que c'était vous, et non mon client, qui aviez pris l'initiative de ce rapport sexuel, pensant que l'on ne vous croirait pas si vous révéliez l'entière vérité ? Est-ce vrai ?

— Je pensais que les policiers ne me prendraient pas au sérieux.

— Et qu'ils ne vous croiraient pas non plus, c'est juste ?

— Oui, c'est juste.

— Vous avez donc décidé de ne pas leur dire l'entière vérité, dans l'espoir d'être crue, est-ce exact ?

— Tout ce que j'ai dit était vrai.

— Mais ce n'était pas l'entière vérité, n'est-ce pas ?

— Il manquait quelques détails.

— Vous avez omis de préciser que c'était vous, qui aviez pris l'initiative du rapport sexuel, parce que vous vouliez que l'on vous croie, c'est bien ça ?

— Je pense que c'est ça, en effet.

— Et quelques mois plus tôt, vous avez menti sous

serment lors d'une déposition visant à établir si oui ou non, vous aviez fait une fellation à votre patron, et ce, parce que vous craigniez que plus personne ne veuille admettre que vous aviez bel et bien subi un harcèlement sexuel. C'est juste ?

— Oui, mais par la suite, j'ai dit la vérité.

— Après que votre amie avait rapporté à la barre ce que vous lui aviez révélé. Est-ce exact ?

— C'est exact. Mais j'ai bel et bien dit la vérité.

— Mais le fait est, n'est-ce pas, Mrs Dowling, que vous pourriez avoir décidé de ne pas dire l'entière vérité aux jurés *ici présents,* dans l'espoir de les amener à vous croire. Est-ce exact ?

— Non, je dis l'entière vérité.

— Ce n'est pas ce que vous avez fait avec la police, n'est-ce pas ?

— J'ai laissé quelques détails de côté.

— Sciemment, c'est juste ?

— Je suppose que oui.

— À votre avis, Mrs Dowling, peut-on, à juste titre, qualifier une déposition omettant des détails importants de « demi-vérité » ?

— Je suppose que oui.

— Dans ce cas, pouvez-vous nous dire de quoi est tissée la partie complémentaire de cette « demi-vérité », Mrs Dowling ?

— Objection ! Le terme « demi-vérité » est explicite en soi.

— Retenue.

— Bien, reprit Abe. Laissons donc le jury décider de l'appellation qu'il conviendrait de donner à ce qui n'est pas la vérité.

— Objection.

— Retenue. Le jury ne tiendra pas compte des propos de Me Ringel, et Me Ringel voudra bien s'abstenir de poursuivre. C'est bien compris, maître Ringel !

— Oui, Votre Honneur. Puis-je reprendre mon interrogatoire ?

— Allez-y.

Abe se remit à marteler le témoin de questions. La

confusion et le désarroi de Jennifer s'accrurent, et bientôt, il sentit qu'il allait pouvoir se risquer à opérer une volte-face. Il s'était laissé emporter dans le feu de l'action, mais il se rendait compte, maintenant, qu'il avait atteint le point critique, le moment où un soupçon de dégoût de soi commençait à supplanter la satisfaction du travail bien mené. L'heure était venue de faire machine arrière et de présenter son aspect le plus chaleureux. Cette réaction lui était-elle dictée par un réel souci d'humanité... ou par les besoins de la stratégie ?

— Souhaitez-vous vous détendre un instant, Mrs Dowling ?

Le juge attendit en silence pendant que Jennifer, muette, respirait profondément, le front emperlé de sueur, et les yeux pleins de larmes. Si Abe ne s'était pas préparé à la considérer comme l'ennemi, il aurait éprouvé un éventail de sentiments beaucoup plus large : culpabilité, pitié, tristesse, chagrin. Mais il ne pouvait pas se permettre de telles émotions pour le moment. Il devait gagner.

— Mrs Dowling ?

— Finissons-en, si vous n'y voyez pas d'inconvénient, maître Ringel.

Comme la jeune femme prononçait ces mots, sa voix se raffermit. Abe sentit Campbell, derrière lui, qui concentrait toute son attention sur cet échange.

— Une petite interruption serait la bienvenue, déclara le juge Gambi. Faisons une pause de cinq minutes. Mrs Dowling, vous pouvez quitter le banc des témoins.

Jennifer sortit de la salle, flanquée du procureur. Abe se figurait sans peine ce qu'allait être ce petit tête-à-tête. Lui-même avait parfois connu cette situation : avec Charlie Odell, par exemple. Être avocat, cela impliquait que l'on s'embarque dans un véritable tourbillon d'émotions, mais pour le témoin qui déposait à la barre, c'était pire. Les avocats femmes semblaient déployer un plus grand savoir-faire dès lors qu'il était question des émotions d'un client, songea Abe, en se disant qu'une telle réflexion pourrait passer pour discriminatoire. Mais peut-être n'y avait-il qu'Abe Ringel, qui éprouve des difficultés avec la foule d'émotions que suscitait un procès.

Il s'assit à côté de Campbell, qui se massait le front, les yeux fermés. Le jury avait reçu pour consigne de rester dans la salle d'audience pendant cette brève suspension. Miss Plongée-sous-Marine, de même que plusieurs des femmes sur le retour, contemplait l'accusé, remarqua Abe. Toutes semblaient trop galvanisées pour se lever. Nombre des spectateurs étaient restés à leur place, eux aussi, de crainte de la perdre, sans doute.

La salle d'audience commença de se remplir, sur quoi l'huissier déclara la pause terminée. Chaque fois qu'il entendait cette expression, Abe repensait au surveillant annonçant la fin de la partie de punching-ball qu'Alex O'Donnell et lui disputaient pendant les récréations à l'école primaire.

Au même moment, Joe jeta un coup d'œil en direction du banc des jurés, et décerna un franc sourire à Julianne Barrow, Miss Plongée-sous-Marine. À sa grande répugnance, Abe se surprit à adresser un encouragement muet à son client. Il ne put se retenir : le rapport que Joe pouvait établir avec le premier juré potentiel avait de l'importance. L'ennemi, c'est elle, se répéta-t-il plusieurs fois, psalmodiant cette phrase comme une incantation muette tout en suivant du regard Jennifer Dowling qui rentrait dans la salle. Elle avait pleuré. Abe perçut la peur qui émanait d'elle.

— Vous êtes toujours sous serment, rappela le juge Gambi à la jeune femme au moment où cette dernière reprenait sa place à la barre.

Jennifer acquiesça sans un mot. Abe s'avança. Joe adressa un sourire à Miss Plongée-sous-Marine. Le procès reprit son cours.

— Mrs Dowling, est-il vrai qu'après avoir perdu votre emploi, vous êtes allée consulter un psychologue...

— Objection ! Objection ! Concertation demandée ! cria Puccio.

— Veuillez me suivre dans mon cabinet, ordonna le juge Gambi aux deux juristes.

— Qu'est-ce que c'est que ça ? demanda-t-elle à Abe en entrant dans le bureau minuscule et vétuste. Le secret professionnel entre psychothérapeute et client a cours dans cet État, vous le savez.

— Je sais aussi que le Sixième Article de la Constitution y a cours, Votre Honneur, répliqua Abe. Ce qui confère à Mr Campbell le droit de mettre son accusatrice en butte à tous les éléments susceptibles de l'aider, lui, à se défendre.

— Votre Honneur, riposta Puccio, Mrs Dowling s'est confiée au psychothérapeute sur la foi de l'engagement explicite de ce dernier à ne rien divulguer de ce qu'elle lui dirait. Elle a mis son cœur à nu lors d'une période de réel besoin émotionnel. Ce serait tout à fait indélicat que d'étaler cela sur la place publique.

— Votre Honneur, contra Abe, et si Mrs Dowling avait déclaré au psychologue avoir inventé toute cette histoire de harcèlement sexuel dans le seul but de passer sous silence son incompétence professionnelle ?

— Avez-vous des informations à propos de ce que vous avancez, maître Ringel ? rétorqua le juge Gambi.

— Non. C'est pourquoi je veux *interroger* le témoin là-dessus... pour obtenir des informations.

— Ça tient de la partie de pêche, protesta Puccio. Il veut remuer des eaux troubles, c'est tout. Il ne se fonde sur aucune raison précise.

— Avez-vous des raisons précises, maître Ringel ?

— J'en ai, oui. Mon client affirme que Mrs Dowling lui aurait dit être allée consulter un psychologue à la suite d'un épisode difficile survenu plusieurs mois auparavant. On peut supposer qu'elle faisait allusion aux événements ayant abouti à son licenciement.

— Avez-vous des raisons de croire qu'elle ait révélé à son psychologue quelque chose qui soit de nature à étayer votre défense ? insista le juge.

— Nous n'aurons moyen de le savoir qu'en posant

la question au témoin, ou bien au psychologue... à moins que nous ne consultions le dossier du thérapeute en question, répondit Abe.

— Je suis sûre qu'il n'y a rien à trouver de ce côté-là, Votre Honneur, fit Puccio avec insistance. Il s'agissait d'une série d'entretiens psychothérapiques, pas d'un examen de conscience. Jennifer n'a pas avoué à son thérapeute qu'elle avait menti, pour la simple et bonne raison qu'elle n'a pas menti.

— Avec tout le respect que je lui dois, Votre Honneur, puis-je demander à Me Puccio ce qu'elle en sait ? A-t-elle consulté le dossier ? A-t-elle parlé au psychologue ?

— Ni l'un ni l'autre, mais vous non plus.

— C'est ce que je disais, s'écria Abe d'un ton triomphant. Personne ne sait. Or il se peut que Mrs Dowling ait entamé cette thérapie en tant que menteuse pathologique, et que son psychologue nous apprenne qu'elle n'est pas guérie à ce jour !

— Vous allez un peu trop loin, maître Ringel, protesta le juge.

— Bien sûr, reconnut Abe. Mais je le fais parce que je ne parviens pas à obtenir d'éléments d'information, ce qui m'oblige à envisager le pire. Et si — seulement si — j'avais raison ?

— Quel moyen avons-nous de le savoir sans enfreindre le secret professionnel ? demanda le juge.

— J'ai une solution à proposer, répondit Abe.

— Ça ne m'étonne pas. De quoi s'agit-il ?

— Pourquoi *vous-même,* Votre Honneur, ne consulteriez-vous pas le dossier *en personne* — si tant est qu'un tel dossier existe. Dans le cas contraire, vous pourriez interroger le psychologue. Si vous arrivez à la conclusion qu'il n'y a là rien qui puisse alimenter ma défense, je m'en tiendrai là sur le sujet. En revanche, si vous découvrez qu'il y a des éléments — des éléments dont je pourrais me servir pour compromettre la crédibilité de Mrs Dowling — alors on me les communiquera, et je serai autorisé à en faire usage pour l'interroger.

— Ma foi, qu'en dites-vous, maître Puccio ?

— Je m'oppose. Non que je ne vous fasse pas confiance, Votre Honneur, mais ce que ma cliente a confié à son psychologue n'était destiné à venir aux oreilles, ou aux mains de *personne,* pas même d'un juge. Il s'agissait d'affaires de la plus extrême confidentialité.

— Maître Ringel ?

— La Constitution ne fait état d'aucun droit à ce genre de confidentialité, Votre Honneur, d'aucun secret professionnel entre psychothérapeute et client. Cela dit, elle fait état du droit à faire comparaître et déposer sous serment les parties en cause. Je suis donc en droit d'interroger Mrs Dowling au sujet de ce qu'elle a dit à son psychologue. De même que je suis en droit de lui demander — ce que j'ai la ferme intention de faire — si oui ou non, elle est allée consulter un spécialiste pour victimes de viol *après* avoir couché avec mon client.

— En quoi cela a-t-il trait à l'affaire ? demanda le juge.

— Mrs Dowling *prétend* s'être fait violer, or mon client nie. Si Mrs Dowling n'est pas allée consulter un tel spécialiste, la position de mon client s'en trouvera renforcée. Si elle l'a fait, je serai en droit de demander à savoir ce qu'elle a dit au spécialiste en question. Il se peut, là encore, qu'elle lui ait déclaré avoir inventé cette histoire.

— C'est scandaleux, Votre Honneur, protesta Puccio, indignée. Si les avocats de la défense sont autorisés à consulter les dossiers de ces spécialistes, il ne se trouvera plus une seule victime de viol qui accepte de se confier à eux. C'est le même cas de figure que le secret professionnel entourant la relation avocat-client. Je ne peux pas soumettre en audience le dossier dans lequel maître Ringel a consigné les déclarations de son client, quand bien même ce dossier permettrait d'établir que Mr Campbell a reconnu avoir violé Mrs Dowling.

— Il ne permettrait en aucun cas d'établir une chose pareille.

— Je ne fais que me livrer à une comparaison.

— Il n'y a rien de comparable, répliqua Abe. Le seul cas dans lequel le secret professionnel est stipulé par la Déclaration des droits concerne la relation avocat-client.

— La loi de cet État stipule qu'il existe un secret professionnel dans le cadre de la relation psychothérapeute-patient, objecta le juge Gambi.

— La Déclaration des droits prime sur la loi d'État, Votre Honneur.

— En effet, maître Ringel. Mais la loi d'État reste importante. Elle protège une relation que l'État souhaite favoriser : celle qui existe entre un patient et son psychologue, ou son spécialiste pour victimes de viol. Je ne permettrai pas que l'on se livre à des recherches tenant de la partie de pêche dans ces dossiers thérapeutiques — en tout cas, pas avant que vous soyez à même de présenter plus que les suppositions non fondées que vous avez émises jusque-là.

— Dans ce cas, pourrez-vous au moins consulter vous-même ces dossiers ?

— Non, je ne le veux pas. Ces dossiers sont confidentiels... même vis-à-vis de quelqu'un comme moi. En tant qu'avocat, maître Ringel — et très bon avocat, soit dit en passant — vous avez sans doute conscience du caractère sacro-saint que revêtent les renseignements confidentiels protégés par le secret professionnel. Vous hurleriez au scandale si quelqu'un suggérait que je puisse, *moi,* lire les comptes rendus de vos entrevues avec votre client. Je comprends l'envie que vous éprouvez de racler un peu les fonds vaseux à la recherche de quelque prise bien venimeuse, maître Ringel. Mais je ne vous laisserai poser aucune question au sujet du psychologue, ou du spécialiste pour victimes de viol de Mrs Dowling — si tant est qu'elle en ait consulté un. Ces points-là n'entrent pas dans le cadre de l'audience.

— Avec tout le respect que je vous dois, Votre Honneur, je réserverai mon objection pour la soumettre en appel — si nous devons en venir au pourquoi. Cela dit, je n'ai pas d'autre question à poser à Mrs Dowling.

Quand ils eurent regagné la salle d'audience, Puccio se leva pour interroger à nouveau son témoin, et demanda à la jeune femme d'expliquer pourquoi elle n'avait pas tout dit à la police. Jennifer Dowling, un peu rassérénée, décrivit de façon convaincante la crainte qu'elle avait éprouvée de voir les policiers — parmi lesquels ne figurait aucune femme — se moquer d'elle en apprenant qu'elle avait pris l'initiative des avances sexuelles.

Abe, qui avait fait entendre son point de vue, n'éprouva pas le besoin d'interroger à nouveau la jeune femme. Selon lui, le témoignage de Jennifer Dowling ne suffirait pas à faire condamner Campbell. Il était parvenu à créer — bricoler ? — un doute raisonnable au sujet de la crédibilité de la jeune femme, même s'il soupçonnait cette dernière d'avoir dit la vérité. Il avait bien fait son travail.

Pour autant, l'affaire était loin de s'achever. Le témoignage de Jennifer ne suffirait sans doute pas *en soi* à faire condamner Campbell, mais s'il devait être corroboré par des preuves scientifiques tangibles, le jury en viendrait peut-être à déclarer le jeune homme coupable au-delà du doute raisonnable. C'était la raison pour laquelle le témoin qu'appela alors l'accusation, le Dr Mary Stiller, gynécologue à l'Hôpital central du Massachusetts, avait une telle importance. En examinant Jennifer Dowling dans la nuit du viol supposé, le Dr Stiller avait remarqué et photographié l'abrasion endo-vaginale. Elle déclara que cela pouvait être dû à un rapport sexuel subi sous la contrainte.

Quand vint son tour d'interroger le témoin, Abe ne posa que trois questions.

— Est-il vrai, docteur Stiller, que l'abrasion relevée chez Jennifer Dowling pouvait être due à un rapport sexuel librement consenti entre un homme doté d'un pénis de grande taille et une femme n'ayant jamais eu d'enfant ?

— C'est juste.

— Est-il vrai que les examens physiologiques que

vous avez menés ne peuvent faire la distinction entre ces deux causes possibles ?

— C'est vrai.

— Est-il vrai, partant, qu'à elle seule, cette abrasion ne peut prouver — avec une certitude médicale raisonnable — que Jennifer Dowling s'est fait violer ?

— C'est vrai.

— Je n'ai plus de questions.

Cheryl Puccio se leva pour interroger à nouveau son témoin.

— L'abrasion en question ne pourrait être le résultat *que d'un viol,* n'est-ce pas, si l'homme qui l'avait causée était doté d'un pénis de taille *inférieure à la normale* ?

Abe se leva d'un bond.

— Objection ! Objection ! J'invoque le vice de procédure. Comment Me Puccio ose-t-elle faire dire une chose pareille au Dr Stiller ! Elle sait qu'il n'existe aucun indice probant sur quoi fonder sa supposition au sujet de la taille du pénis dont nous débattons ici.

— Passez dans mon cabinet, tous les deux, tonna le juge Gambi. Tout de suite. Je ne laisserai pas ce genre de sujets se discuter devant le jury.

Abe, écumant de rage, entra dans le bureau du juge.

— Je n'ai jamais vu quiconque viser aussi bas, gronda-t-il à l'adresse de Puccio. Je vous croyais au-dessus de ça.

Le juge Gambi les rappela à l'ordre, et fit part de sa colère à l'accusation.

— Il s'agissait *vraiment* d'un coup bas, maître Puccio. Vous savez que la taille du sexe de Mr Campbell n'est mentionnée nulle part dans les comptes rendus.

Cheryl Puccio répondit sans s'émouvoir.

— Je dispose de raisons dignes de foi sur lesquelles fonder ma question, Votre Honneur. Dans sa déposition, mon prochain témoin fera état de la taille du pénis de Mr Campbell.

— C'est ridicule, s'écria Abe. L'accusation n'a

même pas demandé à examiner l'article en question. Comment se pourrait-il qu'elle sache ?

— Il y a plus d'un chemin pour se rendre à Rome, répondit Puccio avec un sourire.

— C'est bon, maître Puccio, déclara le juge. Si vous disposez du moindre élément d'information, je veux en avoir connaissance dès maintenant. Les petits jeux, ça suffit.

— J'ai bel et bien l'information en question. Mon prochain témoin s'appelle Green. Il s'agit d'une jeune femme qui a couché avec Mr Campbell à plusieurs reprises. Dans sa déposition, elle fera état de la taille du pénis de l'accusé.

— C'est tout à fait inadmissible et préjudiciable, Votre Honneur. J'ignore qui est la fille en question. À moins qu'elle ne se munisse d'un mètre de couturière au lit, il est impossible qu'elle fasse état de la taille du sexe de mon client.

— Elle n'a pas besoin d'un mètre de couturière. Elle possède une certaine expérience. Charlene Green est ce qu'on appelle une « groupie », Votre Honneur. Elle a couché avec plusieurs joueurs de basket, aussi peut-on la considérer comme une spécialiste sur la question de la taille d'un sexe. Elle ne pourra pas donner une mesure en centimètres, Votre Honneur, mais elle est prête à affirmer sous serment que d'après l'expérience qu'elle a dans ce domaine, le sexe de l'accusé est plus petit que la moyenne.

— Même si le témoin en question était un expert — ce que nous contestons —, elle ne le serait qu'en matière de joueurs de basket, Votre Honneur, plaça Abe. Et même si mon client était doté d'un sexe plus petit que la moyenne des joueurs de basket — ce que nous refusons d'admettre —, cela ne signifierait pas qu'il soit doté d'un sexe plus petit que la moyenne de la population dans son ensemble. La notion de taille que possède la fille en question est faussée par le fait qu'elle a couché avec un trop grand nombre de joueurs de basket dotés de gros sexes.

— C'est bon, décréta le juge. J'en ai assez entendu. Nous n'allons pas faire de ce procès pour viol un débat sur la taille moyenne d'un sexe masculin. Je refuse de laisser déprécier ainsi ma salle d'audience. Non, maître Puccio, il ne sera pas débattu de taille de pénis. Je vais faire rayer votre dernière question en demandant au jury de n'en tenir aucun compte et de l'oublier.

— Ça ne suffit pas, Votre Honneur, réclama Abe. Demander au jury d'oublier que Me Puccio a laissé entendre que mon client avait un sexe plus petit que la moyenne, c'est ni plus ni moins demander à un groupe de gens donnés de ne pas penser à un éléphant — ou à une souris, en l'occurrence. Les jurés vont supposer que Me Puccio disait la vérité. Il faut que je sois en mesure de lutter contre cette impression.

— Que proposez-vous pour remédier à cela, maître Ringel ?

— Autorisez-moi à faire valoir aux membres du jury qu'il n'existe dans le dossier aucun élément d'information permettant d'affirmer que la taille du sexe de mon client n'est pas proportionnelle au reste de son corps.

— Elle ne *l'est pas,* insista Puccio.

— C'est ce qu'en dit je ne sais quelle groupie.

— C'est ce qu'en disent plusieurs groupies, que nous avons interrogées à ce sujet. Il n'y a hélas que Charlene Green qui ait accepté de témoigner.

— Ça suffit ! Ça suffit ! décréta le juge Gambi. Vous pourrez faire valoir l'un et l'autre ce que vous voudrez, tant que vos affirmations seront fondées sur des éléments accessibles au jury. Cette Charlene Green ne sera pas autorisée à témoigner. Finissons-en de ce procès, s'il vous plaît.

Puccio n'avait pas d'autre témoin. Son plaidoyer passerait, ou s'effondrerait sur la seule foi du témoignage de Jennifer Dowling et des preuves médicales décrites par le Dr Stiller. La question majeure qui subsistait était celle de la comparution de Campbell. S'il témoignait, toute la dynamique du procès s'en trouverait modifiée, et les considérations annexes, reléguées à l'arrière-plan pendant que les jurés se focaliseraient sur cette seule et unique question : Campbell disait-il la vérité, ou mentait-il ? S'il ne témoignait pas, la question se poserait à propos de Jennifer Dowling. Abe allait devoir prendre sa décision avant le lendemain matin.

— J'ai un copain, à New York, qui touche un million de dollars par affaire, déclara Abe à Rendi et Justin, au dîner. Il dit que là-dessus, il y en a cinquante mille pour son temps et ses frais, et que les neuf cent cinquante mille restants, c'est le prix que coûte sa réflexion pour décider de faire oui ou non témoigner l'inculpé. C'est dire l'importance de ce genre de décision.

— C'est Edward Bennett Williams qui disait : « Faites toujours comparaître l'inculpé, à moins que la liste des délits figurant sur son casier ne soit aussi longue que Long Island », cita Justin. J'ai lu ça dans son autobiographie.

— Gerry Spense, lui, conseille de « ne jamais faire comparaître un inculpé que l'on pense coupable », parce que le jury y verra clair, ajouta Rendi.

— Ils ont tort tous les deux, trancha Abe. Un juriste ne devrait jamais dire ni « jamais », ni « toujours ». Il n'y a pas deux affaires identiques. Ni de lois universelles. C'est la raison pour laquelle je ne suis pas convaincu par vos hypothèses au sujet de la culpabilité de Campbell. Je continue à me demander si oui ou non, il a violé Jennifer Dowling. Comme je continue à agir en partant du principe qu'il ne l'a pas violée. D'abord, on doit écouter le plaidoyer de l'accusation, et ensuite, on évalue les forces et faiblesses de son propre client.

— N'oublions pas le cas des gamins Menendez, intervint Rendi. Coupables jusqu'au cou, mais un sacré talent d'acteurs. Ils ont roulé assez de jurés dans la farine pour amener le procès au point mort en première instance.

— Alors quelle est la bonne attitude ? demanda Justin.

— Je ne sais pas encore. Je continue à réfléchir.

— Et Campbell, qu'est-ce qu'il veut faire ? s'enquit Rendi.

— Il *dit* qu'il veut témoigner, mais je ne suis pas sûr qu'il le veuille vraiment. Il veut surtout me faire *croire* que c'est ce qu'il veut.

— Qu'est-ce qui te fait dire ça ? demanda Rendi.

— Ça fait un jour ou deux qu'il ne m'en parle plus. Il n'a même pas voulu dîner avec nous, ce soir. Il sait pourtant que nous discutons du procès. Mais il est sorti avec des amis.

— Est-ce qu'il respectera votre décision ? demanda Justin.

— Je n'en sais rien. Tout ce que je peux faire, c'est lui donner le meilleur avis possible.

— Et quel est le meilleur avis, selon vous ?

— À ce stade de l'affaire, nous avons sans doute remporté le procès sans avoir à faire témoigner Campbell. Cela dit, je suis loin de pouvoir certifier que nous ayons remporté la victoire.

— Se pourrait-il que Campbell serve, ou desserve notre cause ? demanda Justin.

— Oui.

— C'est-à-dire ?

— Il peut servir, *aussi bien* que desservir notre cause, mais je suis incapable de prévoir comment il s'en sortira.

— Vous avez repassé son récit avec lui des dizaines de fois.

— C'est vrai. Et chaque fois, ça change un peu. Pas les paroles, mais la musique. Il n'exprime jamais les mêmes sentiments, et il se trouve que les jurés font attention à ce genre de choses.

— Et les difficultés éthiques que soulève son témoignage ? insista Justin.

— À ce stade de l'affaire, ces difficultés-là relèvent de la stratégie. L'astuce que nous avions mise au point, qui consistait à l'amener à l'extrême limite de ce qu'il pouvait dire, pour ensuite nous abstenir de lui poser les questions cruciales, ferait long feu, après le témoignage clair et explicite de Jennifer Dowling.

— Alors, quelle option va-t-on prendre, Abe ?

— Je vais laisser le choix à Campbell. Je lui exposerai les différentes possibilités, je lui brosserai le meilleur compte rendu possible des coûts et bénéfices, et je le laisserai prendre sa décision.

— Ça ne vous ressemble pas, Abe. C'est à vous, qu'incombe cette décision. C'est vous qui possédez l'expérience.

— Ouais, sauf qu'en l'occurrence, il ne s'agit pas d'une décision reposant sur l'expérience. Campbell est un cas unique, et son affaire ne ressemble à rien de ce que j'ai eu l'occasion de voir par le passé. Ce mec-là a établi une relation avec les jurés comme jamais je n'en ai vu. C'est sa vie, et sa décision. Tu vas essayer de le joindre, Justin. Il dîne au Chef Chang de Brookline. Je l'ai prévenu qu'il risquait de devoir interrompre sa soirée. Dis-lui de nous rejoindre à mon cabinet d'ici une demi-heure.

Les trois convives avalèrent un dessert en hâte, et gagnèrent le bureau d'Abe. Campbell arriva quelques minutes plus tard, Emma sur ses talons.

— Mes amis n'ont pas pu se libérer pour venir de New York, alors j'ai appelé chez vous. Votre fille m'a répondu, et a accepté de venir dîner avec moi. Elle m'a révélé tous vos secrets.

— Je ne lui en confie aucun. Ni les miens, ni les vôtres.

— Elle s'y connaît en matière de basket... pour une fille (Campbell sourit d'un air malicieux.)

— Même pour un garçon, rétorqua Emma.

— C'est bon, Emma, tu as eu droit au traitement de faveur... un dîner en compagnie d'une star de la NBA. Maintenant, il est temps de déguerpir. Nous avons des décisions à prendre auxquelles tu ne peux pas prendre part.

Quelle qu'ait été l'opinion d'Abe au sujet du fait qu'Emma soit allée dîner avec Campbell, il n'en laissa rien transparaître.

— J'espère que Joe témoignera. Il fera un témoin du tonnerre, déclara Emma.

— Merci et bonne nuit, F. Lee Ringel.

— Bonsoir, papa. Bonsoir, Joe. Justin, Rendi, à bientôt.

Pendant qu'Emma quittait la pièce, Abe fit signe à son client de s'asseoir à côté de Justin.

— Bien, venons-en aux affaires. L'heure de prendre une décision est venue. C'est à vous de trancher, Joe : témoigner, ou ne pas témoigner... telle est la question.

— Témoigner, répondit le jeune homme. Facile, comme décision, non ?

— Attendez une minute. Ce n'est pas si facile que ça. Sans même parler du dilemme éthique, Puccio va vous cuisiner comme jamais vous ne l'avez été jusque-là.

— Non, elle ne le fera pas.

— Et pourquoi donc ? Vous l'avez séduite, elle aussi ?

— Elle aimerait bien. Mais non, je ne l'ai pas séduite. D'ailleurs vous avez raison : elle me cuisinerait, si elle en avait l'occasion.

— Ma foi, elle va l'avoir... si vous témoignez.

— Non, elle ne l'aura pas, répondit Campbell avec un sourire. Parce que j'ai déjà témoigné ! Je n'ai pas besoin d'aller le faire à la barre.

— Vous avez bu combien de bières chinoises, au dîner ? demanda Rendi. Vous ne comprenez donc pas que si vous témoignez, vous serez interrogé par la partie adverse ? Et vous n'avez pas encore témoigné.

— Si, c'est fait, répondit le jeune homme, l'air satisfait. Quelques minutes avant le début de la séance, Abe m'a raconté son histoire du type jugé pour avoir assassiné sa femme...

— Vous parlez de l'histoire du cadavre-qui-ouvre-la-porte ? coupa Justin. On la connaît tous.

— Eh bien ! moi, je n'y avais pas encore eu droit. Et elle m'a donné une idée géniale. Je m'étonne qu'aucun de vous n'ait rien remarqué.

— Moi, j'ai remarqué, fit Abe.

— Mais de quoi est-ce que vous parlez, bon sang ? s'écria Justin.

— J'ai témoigné tout au long de l'intervention de l'accusation. J'ai établi un contact visuel avec plusieurs jurés, surtout avec celle qui fait de la plongée sous-marine, à propos de qui vous vous faisiez tous du souci. Elle connaît ma position. Elle sait ce que je reconnais, et ce que je nie. Et elle me croit... sans que j'aie eu à prononcer un mot.

— Il se peut que Joe soit dans le vrai, confirma Abe. J'ai vu ce qu'il faisait. Il se peut qu'il ait déjà donné son témoignage le plus valable, sans même avoir juré de ne dire que la vérité. Vis-à-vis de Miss Plongée-sous-Marine, en tout cas.

— Nom d'un chien ! gémit Justin. On en apprend tous les jours, dans ce métier. Témoigner sans dire un mot... je n'avais encore jamais entendu ça.

— Moi si, en fait, enchaîna Abe. Dans un contexte différent, mais le principe était le même.

— Qu'est-ce qui s'était passé ? demanda Justin.

— C'était à l'occasion d'une affaire concernant la Mafia. L'ex-bras droit d'un criminel de premier plan, qui avait passé un marché avec le FBI, témoignait contre son ancien patron. Le patron en question n'a pas ouvert la bouche. Il regardait l'autre droit dans les yeux, comme pour lui dire : « Si tu me balances, toute la famille y passe. »

— Qu'a fait le témoin ?

— Il s'est dégonflé. Il a modifié son témoignage. Et le parrain s'en est tiré.

— Ça, c'est ce que j'appelle une confrontation ! commenta Justin.

— Le principe n'était pas le même dans les deux cas, lança Rendi. Le parrain a eu recours à la peur. Joe, lui, à la séduction.

— Pour en revenir à Campbell, reprit Abe, d'après Henry Pullman, nous nous acheminons vers des ennuis. La plupart de ses jurés fantômes — surtout la jeune féministe et la Noire — croient Jennifer Dowling. Un autre juré a été impressionné par le médecin, et plusieurs autres femmes continuent à discuter de l'abrasion vaginale et de la taille du sexe de Joe. Pour le moment, six des membres de ce jury fantôme se prononcent en faveur de la condamnation, à peine trois en faveur de l'acquittement, et trois hésitent encore. La majorité semble avoir des chances d'attirer les indécis dans son camp. Henry affirme qu'il faut faire comparaître Campbell.

— Ça vient du fait que je n'ai pas établi de contact visuel avec les jurés fantômes, déclara Campbell. Ils ne m'ont pas entendu — ou plutôt vu — témoigner. Il n'y a que les véritables jurés qui en aient eu l'occasion.

— Et l'abrasion, alors ? lança Justin. Plusieurs des fantômes ont été impressionnés par cette histoire, et influencés, de toute évidence, par la question de Puccio, qui sous-entendait que vous étiez doté d'un sexe de taille inférieure à la moyenne.

— J'ai fait ce qu'il fallait, à ce propos. (Campbell sourit.)

Comme il achevait sa phrase, tous les regards se tournèrent vers son pantalon de cachemire gris, à la cuisse gauche curieusement ajustée. La forme du sexe de Joe Campbell s'y dessinait, bien visible sous le tissu.

— Je porte à gauche, et mon tailleur sait s'y prendre pour me mettre à mon avantage.

La vantardise parut justifiée aux trois paires d'yeux s'abaissant vers une sorte de renflement cylindrique, sous le pantalon du jeune homme.

— Vous avez mis un faux sexe ! s'exclama Rendi, dont l'admiration pour l'inventivité de Campbell se mêlait de dégoût pour sa duplicité.

— Si c'est en effet le cas, fit Justin, nous risquons de prendre part à une escroquerie vis-à-vis de la cour. Ne sommes-nous pas tenus de vérifier les éléments ?

— Ne dis pas de bêtises, Justin, répondit Abe. Nous ne savons pas s'il s'agit d'un vrai ou d'un faux sexe, mais en l'absence d'éléments prouvant qu'il ment, nous sommes tenus de croire notre client. (Il se tourna vers Campbell.) C'est la dernière fois que vous portez ce pantalon. Vous avez fait votre démonstration — si je puis dire. Alors maintenant, vous voudrez bien en revenir aux pantalons vagues. Je ne tiens pas à ce que Puccio, ou le juge, se rendent compte de ce que vous faites.

— Pas de danger, répliqua Campbell. C'est bien le dernier endroit où elles s'aviseraient de porter le regard. Miss Plongée-sous-Marine ne m'a pas quitté des yeux à partir du moment où Puccio a posé sa question. Le lendemain, quand j'ai mis ce pantalon, elle m'a lancé un coup d'œil éloquent, comme pour me signifier « c'est bon, vous m'avez démontré ce que vous vouliez faire savoir ».

Quoiqu'il lui soit très pénible de se l'avouer, Abe savait qu'il pouvait se fier à l'intuition avec laquelle Campbell déchiffrait les pensées des gens... ce gars-là avait bâti sa renommée sur sa capacité à déchiffrer les intentions de l'adversaire.

— La décision est donc simple, j'imagine, reprit l'avocat. Joe m'a sans aucun doute persuadé que compte tenu de tout ce que nous savons à présent, la défense devrait conclure.

— Ce qui coupe court, sans aucun doute, aux problèmes éthiques qui nous souciaient, ajouta Justin.

— Disons qu'en tout cas, ça *modifie* les données du dilemme, précisa Abe. Il va tout de même falloir que je zigzague entre tout un tas de peaux de bananes éthiques dans mon argumentation finale.

— La décision est donc prise, conclut Rendi avec un soupir de soulagement. La défense ne prendra pas la parole. On conclut.

— Ça va foutre un coup terrible à Puccio, déclara Justin d'un ton satisfait. Voilà des semaines qu'elle se prépare à interroger Campbell et à mijoter une réfutation en béton. J'ai appris, au hasard des bruits de couloir, qu'elle avait demandé au fils d'une de ses amies — un joueur de basket en équipe universitaire — de tenir le rôle de Campbell au cours d'une simulation d'interrogatoire. Qu'est-ce qu'elle va faire, selon vous ?

— Elle n'a pas le choix. L'accusation a conclu. La défense conclura demain matin, à la première heure. Mieux vaudrait pour Puccio qu'elle soit prête à déballer son argumentation finale. Je suis loin de pouvoir le faire, en ce qui me concerne, mais de toute façon, c'est elle qui doit s'y coller la première.

CHAPITRE VINGT-HUIT

— La défense conclut, Votre Honneur. Nous sommes prêts à en venir aux argumentations finales, annonça Abe.

Cheryl Puccio ne cacha pas sa surprise.

— Une minute, je vous prie, Votre Honneur. Pourrions-nous nous entretenir dans votre cabinet ?

— C'est bon, veuillez me suivre tous les deux.

Tandis qu'ils se dirigeaient vers le bureau du juge Gambi, Puccio glissa à Abe :

— Salaud ! Vous m'avez bien plantée, hein ! J'étais sûre que vous feriez comparaître Campbell. Et je l'attendais de pied ferme.

— C'est bien pour ça que je ne le fais pas comparaître, répondit Abe en souriant. Vous planter, c'est mon boulot.

— Il ne s'agit pas d'un jeu, maître Ringel ! répliqua Puccio, furieuse. Vous représentez un dangereux violeur, et vous le savez. C'est la raison pour laquelle vous ne le faites pas comparaître. Vous commettriez une incitation à la violation de serment.

— Heureux de constater à quel point vous êtes renseignée sur ma stratégie... et sur mes principes éthiques.

Sitôt dans le bureau du juge Gambi, Puccio réclama un sursis de vingt-quatre heures de façon à pouvoir travailler à son argumentation finale.

— Pas question, Votre Honneur, objecta Abe. Mon client a droit à bénéficier d'un procès rapide, et d'un verdict rapide. Un avocat est censé se préparer à affronter n'importe quelle éventualité.

— Me Ringel m'a laissé croire qu'il projetait de présenter une défense.

— Je projetais *bel et bien* d'en présenter une. J'ai d'ailleurs préparé Mr Campbell à témoigner. Mais la cause de Me Puccio s'est révélée si pauvre qu'il n'est pas nécessaire que je fasse comparaître mon client.

— Cette décision vous incombe, répondit le juge. Et l'accusation aurait dû se préparer à cette éventualité. Que la défense conclue ne m'a certes pas surprise. J'avais estimé que les chances étaient aussi importantes dans un sens que dans l'autre. En ce qui me concerne, mes directives sont prêtes. À titre de faveur, cependant, je vais accorder la matinée à l'accusation pour qu'elle puisse faire ses devoirs, mais son argumentation finale débutera à 1 heure tapante, et s'achèvera à 2 h 45, cet après-midi. La défense enchaînera de 3 à 5 heures. L'accusation disposera ensuite de quinze minutes pour réfuter. Cette affaire n'est pas si compliquée que ça. Je commencerai à énoncer mes directives demain matin, à 9 heures. À 10 heures, j'en aurai terminé, et l'affaire sera confiée au jury à 10 h 15. Avec un peu de chance, nous pourrons obtenir un verdict demain après-midi.

L'argumentation finale que présenta Puccio cet après-midi-là lui ressemblait : directe, sans fioritures ni emphase. Après avoir parlé vingt minutes, elle entra dans le vif de son plaidoyer :

— Cette affaire comporte un aspect inhabituel que je vais maintenant aborder. Joe Campbell n'a pas violé parce qu'il souffrait de frustration sexuelle. Il aurait pu avoir un rapport sexuel avec Jennifer Dowling sans la violer. Mrs Dowling a d'ailleurs reconnu qu'elle souhaitait, désirait même, cette relation sexuelle. Mais Mr Campbell a dit quelque chose qui a changé du tout au tout les dispositions de sa partenaire. La raison pour laquelle il a agi de la sorte, nous ne pouvons guère que la supposer, mais cela ne fait pas partie de la charge de la preuve qui nous incombe. Il ne nous incombe pas de prouver *pourquoi* Joe Campbell voulait violer Jennifer Dowling, mais de prouver qu'il *l'a bel et bien* violée. Mr Campbell s'est arrangé pour découvrir quelque chose qui lui permettrait de choquer Jennifer Dowling, et lui a murmuré cette chose à l'oreille. Nous ignorons comment il en vint à l'apprendre, et il ne nous incombe pas non plus de l'établir. Il nous incombe seulement d'établir que, pour une raison donnée, Mrs Dowling a dit non, et que, pour une raison donnée, Joe l'a forcée à se soumettre à un rapport sexuel.

» Dans sa déposition, vous l'avez d'ailleurs entendue déclarer qu'elle avait dit non. Pour quelle raison Jennifer Dowling mentirait-elle à propos d'une chose pareille. Surtout après avoir reconnu qu'initialement, elle souhaitait bel et bien se livrer à un rapport sexuel avec Mr Campbell ?

» Le témoignage de Mrs Dowling est, en outre, corroboré par des preuves physiologiques. Mr Campbell a causé une abrasion qui, selon le Dr Stiller — que vous avez entendue — peut être due à un rapport sexuel subi sous la contrainte. Oh ! bien sûr, une telle abrasion peut être due à un rapport sexuel consenti avec un homme doté d'un sexe de grande taille. Cela dit, aucun élément d'information ne nous a été fourni en ce qui concerne la taille du sexe de Joe Campbell, aussi n'avez-vous aucune raison de supposer qu'il ne se situe pas dans la simple moyenne.

L'évocation du sexe de Campbell souleva des murmures de la part de quelques jurés, mais d'un coup de maillet, le juge Gambi les fit taire.

Cheryl Puccio acheva son argumentation de façon prévisible, en énumérant tous les éléments soumis par l'accusation, avant de requérir en termes très simples un verdict de culpabilité, qui permettrait à Jennifer Dowling de poursuivre sa vie la tête haute.

Vint alors le tour d'Abe. Il n'en aurait qu'un. Puccio, elle, aurait le loisir de réfuter l'argumentation de son adversaire. Ce serait elle, qui aurait le dernier mot. Abe devait se débrouiller pour développer une argumentation si convaincante, que même la réfutation de Puccio ne parviendrait pas à faire changer d'avis les jurés. Il sentit monter son adrénaline.

— Mesdames et messieurs les jurés, vous venez d'entendre un exposé brillant qui vous a été présenté par l'un des meilleurs procureurs du pays. Il faut, en vérité, que Me Puccio soit un très bon procureur, car les faits présentés dans son plaidoyer sont aberrants. Songez au nombre d'occasions que vous avez eues de l'entendre reconnaître qu'elle n'était pas en mesure d'expliquer ce qui, d'après elle, constituait des faits. Repassez-vous ces occasions. Me Puccio n'a pas pu expliquer *pourquoi* Joe Campbell a, paraît-il, violé Jennifer Dowling, alors qu'il savait cette dernière prête, disposée, et désireuse d'avoir une relation sexuelle avec lui. Me Puccio n'a pas pu expliquer *comment* Joe Campbell en est, paraît-il, venu à avoir connaissance du secret très personnel de Jennifer, ni *pourquoi* il lui aurait murmuré ledit secret juste au moment où ils s'apprêtaient à entamer de leur plein gré un rapport sexuel. Me Puccio ignorait si cet homme d'un mètre quatre-vingt-huit est doté d'un sexe qui passerait pour moyen chez un homme d'un petit mètre soixante-quinze, *ou* chez quelqu'un mesurant quinze centimètres de plus que la moyenne des hommes.

» Le procureur a déployé un effort colossal pour combler les trous de son plaidoyer-gruyère, en essayant de vous persuader que la charge de faire la lumière sur ces inconnues ne lui incombe pas. Le juge vous confirmera d'ailleurs que d'un point de vue strictement juridique, Me Puccio a raison. Du point de vue de la simple logique, en revanche, comment peut-on condamner un homme pour l'un des crimes les plus ignobles qui soient, sans comprendre *pourquoi* il l'aurait commis, *comment* il se serait procuré les renseignements confidentiels qu'il possédait au dire de la plaignante, et si sa constitution physiologique concorde avec des éléments attestant le viol *ou au contraire* avec un rapport sexuel consenti de part et d'autre. Ce plaidoyer compte quand même un peu trop de « je-ne-sais-pas », « peut-être », et autres incertitudes pour que vous puissiez déclarer Joe Campbell coupable au-delà du doute raisonnable.

» Ainsi, le château de cartes de l'accusation ne repose-t-il que sur deux piliers, à tout le moins branlants. Le premier se nomme Jennifer Dowling. C'est un bon témoin : intelligente, jolie, et ne possédant aucune raison manifeste de mentir. Elle a pourtant reconnu devant vous avoir menti lors de sa plainte pour harcèlement sexuel, puis modifié son récit après que son amie avait témoigné contre elle. Mrs Dowling a aussi reconnu n'avoir révélé qu'une demi-vérité à la police, dans l'espoir d'être crue. Or, la partie complémentaire d'une demi-vérité n'est autre qu'un demi-mensonge. Mrs Dowling n'était-elle pas disposée à vous raconter, de même, un demi-mensonge dans l'espoir d'être crue ?

» Ce que vous a dit Jennifer Dowling était en grande partie vrai. De fait, une toute petite partie à peine de ses déclarations était fausse. Elle souhaitait bel et bien ce rapport sexuel avec Joe Campbell. Cette affirmation-là est vraie. Elle a bel et bien mis son diaphragme en place, bel et bien ôté son soutien-gorge dans la salle de bains, et bel et bien offert à mon client de coucher avec lui. Elle lui a bel et bien caressé le sexe. Tout ceci est vrai.

Tout au long de son récapitulatif, Abe se contraignit à rester concentré sur l'instant présent. Pendant une fraction de seconde, son regard venant à croiser celui de Jennifer, il fut décontenancé. Une vague de doute l'envahit. Il songea à la valeur de Nancy Rosen, comparée à ses propres motivations ambivalentes, et une fois de plus, maudit en silence Alex O'Donnell qui lui avait rendu le « service » de le présenter à Joe Campbell. Mais il ne tarda pas à refouler ses doutes. Désormais, il était trop tard... il fallait gagner.

— Ce qui *est* faux, en revanche — et qui bafoue le sens commun —, c'est que Joe Campbell, de compagnon chaleureux et prévenant, soit tout à coup passé à l'état de monstre murmurant des choses bizarres à l'oreille de Jennifer Dowling avant de se jeter sur elle comme un adolescent à qui une poussée d'hormones ferait perdre la tête. Pareilles métamorphoses de Dr Jekyll en Mr Hyde font peut-être des romans intéressants, mais elles ne constituent pas l'étoffe dont est faite la vie. Pourquoi Joe Campbell irait-il prendre de force ce qui lui était offert de bon gré ? Pourquoi irait-il risquer sa carrière tout entière, sa fortune, et sa liberté, pour quelque chose que Jennifer Dowling n'aspirait qu'à lui offrir sans risque ?

» Oui, le sexe est une force importante, et puissante. À cause du sexe, les gens — *hommes* aussi bien que *femmes* — disent et font des choses qui semblent déplacées. Cela dit, on ne peut répondre à ces questions difficiles en se livrant à des suppositions d'ordre général au sujet du sexe. Il faut se pencher sur les éléments dont on dispose, or il n'y en a pas, dans cette affaire, qui apportent une réponse à ces questions ardues.

Abe dévisagea les jurés pour essayer de se faire une idée de l'impression qu'il suscitait. Comment les femmes réagissaient-elles à la façon dont il avait suggéré que leurs semblables mentaient parfois à cause du sexe ? Comment les hommes réagissaient-ils à son allusion aux Dr Jekyll et Mr Hyde ? Abe guetta des signes d'approbation qui lui permettraient de supprimer la partie suivante — très périlleuse — de son argumentation. Mais il ne décela rien d'évident, à l'exception de regards froids. Il fallait poursuivre.

— Nous en arrivons maintenant à ce qui s'avérera peut-être la partie la plus difficile de votre tâche de jurés. Si vous décidez — et je vous y engage, compte tenu des éléments dont nous disposons — que Mr Campbell est innocent, votre tâche est simple. Il faudra vous conformer à votre conclusion, et le déclarer non coupable. Si vous n'êtes pas certain de l'innocence, ou au contraire de la culpabilité de Mr Campbell, votre tâche est simple aussi. Vous devez le déclarer non coupable.

» Venons-en maintenant au cas de figure le plus difficile. S'il se trouve parmi vous quelqu'un qui pense que Mr Campbell est *probablement* coupable, vous devez déclarer mon client non coupable, parce que *probablement*, ce n'est pas suffisant. Vous devez éprouver une certitude allant au-delà du doute raisonnable. Voter non coupable lorsqu'on pense l'inculpé *probablement* coupable, c'est difficile. D'habitude, pour les décisions personnelles importantes que vous êtes amenés à prendre, vous vous fiez aux probabilités. Pourquoi pas ? Quand une chose est plus probable qu'improbable, on se fie de préférence au plus probable qu'au moins probable.

» Ce n'est pas pareil dans le cas d'un procès d'assises. On dit souvent qu'il vaut mieux laisser dix coupables en liberté que condamner à tort ne serait-ce qu'un seul innocent.

» Il m'arrive, parfois, de regretter que notre pays ne reconnaisse pas le verdict écossais de « non prouvé ». Un tel verdict, en effet, est plus facile à prononcer que celui de « non coupable » quand on pense que l'inculpé est *probablement* coupable, sans pour autant éprouver une certitude allant au-delà d'un doute raisonnable. J'espère qu'aucun de vous ne sera amené à prendre cette décision difficile, et que tous, vous conclurez avec moi que les éléments dont nous disposons dans cette affaire pointent sans aucun doute possible dans la direction de l'innocence. Je ne suis pas en mesure de savoir ce qui se passe dans le secret de vos pensées, aussi dois-je prendre la précaution de vous parler comme si certains d'entre vous pouvaient croire Joe Campbell probablement coupable. Je vous demande donc, mesdames et messieurs du jury, pour le cas où l'un d'entre vous croirait cela, d'écouter les directives du juge sans vous départir d'un doute raisonnable, et de vous rappeler qu'un vote en faveur d'un verdict de non-culpabilité n'est pas un vote en faveur de *l'innocence.* C'est un vote signifiant que l'accusation n'a pas satisfait aux exigences de sa charge de la preuve de façon à dissiper tout doute raisonnable quant à la culpabilité de l'accusé.

L'argumentation d'Abe touchait à sa fin. Le moment était venu de recourir à une tactique qu'il avait conçue et utilisée avec succès dans nombre d'affaires — dont aucune, toutefois, ne ressemblait à celle-ci.

— Je finirai en vous adressant une dernière requête avant de céder la place à mon honorable adversaire. Le procureur bénéficie toujours du dernier mot. C'est un puissant avantage. Il ne m'est pas possible de prévoir et de contrer tous les arguments qu'elle pourra développer. De fait, certains procureurs réservent délibérément quelques arguments qu'ils ne dévoilent que dans leur réfutation, parce qu'ils savent que la défense n'aura plus le loisir d'y répondre.

— Objection, Votre Honneur. Me Ringel m'accuse de menées que pratiquent peut-être *d'autres* procureurs.

— Ma foi, si vous ne les pratiquez pas, maître Puccio, l'argument de Me Ringel tombera à plat. Pas de tort, pas de préjudice. Objection rejetée. Veuillez en finir, Mr Ringel.

— Merci, Votre Honneur. J'en reviens à ma requête. Je voudrais demander à chacun de vous de réfléchir, pendant que le procureur développera son argumentation finale, à ce que serait ma riposte, si j'avais la chance de pouvoir répondre à Me Puccio. Quand vous l'entendrez exposer un argument, essayez de l'écouter selon mon point de vue. De cette façon, vous aiderez à rééquilibrer les chances. De cette façon, le procès deviendra une quête pour la vérité, et non un match dans lequel l'équipe locale bénéficie de l'avantage de tirer la dernière.

» Je vais illustrer mon propos d'un exemple. Si Me Puccio devait déclarer que Mrs Dowling a dit la vérité en reconnaissant avoir mis son diaphragme en place, vous devriez répondre — parce que vous savez que je répondrais ainsi — qu'elle n'avait pas d'autre choix que de dire la vérité *à ce sujet,* puisque les analyses du laboratoire spécialisé ont révélé la présence d'un spermicide. Voilà le genre de choses que je voudrais que vous fassiez pour moi... au nom de la justice. Jouez le rôle de l'avocat de la défense pendant la réfutation du procureur. De cette façon, aucun argument ne restera en suspens. Je vous remercie de votre attention, et vous engage à réfléchir avec soin avant de prononcer votre verdict. Si vous le faites, je ne doute pas que mon client soit déclaré non coupable.

Abe alla s'asseoir, satisfait d'avoir livré le meilleur plaidoyer possible pour Campbell sans être tombé dans la moindre chausse-trappe éthique. Pour l'heure, il croyait même à l'innocence de son client. Il était convaincu que si le jury devait voter sur-le-champ, il acquitterait. Le jury ne votait pas à l'issue de l'argumentation finale de la défense hélas, mais après la réfutation du procureur, et les directives du juge. L'une ou l'autre de ces étapes successives, voire les deux, pouvaient modifier la dynamique des délibérations.

Cheryl Puccio était réputée pour ses réfutations récapitulatives, pierres de touche des grands procureurs. Un avocat avait la possibilité de planifier la plus grande partie de ses arguments finaux. La réfutation récapitulative — le dernier mot — pouvait rarement être planifiée. Elle devait reprendre les points les plus marquants de la récapitulation développée par la défense, et les retourner contre l'accusé, en faveur de l'accusation. Puccio pratiquait cet art avec un brio magistral. C'était maintenant à elle de l'emporter.

Elle s'empara de son bloc-notes, et s'avança en direction du banc des jurés, s'arrêtant juste assez longtemps pour regarder chacun d'eux dans les yeux, comme pour lui dire : « Il ne s'agit pas d'un match. Ne vous laissez pas prendre aux arguments habiles de Ringel. Revenez-en à l'essentiel : Joe Campbell est un violeur. » Tel était le message qui se lisait dans son regard. Ses propos, eux, étaient différents, plus nuancés.

— Mesdames et messieurs, maître Ringel a raison : cette affaire comporte un certain nombre de « je-ne-sais-pas » et de « peut-être ». Il ne s'agit pas d'un feuilleton de série télévisée, mais de la vie. Personne ne viendra, juste avant le dernier intermède publicitaire, vous dévoiler ce qui s'est passé. Les incertitudes accompagnent toujours les affaires survenant dans la vie. C'est la raison pour laquelle le juge vous rappellera que la preuve au-delà d'un doute raisonnable n'est pas une preuve de certitude absolue. Les doutes imaginaires, comme ceux que Me Ringel a essayé d'instiller dans vos esprits, ne suffisent pas pour prononcer un acquittement. Pour acquitter cet homme, il faut que vos doutes soient *raisonnables,* fondés sur la raison, et non sur une impulsion, des impressions, de la commisération. Qu'ils soient fondés sur des faits, sur des preuves, sur la réalité.

» Forts de cette pensée, revenons-en aux éléments dont nous disposons dans cette affaire. La question majeure est la suivante : croyez-vous Jennifer Dowling ? Si tel est le cas, vous ne pouvez éprouver de doute raisonnable quant à la culpabilité de l'accusé. Il n'y a pas lieu de tergiverser. Si *elle* dit la vérité, alors *il* est coupable au-delà d'un doute raisonnable. Nous ne sommes pas en présence d'une affaire dans laquelle des gens sensés pourraient avoir des opinions différentes, les uns affirmant que Jennifer Dowling était consentante, les autres, qu'elle ne l'était pas. Si vous croyez Mrs Dowling, ce qui devrait à mon sens être le cas, vous vous souviendrez qu'elle est revenue sur son consentement initial en des termes tout à fait clairs : « Non » et « Arrête ». Mr Campbell n'a pu se méprendre sur la teneur de ce message. Et il n'est pas habilité — de par la loi — à croire que « arrête » signifie « continue », et que « non » signifie « oui ». Si vous croyez Jennifer Dowling, alors vous devez condamner Joe Campbell.

» Sur ce, je vais vous dire en vertu de quoi vous devez croire que Jennifer Dowling dit la vérité. Si elle mentait — si elle essayait de faire condamner un innocent —, pourquoi reconnaîtrait-elle avoir sollicité de son propre chef le rapport sexuel ? Elle aurait pu dire que l'initiative en revenait à Campbell. Après tout, il n'y avait pas d'autre témoin. Deuxièmement, elle a reconnu avoir fait le premier pas en portant la main au sexe de son partenaire. Elle aurait pu mentir sans peine à ce sujet — s'il était dans ses habitudes de mentir. Là encore, il n'existait pas de témoin qui puisse la contredire. Enfin, elle a reconnu avoir enlevé ses sous-vêtements.

À ce moment-là, Campbell regarda Miss Plongée-sous-Marine droit dans les yeux. La jeune femme hocha la tête d'un air entendu, comme pour dire :

« Bien sûr, qu'elle a reconnu tout ça. Une fois la présence de spermicide établie, elle n'avait guère d'autre choix que de reconnaître avoir consenti à se prêter au rapport sexuel. »

Plusieurs autres jurés, priés par Abe de se comporter comme s'ils se substituaient à lui, semblaient comprendre que Puccio en faisait trop. La vue de quelques sourcils froncés et regards perplexes inspira un réel espoir à Abe.

Puccio poursuivit son argumentation sans se rendre compte de l'échange qui se déroulait entre Campbell et Miss Plongée-sous-Marine, mais un peu déconcertée tout de même par les sourcils froncés. Très vite, elle improvisa une riposte.

— Il s'est trouvé, nous n'en doutons pas, des éléments physiologiques prouvant que Jennifer Dowling avait consenti à se prêter à ce rapport sexuel : le spermicide, par exemple. Souvenez-vous que l'on n'a relevé aucune preuve formelle établissant *qui* a pris l'initiative de ce rapport sexuel. Malgré cela, Mrs Dowling a dit la vérité qui n'est certes pas bénéfique à sa cause. Elle vous fait confiance, mesdames et messieurs du jury, en espérant que vous croirez qu'elle a bel et bien changé d'avis, comme elle était en droit de le faire. Elle vous fait confiance en espérant que vous ne laisserez pas la vérité jouer en sa défaveur. Ce que vous ne sauriez faire.

» Les preuves médicales ne font que corroborer le témoignage de Jennifer Dowling. Notre cause repose solidement sur la crédibilité de ma cliente. Si vous estimez qu'elle dit la vérité, vous devrez condamner. Si vous estimez qu'elle ment, vous devrez acquitter. C'est aussi simple que cela.

» Avant que vous ne vous retiriez pour délibérer, je vous demanderai de faire une chose. S'il vous plaît. Regardez Jennifer Dowling en face, et posez-vous la question suivante : “Est-ce qu'elle ment ?”

Quand il entendit Cheryl Puccio lancer ce défi solennel au jury, Abe ne put s'empêcher de le relever. Mais il ne put regarder Jennifer Dowling en face. Il se prit à espérer que les jurés ne le regardaient pas *lui.* Du coin de l'œil, il constata qu'ils avaient accepté le défi habile de Puccio, et regardaient Jennifer Dowling droit dans les yeux. Tous, sauf Julianne Barrow, qui, elle, regardait Joe Campbell en face. Joe, lui, ne tourna pas les yeux vers elle. Il regardait Jennifer Dowling droit dans les yeux en hochant la tête, comme pour la traiter de menteuse. Quel numéro, ce gars-là, se dit Abe. Il a pris au sérieux l'histoire du cadavre franchissant la porte de la salle d'audience.

Cheryl Puccio, elle, rata une nouvelle fois la scène. Abe commença à entrevoir que Joe ne jouait pour le jury que lorsque le procureur s'absorbait à interroger les témoins, et que l'attention du juge était fixée ailleurs. Puccio acheva sa réfutation récapitulative :

— Mesdames et messieurs du jury, je vous demande de ne pas taxer Jennifer Dowling de menteuse. Je vous demande au contraire de la croire. Or, si telle est votre décision, vous n'avez d'autre choix que de condamner Joe Campbell pour viol. Merci.

C'était bien Puccio dans ses grandes œuvres. Froide, précise, et directive. Elle avait repris les arguments d'Abe à son avantage. Quand elle eut regagné sa place, tous les regards se tournèrent vers les jurés pour tenter de déceler sur les visages ce qui se passait dans les esprits. Avaient-ils perçu le message du procureur ? Cette dernière s'était-elle acquis la faveur du jury au détriment d'Abe et Campbell ?

Quelques hochements de tête affirmatifs semblaient indiquer que certains jurés avaient perçu le message de Puccio. Il fallait s'y attendre. De même qu'il fallait s'attendre à l'expression impassible qu'arboraient plusieurs autres jurés. Mais il était impossible d'augurer du résultat final sur la foi de ces quelques signes ambigus. Et de toute façon, les avis pouvaient changer, même une fois les deux argumentations entendues. Les directives du juge modifiaient les avis. De même que les discussions qui se tenaient dans la salle de délibération du jury. Ou parfois, une nuit d'insomnie. En dépit des progrès réalisés dans les méthodes d'estimation, la dynamique menant à une décision de jurés relevait toujours dans une large mesure de la spéculation. Abe savait trop à quoi s'en tenir pour fanfaronner lors d'un procès d'assises.

Ce soir-là, au dîner, Henry Pullman exposa les résultats obtenus auprès des jurés fantômes.

— Les jurés ont apprécié l'argument de Puccio selon lequel rien n'obligeait Dowling à dire la vérité en ce qui concernait l'initiative du rapport sexuel. L'accusation s'est débrouillée pour rendre positif ce point négatif.

— Quoi d'autre ? s'enquit Abe.

— Il y a encore un ou deux fantômes qui me disent, en privé, ne pas pouvoir voter de façon à condamner un type pour viol si la fille était consentante, même si elle a ensuite changé d'avis.

— C'est bon pour nous, ça, non ? demanda Justin.

— Erreur. C'est ce qu'ils disent en privé... à un vieux bonhomme comme moi, en plus. Mais il y a gros à parier qu'ils ne tiendront pas à redire ça à leurs collègues jurés. Ils craindraient sans doute de passer pour des phallocrates, voire pire, en votant l'acquittement pour cette raison-là.

— Dans ce cas, c'est mauvais pour nous ?

— Non, pas forcément. C'est quitte ou double.

— Conclusion, Henry ? demanda Abe.

— Conclusion : d'après mes fantômes, ce ne serait pas un acquittement à l'unanimité, qui s'annonce. Mais là encore, mes fantômes n'ont pas eu le douteux privilège de voir le beau Chevalier Blanc leur faire les yeux doux. Donc, qui vivra, verra !

— Ni celui de regarder Jennifer Dowling dans les yeux, ajouta Rendi.

— Y a-t-il quelque chose que je puisse demander au juge d'intégrer à ses directives et qui soit susceptible de nous aider, compte tenu des résultats obtenus auprès de tes fantômes, Henry ? lança Abe.

Pullman réfléchit un instant, consulta ses notes, et répondit :

— Oui.

— Quoi ?

— Mes jurés ont été impressionnés par l'argument de Puccio comme quoi il ne s'agissait pas d'un cas de doute raisonnable, mais d'un choix de croire ou ne pas croire Jennifer Dowling. Ils apprécient, parce que ça leur confère un pouvoir. Ils ont l'habitude de déterminer si la personne à qui ils s'adressent dit la vérité ou ment. C'est un exercice auquel ils pensent être rompus, qui requiert un minimum de sens commun. Ils n'ont pas du tout aimé cette histoire de doute raisonnable. Ils ne savent pas réfléchir dans cet esprit-là... se baser sur les probabilités, ce genre de choses.

— Dans ce cas, que pourra leur dire le juge, qui serve notre cause ?

— Ce n'est pas à *moi* qu'il faut poser la question, répondit Pullman. L'expert en matière de directives au jury, c'est *toi,* Abe.

— Il va falloir que je médite ça, Henry. Merci pour les renseignements. Je vais essayer de résoudre ce problème d'ici demain.

CHAPITRE VINGT-NEUF

— Avez-vous des modifications à suggérer avant que j'énonce mes directives, maître Ringel ?

— Oui. Votre Honneur, j'en ai deux à soumettre, répondit Abe. D'une part, je souhaiterais en toute humilité requérir de la cour qu'elle enjoigne aux membres du jury d'établir que Mrs Dowling dit la vérité *au-delà d'un doute raisonnable.*

— Pas question, Votre Honneur, répliqua Puccio. Notre charge de la preuve ne consiste pas à établir que le témoignage d'un témoin est conforme à la vérité au-delà d'un doute raisonnable. C'est notre cause dans son ensemble, qui doit satisfaire à cette charge, et non chacune de ses composantes.

— Comment votre cause pourrait-elle être établie au-delà d'un doute raisonnable, si votre témoin *majeur* n'est pas elle-même crue au-delà d'un doute raisonnable ? Vous-même, maître Puccio, avez déclaré hier que votre cause tout entière reposait sur la décision du jury de croire, ou de ne pas croire, que Jennifer Dowling dit la vérité.

— Bonne remarque, maître Ringel, souligna le juge Gambi. Qu'avez-vous à répondre, maître Puccio ?

— Je vais vous donner un exemple, lança cette dernière. Supposons que les jurés croient le témoignage de Jennifer — que ne corrobore aucune preuve — mais pas au-delà d'un doute raisonnable. Là-dessus, ils entendent la corroboration. Dans ce cas, ni le témoignage en question *considéré isolément,* ni la corroboration *considérée isolément,* ne satisfont à l'exigence reconnue de la preuve au-delà d'un doute raisonnable. Et pourtant, *considérés de façon globale,* témoignage et corroboration se cumulent pour aboutir à une preuve au-delà du doute raisonnable.

— *Excellente* remarque, reconnut le juge Gambi. Maître Ringel, c'est à vous.

De toute évidence, le juge appréciait cet échange entre deux talentueux avocats. Abe, lui, ne le goûtait guère, car il savait qu'il venait de se faire coiffer au poteau par Puccio. Il tenta de contrer son adversaire sur les points majeurs de son argumentation, sans réel espoir d'y parvenir.

— Me Puccio essaie de nous faire croire que deux éléments peu persuasifs — dont aucun ne satisfait aux exigences de la preuve au-delà d'un doute raisonnable — pourraient être additionnés vite fait mal fait, et que du choc de cette association, naîtrait par miracle un résultat supérieur à la somme de ses éléments. Cela défie aussi bien les lois de l'arithmétique, que celles de la logique.

— Bien vu, maître Ringel, mais c'est Me Puccio qui emporte cette manche. Je ne demanderai pas au jury d'établir au-delà du doute raisonnable que le témoignage de Mrs Dowling, pris isolément, démontre sa culpabilité, car en l'occurrence, son témoignage ne peut être pris isolément. Il incombe au jury de décider si oui ou non, les preuves médicales corroborent son témoignage.

— D'autre part, Votre Honneur, je souhaiterais

vous prier de ne pas énoncer la directive habituelle qui stipule que la preuve au-delà d'un doute raisonnable se définit comme « le degré de certitude moyennant lequel tout un chacun accepterait d'agir en cas de décision majeure à prendre ».

— Que reprochez-vous à cette directive, maître Ringel ? Je l'énonce toujours, et personne n'y voit d'objection.

— Voyez-vous, Votre Honneur, les gens qui réfléchissent de façon rationnelle prennent les décisions importantes en se fiant à la seule évidence, ce qui est tout à fait pertinent. S'il existe, par exemple, deux traitements concernant une maladie cardiaque donnée, et que l'un soit légèrement plus efficace que l'autre — mettons cinquante-cinq pour cent de guérisons dans un cas, et quarante-cinq dans l'autre — alors qu'ils comportent l'un et l'autre risques et effets secondaires dans les mêmes proportions, seul un imbécile irait choisir le traitement soignant quarante-cinq pour cent des malades, alors qu'il pourrait opter pour l'autre.

— Quel rapport votre exemple a-t-il avec le doute raisonnable ?

— C'est bien là que je veux en venir : cela n'a aucun rapport avec le doute raisonnable.

— Je ne vous suis plus du tout, maître Ringel.

— Je vais vous expliquer.

— Allez-y, c'est à vous.

— Bien Votre Honneur. Dans un procès d'assises, le jury est *censé* opter pour la solution valable à cinquante-cinq pour cent, et non pour celle à quarante-cinq. Mais s'il décide que l'accusé a cinquante-cinq pour cent de chances d'être coupable, contre quarante-cinq d'être innocent, il devra trancher en faveur des quarante-cinq pour cent — et non des cinquante-cinq — donc acquitter. Et même si la proportion était de soixante-quinze contre vingt-cinq pour cent, les jurés devraient opter pour les vingt-cinq pour cent d'innocence. C'est en gros ce que sous-tend la formule selon laquelle « mieux vaut laisser dix coupables en liberté que condamner à tort ne serait-ce qu'un seul innocent ». Or, ce type de raisonnement va à l'encontre des façons de faire instinctives de la plupart des jurés, car ce n'est pas *ainsi* qu'ils procèdent pour prendre les décisions majeures, dans leur vie. Il faudrait donc que vous leur expliquiez la différence.

— Et que voudriez-*vous* me faire dire ?

— Avec tout mon respect, Votre Honneur, j'aimerais que vous disiez le contraire de ce que vous dites d'habitude.

— Vous avez sans aucun doute l'art et la manière de demander la lune, maître Ringel. Précisez.

— Votre Honneur, j'aimerais solliciter, en toute humilité, que vous donniez pour directive aux membres du jury de ne *pas* prendre la décision qui sanctionnera cette affaire de la même façon qu'ils prennent les décisions majeures de leurs propres vies. Il faudrait que vous leur expliquiez qu'une décision concernant un procès d'assises est *très* différente de celles que l'on prend d'habitude, un verdict de culpabilité erroné étant plus redoutable qu'un verdict de non-culpabilité erroné.

— Poursuivez, maître Ringel.

— En conséquence, quand bien même les jurés en viendraient — s'il s'agissait d'embaucher Mr Campbell comme baby-sitter, ou de l'autoriser à sortir avec leur propre fille — à déclarer que mon client a *probablement* violé Mrs Dowling, dans le cadre de ce procès d'assises, en revanche, ils ne devraient pas déclarer qu'il l'a fait, *à moins* de juger que les éléments établissent sa culpabilité de façon si flagrante que cela ne laisse pas place au moindre doute raisonnable.

— Eh bien, maître Puccio ? fit le juge Gambi en se tournant vers le procureur. Maître Ringel vient de démontrer de façon convaincante que j'énonce une mauvaise directive depuis dix ans. Saurez-vous me convaincre que durant toutes ces années, j'avais raison ?

— Je vais m'y efforcer, Votre Honneur. Les gens comprennent que les décisions importantes ne se prennent pas toujours en se fiant à la seule évidence.

On ne décide de subir une opération à cœur ouvert qu'après avoir surmonté tous ses doutes raisonnables. La directive énoncée d'habitude reflète cette considération dictée par le sens commun. Vous avez donc raison de l'énoncer depuis des années.

— Votre soutien me flatte, maître Puccio, mais je pense que Me Ringel a raison. Je n'énoncerai pas ma directive habituelle. Pas plus que je n'énoncerai la directive favorable à l'accusé que m'a soumise — cela va de soi — Me Ringel. Je dirai que les procès d'assises sont tous différents, et que le jury ne devra pas condamner sur la seule foi du degré de certitude que requièrent d'habitude les autres décisions, mais plutôt sur la foi de la preuve au-delà du doute raisonnable. Quant au reste, je le laisserai à leur bon vieux sens commun.

— Cela me convient, dit Abe.

— Je ne suis pas d'accord, Votre Honneur, protesta Puccio.

— Ma décision est prise, maître Puccio.

Le juge Gambi ordonna alors à l'audiencier de fermer toutes les portes à clé, réclama le silence dans la salle, puis énonça ses directives. Cela agaçait toujours Abe de constater que les juges prenaient bien plus à cœur leurs propres directives que les argumentations développées par les avocats des deux parties. Les spectateurs avaient le droit d'entrer et de sortir durant les plaidoiries des avocats. Quand le juge délivrait ses directives, en revanche, on aurait cru assister à une grand-messe papale.

Après avoir passé en revue la définition du viol et les lois concernant les éléments de preuve, le juge Gambi énonça la directive du « doute raisonnable » dans les termes qu'elle avait prévus. Les jurés semblèrent accorder une attention particulière à ce point du discours du magistrat.

Le juge Gambi prononça ensuite les derniers mots de son allocution au jury :

— Votre première tâche consiste à désigner parmi vous un rapporteur qui présidera. Il, ou elle, n'a ni plus ni moins de pouvoir que quiconque au sein de ce jury. Vous devrez écouter les autres jurés, et garder l'esprit ouvert jusqu'au vote final. Le moment venu, vous devrez décider si vous pensez que la culpabilité de l'accusé a été établie au-delà du doute raisonnable. Si telle est votre conclusion, vous devrez voter en faveur de la condamnation, quels que soient les sentiments que vous éprouvez à l'égard de l'accusé, de la plaignante, ou de quiconque. Si vous en arrivez à la conclusion qu'il existe un doute raisonnable, vous devez voter en faveur de l'acquittement, quels que soient les sentiments que vous éprouvez à l'égard de l'accusé, de la plaignante, ou de quiconque. Allez, maintenant, et rendez la justice.

Abe fut satisfait de ces directives. C'était juste, d'un bout à l'autre. Henry Pullman le conforta bientôt dans son impression.

— Elle n'a modifié aucun vote. Ça reste pareil qu'avant. On ne peut rien prévoir.

Les jurés quittèrent la salle d'audience pour délibérer, sans qu'aucun d'eux laisse transparaître de quelque manière que ce soit dans quel sens il inclinait. Ni sourires ni regards vers l'accusé, aucun signe. Miss Plongée-sous-Marine elle-même évita de diriger le regard vers la table de la défense, et sortit.

Le moment était venu pour Abe de se livrer au petit jeu des devinettes que prisent les avocats : quand le jury allait-il regagner la salle ? Une délibération brève aboutirait-elle à l'acquittement, ou à la condamnation ? Une longue délibération serait-elle l'indice d'un vote équitable ?

— J'espère bien que ça n'aboutira pas à un vote équitable, lança Campbell avec un soupir. Ça serait catastrophique pour mes frais d'avocat. Et en plus, il faudrait rejouer toute la sérénade.

— Un vote équitable vaudrait mieux qu'une condamnation, répliqua Justin.

— Il n'y aura pas de condamnation, riposta Campbell. Je ne me fais pas de souci de ce côté-là. Miss Plongée-sous-Marine ne laisserait pas faire une chose pareille.

— Comment pouvez-vous en être si sûr ? demanda Abe.

— Ne vous faites pas de bile, Abe, je ne fais pas partie des parrains de la Mafia. Je n'ai soudoyé aucun des jurés. Je connais les femmes, c'est tout. Je suis un expert en la matière, comme vous en êtes un dans l'art de comprendre les juges.

— Je n'essaie pas de séduire les juges, moi.

— Chacun ses méthodes.

— Il n'existe aucune méthode légale qui vous permette d'être aussi sûr que vous le prétendez, insista Justin.

Abe s'interposa :

— Ne commençons pas à nous chercher des poux dans la tête, Justin. Il va falloir brider notre curiosité, un point c'est tout.

— Dites donc, les mecs, coupa Campbell. Je n'ai pas envie que vous me preniez pour un corrupteur de jurés, ou je ne sais quel barjot. Je vais vous révéler mon sinistre et ténébreux secret. C'est très simple : quand je joue au basket, surtout en tournée, je m'arrange pour repérer une jolie femme non accompagnée dans les gradins, et j'établis un contact visuel avec elle — du terrain, aussi bien que du banc de touche. Je suis passé maître dans l'art de draguer avec les yeux. Et je sais quand ça marche. Si c'est le cas, je me débrouille pour lui faire parvenir un message par l'entremise d'un ramasseur de balle, en lui demandant si elle accepterait de venir boire un verre avec moi. Ça marche presque toujours. Je sais ce que je fais.

— Pour un verre. Mais là, c'est d'un verdict, qu'il s'agit. Ça pourrait être une autre affaire, répondit Rendi.

— Nous verrons bien qui a raison, répliqua Campbell. Quand cette affaire sera terminée, j'inviterai Miss Plongée-sous-Marine à boire un verre, et je lui poserai la question. C'est vous dire si j'ai confiance.

Un silence interloqué accueillit les propos hâbleurs de Campbell.

À 5 heures, il n'y avait toujours pas de verdict. Le jury fut expédié au restauroute Howard Johnson le plus proche, pour y prendre le repas du soir et une bonne nuit de sommeil. Les délibérations reprendraient le lendemain matin à 9 heures.

Il n'est pas de moment plus énervant pour un avocat que celui durant lequel le jury délibère. Abe ne pouvait rien faire pour influencer l'issue de l'affaire Campbell. Pourtant, il était à ce point concentré sur ce procès, qu'il lui était impossible de s'intéresser à quoi que ce soit d'autre.

Comme bon nombre d'avocats, Abe avait horreur de sentir les événements lui échapper... de ne pas savoir ce qui se passait. Une part de lui n'aspirait qu'à s'éloigner de toute cette affaire — à passer du temps en compagnie d'Emma, discuter de ce qu'elle faisait au lycée, de ses projets concernant l'université, de son petit ami, de sa vie. C'était la dernière année qu'elle vivait sous le toit familial. Elle manquerait à Abe, même s'il allait la voir à New York. Une fois qu'elle aurait quitté la maison, les choses ne seraient plus les mêmes entre eux.

Abe avait organisé un dîner avec Campbell, Justin, Rendi et Pullman. En fait, ils n'avaient pas d'information à échanger, si ce n'est quelques suppositions quant à l'issue du procès. Pourquoi ne pas inviter Emma, se dit Abe. La soirée ne tomberait pas sous le coup du secret professionnel, mais tiendrait plutôt de la mondanité obligatoire. Abe pourrait s'asseoir à côté de sa fille et discuter avec elle pendant que les autres bavardaient à propos du juge Gambi, de Cheryl Puccio, des jurés, ou de Jennifer Dowling. Il appela Emma.

Cette dernière fut enchantée de l'invitation.

— C'est gentil de me traiter enfin comme une adulte, papa, et de reconnaître enfin qu'on *peut* me mettre dans la confidence.

— Les lois sont les lois, Emma, et tu n'as pas encore le droit de partager des confidences *juridiques*. D'ailleurs, en dehors de l'équipe de défense, personne n'en a le droit. Il s'agit d'un dîner informel, ce soir. Pas de confidences, donc.

— C'est bon. J'aurai au moins la possibilité d'aborder le sujet.

— De manière générale, c'est tout. Sans entrer dans le détail.

Abe annonça aux différents convives qu'il les retrouverait tous à Changsho Restaurant. Il avait à faire avant.

La maison de Haskel se trouvait sur la route du restaurant. Abe décida de passer voir son vieil ami.

Dès que Jerome ouvrit la porte, Abe comprit qu'il s'agissait d'un jour sans. L'aide-ménager haïtien était un homme sensible, et ses émotions avaient tendance à transparaître dans son regard. Si nombreux qu'aient pu être les vieillards et les malades dont il s'était occupé, il ne semblait pas pouvoir se faire aux mauvaises périodes que traversait Haskel. Abe connaissait le protocole, aussi gagna-t-il la chambre de Haskel sans passer par le bureau. Il se demanda combien de temps allait s'écouler avant que cette pièce-là soit fermée pour toujours.

Arrivé au premier étage, Abe prit place à côté du vieil homme, qui divaguait, et lui raconta le procès.

— Je ne peux pas envisager d'être déchiré à ce point entre deux points de vue, Haskel. Comment avez-vous fait, vous, pour conserver l'unité de vos principes éthiques ?

Le silence, bien entendu, accueillit ses propos. Mais cette fois, Abe le laissa s'installer, et ce fut la sonnerie du vieux téléphone à cadran mobile qui finit par le rompre. Abe hésitait à répondre quand la voix de Jerome se fit entendre dans l'interphone situé au chevet de Haskel.

— C'est pour vous, Mr Ringel. Mrs Renaad.

— Abe ? fit Rendi.

— Je suis si prévisible que ça ?

— Oui. Comment va-t-il, aujourd'hui ?

— Pas très bien, répondit Abe, à voix basse. À côté de la plaque, mais pas d'humeur à rouspéter. Il a dépassé ce stade-là, hélas.

— Je me suis dit que tu tiendrais sans doute à être informé : je viens de recevoir un appel du New Jersey. Ils ont mis la main sur Owens. Il est en garde à vue. J'ignore s'il s'est livré de lui-même, ou s'ils l'ont épinglé, en tout cas, il est en prison.

— Il y a donc un Dieu, alors ?

— Quelles vont être les conséquences pour Nancy ?

— Il est trop tôt pour le dire. Mais ça ne peut pas lui faire de tort.

— Je te vois au restaurant, ce soir ?

— Rends-moi un service, Rendi. Débrouille-toi pour que Campbell ne manque pas de bière et discute avec tout le monde. J'ai besoin de bavarder un peu avec ma fille.

— Alors à plus tard.

— J'ai envie de t'avoir près de moi. Je te l'ai déjà dit, ça ?

— Pas souvent, mais de toute façon, je le vois.

Quand ils eurent raccroché, Abe se prépara à partir. Comme il se penchait sur Haskel pour lui dire au revoir, le vieillard lui attrapa le poignet.

— Le verdict que prononce une cour n'est pas celui que rend l'Histoire.

S'agissait-il de l'une des sentences énigmatiques du vieil homme ? Que cherchait-il à dire par là ?

— Je vous aime, mon vieil ami, lui dit Abe.

Haskel sourit. Peut-être ne délirait-il pas tant que cela, après tout.

Tout le long du trajet menant au restaurant, Abe médita le message du vieil homme.

* * *

En arrivant au Changsho, Abe trouva tout le monde installé autour d'une grande table ronde.

— J'ai voulu commander une bouteille de champagne pour fêter la fin du procès, lança Emma de sa voix la plus adulte. Mais on m'a dit que je devais attendre ton arrivée, étant donné que je ne suis pas majeure.

— Plus tard, le champagne, répondit Abe. Il n'y a rien à fêter, pour le moment.

— Oh ! mais si, riposta Campbell en souriant. Je peux enfin arrêter de porter ces costumes gris. Armani, me voilà ! Champagne pour tout le monde, y compris Emma, si son père l'y autorise.

— C'est bon, une coupe pour Emma. N'allez pas dépenser des fortunes pour vous faire une garde-robe tout de suite, Joe. Vous courez toujours le risque de finir en costume rayé.

Abe prit place d'un côté d'Emma, et Rendi, de l'autre. Il tenta de discuter avec sa fille, mais celle-ci semblait avoir plutôt envie de parler basket avec Joe, qui lui faisait face, à l'autre bout de la table. Au bout de quelques minutes passées à échanger des plaisanteries au sujet des Knicks, Justin ramena la conversation au procès.

— Qu'est-ce que vous en avez pensé, tous, du juge Gambi ?

— C'est un grand magistrat, cette femme, déclara Rendi. Juste envers tout le monde.

— Et fine, avec ça, ajouta Abe.

— Pardi ! répliqua Justin. Elle a tranché en votre faveur à propos de la directive sur le doute raisonnable. Je me souviens que pendant des semaines, vous êtes resté intarissable au sujet du juge Schneider, après qu'elle avait tranché en votre faveur dans l'affaire des égouts.

— Décision remarquable, d'ailleurs, précisa Abe avec un grand sourire, tandis que Rendi s'esclaffait haut et fort.

— Qu'est-ce qu'une affaire d'égouts peut bien avoir de si drôle ? demanda Campbell.

Abe lui expliqua :

— Je représentais un type avec qui j'avais fait mes études de droit. Il travaillait dans l'industrie du tannage des peaux, et payait des taxes exorbitantes pour avoir le droit d'utiliser de l'eau qu'au bout du compte, il rejetait dans les égouts. J'avais évoqué une affaire concernant une brasserie de bière utilisant encore plus d'eau, mais payant moins de taxes. Le juge m'avait demandé si je ne voyais pas de différence entre une tannerie de cuir et une brasserie de bière : « Les eaux dont se sert la tannerie sont rejetées à l'égout, maître, avait-elle dit. Alors que les eaux utilisées par la brasserie finissent dans l'estomac du consommateur. »

— Et qu'est-ce que vous lui avez répondu ? s'enquit Campbell.

— Je lui ai dit qu'à condition d'attendre une demi-heure, l'eau utilisée par la brasserie finissait aussi à l'égout. Elle a ri, et a tranché en ma faveur. Un grand juge.

— Il faudrait plus de juges femmes, renchérit Rendi.

— Tiens donc, ironisa Justin. Vous avez déjà eu affaire à Mary Mahony ? Ce genre de femmes, il n'en faut pas plus. Elle déteste les hommes.

— Et le juge Bailey, alors ? Il déteste les femmes.

— Alors qu'est-ce que vous voulez, Rendi ? Plus de juges femmes détestant les hommes pour compenser le nombre de juges hommes qui détestent les femmes ? Il vaudrait peut-être mieux trouver de bons juges, quel que soit leur sexe.

Emma intervint :

— J'ai lu quelque part que les juges femmes sont en général plus impartiales que les juges hommes, parce qu'elles ont rencontré dans leur vie plus de difficultés liées à la discrimination sexuelle.

Ah ! ça, Abe n'était pas peu fier de sa fille. Elle savait dire ce qu'il fallait au bon moment.

— À votre avis, Puccio sera-t-elle juge, un jour ? demanda Rendi.

— Si elle remporte ce procès, oui, répondit Pullman.

— Elle ferait bien son boulot, ajouta Abe. Elle témoigne d'un bon sens de l'impartialité... pour un procureur.

Le silence s'abattit sur la table comme une pluie de taches sur la nappe.

Campbell se ressaisit le premier.

— Compte tenu de l'équipe du tonnerre qui assure ma défense, on ne perdra pas ce procès. Ce n'est pas la peine de faire des têtes d'enterrement.

— C'est sympa de votre part, Joe, lui dit Emma.

En regardant sa fille, Abe lut dans ses yeux la vénération pour le héros, et se demanda s'il pourrait un jour lui révéler ce que Rendi et Justin avaient appris sur le compte de la star du basket.

— Pas si vite, Joe. Il n'y a que douze personnes qui puissent dire de quelle façon les choses tourneront, et tant que nous n'aurons pas de nouvelles, je n'ai pas envie de provoquer les instances divines.

— Vous voulez dire que vous ne voulez pas de *kenaynahura,* c'est ça ? rétorqua en souriant le jeune homme.

Emma s'esclaffa.

— Vous le tenez d'où, votre yiddish, Joe ?

— De votre copain Alex O'Donnell, Abe. Il dit qu'il a appris sur le tas, dans sa jeunesse. Il me sort toujours ça quand je me promène à poil.

Emma relança la conversation interrompue :

— Tu connais Linda Fairstein, papa, le procureur de New York spécialisé dans les affaires de viol ? Eh bien ! son dernier livre, *Violences sexuelles,* développe les mêmes arguments que ceux dont tu avais parlé au début de cette affaire. D'après elle, les plaintes calomnieuses font vraiment du tort aux vraies victimes de viols. D'ailleurs, les femmes de mon groupe sont d'accord : accuser quelqu'un de viol à tort, c'est presque aussi terrible que le viol en soi.

Abe, qui savait qu'Emma jouait devant son public, garda le silence.

— Quelle est l'opinion de votre groupe, à propos de mon affaire ? demanda Campbell. Est-ce que vous pensez que j'ai été accusé à tort ?

— Les avis sont partagés, répondit Emma. Certaines le pensent, d'autres pas.

— Et vous, qu'est-ce que vous en dites ?

Beau parleur, songea Abe.

— Je crois que mon père va prouver que vous êtes innocent.

— Elle est loin d'être bête, votre fille, Ringel. Et elle s'habille mieux que son père, en plus.

Abe fut impressionné par la souplesse avec laquelle Campbell se mouvait au sein de discussions difficiles.

— Je n'y suis pour rien, si je peux me permettre de le préciser, répondit-il.

— Non, de toute évidence, Emma est une personnalité originale, reprit Campbell en clignant de l'œil à l'adresse de la jeune fille.

Pullman enchaîna :

— Le groupe féministe d'Emma est assez proche du jury fantôme, en fait. Je vous avais dit que nous risquions d'avoir un vote équitable.

— Il n'y a qu'un jury qui compte, dit Rendi. Et il ne s'agit ni des fantômes, ni du groupe féministe d'Emma. Même pas de nous. Les seuls qui comptent, ce sont les douze qui sont pour le moment en train d'ingurgiter un repas au restaurant du Howard Johnson.

— Compte tenu du rata qu'on sert là-bas, je parierais qu'ils vont nous sortir un verdict demain matin, dès la première heure. Avant midi, en tout cas, prédit Justin.

— S'ils l'annoncent demain, vous êtes grillé, déclara Pullman en hochant la tête. Une délibération prolongée peut être l'indice d'un vote équitable. Une délibération courte équivaudrait à une condamnation.

— Moi, je crois qu'ils l'annonceront demain, et que je vais m'en tirer, décréta Campbell en levant une coupe de champagne.

— À la réalisation des prévisions de Campbell ! s'écria Justin en levant sa coupe.

— À la justice, ajouta Emma en faisant tinter son verre contre celui de son père.

En entendant le toast porté par sa fille, Abe fut tenté de lui raconter la vieille blague de l'avocat expédiant un télégramme à son client : « La justice a triomphé », à quoi le client répondait : « Faites appel ». Mais il se ravisa, préférant éviter même une simple plaisanterie de peur de laisser transparaître ses soupçons concernant Campbell devant Emma et Pullman.

Abe et sa fille rentrèrent chez eux à pied, après le repas. Abe profita de ces quinze minutes de trajet pour féliciter la jeune fille sur la façon intelligente dont elle avait exprimé son point de vue.

— Je suis un dinosaure, en ce qui concerne les sujets qui intéressent les femmes. Mais à te voir, à t'écouter, et à te côtoyer, j'apprends plus que je ne le ferais en lisant des dizaines de livres.

— C'est vrai, papa ? Tu es sincère ?

— Oui. Tu sais à quel point je me fie à Haskel, à sa sagesse. Eh bien ! je me fie à toi pour ta droiture, ta sincérité, et ta façon de t'engager.

— Tu es le type le plus génial que je connaisse, papa.

— Perspicace, Emma. Mais entre la perspicacité dont fait preuve ma génération, et la sagesse propre à celle de Haskel, il y a un monde.

— Et ma génération à moi, alors ?

— Vous aussi, vous avez quelque chose qui nous fait défaut. Une espèce d'honnêteté passionnée. C'est bien de se trouver pris en sandwich entre deux générations aussi différentes. Les deux m'enseignent une foule de choses sur moi-même. Nous autres, nous avons été élevés à la va-vite.

— Alors comme ça, il t'arrive de me prendre au sérieux, papa, même quand tu fais mine de m'ignorer.

— Je t'adore, ma fille, la personne que tu es, aussi bien que celle que tu es en train de devenir.

— Ne t'avise pas de jouer les papas-gâteaux avec moi, lui souffla Emma. J'ai *besoin* d'un dinosaure contre qui me révolter.

— Quand tu t'installeras à New York, il faudra veiller à entretenir le contact. Je ne suis pas au courant des normes, dans ce genre de situation. Je pourrai t'appeler tous les jours ? Ça fait peut-être un peu pot de colle ? Il faudra que tu me dises.

— Il n'y a pas de norme, papa. Tu m'appelleras

quand tu en auras envie, voilà tout. Et moi, je t'appellerai quand j'aurai besoin d'argent. C'est ça, la norme en vigueur.

— Bon. Dans ce cas, je ne te donnerai pas plus d'un dollar à la fois. Mais quand même, je voudrais que tu disposes de ton propre argent, comme ça tu n'auras pas à m'appeler chaque fois que tu es à sec. Je voudrais que tu le fasses quand tu en auras *envie.*

— C'est ce que je ferai, papa. Mais il se pourrait tout de même que je le fasse d'une cabine téléphonique. Une première année qui téléphone à son papa pour un oui ou pour un non, c'est mal vu.

— Ça se passera bien, Emma. Je le sais d'avance. En attendant, profitons des derniers mois qu'il nous reste à passer sous le même toit. Si on allait voir le match des Red Sox, samedi — à condition que le verdict ait été annoncé, et qu'il soit bon ?

— Désolée, papa, mais pour samedi et dimanche, tout est pris. Jon a des places de concert.

— Samedi prochain, alors. On pourrait aller manger au Vineyard, au Charlotte Inn, au Black Dog ?

— Désolée, papa, mais samedi soir prochain, c'est la sortie restau de mon groupe féministe. Même Jon est exclu. Du coup, on se voit la veille, le vendredi soir.

— C'est bon, on improvisera. Tu trouveras bien à me caser quelque part dans ton agenda.

— Je ferai mon possible, papa, répondit Emma, avec le sourire à la Hannah qui rappelait tant de souvenirs à Abe.

CHAPITRE TRENTE

— Le jury a établi un verdict ! annonça l'huissier d'une voix de stentor aux juristes et spectateurs qui se pressaient dans le vestibule, devant la salle d'audience. Il sera communiqué dans dix minutes.

Abe consulta sa montre. Il était 11 h 15. Le jury avait repris ses délibérations un petit peu plus de deux heures auparavant.

— Eh bien ! nous allons voir qui avait raison, glissa-t-il à Pullman tandis qu'ils regagnaient le premier rang de la salle d'audience.

Quelques minutes après que tout le monde se fut réinstallé, on fit entrer les jurés. Abe jeta un bref regard à Miss Plongée-sous-Marine. La jeune femme, tête baissée, ne regardait pas la table de la défense. Elle ne souriait pas. Campbell la regarda. Il n'obtint pas de réaction. Abe passa le bras autour des larges épaules de son client, comme pour le réconforter, mais le jeune homme s'écarta, semblant lui signifier : « Je me passe de votre pitié. Je suis de taille à encaisser, quel que soit le verdict. »

Henry Pullman se fraya un chemin jusqu'à la table d'Abe, et murmura quelques mots à l'oreille de l'avocat : « Ennuis en perspective. » Mais avant l'avertissement de Henry, Abe comprit ce qui s'annonçait. D'expérience, il savait que les membres d'un jury ayant prononcé l'acquittement sourient et regardent l'inculpé en entrant dans la salle d'audience pour lui annoncer la bonne nouvelle. Quand ils s'apprêtaient à annoncer une mauvaise nouvelle, en revanche, ils arboraient des mines de croque-morts.

Seul, Campbell restait optimiste.

— Je sais ce que vous pensez. Mais ne vous faites pas de bile. Bien sûr, qu'ils gardent la tête basse. Ils sont gênés de déclarer que Jennifer est une menteuse. Ils doivent même être quelques-uns à se sentir coupables de douter d'elle, mais ils éprouvent un doute raisonnable. Croyez-moi.

Abe, médusé, secoua la tête. Ce type était-il doué d'extralucidité, ou prenait-il ses désirs pour des réalités ?

— Veuillez vous asseoir, je vous prie. Le jury a établi un verdict, annonça le juge Gambi. Madame ou monsieur le rapporteur, veuillez vous lever, je vous prie. (Miss Plongée-sous-Marine se leva.) Le jury a-t-il délivré un verdict à l'unanimité ?

— Oui.

— Veuillez remettre la feuille de verdict à l'huissier, qui me la confiera.

Le juge Gambi prit l'unique feuillet sur lequel figurait le verdict, et le consulta, le visage impassible.

— Veuillez énoncer votre verdict, je vous prie.

À ce moment-là, Miss Plongée-sous-Marine jeta un bref regard au-delà de la table qu'occupait la défense, regardant Jennifer Dowling en face. Puis elle abaissa les yeux vers la feuille de verdict, et lut :

— Nous, membres du jury, déclarons l'accusé Joseph Campbell... (Elle s'interrompit et reprit, regardant le jeune homme droit dans les yeux tandis qu'elle achevait la lecture du verdict.)... *non* coupable de viol.

Les spectateurs accueillirent la nouvelle avec un mélange de sifflets enthousiastes, de huées, et un fort brouhaha. Cette fois, le juge Gambi ne tenta pas de rétablir le silence. L'affaire était terminée. Ceux qui étaient venus pour voir rendre la justice avaient le droit, lui semblait-il, d'exprimer leurs sentiments... brièvement. Au bout d'une minute, elle donna un nouveau coup de maillet.

— Mr Campbell, vous êtes libre de partir. Maître Puccio, maître Ringel, je vous remercie l'un et l'autre, ainsi que vos équipes respectives, de vos excellentes prestations. Mesdames et messieurs du jury, je ne commente jamais un verdict, si ce n'est pour dire qu'en tant que citoyens, vous venez de remplir un devoir important. Vous pouvez être fiers de la bonne volonté avec laquelle, si occupés que vous soyez, vous avez sacrifié un peu de votre temps pour rendre la justice. Merci. La cour peut disposer.

Abe avait passé assez de temps avec Campbell pour savoir qu'il ne fallait pas s'attendre à recevoir de lui la traditionnelle accolade du client reconnaissant. Cela lui fut confirmé, et il en éprouva du soulagement. Campbell se contenta de le gratifier d'une poignée de main sans chaleur.

— Vous avez fait du beau travail, murmura le jeune homme, les yeux tournés vers le jury qui commençait à se disperser. Surtout compte tenu de ce que vous pensez de moi. N'ayez crainte, vous ne courez aucun risque de me revoir, excepté dans des publicités, ou à l'occasion de rencontres Celtics-Knicks. Je tiens à ce que vous sachiez que je suis innocent. C'est la vérité. Je vous remercie. Je vous ferai parvenir mon dernier règlement dès que vous m'aurez expédié la note globale. Vous allez être l'avocat le plus couru du pays. Félicitations.

— Félicitations à vous aussi, répondit Abe. Et faites-vous aider, je vous en prie. Gardez-vous des ennuis.

Abe regarda Jennifer Dowling, qui sanglotait dans les bras de Cheryl Puccio. Relevant la tête, la jeune femme lui cria, de l'autre bout de la salle :

— Vous êtes pire que votre client. Campbell est un pervers, un malade. Mais vous, qui êtes censé faire figure d'homme honnête, vous avez persuadé le jury que j'étais une menteuse. Alors que vous savez, au fond de vous, que je dis la vérité. Vous êtes un salaud.

— Je suis navré de vous voir aussi bouleversée, Mrs Dowling, répondit Abe, se dirigeant vers la jeune femme et lui tendant la main. Les jurés n'ont pas conclu que vous étiez une menteuse, ils ont éprouvé un doute raisonnable, voilà tout.

— C'est des conneries, ça, répliqua Jennifer en se détournant pour refuser la poignée de main d'Abe. Vous les avez persuadés que j'étais une menteuse. Mais je n'en suis pas une.

— Je suis navré. C'est ainsi que fonctionne notre institution.

Abe s'éloigna, en proie à un vertige de sentiments : satisfaction personnelle de la victoire, plaisir professionnel d'avoir rempli son rôle d'avocat de la défense, et culpabilité secrète à l'idée du mal fait à Jennifer Dowling.

L'équipe de la défense quitta la salle d'audience, suivie de Campbell, qui signait des autographes. Aussitôt, les médias fondirent sur eux.

— Des déclarations, Joe ?

— Vous en voulez à Jennifer Dowling, Joe ?

— À votre avis, Abe, quelle est la raison majeure qui a motivé cet acquittement ?

Abe répondit à la place de Campbell.

— Justice a été faite, et nous sommes satisfaits. Mr Campbell va pouvoir retourner à une vie normale, et à sa carrière. Il n'en veut à personne. Notre victoire tient à l'innocence de Mr Campbell. L'accusation n'avait pas de quoi étayer son plaidoyer. Cette histoire n'aurait jamais dû donner lieu à un procès. En dehors de ces déclarations, nous n'aurons pas de commentaire à faire. Me Puccio a fait un travail admirable, de même que le juge et les jurés. Conclusion : l'affaire intitulée *L'État* contre *Campbell* n'existait pas.

— La victoire n'est pas due à votre brillante défense ? cria l'un des journalistes à Abe, au moment où ses collaborateurs et lui montaient en voiture.

— Non. La victoire est facile, quand on a un client innocent.

C'était la réponse que fournissait Abe quand il remportait un procès. Certains avocats avaient tendance à s'attribuer le mérite de la victoire. Ce faisant, ils couraient le risque que l'on interprète leurs déclarations comme des propos insinuant que la difficulté de l'affaire venait de ce que le client était coupable. Abe s'arrangeait toujours pour souligner l'innocence de son client. Mais cette fois, les mots ne lui vinrent pas facilement.

Henry Pullman ne faisait pas partie des passagers. Il s'était attardé dans l'espoir de coincer quelques jurés, comme après chaque procès, pour vérifier l'exactitude de ses méthodes et pouvoir ensuite les affiner, pratique parfaitement légale — tout au moins dans la plupart des États — et très instructive pour Henry.

De retour au cabinet d'Abe, on savoura champagne et petits gâteaux. La dernière fête de ce genre remontait à quelque temps. On n'avait pas sablé le champagne après la sortie de prison de Charlie Odell, libération qui n'avait été possible qu'au prix de la condamnation de Nancy Rosen. Mais ce jour-là, en revanche, rien — du moins, rien d'officiel — n'aurait su ternir la victoire de Campbell.

Abe porta un toast à la liberté de Joe, puis fracassa son verre par terre. Ce geste violent, et si peu caractéristique, choqua tout le monde. Mais Abe expliqua :

— Il existe une tradition juive qui veut qu'on casse son verre même à l'occasion des événements joyeux, comme les mariages, par exemple. Cela nous rappelle qu'il n'est pas de joie sans chagrin. Aujourd'hui, la victoire de Joe Campbell apporte de la joie, mais il reste du chagrin, car Nancy Rosen est toujours derrière les barreaux bien que l'homme qu'elle a aidé à s'enfuir soit désormais en prison.

Campbell, qui avait saisi des bribes de l'histoire survenue à Nancy Rosen au hasard de discussions entre Abe et Justin, leva alors son verre :

— À la libération de Nancy Rosen.

Ce type-là resterait une énigme pour Abe. Il avait un côté tellement correct et normal — du moins, en apparence. Si Justin et Rendi avaient raison, d'où lui venaient ses démons ?

Abe devait tâcher de faire bonne figure à la suite de l'acquittement de son client, d'autant que la majeure partie des gens qui prenaient part à la fête — Emma comprise — ignoraient tout du secret de Campbell. Un jour, il dirait à Emma la vérité sur le passé de Campbell, se dit Abe. Mais il se passerait plusieurs années d'ici-là.

Au bout d'une heure, à peu près, Henry Pullman fit irruption dans la pièce où se déroulait la fête. Empoignant Abe et Rendi par le bras, il les entraîna dans une salle de conférence vide.

— Vous n'allez pas en croire vos oreilles. J'ai discuté avec quatre jurés, dont Julianne Barrow.

— Qu'est-ce qu'ils vous ont dit ? demanda Rendi.

— Ce gars-là, c'est un cas à part. De ma carrière, je n'ai jamais eu affaire à un individu pareil.

— Comment ça ?

Henry tira son bloc-notes de sa poche de veste.

— Le premier type avec qui j'ai discuté, c'était Harrison Fowler, le chauffeur de poids lourds de Malden.

Écoutez ce qu'il m'a dit. J'ai pris note de ses propos exacts. (Henry commença à lire :) « J'ai d'abord entendu la déposition de Jennifer Dowling, qui m'a paru vraie. Mais ensuite, quand Joe Campbell a nié... »

— Il n'a rien nié du tout, coupa Rendi.

— Eh bien ! Fowler est sûr que si, affirma Henry. Et quand je suis revenu à la charge là-dessus, voilà ce qu'il m'a dit : « Oh ! je sais bien qu'il n'est pas venu témoigner à la barre, mais je l'ai observé avec attention. Il secouait la tête comme pour nier, et il avait l'air très sincère. Je l'ai cru. »

— Fowler a-t-il dit autre chose ? s'enquit Abe.

— Il m'a dit que Puccio avait foutu sa propre crédibilité en l'air avec sa question sur la petite bitte. Personne n'a ajouté foi à ce truc-là.

— Pourquoi donc ? demanda Rendi.

— Fowler n'a pas voulu entrer dans le détail. Il s'est contenté de dire : « On n'y a pas cru. »

— Et Miss Plongée-sous-Marine ? enchaîna Abe.

— Je n'ai pas réussi à lui faire dire grand-chose. Elle avait l'air presque gênée. Elle m'a parlé de doute raisonnable, et m'a dit que Jennifer devait s'être vexée de ce que Campbell ne se comporte pas bien envers elle. Elle voulait savoir ce que Campbell allait faire, après. Elle semblait s'intéresser plutôt à l'homme qu'à l'accusé.

— Quel enfoiré. Il l'a séduite. Et elle s'en rend compte. C'est pour ça qu'elle se sent coupable. C'est pour ça qu'elle ne nous a pas adressé un regard en rentrant dans la salle d'audience. Elle a voté avec ses cuisses, pas avec sa tête. Joe l'a eue à la poussée d'hormones. Enfoiré.

— Ne t'inquiète pas, Abe, lança Rendi pour le taquiner. La presse n'en saura rien. Ils continueront à croire que tu as remporté le procès grâce à tes brillants arguments juridiques. Tu vas devenir une vedette.

Quand Abe regagna la pièce où se déroulait la fête, Campbell était parti.

— Il fallait qu'il attrape le vol-retour pour New

York, lui expliqua Emma. Il m'a chargée de te dire au revoir et de te faire la bise en te remerciant. Et il m'a dit que chaque fois que *toi et moi,* on aurait envie d'aller voir les Knicks, il nous offrirait les places. Super, dès que j'habiterai New York, on pourra y aller ensemble, quand tu viendras me voir.

— Peut-être. On verra, répondit Abe, dont l'attention dériva en direction des journalistes qui s'entretenaient avec Justin, à l'autre bout de la pièce.

— Justin nous dit — rien d'officiel, bien entendu — que c'est votre stratégie, qui vous a valu cette victoire ? lança Mike Black, du *Globe,* en s'avançant à la rencontre d'Abe. C'est vrai ?

— Restons un instant dans le domaine officieux, d'accord ? répondit Abe. Les *erreurs* stratégiques peuvent faire perdre un procès, mais je crois que nous n'en avons pas commis. Cela dit, à elle seule, la stratégie ne suffit pas à gagner un procès. Il faut disposer du bon client, et des bonnes preuves. Voilà, passons aux déclarations officielles : cette victoire est une victoire d'équipe. Et le mérite en revient à chacun des membres de l'équipe.

— Mais Abe, insista Black, si vous aviez un si bon client que ça, pourquoi ne pas l'avoir fait comparaître ? Ce n'était pas risqué, de laisser au jury la possibilité d'émettre toutes sortes de conjectures sur la raison pour laquelle Campbell ne déposait pas ?

Abe fut heureux de constater que même Mike Black, qui comptait parmi les journalistes juridiques les plus subtils du pays, ne se doutait de rien.

— C'est toujours risqué, de faire comparaître un client. Et aussi de ne pas le faire comparaître. C'est la raison pour laquelle on me paie : pour soupeser les risques dans une affaire donnée.

— Abe ! appela Gayle. Tammy Gross au téléphone, l'animateur du *Larry King Live.* Ils vous veulent sur leur plateau à 9 heures, ce soir, pour un direct.

— Parfait. Dites-leur d'envoyer une voiture ici.

— Il y a aussi des appels pour les émissions *Good Morning America,* et *Today.* On vous réclame pour demain, Campbell avec.

Abe s'abstint de boire plus de champagne en prévision de l'entretien télévisé. Il continua de discuter avec les journalistes, les abreuvant d'un prudent mélange d'informations générales, et de déclarations susceptibles d'être citées dans les articles à venir.

— Abe ? Pouvez-vous passer dans le bureau une seconde ? lui glissa Gayle. Un nouveau client.

— Qui ça ?

— Ice Puppy, le rappeur. En réalité, il s'appelle Mohammed Kenya. En fait, son *véritable* nom, c'est Malcolm Royce.

— Comment se fait-il que vous en sachiez autant à son sujet ?

— J'ai lu un article sur lui dans le *People* qui vient de sortir. Il est inculpé de viol d'une de ses choristes. C'est dans tous les journaux.

— Je n'en ai pas ouvert un depuis le début du procès. Apportez-moi quelques coupures de presse pendant que je prends la communication.

Abe s'empara du combiné.

— Vous êtes bien le type qui a sorti le Chevalier Blanc de la merde ? lui demanda-t-on de but en blanc.

— Oui, répondit Abe.

— Alors c'est vous que je veux comme bavard. Je me fous du tarif. C'est ma maison de disques qui raque.

— Pouvez-vous venir me voir à Boston, Mr... Comment dois-je vous appeler ?

— *Vous*, vous pouvez m'appeler Mal, comme mes vieux potes, ou Mo, comme les nouveaux. Je peux venir à Boston quand ça me chante. J'ai un coucou à moi.

— Ça peut attendre jusqu'à après-demain ?

— C'est bon. Je serai là tôt le matin.

Dès qu'Abe eut raccroché, Gayle surgit avec un nouveau message :

— Vous devez rappeler le sénateur Bergson, qui vient d'être accusé de harcèlement sexuel par ses employés. Il vous réclame. Tout le monde vous réclame.

— Jusqu'au moment où je perdrai un procès.

— Allons donc ! s'exclama Gayle. Vous avez le vent en poupe, Abe. Vous êtes le meilleur ! Un champion !

Quelques minutes plus tard, tandis qu'Abe savourait la victoire, Gayle lui désigna à nouveau le téléphone.

— Encore un client ?

— Non, une certaine Darlene Walters. Elle dit que c'est au sujet de Joe Campbell. Je lui demande de rappeler plus tard ?

— Je vais prendre la communication, répondit Abe, invitant Justin et Rendi d'un geste à le rejoindre dans son bureau personnel.

Il enfonça la touche haut-parleur du téléphone.

— Allô ! Mrs Walters ? Abe Ringel à l'appareil. Deux de mes collaborateurs et moi-même vous écoutons, si cela ne vous ennuie pas. Si vous souhaitez nous dire quelque chose concernant l'affaire Campbell, il faut que vous sachiez qu'elle vient de s'achever. Il a été acquitté.

— J'ai entendu. C'est d'ailleurs ce qui m'a poussée à vous appeler. Je sais que vous cherchiez à me voir, avant le procès... une certaine Rendi quelque chose a discuté avec une ou deux de mes amies. Je n'ai pas pris contact avec vous parce que je ne voulais pas que mon nom soit mentionné pendant le procès.

Pendant que la femme parlait, Rendi murmura à l'oreille d'Abe :

— C'est la comptable dont Margie m'a parlé. Les sévices sexuels, rappelle-toi.

— Comment se fait-il que vous nous appeliez maintenant ?

— J'espérais que Campbell serait condamné et incarcéré.

— Les jurés se sont prononcés, Mrs Walters.

— Ils ne savent pas ce qu'il m'a fait. La même chose qu'à cette pauvre Jennifer Dowling.

— Écoutez, Mrs Walters, votre voix me donne à entendre que vous êtes bouleversée. Mais je ne peux rien faire, Joe Campbell a été acquitté.

— Ce n'était pas la première fois qu'il faisait une

chose pareille, et il recommencera. Il faut que quelqu'un l'en empêche.

— Je suis désolé, Mrs Walters, mais je ne peux absolument rien faire.

Abe s'apprêtait à raccrocher, quand Justin l'arrêta.

— Mrs Walters ? Justin Aldrich à l'appareil, le collaborateur de Mr Ringel. Mr Ringel dit vrai, nous ne pouvons sans doute rien faire, mais j'aimerais que vous m'expliquiez ce que vous entendez par « la même chose qu'à Jennifer Dowling » ?

L'intervention de Justin ennuya Abe. Il ne tenait pas à entendre ce qui allait suivre, il s'en doutait bien. Mais il était trop tard. Abe ne pouvait plus raccrocher, Darlene Walters avait commencé de raconter.

— J'ai fait la connaissance de Joe à l'occasion d'une soirée chez des amis. Il m'a tapé dans l'œil. Je venais de divorcer, et je traversais une sale période. Quand il m'a invitée à sortir avec lui un soir, ça m'a emballée. En sortant du restaurant, je l'ai invité à venir chez moi. On est passés aux choses sérieuses. J'avais *envie* de faire l'amour avec lui. Mais il s'est mis à m'accuser d'avoir fait une chose horrible au cours de mon divorce. J'ai fondu en larmes, je lui ai dit de s'en aller. Il n'a rien voulu savoir. Ça l'excitait que je le repousse. Il s'est mis à me frapper. Et il m'a violée.

Darlene Walters sanglotait au téléphone.

— Avez-vous prévenu la police ?

— Non.

— Pourquoi ?

— Parce que je n'ai pas pu m'y résoudre, voilà tout. Je ne voulais pas m'embarquer dans un procès.

— Comment Campbell avait-il entendu parler de votre divorce ? demanda Justin.

— Je n'en sais rien. En tout cas, ce n'est pas moi qui lui en ai parlé. Je ne voulais pas qu'il sache que j'avais des enfants. Il y a des hommes que ça décourage.

— Nous vous remercions d'avoir appelé, reprit Justin. Cela dit, je ne crois pas que nous puissions faire quoi que ce soit. Avez-vous appelé le procureur ?

— Non. Je ne tiens pas à intenter une action. Je me suis seulement dit qu'il fallait vous informer. Peut-être pourrez-vous lui parler. Ce type est un malade. Si personne ne lui vient en aide, il va finir par faire du mal à quelqu'un. Et je ne pense pas que vous aimeriez avoir ça sur la conscience.

— Merci, Mrs Walters, conclut Abe, après quoi il raccrocha.

Avant même que la communication soit interrompue, Rendi s'écria :

— Bon sang, ça devient clair, maintenant. Pourquoi est-ce que je n'y ai pas pensé plus tôt ?

— Quoi, qu'est-ce qui devient clair ? demanda Abe.

— Ce que Chrissy Kachinski — la groupie mariée au vendeur de viande de la côte sud — m'a dit au moment où je m'en allais.

— C'est-à-dire ?

— Elle a dit que Campbell avait choisi la bonne victime, parce que jamais Darlene n'irait porter plainte. Je me suis figuré qu'elle entendait par là que les groupies protégeaient les joueurs, mais ça pouvait signifier...

— Quoi donc ? la pressa Abe.

— Tu ne comprends pas ? Tout se tient. Il se pourrait que Campbell ait trouvé Darlene de la même façon qu'il a trouvé Jennifer, pour ensuite la filer, faire mine de la rencontrer, lui demander de sortir avec lui — tout en projetant de la violer —, sachant qu'elle aussi était une victime idéale... une victime qui n'irait pas porter plainte.

Pendant un instant, le silence régna, chacun prenant conscience de l'énormité d'un tel soupçon.

Puis Justin quitta comme une flèche le bureau d'Abe pour se diriger vers la pièce où se trouvait l'ordinateur. Abe et Rendi lui emboîtèrent le pas, évitant la pièce dans laquelle se tenaient les invités de la fête pour ne pas susciter de questions.

— Qu'est-ce que tu cherches ? demanda Abe.

— *Qui* est-ce que je cherche, rectifia Justin en martelant le clavier. Darlene Walters.

Au bout de quelques minutes, l'intitulé d'une

affaire s'afficha sur l'écran : un appel, jugé à Boston. Il concernait un divorce, remontant à deux ans, au cours duquel la femme avait accusé son mari de sévices sexuels à l'encontre de leur fils. Le juge avait décrété que cette histoire était forgée de toutes pièces par la femme, et le mari avait perçu des dommages et intérêts à la suite de son incarcération en préventive. La femme ayant saisi la cour d'appel, le jugement fut confirmé. Trois paires d'yeux rivés à l'écran guettaient le nom de la femme. Il s'agissait de Darlene Walters.

C'était donc l'ultime pièce du puzzle, la preuve finale. Abe ne pouvait plus refuser de s'avouer que Joe Campbell était coupable. Justin avait vu juste : Abe était bel et bien atteint du syndrome d'aveuglement de l'avocat. Désormais, il comprenait qu'il aurait pu voir plus tôt la vérité... s'il avait bien voulu la voir. Mais ce qui le déconcertait le plus, c'était de ne pas savoir ce qu'il aurait fait si l'appel Walters avait été mentionné avant ou pendant le procès. Et maintenant, il n'avait plus le moyen d'agir.

Abe, blêmissant, se tourna vers Justin et Rendi.

— Vous aviez raison depuis le début. Il était coupable. Et Jennifer Dowling n'était peut-être pas sa première victime.

Alors même qu'il méditait sur l'honneur de cette découverte, Gayle lui tendit une liste de nouveaux clients et de demandes des médias. Il tenta de chasser les impressions pénibles qu'avait suscitées l'appel de Darlene Walters. Après tout, il ne pouvait rien faire, surtout pas maintenant, une fois l'acquittement prononcé.

Il consulta la liste que Gayle lui avait remise. La majorité des avocats auraient vendu leur âme pour recevoir ce genre d'appels. Mais les pensées d'Abe ne cessaient de revenir à Joe Campbell. Qu'allait-il faire, ce soir, pendant que lui, Abe, répondrait aux questions de Larry King ? Une image inquiétante jaillit dans le cerveau d'Abe : Campbell, devant son ordinateur, tapant sur son clavier pour solliciter une nouvelle recherche concernant des femmes vulnérables comme Jennifer Dowling ou Darlene Walters. Peut-être s'agirait-il de Miss Plongée-sous-Marine, cette fois, se demanda Abe en se rappelant que Joe avait juré de boire un verre avec la jeune femme. Non, se dit Abe, rien, chez *elle,* ne prête à penser qu'elle puisse être vulnérable.

L'image s'évanouit aussi vite qu'elle avait surgi. Le moment était venu pour Abe de quitter le cabinet pour aller donner la première des nombreuses interviews qui l'attendaient. Abe Ringel allait désormais être connu comme « l'avocat qui remporta l'affaire Campbell ».

Qu'advienne le meilleur, ou le pire.

Troisième partie

IL VAUT MIEUX LAISSER DIX COUPABLES EN LIBERTÉ... ?

PROLOGUE

NEW YORK — SAMEDI 5 AOÛT

La femme blonde et l'homme de haute taille qui l'accompagnait longèrent les hôtels bordant le sud de Central Park — Park Lane, Hampshire House, autant d'établissements aussi élégants que l'était la femme.

Bientôt, ils atteignirent l'allée circulaire qui se déployait devant la perle des hôtels de l'endroit : le Plaza, orgueil de Trump. Un endroit merveilleux où passer un moment en compagnie du grand et bel inconnu assis à côté d'elle. La jeune femme se réjouit de ce que la revue pour laquelle elle travaillait ait décidé de la traiter sur un pied si somptueux.

Passant devant le chasseur avec assurance, elle monta les marches, traversa le hall, et gagna les ascenseurs, à gauche de la salle à manger de l'hôtel. À cette heure de la soirée, le Oak Bar serait un endroit agréable, mais un regard à l'expression tendue de son compagnon, pourtant dissimulée par le rebord large du chapeau, suffit à indiquer à la jeune femme que ce dernier ne tenait pas à s'éterniser dans les endroits fréquentés.

— Ça vous dirait, de monter un moment ?

Debout devant la porte de l'ascenseur, elle affichait un air innocent.

La suite qu'elle occupait était tendue de bleu, et meublée de blanc. Une corbeille de fruits avait été livrée, avec les compliments de la direction de l'hôtel.

— Ma compagnie travaille souvent avec cet hôtel.

— Publicité, c'est ça ?

— Non. Vous devez confondre avec une autre. Moi, je travaille dans la presse. (Elle sourit pour atténuer la pique.) Je vous sers quelque chose à boire ?

— Non, merci. En fait, je ne crois pas que je vais rester. Je tenais juste à vous raccompagner jusqu'à votre chambre. J'ai rendez-vous demain matin tôt, et vous méritez que je vous accorde plus de temps que je ne pourrai le faire ce soir, mon ange.

— Plus de concentration, aussi. (Elle sourit.)

L'homme sentit un flot de méfiance l'envahir. Pourquoi lui parlait-elle de ça ? Qu'avait-elle entendu dire à son sujet ?

— Qu'est-ce qui vous fait dire ça ?

La note dure qu'elle décela dans la voix de son compagnon surprit Midge.

— Oh ! je plaisantais.

En passant à côté de lui, elle lui effleura la joue, d'un geste si léger qu'il le sentit à peine.

— Allez, juste un verre, et ensuite, vous partez. Vous ne le regretterez pas.

L'homme sentit la sourde émotion qui l'habitait se faire plus précise à mesure que la femme s'avançait vers lui, les yeux emplis de désir.

Elle était plus hardie que les autres, aussi en vinrent-ils plus vite aux choses sérieuses. Il ne tarda pas à dévoiler le secret exhumé du passé de sa partenaire et le lui assena, profitant de ce qu'elle était offerte et vulnérable.

Mais au lieu de regimber, elle le prit à son propre jeu, en lui faisant valoir ce qui attendait un homme récidivant après avoir été inculpé de viol d'une partenaire amoureuse. Il ne s'était pas rendu compte qu'en dépit de l'acquittement, son procès aurait des répercussions aussi radicales sur la façon dont il devrait mener le jeu.

La soirée prit une tournure qui lui échappa, le jeu le dépassa. Il referma les mains autour du cou de sa partenaire pour que cesse sa diatribe accusatrice, et aussitôt, l'habituelle montée de violence qui lui tenait lieu de désir le poussa à brutaliser la jeune femme.

— Je suis désolé, murmura-t-il en quittant la chambre d'hôtel.

CHAPITRE TRENTE ET UN

CAMBRIDGE — LUNDI 7 AOÛT

Les deux derniers mois écoulés depuis la victoire Campbell avaient été les plus fructueux de la vie d'Abe Ringel. Il avait connu plus de succès professionnels et de triomphes durant cette période-là qu'au cours des vingt années précédentes. Grâce à lui, la condamnation de Ice Puppy avait été déboutée, une fois que la plaignante se fut rétractée.

Le sénateur Bergson ne se vit attribuer qu'une remontrance de la part de la Commission sénatoriale aux affaires morales après qu'Abe eut menacé d'intenter un procès au Sénat tout entier pour la tolérance témoignée pendant des années à l'égard du harcèlement sexuel. Et voilà qu'une nouvelle affaire de premier ordre, estampillée grand public en grosses lettres, venait de s'annoncer au cabinet. Elle concernait un jeune homme riche nommé Brian Bulger, qui avait tué sa vieille mère pour lui épargner la douleur d'apprendre qu'il était séropositif et homosexuel. Les clients fortunés affluaient, à tel point qu'il fallut refuser certaines affaires. On tournait un téléfilm sur le procès Campbell, et Sam Waterston, lauréat d'un Emmy Award, fut engagé pour jouer Abe.

— Ce n'est qu'un début, prédit Arthur Berg, l'expert en relations publiques qu'Abe avait embauché comme consultant à la suite du procès Campbell.

La vie était douce, au cabinet juridique d'Abe Ringel.

Jusqu'à l'affaire Nancy Rosen, qui semblait prendre une tournure favorable. La police ayant découvert que Monty Williams avait séduit la nièce de Rodney Owens, une jeune fille âgée de seize ans, qui s'était retrouvée enceinte, on pensait qu'Owens avait tué Williams par vengeance. Cela dit, privés du témoignage de Nancy, les policiers ne détenaient aucune preuve digne de foi. Le procureur Duncan avait proposé un marché à cette dernière : sa libération, en échange d'une déposition contre Owens. On ne lui demanda pas de spécifier dans son témoignage ce qu'Owens lui avait dit au sujet du meurtre proprement dit, ce qui aurait constitué une violation du secret professionnel protégeant la relation avocat-client. En revanche, on lui annonça qu'elle devrait faire état du coup de téléphone délictueux qui avait permis à son client de prendre la fuite, ce qui pouvait être rapporté, étant donné que cela portait sur un délit ultérieur — le fait de prendre la fuite. D'après le procureur, cette précision, qui incriminait Nancy en même temps qu'elle tenait lieu de reconnaissance de culpabilité, associée aux éléments mettant Owens en cause dans l'assassinat de Williams, permettrait de faire condamner ce dernier.

Comme il fallait s'y attendre, Nancy refusa le marché. Le procureur se rabattit donc sur Justin, à qui il fit la même proposition : si ce dernier affirmait dans sa déposition que Nancy lui avait rapporté son échange téléphonique avec Owens, la jeune femme serait libérée. Celle-ci, bien entendu, enjoignit au jeune homme de refuser de témoigner.

Malgré la requête de son amie, Justin décida de l'aider. Aucun engagement ne le liait à Owens, et Nancy ne lui avait pas relaté l'échange téléphonique avec son client sous le sceau du secret. Il était donc libre d'agir pour le mieux. Son témoignage ne constituerait guère qu'une déposition fondée à double titre sur la foi d'autrui — Justin rapporterait ce que Nancy lui avait rapporté de sa conversation avec Owens —

mais Abe et lui pensaient qu'un juge donner
doute l'autorisation de la présenter en tant
lément de preuve. Les dépositions sur la foi d'aut
n'étaient pas reconnues, en général, mais certaines faisaient l'objet d'exceptions — lorsqu'elles présentaient un caractère d'authenticité particulier. Or, les propos que Nancy avait tenus à Justin constituaient un aveu de sa propre faute — commise en encourageant son client à prendre la fuite — et la loi présumait que les gens ne s'amusaient pas à reconnaître des délits dont ils n'étaient pas coupables. En conséquence, cette même loi autorisait l'utilisation de telles dépositions. Il en allait de même de ce qu'Owens avait dit à Nancy avant de prendre la tangente. C'était l'aveu d'une faute en préméditation.

De toute façon, l'affaire ne semblait pas devoir passer en jugement.

Quand l'avocat d'Owens eut vent du marché proposé par le procureur, il décida de marquer le coup de son côté, en optant pour une stratégie en vertu de laquelle son client plaiderait l'homicide involontaire, ce qui lui vaudrait dix ans de réclusion. L'échange n'était pas encore conclu, mais sauf complications ultérieures, Nancy pourrait se retrouver à l'air libre deux jours plus tard. Elle en voudrait à Justin et Abe, mais ça n'avait pas d'importance. Mieux valait une Nancy furieuse et libre, que bien disposée et derrière les barreaux. Pour Abe, aussi bien que pour Justin, cette perspective s'annonçait comme une délivrance.

La vie était douce, à l'exception de la réalité un brin amère du départ d'Emma pour New York, une semaine plus tard.

— Tu ne peux pas rester jusqu'au jour de ton anniversaire ? demande Abe à sa fille. On passe toujours le 1er septembre ensemble.

— Pas cette année, papa. Il faut que je sois à New York. La fille avec qui je vais loger et moi on a prévu de fêter notre entrée en fac.

— Je peux venir ?

— Oh ! papa. Il faut que tu t'habitues au fait que

je m'en aille. On aura tout le temps de se voir ensuite. C'est une soirée importante, pour moi : nouveaux amis, et même nouveaux petits amis. Jon n'est pas invité. J'ai envie de rencontrer d'autres gens. On s'est mis d'accord lui et moi. Je n'ai pas envie de me contenter des vacances pour voir mon petit ami, et de passer ma vie à attendre que monsieur rentre de la Côte Est pour Toussaint ou Noël, quand les cours s'arrêtent à Stanford.

— Bonne idée, Emma. J'aime bien Jon, mais j'ai l'impression que tu mûris plus vite que lui. D'ailleurs, je ne crois pas que tu doives t'attacher à qui que ce soit. Profite de ta jeunesse.

— Quel dinosaure tu fais, papa ! « Profite de ta jeunesse »... Personne ne dit plus ça depuis des lustres.

— Tu comprends ce que je veux dire.

— Je t'adore, papa. On va aller se voir un match des Red Sox dans la semaine, avant que je m'en aille.

— Les Sox jouent à l'extérieur, en ce moment. Ne me fais pas le coup de la pitié, tu veux ?

Abe serra Emma dans ses bras, l'embrassa et lui dit au revoir. Puis il prit un taxi pour gagner le centre-ville, où il devait rencontrer son conseiller financier. Le cabinet avait fait appel à la compagnie qui gérait les affaires des Clinton. En effet, depuis le procès Campbell, les revenus d'Abe étaient montés en flèche. L'année précédente, il avait gagné 250 000 dollars, chiffre d'affaires tout à fait honorable compte tenu des critères en vigueur à Boston dans le monde des petits cabinets juridiques. Mais cette année, les trois derniers mois lui avaient rapporté à eux seuls 400 000 dollars, et pour la première fois de sa carrière, il semblait que son chiffre d'affaires doive sous peu pulvériser les sept chiffres.

Une fois dans le taxi, il se mit à feuilleter le deuxième cahier du *New York Times*. New York avait toujours fasciné Abe. À la fin de ses études de droit, il avait envisagé d'aller s'y installer, mais il ne put se résoudre à quitter son fief de Boston. Sa fille devant aller vivre là-bas, Abe se torturait en lisant les comptes rendus criminels, surtout ceux concernant des délits commis dans le nord-ouest de la v[illegible] se trouvait Barnard.

Tout à coup, son regard s'arrêta sur un titre [illegible] petites capitales : UNE JEUNE CADRE DE L'ÉDITION ASSASSINÉE DANS UN HÔTEL. Il commença à lire l'article, un classique du genre : « Le corps de Midge Lester, éditrice de la revue *Chicago*, a été retrouvé dans la chambre du Plaza Hotel qu'elle occupait depuis la veille. La jeune femme est morte étouffée. Les officiers de police ont confirmé qu'elle avait subi des sévices sexuels. Rien n'indiquant que quelqu'un se soit introduit de force dans la suite de Midge Lester, les employés de l'hôtel supposent que l'assassin comptait parmi les connaissances de la jeune femme. Mrs Lester n'a été vue en compagnie de personne après son arrivée à l'hôtel, et le standard du Plaza n'a relevé aucun appel téléphonique lui étant destiné. La police a reconnu ne disposer d'aucun indice ou suspect éventuel. »

Abe émit un hoquet de saisissement en lisant cet article.

— Ça ne va pas ? demanda le chauffeur, surpris.

— Faites demi-tour, ramenez-moi à Harvard Square !

— Vous vous sentez bien ?

— Oui, ça va. Il faut juste que je passe à mon cabinet.

Tirant alors son téléphone mobile de sa mallette, il appela Gayle.

— Passez-moi Justin, tout de suite !

Une seconde plus tard, le jeune homme prit la communication.

— Qu'est-ce qui se passe, Abe ?

— Tu as le *New York Times* sous les yeux ?

— Ouais.

— Regarde la dernière colonne en bas, à droite, page 4 du deuxième cahier.

Le combiné resta silencieux le temps que Justin trouve, et lise l'article en question. Et tout à coup, Abe l'entendit s'écrier :

— Bon sang ! c'est Campbell ! C'est sa griffe, ça !

— Tâchons de ne pas formuler de conclusions hâtives. Ce compte rendu fait état d'un meurtre avec sévices sexuels comme il s'en produit tous les jours des pelletées à New York. Rien ne le rattache à Campbell.

— Dans ce cas, comment se fait-il que vous m'appeliez avec une voix aussi bouleversée ?

— Il n'y a qu'une seule façon de savoir si c'est lui ou pas.

— Je file à la salle d'informatique.

— Je t'y retrouve dans dix minutes.

CHAPITRE TRENTE-DEUX

Abe gravit ventre à terre les trois étages menant à son cabinet, passa devant Gayle en coup de vent, et se rua dans la salle d'informatique, donnant un tour de clé derrière lui pour s'assurer que personne ne s'introduise dans la pièce. Après quoi, sans un mot, il s'approcha de l'ordinateur et regarda l'écran, espérant en dépit de l'évidence y découvrir que Justin et lui avaient réagi avec trop de précipitation à la lecture de l'article.

Justin contemplait les mots qui venaient de s'afficher sur l'écran comme s'il s'agissait du texte d'une condamnation à mort — ce qui avait fort bien pu être le cas dans un passé assez proche, au moment où Campbell les avait lus... s'il les avait lus.

Très vite, le regard d'Abe trouva le nom qu'il espérait ne pas lire. Le compte rendu, datant de sept ans, était tiré du *Los Angeles Times*. Il relatait l'histoire sordide d'une jolie jeune femme de Beverly Hills, devenue prostituée de luxe pour pouvoir bénéficier de l'indépendance financière vis-à-vis de son mari. L'article ne donnait guère de détails, mais la conclusion était aussi claire que le nom de *Midge Lester*, sur l'écran : d'une façon ou d'une autre, Campbell s'était procuré ce compte rendu au sujet d'une victime potentielle. Aucune femme s'étant jadis livrée à la prostitution, avant de déménager, dans le but manifeste de s'installer ailleurs pour recommencer sa vie, ne tiendrait à s'attirer de nouveaux ennuis avec la justice.

Joe avait dû se laisser emporter par sa violence au cours de ce viol, et Midge était morte. Peut-être ce décès était-il dû au hasard, mais il ne constituait pas une surprise. L'appétit de violence sexuelle de Campbell devenait de plus en plus difficile à assouvir.

Abe et Justin consultèrent tous les deux l'écran comme s'ils espéraient que les caractères effroyables et révélateurs qui s'y affichaient allaient disparaître comme par enchantement. Ni l'un ni l'autre ne pouvait articuler un mot. Ils vivaient le cauchemar de l'avocat : en remportant le procès d'un violeur maniaque qu'ils pensaient coupable ils avaient, *eux*, causé la mort d'une innocente jeune femme. Un cas de figure qui hantait tous les avocats d'assises ayant un minimum de principes. Rares étaient ceux qui venaient à l'expérimenter.

Le silence fut rompu par Justin, qui éclata en sanglots. Abe passa le bras autour des épaules du jeune homme et s'efforça de le réconforter, mais il ne put trouver les mots susceptibles de les apaiser, l'un ou l'autre.

— Il n'y a rien à en dire, Justin, finit-il quand même par déclarer. On ne pouvait rien faire pour empêcher ça. Nous fonctionnons avec un ensemble de lois donné, et nous n'avons pas d'autre choix que de nous y tenir.

— Je ne peux pas fonctionner avec des lois qui aboutissent à *ça*. Nous ne pouvons plus nous contenter de parler de viol. Jennifer Dowling finira par s'en remettre, mais pas Midge Lester. C'est fini, pour elle. Et le pire, là-dedans, c'est que nous avions le moyen de lui éviter la mort.

— Non, nous n'en avions pas la possibilité, répondit Abe. À moins de transgresser la loi.

— La loi, je m'en contrefous ! Qui peut dire quelle

pauvre fille y passera, la prochaine fois ? Il faut que nous fassions quelque chose, Abe...

— Calme-toi, Justin. Nous ne pouvons pas dénoncer notre client à la police. Si nous pensons qu'il a tué Midge Lester, c'est parce que nous disposons d'informations confidentielles qu'il nous a communiquées quand nous le représentions. Je lui ai *promis* de ne jamais divulguer son secret informatique. Et le seul fait qu'il ne soit plus notre client ne nous autorise pas à le dénoncer.

— Mais alors, qu'est-ce qu'on va *pouvoir* faire ?

— La première chose que nous *puissions* faire, c'est appeler Campbell, et lui dire de but en blanc que nous savons.

— D'accord, c'est vous qui l'appelez. Je suivrai la communication sur l'autre poste.

Abe composa le numéro de Campbell, en espérant que ce dernier prenait part au stage d'entraînement intensif d'avant saison, et par conséquent, ne pouvait s'être trouvé à New York le soir du meurtre. La chance ne lui sourit pas.

— Allô !

— Abe Ringel à l'appareil. Vous savez pourquoi je vous appelle, Joe.

— Abe ! Content de vous entendre. Qu'est-ce qui me vaut ce plaisir ?

— On abrège les conneries, d'accord ? Nous venons de lire le journal paru aujourd'hui, ce n'est pas la peine de tourner autour du pot. Nous savons que vous l'avez tuée.

— Je ne comprends pas de quoi vous parlez. De quel article est-il question ? demanda Campbell.

— Arrêtez un peu de nous prendre pour des cons, Joe, coupa Justin d'un ton furieux. Une certaine Midge Lester a été assassinée samedi soir au Plaza, et c'est vous qui l'avez tuée.

— Je ne comprends toujours pas de quoi vous parlez. Samedi soir, j'ai passé la soirée chez moi devant la télé. Vous voulez peut-être que je vous dise ce qu'il y avait ce soir-là ?

— Je suis sûr que vous sauriez nous le dire. Vous

avez sans doute enregistré les émissions de la soirée. Mais ça ne prend pas, riposta Abe. Vous étiez au Plaza, samedi soir, vous y faisiez l'amour avec Midge Lester. Le contrôle de la situation vous a échappé après que vous l'avez forcée à dire non. Vous l'avez empoignée par le cou, et vous avez serré. C'est vous qui l'avez assassinée.

— Je ne suis pas le seul type qui fasse l'amour avec des femmes dans des chambres d'hôtel, répliqua le basketteur d'un ton nonchalant. Vous avez dû regarder trop de mauvaises séries en rediffusion, les gars. Il vaudrait peut-être mieux laisser la Sûreté locale se charger de résoudre ça, non ?

— Ils ne savent pas ce que *nous* savons, rétorqua Justin. Ils ne savent rien de la petite combine informatique qui vous permet de vous dégoter des filles à violer. Mais nous sommes au courant, nous... et nous allons les mettre au parfum.

— Oh ! non, vous n'allez pas les mettre au parfum, gronda Campbell, manifestant pour la première fois de la colère. Si vous leur dites *quoi que ce soit* de ce que je vous ai révélé quand vous me représentiez, je vous fais radier du barreau et je vous poursuis jusqu'à ce que vous ayez craché votre dernier dollar.

— Certaines choses ont plus d'importance que l'argent, répondit Justin. N'essayez pas de nous menacer. Nous allons prendre les mesures qui s'imposent, quoi qu'il nous en coûte.

— Eh bien ! ce qui s'impose, en l'occurrence, c'est de respecter votre promesse... de la fermer. De toute façon, vous vous trompez de cible. Je n'ai pas tué cette fille au Plaza. Et si vous vous avisez de me balancer, vous passerez tous les deux pour des andouilles au bout du compte, quand le véritable assassin sera épinglé.

— On a vu clair dans votre jeu, Joe, déclara Abe. Justin a recherché le nom de la fille assassinée dans nos diverses banques de données, et il a obtenu le même genre de renseignements que ceux qui caractérisaient vos précédentes victimes. Ça fait trois filles... et le procédé cadre dans tous les cas. Si Cheryl Puccio vient à mettre la main sur cette information, vous vous retrouverez en jugement pour meurtre avant d'avoir eu le temps de plaider coupable.

— Ce n'est qu'une coïncidence, Abe, nom de Dieu ! Un tas de femmes ont un passé douteux, surtout celles qui font monter dans leur chambre d'hôtel des types qu'elles viennent de rencontrer.

— Et comme par hasard, vous vous débrouillez toujours pour tomber sur ces femmes-là, lança Justin. C'est une méthode, pas une coïncidence. Nous savons de quelle façon vous procédez. Ça figure en toutes lettres au vu de tous — il suffirait que Puccio sache où chercher.

— C'est *vous,* qui me menacez, maintenant, non ? Qu'est-ce que vous avez l'intention de faire ? Envoyer une lettre anonyme à Puccio pour lui révéler que j'ai fait une recherche sur Nexis à propos de la fille assassinée et de Jennifer Dowling ?

— Et peut-être aussi de quelques autres femmes dont on a entendu parler, ajouta Justin.

— Abe ne vous laissera pas faire ça. Ça foutrait en l'air toute sa carrière. On ne parlerait plus de lui comme de l'avocat qui a *gagné* le procès Campbell, mais comme de celui qui a accusé son propre client d'homicide à tort.

— Et peut-être aussi, ajouta Abe, comme de l'avocat qui a causé la mort de Midge Lester.

— Vous voyez, Justin, reprit Campbell. Qu'est-ce que je disais ? Votre patron est bien trop réaliste pour saper sa renommée durement acquise en se livrant à votre petit chantage. De toute façon, vous vous trompez tous les deux au sujet de ce meurtre. Je n'y suis pour rien.

— Pardi, rétorqua Justin. Et vous n'avez pas non plus violé Jennifer Dowling.

— Voilà ce que j'ai envie d'entendre : *mes* avocats — que j'ai payés pour être défendu — prenant parti en *ma* faveur, pour une fois, et n'essayant pas de jouer les procureurs. Vous serez soulagés d'apprendre que je vais aller voir une psy une fois par semaine. Une psychologue pour sportifs angoissés. Je vous autorise à lui rendre visite, si ça peut soulager *votre* angoisse. D'un autre côté, vous pourriez peut-être vous trouver un psy pour *avocats* angoissés, les gars ?

Là-dessus, Campbell raccrocha, sans laisser à ses deux interlocuteurs le temps de répondre.

Justin poussa un juron.

— Qu'attendiez-vous de cet enfoiré de manipulateur, Abe ? Des aveux complets ? L'autorisation de le livrer à la police ?

— Non. J'espérais lui faire un peu plus peur que ça. Il n'a pas mordu une seconde à ton coup de bluff.

— Je ne suis pas sûr qu'il s'agisse d'un coup de bluff, répliqua Justin. Je songe bel et bien à le livrer.

— Tu sais que tu ne peux pas, Justin. Ça couperait court à ta carrière.

— Et à la *vôtre*. C'est la raison pour laquelle je ne ferai rien seul. Nous sommes tous les deux dans le coup, Abe. Il faut que nous trouvions un truc pour empêcher ce mec de continuer.

— Je ne demande pas mieux... s'il existe un moyen de l'empêcher de nuire qui n'aille pas à l'encontre d'un trop grand nombre de lois. On peut les brusquer un peu, mais pas les transgresser.

— D'accord, conclut Justin en esquissant un sourire pâlichon, le premier depuis le coup de téléphone que lui avait passé Abe. Je vais consulter les lois existantes, et vous, vous allez commencer à réfléchir à la façon d'en créer de *nouvelles*.

CHAPITRE TRENTE-TROIS

— J'ai besoin d'entendre votre jugement, Haskel.

— M'en reste-t-il un peu ? demanda Haskel, relevant la tête, qu'il tenait sur la poitrine.

— Comment allez-vous, ces derniers temps ? Vous avez pris vos médicaments ?

— Pas très régulièrement. J'aurai l'éternité pour dormir sans souffrir. Je tiens beaucoup aux heures de lucidité qui me restent, même si je dois les payer au prix de la souffrance et de l'inquiétude.

— Je vous ai apporté quelque chose à lire, annonça Abe, ouvrant le *New York Times* à la page du meurtre du Plaza Hotel.

— Fais-moi la lecture, Abraham, s'il te plaît. J'ai mal aux yeux, quand je lis.

Abe lut tout haut le bref entrefilet.

— C'est un drame horrible. Je comprends à quel point tu dois t'inquiéter, avec Emma qui part vivre à New York.

— Il ne s'agit pas d'Emma, Haskel, même si je me fais du souci pour elle. Il s'agit de Joe Campbell.

— Je suis fier de toi, Abraham. Tu as remporté ce procès difficile sans transgresser de loi morale. Je me suis inquiété pour toi, pendant ce procès, surtout après que tu m'as confié ce que vous aviez découvert.

Abe se dit qu'il avait de la chance : ce jour-là, Haskel semblait en forme.

— Il faut que je vous fasse une confidence, Haskel. Justin et moi pensons tous les deux que Joe Campbell est l'auteur de ce meurtre de New York.

— Vous l'a-t-il avoué ?

— Non, non, répondit Abe. Au contraire, il le nie et dit avoir passé la soirée chez lui.

— Dans ce cas, comment peux-tu nourrir une telle certitude ? Des centaines de meurtres similaires sont commis chaque année à New York.

— Nous en sommes certains, Haskel. Aussi certains qu'on peut l'être. Je vous ai raconté comment Campbell utilisait son ordinateur pour chercher des femmes ne risquant pas de porter plainte pour viol, vous vous en souvenez ? Eh bien ! la femme assassinée répondait aux critères, et son procès était accessible par l'entremise de la banque de données à laquelle Campbell était affilié. Nous avons vérifié.

— Tu sais que je ne comprends rien aux ordinateurs, Abraham. Y avait-il une autre possibilité ? Pouvait-il s'agir d'une coïncidence ?

— Il y a toujours une autre possibilité, mais les preuves directes ont l'air d'indiquer que Campbell avait appris le secret de la jeune femme de la même façon qu'il avait découvert celui de Jennifer Dowling, pour ensuite la traquer et la violer.

— Et la tuer ?

— Peut-être pas *délibérément,* mais je ne peux pas être formel à ce sujet.

— Et si tu sais tout cela, c'est grâce à ce que tu as appris quand tu représentais Mr Campbell ?

— Oui. Il ne m'avait expliqué à quoi lui servaient ses recherches sur ordinateur qu'après que je m'étais engagé à tenir la chose confidentielle. S'il ne m'avait pas confié ça sous le sceau du secret, jamais nous n'aurions pu percer à jour sa méthode.

— Du coup, mon cher Abraham, tu te retrouves en possession d'informations qui permettraient d'empêcher cet ignoble individu de continuer à sévir, sans pouvoir les divulguer, étant donné que tu les as obtenues sous le sceau du secret ?

— C'est bien le problème. J'ai donc besoin de *votre* aide pour imaginer un moyen de divulguer cette information, et d'empêcher ce type de nuire.

— Es-tu bien sûr de poser la bonne question, mon cher Abraham ?

— Comment cela ?

— Tiens-tu à imaginer un moyen de divulguer ce que tu as appris sous le sceau du secret ?

— Je ne sais pas, Haskel. Mais ce que je sais, en revanche, c'est que je dois faire quelque chose. Je ne peux pas attendre qu'il tue à nouveau. Je me sens responsable de la mort de cette fille.

Au moment où il prononçait ces mots, une vision fugace lui vint à l'esprit : Hannah au volant de sa voiture, tracassée par ses soupçons au sujet d'Abe et Rendi.

— T'en sens-tu responsable en tant qu'avocat ?

— Qu'entendez-vous par là, Haskel ?

— Avais-tu un autre choix, en tant qu'avocat, que celui de te taire ?

— Eh bien ! peut-être pas en tant qu'avocat, mais en qualité d'être humain, j'avais la possibilité de dénoncer Campbell. J'aurais pu raconter la vérité et confondre le diable, comme le disait Shakespeare.

— Aha, fit Haskel. En avais-tu vraiment la possibilité, Abraham ? Étais-tu vraiment plus libre en tant qu'être humain qu'en qualité d'avocat ?

— Je commence à ne plus savoir où j'en suis, Haskel, avoua Abe, en se demandant si le vieillard savait où il en était lui-même.

— Abraham, pense à Abraham, conseilla ce dernier.

Abe ne comprit pas si Haskel lui demandait de songer à *lui-même* ou bien au patriarche dont il portait le nom. La phrase suivante du vieil homme éclaircit cette incertitude :

— Et pense aussi à Socrate.

Haskel s'endormit pendant qu'Abe se demandait ce qu'Abraham et Socrate avaient en commun. Tandis qu'il attendait que son mentor se réveille, il se souvint d'une similitude entre ces deux personnages historiques : pour démontrer leur foi, ils s'étaient préparés l'un et l'autre à sacrifier ce qu'ils avaient de plus cher — son fils Isaac, dans le cas d'Abraham, et dans celui de Socrate, sa propre vie. Abraham démontra sa foi en Dieu, qui l'en récompensa en sauvant Isaac, et Socrate démontra sa foi dans le système juridique athénien, qui refusa de l'en récompenser en le condamnant à mort. Le rapport que tout cela entretenait avec Joe Campbell et son funeste ordinateur échappait à Abe. Mais il tenait au moins quelque chose à soumettre à Haskel quand ce dernier se réveillerait.

Une bonne heure s'écoula avant que le vieillard commence à s'agiter. Quand il s'éveilla, ce n'était pas le même Haskel que celui qui avait si bien saisi le dilemme dans lequel Abe se débattait. Il semblait un peu perdu, moins concentré, et encore plus elliptique que d'ordinaire dans sa façon de poser des questions.

— J'espère que vous avez fait une bonne sieste, Haskel.

— Je ne rêve plus.

— Je crois comprendre votre allusion à Abraham et Socrate.

— Des *menschen.* C'étaient tous les deux des *menschen,* répondit Haskel, en insistant sur le mot de yiddish désignant « l'homme », ou « l'être humain ».

— Et alors ?

— Alors toi aussi, Abraham, tu es un *mensch.* Comporte-toi donc comme tel.

— Je crois comprendre ce que vous me dites, répondit Abe. Il faut que je cherche une *seule* réponse à la question sur ce qu'il convient de faire. Il n'existe pas de moyen *humain* convenable qui ne soit en même temps le bon moyen *juridique.* C'est pourquoi Socrate a bu la ciguë de son plein gré, et Abraham, consenti à sacrifier son fils de son plein gré.

— Tu es un individu et un seul, Abraham. Tu dois trouver une et une seule réponse.

— Où puis-je la trouver, cette réponse ? demanda Abe d'un ton suppliant.

— Là où d'autres avant toi ont cherché, répondit le vieil homme, dont le regard commençait à se troubler.

Abe contempla son ami qui luttait pour formuler quelques dernières réflexions avant de perdre pied à nouveau. Il approcha l'oreille tout près de la bouche de Haskel pour bien entendre ce que disait le vieillard.

— Les vieux livres apportent des lumières, pas des réponses. Il arrive qu'il n'existe pas de réponse. Assure-toi de poser la bonne question en toutes circonstances.

Tout en réfléchissant à la question qu'il devait se poser, Abe regarda le vieillard qu'il chérissait glisser vers un sommeil agité.

Cette fois, il ne put attendre son réveil. Il avait épuisé Haskel, sans pour autant se rapprocher d'une solution. Il se rendait compte que Haskel avait besoin de rejeter la distinction entre solution humaine et solution juridique. C'était là l'une des caractéristiques communes au vieil homme et à Emma : chez l'un comme chez l'autre, les principes moraux faisaient partie intégrante de la personnalité. C'est peut-être ça, la sagesse, se dit Abe. Or, ce qu'il devait s'efforcer de trouver, c'était une façon de faire qui en appelle à la sagesse, et non à un stratagème astucieux.

Existait-il une solution aussi élégante ?

CHAPITRE TRENTE-QUATRE

Tout en revenant à pied de chez Haskel à son domicile, Abe se mit à penser à Nancy Rosen, qui se retrouvait en prison à la suite d'une manigance destinée à *faire* la justice. Elle avait sacrifié sa liberté pour résoudre un conflit opposant deux buts distincts : sauver la vie d'un inconnu, ou épargner son propre client. Elle avait opté pour une solution *bâtarde* épargnant la vie de Charlie Odell en préservant la liberté de son client — pour un temps, tout au moins — mais il lui avait fallu payer le prix fort : être elle-même incarcérée, et radiée du barreau.

Il doit y avoir une leçon à tirer du sacrifice de Nancy, se dit Abe, une indication quant à ce qu'il devait lui-même faire. Au moment où, sans cesser de penser à Nancy, il entrait chez lui, le téléphone sonna.

— Abe ? Nancy à l'appareil. Devinez d'où je vous appelle ? De chez moi ! Je viens d'être relâchée, et je voulais vous remercier... et aussi vous dire deux mots, à vous et Justin.

— J'accepte les remerciements, Nancy. Je suis content que vous soyez enfin libre.

— Le Seigneur donne, et le Seigneur confisque. Justin m'a fait plonger, et Justin m'a fait sortir. C'est quasi biblique.

— Ce doit être vrai, qu'on acquiert toujours un peu la foi en prison.

— Pas tout à fait, mais il suffit de dire qu'on est juif, et on a droit à de la nourriture casher, qui vaut bien mieux que l'ordinaire de la prison. Du coup, j'ai un peu acquis la foi... pour un temps. Ça s'appelle jouer le jeu.

— Owens a respecté le marché ?

— Ouais, et il n'y perd pas tant que ça. Il s'attend à prendre au maximum huit ans. Au jour de sa libération, il n'aura même pas mon âge. Tout a l'air de s'être arrangé, mais je n'approuve pas la décision qu'a prise Justin de témoigner.

— Il s'en tient aux lois, Nancy, vous savez. D'après les lois, il pouvait témoigner, et nous tenions à vous venir en aide.

— Je sais, mais moi, je ne l'aurais pas fait, même pour venir en aide à Justin. Il le sait, d'ailleurs.

— Lui et moi le savons, Nancy. En tant qu'avocate — et que personne aussi — vous êtes différente de nous. Cela dit, il y a une question que j'aimerais vous poser.

— Allez-y.

— Si vous aviez su qu'Owens projetait de tuer quelqu'un, qu'auriez-vous fait ? Vous seriez-vous abstenue de le balancer ?

— Ça dépend de qui il projetait de tuer. Je suis une révolutionnaire, ne l'oubliez pas.

— Laissez tomber les clichés, Nancy. Je sais que vous n'auriez jamais pu vous tenir en retrait et laisser votre client tuer une personne innocente.

— Pas de danger. S'il y a une chose que la vie m'a apprise, c'est bien que si on ne bouge pas au moment où on devrait, les remords finissent par devenir obsédants. Je ferais quelque chose, sans aucun doute.

— Alors quoi ?

— Je n'en sais rien. Je ne me contenterais sans doute pas d'obéir aux lois. Souvenez-vous, ce sont ces lois qui m'ont fait plonger. Il faut que j'y aille. Je n'ai même pas téléphoné à ma mère. Dites à Justin de m'appeler quand il aura une minute.

— Au revoir, Nancy.

Au moment où Abe raccrochait, on sonna à la porte d'entrée. C'était Justin. Avant même de franchir le seuil, il annonça d'une voix de stentor :

— Je crois avoir trouvé ce qu'il faut faire, Abe !

— Du calme, Justin. Entre. Toute la rue va t'entendre. À propos, Nancy est sortie. Appelle-la. Elle est en pétard contre toi.

Justin souffla un bon coup, et s'assit dans le salon.

— Je suis content pour Nancy... ça lui ressemble bien en plus. On raccommodera tout ça, ne vous inquiétez pas. Cela dit, voilà mon plan à propos de Campbell. Il faut que nous fassions ce que Campbell a fait : rechercher sur nos banques de données les femmes susceptibles de se révéler vulnérables. Dès que nous en trouvons une qui présente les critères des victimes de Campbell, nous la prévenons — de façon anonyme — de ne pas se laisser aborder par ce mec.

— Pas mal, Justin, mais ça ne marchera pas, répondit Abe. Campbell a raison : il y a trop de femmes vulnérables dans le pays. Nous ignorons comment il s'y prend pour les sélectionner et opérer un choix. Ça nous obligerait à appeler des centaines de femmes. Et il s'en trouverait bien quelques-unes pour prévenir la police. De toute façon, ça reviendrait à le dénoncer, donc à trahir le secret professionnel existant entre avocat et client.

— Il va pourtant *falloir* que quelque chose marche, Abe. À moins que vous n'ayez mieux à proposer, nous allons devoir nous contenter d'un plan d'action imparfait, affirma Justin. Je ne pourrais pas supporter de tomber sur un nouvel article du genre de celui sur Midge Lester. Ça me mènerait droit à l'asile !

— Haskel m'a conseillé de chercher la réponse là où d'autres l'ont cherchée avant moi. Tu as écumé le domaine de l'éthique juridique, qu'est-ce que tu y as trouvé ? demanda Abe.

— Les éternels poncifs à propos du devoir de l'avocat envers son client et la cour. Mais rien qui nous tire d'affaire. Il n'existe aucune dérogation au secret professionnel dans un cas comme celui qui nous intéresse. Les lois en vigueur stipulent que si Campbell devait nous *révéler* qu'il projette un crime à venir, nous pourrions le dénoncer. C'est le seul cas de figure.

— La « dérogation pour crime à venir », confirma Abe. Mais il faut qu'il nous le révèle. Si nous le découvrons grâce à ce qu'il nous a raconté à propos du passé, ce n'est pas suffisant.

— Or, Campbell ne nous a pas *révélé* qu'il projetait de commettre un crime, compléta Justin. En rusant, nous arriverons peut-être à lui faire dire ce qu'il prémédite de faire — à ce moment-là, nous pourrons le dénoncer.

— Il n'y aura pas moyen de lui faire avouer quoi que ce soit. Tu prends tes désirs pour des réalités, Justin. Campbell nie tout avec la dernière énergie. Ce que nous savons, nous l'avons appris quand nous le représentions pour un crime *passé*. Il ne nous a révélé sa combine informatique qu'une fois que je lui ai promis de tenir la chose secrète.

— Nom d'un chien ! il vous a bien eu, en vous faisant promettre. Vous vous souvenez des conneries qu'il nous a débitées comme quoi sa réputation de type courtois serait foutue si vous révéliez un jour qu'il faisait des recherches par ordinateur au sujet des filles avec qui il sortait ? Tout ça, c'était une arnaque.

— Ça ne serait pas la première du genre.

— Comment ça ?

— Tu te souviens de Paula Hawkins ?

— Non, c'était avant que j'arrive.

— Une affaire abominable. Ça a failli être ma fin. Paula était accusée d'avoir empoisonné son mari, un type beaucoup plus âgé qu'elle. Quand elle m'a confié qu'elle l'avait éliminé, j'en suis resté soufflé. Je n'oublierai jamais la façon dont elle a formulé ça : « J'ai liquidé mon bonhomme, mais c'était de la légitime défense : il me barbait à en crever. »

— Elle a demandé à témoigner ?

— Non, elle savait que je ne pouvais pas l'y autoriser.

— Alors, que s'est-il passé ?

— J'ai plaidé sur la foi des preuves médico-légales, et le jury a prononcé un verdict d'homicide involontaire.

— Pas mal.

— Pas assez bien à son goût. Elle a engagé un autre avocat qui m'a poursuivi pour « assistance juridique insuffisante » du fait que je ne l'avais pas laissée témoigner.

— Et alors ?

— Le procureur m'a demandé de rédiger une déclaration sous serment expliquant pourquoi j'avais décidé de ne pas faire comparaître ma cliente. Son intuition lui disait qu'elle avait dû me faire des aveux.

— J'espère que vous la lui avez fournie. Après tout, cette femme vous accusait d'avoir foiré l'affaire. Vous étiez en droit de vous défendre.

— Rien à faire, répliqua Abe. Il ne faut pas compter sur moi pour aider les procureurs à faire croupir mes anciens clients sur la paille des cachots — même si je dois y laisser ma peau d'avocat.

— Et alors, que s'est-il passé ?

— Le juge a déclaré que ma défense avait été insuffisante, et a relâché Paula.

— Vous pensez qu'elle vous avait roulé ?

— C'est probable.

— Et Campbell ?

— Je n'en sais rien. Ça se peut. Si je pouvais prouver qu'il s'agissait d'une arnaque — d'une ruse, dès le départ —, ça me permettrait de le dénoncer, mais je n'ai aucun moyen de prouver ça. Nous ne faisons guère qu'émettre des suppositions.

— Eh bien ! moi, je les trouve plutôt crédibles, ces suppositions.

— Ça ne suffit pas. J'ai promis, je ne suis pas autorisé à dénoncer, reprit Abe. Rien à faire. Si je le faisais, ça constituerait une infraction au code professionnel. On n'a pas de marge de manœuvre. Pas la moindre.

— Vous devez vous sentir comme un prêtre qui aurait appris quelque chose d'horrible en confession.

— Révérend Père Ringel, fit Abe avec un sourire. C'est curieux, j'ai du mal à me représenter ça. Mais ça me donne quand même une idée.

CHAPITRE TRENTE-CINQ

NEWTON — VENDREDI 11 AOÛT

Jamais, au cours des nombreuses années passées dans la région de Boston, Abe ne s'était rendu en ce lieu-là. Il se sentait impressionné, et se rappelait les histoires que son grand-père Zachariah lui avait racontées sur sa jeunesse en Pologne, au cœur de l'antisémitisme inspiré par la religion. Et voilà que maintenant, Abe pénétrait dans l'enceinte de l'archevêché catholique, où il avait rendez-vous avec le père Stanislaw Maklowski, l'autorité locale de la communauté catholique bostonienne. Abe s'était plus ou moins attendu à se retrouver dans des couloirs obscurs, peuplés d'ombres inquiétantes. Au lieu de quoi, il découvrait des salles lumineuses, décorées de portraits aux couleurs vives représentant les cardinaux de jadis dans leur tenue rouge d'apparat.

Le père Maklowski était aussi lumineux et accueillant que l'environnement dans lequel il vivait. Assis sur une vaste et confortable ottomane, il fumait le cigare.

— J'ai contracté ce vice à l'époque où je travaillais à Cuba, avant la révolution, expliqua-t-il. J'aimerais pouvoir vous offrir un Montecristo, mais je n'ai que des cigares américains. Vous en prendrez un ?

— Non merci, père, répondit Abe.

— Je vous en prie, appelez-moi Stan. Nous ne sommes pas en confession, Abe, nous pouvons nous dispenser des titres. Que puis-je apprendre à un avocat aussi célèbre que vous au sujet des lois sibyllines qui sont les nôtres en matière de secret de la confession ?

— Comme je vous l'ai dit en appelant pour prendre rendez-vous, il va falloir que tout cela reste abstrait, car ma démarche concerne une affaire dont je ne peux pas vous parler. C'est d'accord ?

— Vous ne vous fiez même pas à un prêtre ? plaisanta le père Maklowski.

— Ce n'est pas que je ne me fie pas à vous, Stan. Mais je n'ai pas le droit de vous en parler. J'espère que vous comprenez.

— Bien sûr. Vous ne savez sans doute pas que je suis avocat, moi aussi. Je n'exerce pas, mais j'ai fait mon droit à l'Institut Notre-Dame, et je suis inscrit au barreau de l'Illinois. Je suis également spécialisé en droit canon, mais j'ai consacré toute ma vie d'adulte à la prêtrise. Je me tiens au courant de ce qui se passe en matière d'éthique juridique, et il m'arrive d'être invité à donner une conférence à l'université de Boston. Alors, allez-y, soumettez-moi votre controverse favorite.

— Voilà : que se passerait-il si au cours d'une confession, un prêtre avait appris quelque chose qui le conduise à penser que le pénitent va tuer quelqu'un ? Aurait-il la possibilité de révéler ce qu'il sait pour empêcher un meurtre ?

— Dites donc, Abe, c'est *ma* controverse préférée. Je m'en sers toujours pour illustrer mon cours, quand je parle du secret de la confession à de jeunes prêtres.

— Et que leur dites-vous ?

— Nos lois sont ainsi faites que cela ne constitue pas un problème épineux. Un prêtre n'est en aucun cas autorisé à divulguer ce qu'il sait.

— Que peut-il faire, alors ?

— Transiger, amadouer, menacer de damnation éternelle. Tout, sauf divulguer.

— Les prêtres respectent-ils cette loi ?

— Et comment, Abe ! Dans la vie, voyez-vous, personne ou presque n'est jamais informé de crimes à venir. Le cas s'est déjà produit, bien sûr, mais nous ne révélons rien, voilà tout.

— S'est-il déjà produit, à votre connaissance, qu'un prêtre transgresse la loi et divulgue ?

— Oui, il y a peu de temps, d'ailleurs. En Italie, comme un fait exprès. Au pied du Vatican, ou presque.

— Que s'est-il passé ?

— Un prêtre de village bien intentionné — on m'a dit qu'il s'agissait d'un brave homme, mais je ne le connais pas — a entendu quelqu'un en confession qui lui a dit avoir commis plusieurs meurtres pour le compte de la Mafia.

— Il s'agissait donc de meurtres *passés,* c'est bien cela ?

— Tout doux, Abe, j'y viens.

— Poursuivez.

— Le prêtre a pensé que s'il divulguait que les meurtres en question — jusque-là inexpliqués — étaient l'œuvre de la Mafia, cela empêcherait qu'à l'avenir, d'autres meurtres similaires soient commis.

— Il s'est donc dit qu'il allait sauver des vies en dénonçant son pénitent.

— Non. Il n'a pas dénoncé le pénitent. Cela lui aurait attiré de graves ennuis.

— Qu'a-t-il fait, alors ?

— Il s'est contenté de faire un sermon dans son église de village, au cours duquel il a révélé qu'une personne *dont il ne citerait pas le nom* s'était confessée de meurtres commis pour le compte de la Mafia.

— Les gens n'ont-ils pas voulu connaître le nom de l'assassin ?

— Bien sûr que si, mais le prêtre a refusé de divulguer *cet élément-là.*

— Que s'est-il passé ?

— Son cas est à l'étude. Tout le monde s'accorde à dire qu'il a fait le contraire de ce qu'il fallait faire.

— L'accusation doit s'en donner à cœur joie.

— C'est curieux. L'accusation ne s'en donne pas à cœur joie parce que cette affaire a suscité des remous. La presse elle-même a blâmé le pauvre prêtre. Tout le monde s'est mêlé de son affaire.

— Vous aussi ?

— Moi aussi, quoique je prie le Ciel pour que ce pauvre homme n'aille pas s'attirer plus d'ennuis. Il a agi comme il croyait bon de le faire.

— Pensez-vous qu'il ait fait mal ?

— Du point de vue de la loi catholique, c'est indubitable.

— Vous-même, Stan, qu'auriez-vous fait si vous

aviez dû choisir entre le fait de sauver des vies, et celui de divulguer une confession ?

— Je sais ce qu'il conviendrait de faire.

— Ce serait ?

— Respecter le secret de la confession.

— Même si cela doit coûter plusieurs vies humaines ?

— Je sais que le profane a du mal à comprendre cela, Abe. Notre travail consiste à sauver des âmes, pas des vies. Sauver des vies est une tâche que nous devons laisser à d'autres. S'il fallait transgresser un jour le secret de la confession, nous ne serions plus en mesure de sauver des âmes, car plus personne n'accepterait de se confesser.

— Cela ressemble au genre d'argumentation que développent les avocats.

— Le travail d'un avocat ne consiste pas à sauver des âmes, mais des vies.

— Eh bien ! non... malheureusement. Notre travail consiste à défendre des gens accusés d'avoir commis un crime. Et si nous transgressons notre secret professionnel, plus personne n'acceptera de nous faire confiance. L'argumentation est très proche de la vôtre.

— Je crois que vous êtes venu me voir pour recueillir des renseignements, Abe, et non des conseils. Par chance, il se trouve que mon travail consiste aussi à donner des conseils. Cela vous ennuierait-il que je vous en donne quelques-uns ?

— Pas du tout, allez-y.

— La décision n'appartient qu'à vous, Abe, mais à mon avis, si vous avez la possibilité de sauver une vie humaine en divulguant une confidence juridique, vous devriez le faire.

— Père... Stan, cela ne va-t-il pas à l'encontre de ce que vous venez de dire que vous-même feriez ?

— Si, de la même façon que nos rôles vont à l'encontre l'un de l'autre. Le mien consiste à sauver des âmes. Le vôtre est plus prosaïque, mais il n'est pas de plus noble entreprise, ici-bas, que celle qui consiste à sauver de vies. J'aimerais avoir la liberté de le faire, mais ce n'est pas le cas.

— Nos situations respectives ne sont pas si éloignées que ça, Stan. En ne divulguant *pas* l'information en question, il se pourrait qu'à long terme, je sauve *un plus grand nombre de vies,* étant donné qu'un plus grand nombre de clients accepteront de se confier à moi, ce qui me permettra de les dissuader de faire des choses horribles.

— Vous savez, Abe, ce n'est pas le rôle d'un avocat de se prendre pour Dieu et de sacrifier une vie humaine à court terme dans l'espoir d'en sauver un grand nombre à long terme.

— J'ai *promis* à mon client de respecter le secret professionnel. Êtes-vous en train de me conseiller de transgresser une promesse solennelle ?

— Sauver une vie est une mission plus sacrée que celle qui consiste à tenir une promesse... pour un avocat.

— Vous aussi, en êtes un, ne l'oubliez pas.

— En effet. Cela dit, ce n'est pas comme *avocat,* que j'entends les gens en confession, mais comme *prêtre.* Si quelqu'un s'adressant à moi *en tant qu'avocat* — et non en tant que prêtre — me révélait quelque chose qui puisse sauver une vie, je le divulguerais.

— Cela vous est-il déjà arrivé ?

— Non. Et on n'a jamais rien révélé au *prêtre* que je suis, qui puisse sauver une vie humaine.

— Je me demande ce que vous feriez si cela vous arrivait un jour ? Si vous pouviez *vraiment* sauver une vie en divulguant ce que vous avez appris en confession ? Vous semblez trop bon pour vous contenter de regarder sans rien faire pendant qu'un innocent, que vous pourriez sauver, meurt.

— Je me le demande aussi. J'espère que ma foi ne sera jamais ainsi mise à l'épreuve, répondit le père Maklowski.

— La mienne l'est bel et bien, *en ce moment même,* et j'ai le sentiment de ne pas me montrer à la hauteur.

Abe quitta l'archevêché plus troublé que jamais. Il restait convaincu de ne pas pouvoir faire vis-à-vis d'un client ce qu'un prêtre ne voudrait pas faire envers un pénitent : transgresser les lois.

Il regagna le cabinet où Justin attendait, espérant que l'entrevue avec le père Maklowski aurait fait changer Abe d'avis. Ce dernier lui relata la conversation et en vint à la conclusion.

— Rien de ce que m'a dit le père Maklowski ne m'incite à dénoncer Campbell.

— Rien de ce que vous ou quiconque m'ait dit ne m'incite *moi,* à me contenter d'attendre pendant que notre ancien client viole et tue peut-être une autre innocente, répondit Justin.

— En réalité, Justin, les avocats, les prêtres, et même les médecins, doivent souvent se contenter d'attendre à cause de l'importance du secret professionnel. C'est le prix que paie la société pour encourager les échanges confidentiels, répliqua Abe.

— Les médecins doivent bien divulguer les sévices infligés aux enfants quand ils en constatent les signes, quitte à dénoncer un patient.

— Regarde quelle en est la conséquence : quantité de parents violents ont cessé d'emmener leurs gosses chez le médecin, parce qu'ils craignent d'être signalés. C'est pourquoi les avocats ont refusé l'option de la dénonciation adoptée par les médecins et les psychologues.

— Il n'existe peut-être pas de solution simple, reconnut Justin.

Abe avisa un coffret, posé sur le bureau, à côté de l'ordinateur. L'étiquette indiquait : « CD-ROM Davka Midrashim Agadique, Deuxième Édition ».

— Qu'est-ce que c'est que ça ?

— Le recueil talmudique dont je vous ai parlé. Ça vient de l'Institut d'hébreu. Je me suis amusé à le consulter un peu.

— Tu as trouvé des choses intéressantes ?

— Rien qu'une histoire à propos d'un vieux juge qui siégeait à la Cour suprême talmudique, le sanhédrin, en tant que vice-président.

— Que raconte-t-elle, cette histoire ?

— Vous n'allez pas apprécier. En tout cas, moi, je n'apprécie pas du tout.

— Pourquoi ça ?

— Si incroyable que ça puisse paraître, le vieux juge en question — de son nom : Shimon, fils de Shetah — se trouva dans une situation à peu près identique à la nôtre.

— Comment ça ?

— Eh bien ! il avait présidé un procès à l'issue duquel un assassin coupable fut relâché car il n'existait qu'un témoin. Or, la Bible requiert deux témoins au minimum... pour les affaires d'extrême importance. Là-dessus, l'assassin acquitté sort et tue à nouveau, mais le juge le voit « le poignard à la main, ruisselant de sang, tandis que l'homme assassiné se convulse encore ».

— Très imagé.

— Ouais, ces gars-là, ils savaient aller droit aux tripes du lecteur.

— Et que fait le juge ? s'enquit Abe.

— Rien. C'est le fin mot de l'histoire. Il pose à l'assassin la question que nous nous posons.

— C'est-à-dire ?

— Voilà. Je vais vous la lire, tout droit tirée du Talmud : « Misérable, qui a tué cet homme ? Toi, ou moi ? »

— Et que répond le juge ?

— Il répond que *lui*, le juge, n'est *en aucun cas* responsable, car il s'est fié à la loi biblique, qui requiert deux témoins.

— Ma foi, ça paraît juste, non ?

— Peut-être pour un juge, mais pas pour un avocat, répondit Justin.

— Au contraire, ça me semble plus justifié de la part d'un avocat que d'un juge.

— Pourquoi ça ?

— Eh bien ! ils doivent l'un et l'autre obéir à la loi, expliqua Abe. La responsabilité première d'un avocat concerne son client, tandis que celle d'un juge englobe la société en général. Si la bonne réaction, de la part d'un juge, consiste à laisser de temps à autre un coupable s'en tirer — même s'il doit un jour tuer à nouveau —, il devrait s'ensuivre qu'on ne peut tenir rigueur à un avocat d'en faire autant.

— C'était peut-être à cette histoire que Haskel faisait allusion quand il vous a dit de chercher là où d'autres avaient cherché.

— Peut-être faisait-il allusion à *toutes* les sources auxquelles nous nous sommes référés. Jusque-là, nous en sommes à trois — juridique, catholique, juive — et elles pointent toutes dans la même direction : nous ne devons rien dire. Si difficile que ce soit, ça représente la *bonne* solution... aussi bien pour les avocats que pour les êtres humains que nous sommes.

— Même si Campbell viole et tue de nouveau ?

— Nous n'avons pas moyen d'en être certains, Justin.

— Bien sûr que si. Je me suis aussi livré à quelques recherches au sujet des viols en série.

— Qu'est-ce que tu as trouvé ?

— Il s'agit d'un phénomène assez fréquent. On en relève en moyenne une dizaine par an rien qu'à New York.

— Quels points communs ont-ils ?

— Premièrement, les types s'en prennent à des femmes vulnérables qui n'osent pas porter plainte : prostituées, droguées, immigrées en situation illégale. Deuxièmement, ils ne s'arrêtent que s'ils se font attraper. Troisièmement, ils laissent très peu d'indices. Et pour finir, ils deviennent de plus en plus violents avec le temps.

— Ça ressemble à Campbell, mais lui opère avec des moyens technologiques haut de gamme.

— Le pire, c'est qu'on peut tenir pour assuré qu'il ne s'arrêtera pas de lui-même.

— Qu'est-ce qui te fait dire ça ?

— Je vous cite ce qu'en dit Lisa M. Fried, une spécialiste des crimes sexuels attachée au cabinet du procureur de New York, répondit Justin en feuilletant ses notes. « Il s'agit du type de crime le plus répétitif qui soit au monde. Je n'énonce pas là une simple crainte, mais une certitude. Un homme ayant commis plusieurs viols récidivera. »

— Ce sont des généralisations statistiques, Justin. Nous n'avons pas moyen d'être certains que Campbell violera ou tuera de nouveau.

— Si, Abe. Vous le savez, moi aussi. Rien ne nous permet de croire qu'il soit différent des autres, même s'il est plus malin.

— « Le prince des ténèbres est un gentilhomme », déclara Abe, citant son dramaturge favori.

— Il faudra donc encore plus longtemps pour l'attraper, ce qui rallongera d'autant la liste des victimes.

— Compte tenu des lois, même si Campbell devait violer à nouveau *nous* ne sommes pas responsables... pas plus qu'un prêtre ou qu'un juge ne le serait. Nous aussi, avons des obligations envers une instance supérieure. Nous sommes tenus de respecter notre serment, donc de nous taire. Nous n'avons pas le choix.

— Nous avons toujours le choix, Abe. Il reste l'alternative de la résistance passive. C'est ce qu'a fait Nancy Rosen : elle est allée en prison parce qu'elle avait choisi de transgresser une mauvaise loi pour une bonne raison.

— Ce n'est pas à *nous* qu'incombe la décision, Justin. Diderot disait à juste titre que quiconque prend sur lui de transgresser une mauvaise loi autorise tout le monde, ce faisant, à transgresser les bonnes.

— Eh bien ! *moi,* j'ai incité Nancy à transgresser la loi en question.

— Ça, c'était *ton* boulot. Le *sien,* c'était de résister à tes incitations.

— J'avais *raison,* Abe. J'agissais dans l'espoir d'apporter un mieux.

— Peut-être. Mais en l'occurrence, ça ne pourrait apporter un mieux. Rappelle-toi que notre institution tout entière, surtout la défense, repose sur la théorie selon laquelle « mieux vaut laisser dix coupables en liberté, que condamner à tort ne serait-ce qu'un seul innocent ».

— C'est une belle théorie, Abe, mais quelle valeur a-t-elle dès lors que l'un des dix coupables en question est voué à tuer un innocent de plus ?

— Je n'en sais rien, Justin. Ce que je sais, en revanche, c'est que je ne transgresserai pas la loi. Je ne peux pas, voilà tout. J'y *crois*, en ces lois, bon sang ! Et je me refuse à les enfreindre.

— Je vais vous poser une question, Abe, reprit Justin, endossant le rôle du professeur socratique. Que feriez-vous si vous étiez persuadé que Campbell s'apprête à tuer, mais que vous sachiez en plus *qui* il s'apprête à tuer ?

Abe tenta d'esquiver la question.

— Comment pourrais-je le savoir, à moins que Campbell ne me l'ait dit lui-même ?

— Vous ne jouez pas le jeu, Abe. Il faut vous en tenir à mon interrogation. Mettons que nous l'ayons découvert grâce à l'ordinateur, ou n'importe quel autre moyen. Mettons aussi qu'il s'agisse de Miss Plongée-sous-Marine, le premier juré. Rappelez-vous que Campbell a dit qu'il aimerait l'inviter à boire un verre. Pourriez-vous supporter de vivre en sachant que *cette femme-là* — pas je ne sais quelle femme issue des *statistiques* mais une *véritable* femme, que vous connaissez — allait être assassinée ? Pourriez-vous respecter les lois et attendre sans rien faire que le sang de cette femme soit versé ?

— Je n'en sais rien, Justin.

— Alors si vous ignorez ce que vous feriez dans cette situation-là, comment pouvez-vous être si sûr de ce qu'il faut faire dans la situation qui nous intéresse ?

— Parce que dans le cas présent, nous ignorons *de quelle femme* il s'agira.

— En quoi cela fait-il une différence ?

— Je n'en sais rien, Justin. Mais cela fait bel et bien une différence. À mes yeux, du moins.

— Ouais, aux miens aussi. Il ne s'agit pourtant que d'une différence psychologique, et non morale, bon sang ! Il est plus difficile de laisser mourir quelqu'un qu'on connaît, qu'une banale abstraction issue des statistiques. Pourtant, il ne *devrait* pas y avoir de différence.

— Tu es très convaincant, Justin. Tu ferais un excellent professeur de droit.

— C'est peut-être comme ça que je vais finir. Les profs, au moins, ne tuent pas les gens.

— Nous n'avons tué personne, bon sang ! Ne redis jamais ça, Justin. Ce n'est pas juste.

— Allez raconter ça à la mère de la prochaine victime de Campbell, celle dont nous n'allons *pas* sauver la vie parce que vous avez décidé que vous deviez obéir à je ne sais quelles lois imbéciles.

CHAPITRE TRENTE-SIX

BOSTON — MERCREDI 16 AOÛT

— Voilà plus de dix ans que je te connais, Abe, déclara Rendi en lui servant un verre de château-margaux 1982. Et je ne t'ai jamais vu préoccupé à ce point par un problème professionnel.

— Il ne s'agit pas d'un simple problème professionnel, répondit Abe en vidant son verre comme s'il contenait du Schweppes. Ça concerne aussi la conception que je me fais de mon rôle d'avocat et d'être humain. C'est la première fois de ma carrière que je me trouve dans une situation aussi pénible. Je me sens impuissant.

Cette allusion lui arracha un sourire amer, car depuis peu, Abe avait perdu tout intérêt pour le sexe.

Rendi l'avait invité chez elle, à son appartement de Beacon Hill, pour un souper intime et amical, voire romantique, que ne sous-tendait aucune intention sexuelle... sauf peut-être celle de ranimer la flamme en vue de l'avenir. Le petit deux-pièces, chaleureux, raffiné, décoré d'antiquités ramenées des chantiers de fouilles archéologiques auxquels Rendi avait participé, détonnait par rapport à son occupante. Abe n'avait jamais pu se représenter Rendi — la personne la plus impatiente qu'il connaisse — fouillant des couches de boue avec lenteur, précaution, révérence à la recherche de trésors du passé. Même la douce musique d'un luth médiéval semblait réfléchir le désir de sérénité de la jeune femme, et non la frénétique réalité de sa vie.

Rendi se souvint, non sans douleur, de la culpabilité ressentie par Abe parce qu'il avait couché avec elle quelques semaines à peine avant la mort de Hannah dans ce tragique accident, culpabilité qui par la suite, pendant plus d'un an, l'avait empêché de partager avec Rendi la moindre intimité sexuelle.

— Ça n'a rien de comparable avec la mort de Hannah, reprit la jeune femme, visant droit au but, comme à son habitude. *En l'occurrence,* il est question de ta vie professionnelle. Tu es sans doute aux prises avec un dilemme terrible, mais ça ne concerne pas les gens que tu aimes. Ça ne concerne pas Emma, pas ta santé — bien que ça puisse avoir des conséquences sur ton état général. Ça ne nous concerne pas non plus, ajouta-t-elle d'un ton hésitant, sans bien savoir dans quel domaine ranger leur relation.

— Je sais, répondit Abe, d'un ton qui manquait de conviction. Et je remercie le Ciel qu'il ne s'agisse pas de *ce genre* de crise. Cela dit, ça *reste* une crise personnelle. Je me sens déchiré, aussi bien en tant qu'avocat qu'individu. Ça me donne à comprendre quelles limites personnelles m'impose mon rôle professionnel. Ça me fait douter de tout ce à quoi j'ai cru, et que j'ai défendu pendant un quart de siècle. Ça me rend cinglé, Rendi. J'ai pris la décision de ne pas dénoncer Campbell, et cette décision me bouffe.

Comme la plupart des avocats professionnels, Abe avait appris à trancher très vite en cas de décision difficile, et à prendre du recul par rapport aux émotions que soulevaient ces décisions.

« Un plaideur ne peut pas s'octroyer le luxe de se

*mutcher*ifier au sujet de décisions passées », avait coutume de dire Haskel, en employant le terme yiddish qui signifiait « obséder », « tourmenter ».

C'était pourtant ce que faisait Abe, qui se *mutcher*ifiait à un point maladif au sujet de sa décision de ne pas dénoncer Campbell.

— Et cet enfoiré de Campbell sait très bien qu'il ne quitte pas tes pensées. Je me demande si ça l'excite, ça aussi.

— Ce n'est pas sa faute, Rendi. Il est ce qu'il est : un malade, un pauvre type. Des mecs comme lui, il y en a plein les rues. Si ce n'était pas lui, c'en serait un autre. Tous les avocats ont leur démon, et parfois même plusieurs. Il se trouve que mon diable à moi, c'est Joe Campbell.

— C'est parce que ce problème-là ne peut pas se résoudre d'un claquement de doigts. C'est le genre de sujet qui harcèle les philosophes, le casse-tête perpétuel. Il n'existe pas de solution idéale. Il faut que tu choisisses parmi les moins bâtardes.

— Quand j'étais plus jeune, je savais faire ça, et ne plus y revenir. Mais on dirait que je n'y arrive plus.

— C'est bien. Admettre complexité, ambiguïté et incertitude, est une preuve de maturité. Tu grandis, en fin de compte.

— Et ça ne me plaît pas, répondit Abe en s'autorisant son premier petit sourire de la soirée.

Rendi se leva, le rejoignit, et s'assit sur ses genoux. Elle y resta une longue minute, sans rien faire d'autre que contempler l'expression soucieuse d'Abe. Puis, à voix presque basse, elle lui dit :

— Écoute, Abe, il y a un temps pour réfléchir, et Dieu sait que tu l'as fait tout ton soûl. Mais tu n'es pas satisfait de ta décision.

— Comment le sais-tu ?

— C'est évident. Quelqu'un a un jour demandé à Sigmund Freud comment il s'y prenait pour trancher en cas de décision délicate.

— Et qu'est-ce qu'il a dit ?

— Qu'il jouait à pile ou face.

— Pas très original.

— Si, au contraire. Il a précisé qu'ensuite, il observait sa propre réaction devant le résultat — la satisfaction, ou la déception qu'il éprouvait.

— Ingénieux.

— Eh bien ! toi, tu as échoué au test de Freud : tu te *mutcher*ifies.

— C'est une décision qui justifie qu'on le fasse.

— Eh bien ! tu l'as assez fait. Il est temps d'agir, maintenant.

— Qu'est-ce que je dois faire, à ton avis ?

— Je crois que tu devrais transgresser les lois et le livrer. Fais-le, c'est la seule bonne réaction qui soit. Je serai fière de toi, Emma sera fière de toi. Hannah aurait été fière de toi.

— Ce n'est *pas* la bonne réaction. Ne crois-tu pas que le juge Gambi avait raison, quand elle a rejeté ma requête visant à découvrir ce que Jennifer avait révélé à son psychologue ?

— Si mais c'était différent.

— En quoi ?

— Jennifer ne s'apprêtait pas à assassiner qui que ce soit.

— Elle était peut-être en train d'accuser quelqu'un à tort.

— Tu sais bien que non.

— Le *juge* ne le savait pas, et pourtant, elle a refusé de me laisser établir ce que Jennifer avait dit à son psy parce qu'elle avait conscience du prix qu'a une promesse de secret.

— Ça reste différent, Abe, et je crois que tu devrais livrer Campbell aux flics.

— Je sais qu'un tas de gens me féliciteraient de dénoncer un violeur et assassin coupable, mais je ne peux pas. Ça m'obligerait à transgresser l'une des lois essentielles de ma profession.

— Oh ! Abe... répliqua Rendi sans réfléchir. Ça ne serait pas la première fois que tu transgresses.

À peine les mots eurent-ils franchi ses lèvres, qu'elle regretta de les avoir prononcés.

Abe répondit en lui signifiant sans équivoque qu'il

aimerait qu'elle se lève. Quand elle fut debout, il lui tendit la main en signe de réconciliation.

— Je sais qu'il m'est arrivé, par le passé, de transgresser une loi et une promesse, et nous nous en mordons les doigts tous les deux. Cette nuit passée avec toi juste avant l'accident de Hannah, reste la pire des choses que j'ai jamais faites. Si je devais choisir une heure de ma vie, et la revivre d'une autre manière, ce serait celle-là.

— Moi aussi, Abe. Avant l'accident, je regrettais déjà ce que nous avions fait. Il y a quelques semaines, j'ai jeté un coup d'œil au journal intime que je tiens sur ordinateur, et relu ce que j'avais écrit au lendemain de cette soirée-là. Tu sais ce qui y est dit ?

Abe marque un temps d'arrêt.

— Tu tiens un journal ?

— Oui, sur ordinateur.

— Ça ne m'inspire pas confiance, ce genre de choses, tu sais, Rendi. Dans quelle mesure peut-on considérer que ce soit sûr ? N'importe quel type un peu au parfum pourrait le pirater.

— Ne te tracasse pas, Abe. Personne ne voudrait lire mon journal — sauf *toi*, peut-être. D'ailleurs, j'ai un mot de passe.

— Qui est ?

— Tu te figures que je vais te le dire, à *toi* ? Je garde des trucs, là-dedans, dont tu ne sauras jamais rien.

— Il faut que tu t'inquiètes de la sûreté de ton ordinateur, Rendi.

— Arrête ça, Abe, et écoute-moi. Il n'est pas question de piratage, pour le moment, mais de ce que j'ai écrit dans mon journal à cette date-là, répliqua Rendi en passant le bras autour des épaules d'Abe.

— Dis-moi.

— J'y ai écrit que l'entente sexuelle avait été excellente, mais que ça n'en valait pas la peine, car tu te sentirais à tout jamais coupable d'avoir trahi la confiance de Hannah.

— Tu avais raison, vu ce qui s'est passé par la suite.

— Nous ne pouvions pas le savoir. Nous ne sommes pour rien dans ce qui s'est passé.

— Je n'arriverai jamais à m'en persuader. Et le pire c'est que je devrai cacher ça à Emma.

— Emma va avoir quantité de choses à te cacher aussi, crois-moi.

— Pas de choses comme celle-là.

— Écoute, Abe, la chair est faible. Nous n'étions pas les premiers, et nous ne serons pas les derniers individus corrects à succomber à cette tentation. Nous avons apprécié ce moment-là.

— En effet, mais regarde le mal que ça nous a fait. Si nous ne l'avions pas apprécié, nous serions sans doute mariés, à l'heure qu'il est.

— Mariés ? Quelle barbe ! C'est plus marrant comme ça.

— Je n'arrive plus à mener un double jeu avec les lois, Rendi. Le prix que j'ai dû payer cette fois-là était trop élevé. Je ne vais pas laisser ce salopard venir à bout de ma fidélité envers la loi.

Abe se tut et braqua le regard sur le petit fragment de la statue de Justinien qui trônait sur la cheminée de Rendi.

CHAPITRE TRENTE-SEPT

Abe se sentait comme un jongleur manipulant quatre balles à la fois. Chaque minute de chaque heure du jour, il la passait à se ronger au sujet de Campbell. Et bien qu'il sache que sa décision était la bonne, il ne pouvait s'empêcher d'écumer son *New York Times* tous les matins à la page des faits divers survenus en ville pour y chercher un nouveau crime susceptible de porter la griffe de Campbell. Tous les soirs, il suivait le bulletin d'informations de New York sur la chaîne la plus importante du câble. Il était malade d'appréhension — sa tension était montée en flèche — à l'idée que Campbell allait frapper de nouveau.

L'épée de Damoclès pendait au-dessus de la tête de

la prochaine victime de Campbell aussi bien que de celle d'Abe. Toute une partie de lui souhaitait que son ancien client commette son prochain crime le plus vite possible et se fasse prendre. La véritable horreur de l'épée de Damoclès, Abe le comprenait maintenant, tenait non pas à ce qu'elle finisse par tomber, mais au fait qu'avant la chute, elle reste en suspens.

En même temps, il s'inquiétait de ce qu'Emma soit sur le point de déménager pour aller s'installer dans le quartier dangereux qui se trouvait autour de Barnard. Il lui acheta une sirène d'alarme portative dans un grand magasin d'articles électroniques, lui offrit un livre sur les précautions à prendre pour ne pas se faire agresser à New York, lui paya son inscription aux cours d'autodéfense — intitulés « super baston » — qu'elle prenait à la YMCA de Cambridge, et apprit, à son grand soulagement, que sa fille était désormais capable de calmer un agresseur d'un rapide coup de genou dans les parties. Abe était certain d'avoir rempli son devoir religieux en apprenant à nager à sa fille. Mais il était moins sûr de la ville même, dans les courants contraires de laquelle Emma allait devoir naviguer.

La troisième balle d'angoisse n'était autre que Haskel. La santé du vieil homme se dégradait de plus en plus. Il arrivait désormais que, lors des visites d'Abe, Haskel reste immobile, le regard braqué devant lui, les yeux dans le vague et la bouche entrouverte, les mains agitées d'un tremblement irrépressible. La dernière fois qu'Abe était allé le voir, Haskel avait semblé tenir à lui parler d'un événement tout proche, mais ne parvenant pas à articuler il s'était contenté de répéter les noms bibliques d'*Amalek* et *Hamen*, et de bredouiller quelque chose à propos de « générations futures ». Ces indications constituant une piste de recherche encore plus mince que d'ordinaire, Abe avait demandé à Justin de vérifier les noms, et de lui rapporter tous les renseignements y ayant trait.

Chaque fois qu'il rendait visite à Haskel, Abe se demandait si ce ne serait pas la dernière fois qu'il voyait son vieil ami vivant. Il ne cessait de penser à tout ce qu'il souhaitait dire au vieillard avant qu'il meure, sans pouvoir se décider à lui faire son discours d'adieu de peur que ce dernier n'ait l'impression de recevoir la permission de mourir.

Il y avait enfin Nancy Rosen, radiée du barreau pour avoir adopté la solution courageuse, mais au moins sortie de prison. De retour à Newark, elle travaillait dans le domaine parajuridique. Abe ne cessait de penser à elle et ce pour deux raisons. La première, il le savait, n'était pas fondée : il continuait à se reprocher, ainsi qu'à Justin, la radiation de Nancy, tout en sachant que ni lui ni son collaborateur n'y étaient pour rien. La responsabilité en incombait à ce fumier de Duncan, le procureur. La seconde raison pour laquelle Abe pensait tant à Nancy tenait à ce qu'en son for intérieur, il était convaincu que la noble attitude de la jeune femme recelait une indication sur ce que *lui-même* devait faire vis-à-vis de Campbell. Mais il ne parvenait pas à déterminer en quoi consistait la leçon en question.

Nancy avait sacrifié sa liberté et sa carrière pour sauver la vie d'un inconnu innocent, Charlie O. Aux yeux d'Abe, cela signifiait qu'il devait dénoncer Campbell pour sauver la vie des jeunes femmes que ce dernier violerait à l'avenir. L'ironie du sort voulait que Nancy ait été radiée parce qu'elle avait *refusé* de dénoncer son propre client coupable, Rodney Owens. Le message était donc équivoque, au même titre que les histoires talmudiques sybillines de Haskel, mais à l'inverse des cours d'éthique juridique qu'Abe avait suivis dans son jeune temps, à l'Institut de droit. Pour résoudre des problèmes simples, on énonçait alors des réponses simples. Il y avait tout de même un point qu'Abe comprenait bien : si Nancy Rosen se trouvait dans la même situation que lui, elle ferait *quelque chose* pour empêcher Campbell de sévir. Ça doit être cette différence-là qui fait d'elle une révolutionnaire, et de moi, un avocat prudent, songea Abe, morose.

Ces pensées — sans rapport les unes avec les

autres — ne cessaient de se bousculer dans l'esprit d'Abe, ce qui lui valait angoisse, trouble et insomnies.

Et voilà que maintenant, surgissait une nouvelle cause de souci. Au lendemain matin de la visite d'Abe, Rendi l'avait appelé au téléphone, affolée. En consultant son journal intime par le biais du modem dont elle se servait au bureau, elle avait remarqué quelque chose d'anormal.

— Si tu ne m'avais pas fait ta crise de parano, hier soir, je n'aurais sans doute rien repéré, expliqua-t-elle.

— De quoi s'agit-il ? demanda Abe.

— Quelqu'un s'est branché sur mon ordinateur pendant presque une heure, hier, et ce n'était pas moi.

— Qu'est-ce qui te permet d'en être sûre ?

— Tu ne te souviens pas, Abe ? J'ai passé la journée dehors, hier, à l'exception de la soirée. Je n'ai pas approché mon ordinateur.

— Il s'agit peut-être d'une erreur ?

— Ça se pourrait, mais j'en doute. Je crois que tu avais raison. Quelqu'un a lu mon journal.

— Ce n'était pas *moi,* Rendi... si c'est à ça que tu penses.

— Non, ce n'est pas ce que je crois. Tu n'aurais pas idée de la marche à suivre pour décrypter le mot de passe.

— Ça pourrait être Campbell ?

— Peut-être, mais pourquoi ?

— Il se peut qu'il cherche des renseignements dont il puisse se servir pour m'empêcher de parler, au cas où je déciderais de le dénoncer.

— Ça paraît plausible. Il se peut aussi qu'il soit en train de chercher des trucs à *mon* sujet, supputa Rendi.

— Pourquoi ça ?

— Je n'en sais rien.

— Ça nous fait une raison de plus de nous tracasser.

Compte tenu de tous les soucis qui l'assaillaient, Abe jugea préférable de concentrer son attention sur

Emma. Avec elle, au moins, il pouvait agir sans retenue : profiter de ses derniers jours de présence à la maison, la sermonner au sujet de sa sécurité, lui donner son avis à propos des cours, des professeurs, des restaurants, et de ses petits amis. Il pouvait plaisanter avec elle à propos de la nouvelle garde-robe, plus sophistiquée, qu'elle s'était constituée, rester à la maison et savourer en sa compagnie un dîner chinois rapporté du Lucky Garden, avec le dernier mouvement de la *Cinquième* de Mahler en musique de fond.

— Je me fais du souci pour toi, toute seule à New York.

— Je suis une adulte, papa.

— Oui, je sais, et c'est la raison pour laquelle je me fais du souci pour toi. Tu te crois invulnérable.

— Moi, femme. Écoute-moi rugir, gronda la jeune fille d'une grosse voix qui couvrit la musique.

— Moi, agresseur. Regarde-moi agresser, riposta Abe sur le même ton.

— Tu n'as aucun souci à te faire, papa. J'ai décroché mon diplôme — avec les félicitations — aux cours de baston de la YMCA.

— Ça me fait faire encore plus de souci. Maintenant, tu vas te croire de taille à affronter un agresseur professionnel.

— Papa... la première chose qu'on apprend, dans un cours de baston, c'est qu'il faut *éviter* les agressions. La deuxième, c'est comment on fait pour échapper à un agresseur. On apprend à ne se battre qu'en dernier ressort.

— Ça paraît plutôt bien. Tu vas les suivre, ces conseils ?

— Tu m'étonnes ! Tu crois que j'ai envie de faire mes études dans un fauteuil roulant ? Laisse tomber. Je sais courir, et vite, crois-moi, répondit Emma en pointant le doigt vers la coupe qu'elle avait remportée lors d'une compétition d'athlétisme, au collège.

— Tu comprends pourquoi je me fais autant de souci ?

— Oui. C'est ton boulot qui veut ça, et ta nature.

Moi aussi, papa, je me fais du souci. Les chiens ne font pas des chats. Je me fais du souci pour toi. Tu as l'air tracassé, et je t'ai entendu discuter au téléphone, hier, avec le Dr Gurewitz. Vous parliez de ta tension. Comment ça se fait qu'elle soit montée à ce point ? J'espère que ce n'est pas à cause de *moi* ?

— Non, pas de toi. C'est à cause d'un truc professionnel dont je ne peux pas te parler.

— Tu m'as toujours dit qu'il ne fallait pas sombrer dans la déprime à propos du boulot, papa. La déprime, d'après toi, ça devrait être réservé aux ennuis personnels ou familiaux, pas professionnels. On peut s'inquiéter, se mettre en colère, se faire du souci, à propos de son travail — comme tu dis toujours — mais en aucun cas déprimer. Et voilà que tu as l'air déprimé.

— Un petit peu, et ma tension est un petit peu montée. Tout ça, c'est à cause d'un truc professionnel qui m'affecte de façon très personnelle.

— Ça concerne Rendi ? demanda Emma. Vous vous décidez enfin à prendre des mesures, tous les deux, maintenant que je ne suis plus dans le secteur ?

— Non, ça ne concerne pas Rendi, ce qui n'empêche pas qu'à mon avis, ton départ va nous rapprocher, elle et moi, ou au contraire finir de nous éloigner.

— Alors tu ne peux pas m'en parler, papa ? Tous mes amis disent que je suis de bon conseil.

— Non. Emma, je ne peux pas. Ça concerne un client, et c'est confidentiel. Je ne peux en discuter avec personne, excepté mes collaborateurs du cabinet.

— Cette loi-là, papa, elle est nulle. Un père devrait avoir le droit de discuter de trucs confidentiels avec ses enfants adultes.

— Et les enfants devraient être prêts à discuter de trucs confidentiels avec leurs parents, répliqua Abe d'un air entendu. Il y a des choses dont tu ne me parles pas, non ?

— C'est ça, mûrir. Ça implique qu'on commette ses

propres erreurs. Mais j'aimerais bien que tu puisses me confier ce qui te tracasse, papa.

— Moi aussi, j'aimerais pouvoir le faire. Je sais que ton avis me serait profitable. Mais les lois ne le permettent pas.

— Or, Abe Ringel respecte toujours les lois, renchérit Emma, comprenant qu'elle avait perdu. Au fait, ajouta-t-elle comme si elle venait d'y penser, je pars après-demain, jeudi, un jour plus tôt que prévu. Je fais un truc spécial pour mon anniversaire, vendredi, et la veille, Zoé — la fille avec qui je vais loger — m'emmène à la boutique de son oncle, à SoHo.

— Qu'est-ce que tu fais de si spécial ?

— Je ne peux pas te le dire, mais ne t'inquiète pas, ça ne présente aucun risque. Je te le dirai après. Pour le moment, j'ai promis de ne rien dire à personne.

— Même pas à ton petit papa ?

— Surtout pas à mon petit papa, répondit Emma avec ce sourire à la Hannah qui faisait fondre Abe.

Il fut tenté de lui proposer un marché puéril : « je te dis mon truc si tu me dis le tien », mais il savait qu'en aucun cas, il ne pouvait révéler l'horrible secret de Joe Campbell.

— J'imagine qu'il faut que je te fasse confiance, conclut-il en serrant très fort la main de sa fille au creux de la sienne.

— À l'aise. Surtout qu'à moins d'en avoir envie, je ne suis plus obligée de te tenir au courant de mes faits et gestes.

— J'espère que tu continueras à en avoir envie, répondit Abe avec une note un peu triste dans la voix.

— Toujours, peut-être pas, fit Emma. Mais de temps en temps, oui.

— Je t'aime, ma fille, et je te fais confiance.

— Moi aussi, je t'aime, papa. Et je sais que tu seras toujours prêt à m'aider.

CHAPITRE TRENTE-HUIT

CAMBRIDGE — VENDREDI 1er SEPTEMBRE

C'était le premier jour de septembre... Le dix-huitième anniversaire d'Emma. Abe aurait bien voulu le passer avec elle, comme il l'avait fait lors de ses anniversaires précédents. Le 1er septembre tombait toujours entre la fin des colonies de vacances et la rentrée scolaire, période peu propice aux goûters et autres fêtes. Enfant, Emma avait maudit le sort qui la privait d'anniversaires comme ses amis les fêtaient à l'école ou en colonie. Abe et Hannah avaient donc instauré un rite selon lequel ils s'habillaient chic tous les trois pour aller au restaurant, puis au spectacle.

Cette année, une nouvelle vie débutait à New York pour la jeune fille. Abe savait qu'elle s'habillerait chic pour sortir dîner, et peut-être se rendre ensuite au spectacle — cette partie-là du rite ne changerait jamais — mais cette fois, ce serait avec quelqu'un d'autre que lui. Peut-être en compagnie de l'amie avec laquelle elle allait loger. Ou peut-être d'un nouveau petit ami, dont elle avait fait la connaissance à New York. Peut-être Jon allait-il la rejoindre pour une dernière sortie. Abe souhaita que sa fille passe une excellente journée d'anniversaire, mais peut-être pas tout à fait aussi excellente que celles passées avec ses parents. Les souvenirs comptent, pensa-t-il, même dans la vie d'une jeune adulte mûrissant à toute vitesse.

Pour sa part, Abe passa l'anniversaire d'Emma dans son bureau du cabinet, où il tâcha de mettre sa correspondance à jour. Comme de bien entendu, Campbell occupait ses pensées. Il se l'imaginait, ce démon, installé devant son ordinateur, et recherchant une nouvelle victime. Abe ferma les yeux, crispant très fort les muscles des paupières, comme pour accroître sa concentration, ou déchiffrer le nom qui s'inscrivait sur l'écran de Campbell. Cette nouvelle jeune femme allait-elle être cadre dans la publicité, dans l'édition, la finance, s'agirait-il d'une avocate ? Abe s'efforça de ne pas se représenter la victime.

Au moment où il se laissait happer par son cauchemar éveillé, Rendi entra en coup de vent dans le bureau, l'air soucieux.

— Qu'est-ce qui ne va pas ? s'enquit Abe.

— Je ne sais pas au juste. J'étais chez moi, en train de travailler sur mon ordinateur — je me débarrassais de certaines parties de mon journal que je ne voulais pas voir tomber aux mains de quiconque...

— On se réveille après la bagarre ?

— Quoi qu'il en soit, ce n'est pas de ça que je viens parler. Emma m'a appelée ce matin — il y a un moment à peine. Elle était toute joyeuse, et elle avait envie de discuter. De parler de trucs de filles. Elle m'a demandé de ne rien t'en dire. Je ne devrais pas...

— Pourquoi ça ?

— Parce que ça va te tracasser. Ça tracasserait n'importe quel père.

— Qu'est-ce que tu entends par là ?

— Promets-moi de ne pas lui dire que je t'en ai parlé.

— Je te le promets. Maintenant, s'il te plaît, dis-moi de quoi elle t'a parlé.

— Elle ne m'a *parlé* de rien, elle m'a *demandé* quelque chose.

— Quoi ?

— Des trucs qu'on se dit entre femmes. Le genre de choses dont elle ne pourrait pas discuter avec toi.

— Il lui est déjà arrivé de discuter de ce genre de trucs avec toi, non ?

— Oui, de façon générale. Mais cette fois, il y avait urgence, comme si elle tenait à savoir sur-le-champ, aujourd'hui.

— Elle m'a dit qu'elle avait prévu une soirée spéciale, et qu'elle ne me dirait de quoi il s'agit qu'après, expliqua Abe.

— Écoute, Abe, j'ai l'impression que le cadeau d'anniversaire que ta petite fille a l'intention de se faire consiste à perdre sa virginité.

— Alors ça, Rendi, ça me tracasse, tu as raison.

C'est inévitable. Je devrais sans doute me réjouir qu'elle ait attendu l'université pour ça. En tout cas, je me réjouis qu'elle t'en parle. Cela dit, j'aurais préféré l'apprendre *après*. Ça va me rendre malade toute la soirée, d'y penser.

— Je sais. C'est pour ça que je ne voulais pas t'en parler.

— Alors *pourquoi* as-tu fini par le faire ? Ça ne te ressemble pas de trahir une promesse faite à Emma, d'autant que je ne peux rien faire d'autre que me ronger les sangs.

— S'il n'y avait que ça, Abe, je ne t'en aurais pas parlé. D'ailleurs, il se peut qu'il n'y ait *que* ça, et que je t'aie informé pour rien. Mais elle m'a dit quelque chose que je *devais* te dire. Ça ne porte peut-être pas à conséquence, mais je te laisserai en décider.

— Je commence vraiment à me faire du souci... et à ne plus comprendre, d'ailleurs. Qu'est-ce qu'elle t'a dit ?

— Pas *dit*, Abe, *demandé* !

— Quoi ?

— Elle m'a demandé en quoi cela faisait une différence de coucher avec quelqu'un de son âge à elle, ou bien avec quelqu'un de beaucoup plus vieux.

— Bon sang de bon sang ! Elle couche avec un prof... déjà ? Quels enfoirés de profiteurs, ceux-là ! Je viens de lire un truc à propos de ce connard de l'université du Massachusetts qui se figure que sa mission pédagogique consiste à « guérir » ses étudiantes de leur virginité. Le premier enfoiré qui profite d'Emma, je lui colle un procès. Tu sais de qui il s'agit ? Est-ce qu'on a le moyen de l'empêcher ?

— Non, je ne sais pas de qui il s'agit... je n'en suis pas sûre. Mais ce n'est pas un prof. Elle m'a laissé entendre qu'il s'agissait de quelqu'un qu'elle connaissait depuis un certain temps, et avec qui elle était sortie à Boston.

— Qui diable ça peut être ?

— Je n'en sais rien. Mais il n'y a guère qu'un mec qui cadre avec ces indications.

— Qui ? Rendi, je t'en prie, arrête les devinettes. Un de ses profs du lycée ?

— Abe... *Réfléchis.* Arrête de jouer à l'autruche, ça ne te ressemble pas.

— Je n'arrive pas à réfléchir. J'ai la trouille, je suis trop paumé. Qui est-ce, Rendi ? Qui ?

— Ça pourrait être Joe Campbell.

Abe en eut le souffle coupé. Le cœur lui manqua, et il se sentit pris de nausée, d'étourdissement. Pourquoi n'y avait-il pas pensé ? Pourquoi ses deux préoccupations majeures — Campbell et Emma — étaient-elles restées distinctes, dans son esprit ? Pourquoi n'avait-il pas fait de recoupement ? Souffrait-il du syndrome d'aveuglement caractérisé de l'avocat au point de ne même plus discerner ce qui avait trait au bien-être de sa fille ? Il recensa les indications qu'Emma lui avait données, et qui auraient dû lui mettre la puce à l'oreille à propos de cette horrible éventualité.

Emma ne s'était pas cachée de son « béguin » pour Campbell. Elle avait assisté au procès. Elle le croyait innocent — et Abe n'avait rien fait pour lui ôter cette illusion. Elle était allée dîner au restaurant avec lui, peut-être avait-elle flirté un peu avec lui. Cela semblait innocent, sur le moment. Il n'était jamais venu à l'idée de son père qu'il ait pu y avoir quoi que ce soit de sexuel ou de sentimental entre Emma et Campbell. Le basketteur avait à peu près quatorze ans de plus qu'elle... c'était un homme d'expérience. Mais tout concordait. Enfin, presque tout, se dit Abe.

— Emma ne présente pas le profil des victimes de Campbell, s'écria-t-il. Elle n'est pas comme les autres. S'il se risquait à faire quoi que ce soit qu'elle n'admette pas, c'est elle qui aurait l'avantage de l'offensive. Campbell doit s'en rendre compte. En plus de ça, aucun renseignement à propos d'Emma ne figure dans quelque ordinateur que ce soit, n'est-ce pas, Rendi ?

— Eh bien ! il y avait une ou deux babioles à son sujet dans le journal que je tenais sur *mon* ordinateur, mais rien à voir avec les trucs concernant les autres filles.

Justin, qui avait entendu que Rendi et Abe tenaient une discussion animée, entra dans le bureau.

— Qu'est-ce qui se passe ? Ça va ? demanda-t-il à Abe.

— Je ne sais pas, Justin. Rendi vient de m'apprendre qu'Emma sort peut-être avec Campbell, ce soir.

— Nom d'un chien ! Vous en êtes sûr ?

— Non, étant donné qu'Emma ne présente pas le profil type que recherche Campbell.

— Tu as sans doute raison, coupa Rendi. Mais tu ne serais pas le premier père à qui sa fille cache des choses.

— Pas des choses susceptibles d'intéresser Campbell, insista Abe. Elle ne m'aurait pas caché ce genre de choses, à moi.

— Ça nous mène à envisager une deuxième possibilité abominable, poursuivit Rendi.

— Laquelle ? s'écria Abe, affolé.

— Bon. Je ne pense pas que ce soit probable, mais ça reste *possible.* Peut-être la mort de Midge Lester n'était-elle pas accidentelle. Peut-être le besoin de violence compulsif qu'éprouve Campbell s'est-il accru au point qu'il a *besoin* de *tuer* pour obtenir satisfaction. Rappelez-vous ce que m'a dit son ex-femme sur la façon dont, déjà à l'époque, son besoin de violence s'était accru. Peut-être a-t-il maintenant *besoin* de tuer.

— Emma ne présente pas le profil que recherche Campbell, répéta Abe en s'asseyant. Je me fiche de ce que tu me dis, elle ne ressemble pas aux autres filles.

— Arrête, Abe, fit Rendi. Tu ne fais pas marcher tes méninges. Si Campbell a décidé de *tuer* les femmes qu'il viole, il n'a plus besoin de sélectionner ses victimes. Il n'a plus besoin de trouver des femmes possédant un passé douteux, puisqu'une fois mortes, elles ne témoigneront plus contre lui. Peut-être projette-t-il de *tuer* Emma, Abe.

À ces mots, Abe se leva et composa le numéro de sa fille, à New York. La sonnerie du téléphone retentit trois fois, puis une voix annonça : « Salut ! Emma et

Zoé sont parties explorer la ville. Veuillez laisser un message après le signal sonore. »

Abe composa alors le numéro de Campbell, sans obtenir de réponse. Puis il appela les parents de Zoé, à New Rochelle. Ils étaient chez eux, mais ignoraient où se trouvait leur fille. Elle devait venir dîner après 6 heures, lui dirent-ils. Abe pourrait la rappeler à ce moment-là. Ce dernier leur demandant le nom et les coordonnées de la boutique que tenait l'oncle, à SoHo, les parents de Zoé lui indiquèrent le numéro de téléphone.

Abe appela ensuite l'oncle, qui confirma que Zoé et Emma étaient venues la veille, et que cette dernière avait acheté une robe rouge. Elle avait un rendez-vous spécial avec quelqu'un de très important, avait confié Zoé à son oncle, sans accepter de dévoiler de nom.

Pendant qu'Abe téléphonait, Justin se rappela ce qu'il avait trouvé au sujet des noms bibliques balbutiés par Haskel lors de la dernière visite du père d'Emma.

— Ça devient clair, maintenant, déclara-t-il. Quand je suis tombé là-dessus, je n'y avais rien compris.

— De quoi s'agit-il ? lança Abe.

— D'une histoire à propos du méchant roi d'Amalek, que Dieu avait condamné à la mort immédiate. Le roi Saül avait retardé l'exécution, bien que Dieu ait ordonné de ne pas faire preuve d'une « trop grande clémence ». Ce délai permit au méchant roi d'engendrer un enfant. Or, l'un des descendants de l'enfant menaça la vie des descendants de Saül, lequel avait fait preuve de clémence envers le méchant roi. Cela amena les rabbins à conclure que « témoigner de la miséricorde à qui ne la mérite pas, c'est pécher tout autant qu'en ne témoignant pas de compassion à qui en mérite ».

— Bon sang ! Haskel essayait de me prévenir que Campbell risquait de s'en prendre à Emma, et je n'ai pas été assez malin pour m'en rendre compte.

Abe comprit qu'il ne s'agissait pas d'un manque d'astuce. Personne ne pouvait être blâmé. La faute incombait à son seul aveuglement d'avocat. Par sa faute, la vie d'Emma était menacée, à cette heure.

Il décida d'appeler la police métropolitaine de New York. L'un de ses vieux amis de Dorchester, David Rothman, était président de la Société Shomrim, l'association de policiers bénévoles juifs de Manhattan. Il trouva Rothman au quartier général de la Société, où il officiait en tant que chef de l'unité spécialisée dans les secours aux otages. Et tout à coup, les scrupules éthiques d'Abe se dissipèrent comme un nuage de fumée.

Abe n'était plus un avocat, mais un père déterminé à sauver la vie de sa fille. Peut-être valait-il mieux laisser dix coupables en liberté que condamner à tort ne serait-ce qu'un seul innocent, mais pas si l'un des coupables en question s'en prenait à votre propre fille ! Abe était prêt à enfreindre n'importe quelle loi, à transgresser n'importe quel règlement, à braver n'importe quel commandement pour empêcher le diabolique individu qu'il avait défendu de nuire à sa fille.

Mais avait-il moyen de faire quoi que ce soit ?

CHAPITRE TRENTE-NEUF

Abe exposa l'histoire à Rothman en quelques minutes. Ce dernier, qui était au courant du meurtre de Midge Lester, ne voulait pas croire que Joe Campbell puisse être l'assassin.

— Holà ! je suis un fan des Knicks, moi. Rien à faire. Joe Campbell n'est pas un violeur. D'ailleurs, tu l'as prouvé à l'occasion de son procès. Encore moins un assassin. Rien à faire.

— Je suis en mesure de le prouver, insista Abe, sur quoi il expliqua à son ami la façon de procéder de Campbell.

— Nom de nom ! s'exclama Rothman. Sacré nom

de nom ! Tu as une idée de la piste à suivre ? Où est-ce qu'ils vont ?

— Dans un restaurant étranger. Peut-être au spectacle, et sans doute dans un hôtel chic après. Il ne se risquerait pas à l'emmener chez lui, ou à aller chez elle. Il a dû réserver une chambre sous un nom d'emprunt, et mettre au point un prétexte pour se justifier envers Emma. Plus romantique, ou quelque chose du genre.

— Ça ne nous renseigne guère. Il y a un bon millier de restaurants étrangers, des centaines de spectacles, et des dizaines d'hôtels chics. Je n'arriverai jamais à persuader les grands chefs de faire surveiller tout ça — surtout que tes informations sont minces. Ça ne repose sur rien de concret. Tu n'es même pas certain que ta fille soit sortie avec Campbell.

— C'est de lui, qu'il s'agit, Dave. Je le sais. Et de ma fille. Je le sens.

— D'ici combien de temps peux-tu être à New York en faisant le plus vite possible ?

Abe consulta sa montre : il était 1 h 45 de l'après-midi.

— Je peux attraper le vol de 2 h 30, ce qui me fait arriver au QG de la police à 4 heures, 4 heures et quart, maximum.

— Ça nous donne à peu près cinq ou six heures pour épingler cet enculé, conclut Rothman. Je vais faire mon possible pour mettre mes hommes sur le coup pendant que tu fais le trajet. Je ne peux pas te promettre grand résultat. Nelson Mandela est en visite, ça mobilise un tas de flics. Apporte tous les documents dont tu disposes. Il se pourrait qu'on essaie de décrocher un mandat d'arrestation. Et expédie-nous une photo récente d'Emma par fax.

Abe, saisissant ses dossiers, lança à Justin de rester au bureau et de prendre tous les appels, des fois qu'Emma vienne à passer un coup de téléphone. Il lui conseilla aussi d'essayer de pirater le disque dur de Joe Campbell.

— Il y a peut-être un dossier là-dedans, qui

contiendrait un indice sur l'endroit où il compte emmener Emma.

— On va lui administrer sa propre potion... espérons que ça marche, répondit Justin, en allumant son modem.

Rendi avait appelé un taxi. Abe et elle dévalèrent les escaliers, et ordonnèrent au chauffeur de filer jusqu'à l'aéroport, d'où partait le vol Delta.

Abe passa le temps de vol jusqu'à La Guardia au téléphone, appelant le personnel de sécurité de Barnard, demandant à ce qu'on fouille la chambre d'Emma pour y trouver le moindre indice susceptible d'indiquer où elle comptait passer la soirée de son dix-huitième anniversaire. Le souvenir du jour où Emma était née lui revint, aussi précis que s'il s'agissait de la veille. Hannah était calme et maîtresse d'elle-même. Abe, lui, était réduit à l'état de paquet de nerfs. Il voulait un garçon, et Hannah, une fille, mais ils n'avaient su ce qu'ils allaient avoir qu'au moment où Emma avait paru pour glisser dans les mains d'Abe. En annonçant qu'il s'agissait d'une fille, il s'était senti envahi d'une joie folle, au point d'oublier qu'il avait souhaité un garçon, jusqu'au jour où Hannah le lui rappela, des années plus tard.

Quand l'avion atterrit, Abe consulta sa montre : 3 h 45. Combien de temps avant que Campbell se retrouve seul avec elle dans la chambre d'hôtel ?

Il était presque 5 heures quand Abe finit par se faufiler hors du Midtown Tunnel embouteillé pour sortir sur la voie rapide Franklin Roosevelt, et arriver au bâtiment de brique rouge implanté au cœur du centre-ville, qui abritait le quartier général de la police métropolitaine de New York. Dans le taxi, Rendi eut une idée de génie. Pourquoi n'appelleraient-ils pas les chaînes de télé et de radio locales pour leur demander de publier les photos de Campbell et Emma ? Cela permettrait aux clients des restaurants, réceptionnistes d'hôtels, et autres, de les identifier. Campbell faisait partie des personnalités les plus facilement reconnaissables de la ville. L'idée de Rendi se tenait.

Quand ils arrivèrent, Abe demanda à Rothman de mettre en application le plan de Rendi. Mais Burt Riley, l'avocat du commissariat central, ne voulut pas en entendre parler.

— Nous ne disposons pas d'éléments probants. On est en présence d'un type qui a été *acquitté* par un jury. Et d'un avocat qui vient dire maintenant qu'il *croit* son client coupable, alors qu'il s'est fait une réputation en clamant haut et fort qu'il le croyait innocent. Un père angoissé, à qui les goûts de sa fille en matière d'hommes font faire du souci, et c'est bien compréhensible, mais qui ne sait même pas avec qui elle sort ce soir. D'ailleurs, jusqu'à maintenant, pas de crime.

— La procédure, je m'en contrefous, rétorqua Abe. C'est de la vie de ma fille qu'on discute, pour le moment.

— J'ai toujours su qu'un conservateur, c'est un libéral dont le gamin vient de se faire agresser, riposta Riley en secouant la tête.

— Ouais, et un libertaire, c'est un flic à qui on demande de se soumettre à une analyse d'urine pour dépister les traces de drogue, lança à son tour Abe. Ça n'a rien à voir avec le fait d'appeler, ou pas, les chaînes de télé.

— Pas question que j'appelle, compte tenu du peu que vous avez à fournir, déclara Riley.

— Dans ce cas, je vais le faire moi-même, fit Abe.

— Ne perdez pas votre temps, Mr Ringel, lui conseilla son interlocuteur. Aucune chaîne de télé ne prendra le risque d'écoper d'une plainte pour diffamation en accusant l'un de nos concitoyens les plus en vue — qui a été acquitté, par-dessus le marché — de projeter un nouveau viol ou meurtre. Ça ne marchera pas, c'est impossible. Pas sans mandat d'arrêt, et nous ne pourrons pas en obtenir... du moins, pas à temps pour le journal télévisé de 6 heures.

— Bon sang, mais il faut qu'on tente le coup !

— C'est bon, si tu tiens à perdre une précieuse heure de plus, fit Rothman en soupirant.

Écoute, Abe, je te crois, moi. À mon avis, tu es sur une piste. Je ne demande qu'à te filer un coup de main en mettant une douzaine de gars sur l'affaire... mais en toute discrétion. Si on fait du bruit autour de cette affaire, on va se faire taper sur les doigts. Aucun juge n'acceptera de délivrer un mandat d'arrestation sur la foi d'éléments aussi merdiques.

Abe comprit que Riley et Rothman avaient raison. Mais il comprit aussi que s'il parvenait à ébruiter l'affaire, cela obligerait Campbell à laisser tomber. Il nierait, bien sûr, avoir jamais eu la moindre mauvaise intention à l'égard d'Emma, et Abe se retrouverait dans la situation de l'avocat qui a dénoncé les crimes *passés* d'un ancien client. Mais cela lui était égal. La seule nécessité qui s'imposait à lui, c'était l'urgence de venir en aide à sa fille... à n'importe quel prix.

Il appela son ami Howey Green, qui travaillait pour la branche locale de la chaîne CBS, et lui raconta l'histoire.

— Ah ! dis donc. Ça ferait un carton, à la télé, déclara Howey. Mais je ne peux pas passer ça au journal, Abe. Pas sans en parler d'abord avec nos avocats, et ce genre de démarche, ça prend toujours du temps. Si tes doutes finissaient par se révéler fondés, on serait intéressé, bien sûr, mais pas avec le peu d'éléments dont tu disposes pour le moment.

La panique commençait à envahir Abe, qui consulta à nouveau sa montre : 5 h 50... Il était temps de rappeler les parents de Zoé. Peut-être la jeune fille serait-elle rentrée plus tôt que prévu.

Mais la chance n'était pas avec lui. Non plus qu'avec les agents de la sécurité de Barnard, qui avaient fouillé la chambre d'Emma en pure perte. Rien ne figurait sur le calendrier trônant sur son bureau, à l'exception d'un cœur, tracé au feutre rouge à côté de la date du 1er septembre. Plusieurs personnes avaient vu Emma, vêtue d'une courte robe rouge, quitter sa chambre. Elle sortait pour la journée, et ne rentrerait que le lendemain matin, avait-elle dit à une amie qui occupait la chambre voisine. Elle était partie en sifflotant, une petite pochette à la main.

Rothman avait rassemblé dix agents — huit hommes et deux femmes — qui feraient le tour de plusieurs des hôtels chics les plus fréquentés de la ville. On laissait tomber les restaurants, trop nombreux. Si à 10 heures, ils n'avaient repéré personne, quelques agents iraient faire un tour dans le quartier des théâtres pour jeter un coup d'œil aux gens sortant des salles. Ils étaient munis de photos d'Emma et de Campbell, celle représentant le jeune homme étant tirée d'un journal.

Abe décida de rester au QG de la police, et de continuer à passer des coups de fil. Rendi fila jusqu'à la librairie du coin, où elle acheta un guide des restaurants de New York, puis elle entreprit d'appeler tous les établissements étrangers de la ville. Se faisant passer pour une journaliste, elle promit à chacun des maîtres d'hôtel une prime de 1 000 dollars pour être prévenue de l'arrivée de Campbell.

À 6 h 45, Abe rappela les parents de Zoé. La jeune fille n'était toujours pas rentrée.

Finalement, à 7 h 25, il finit par tomber sur elle, et lui demanda si oui ou non, Emma était sortie avec Joe Campbell.

— Je suis désolée, Mr Ringel, mais je ne peux pas vous répondre. Il faut que vous posiez la question à Emma.

— C'est un cas d'extrême urgence, Zoé. Campbell est un violeur, et Emma ne le sait pas. Il faut que vous me répondiez.

— Oh ! non, s'écria Zoé d'une voix étranglée. Emma m'a dit que Joe était innocent... Que c'était un type adorable.

— Je détiens des informations prouvant qu'il n'est pas si adorable que ça. Je ne pouvais pas en faire part à Emma. Mais il ne m'était pas venu à l'idée qu'elle sortirait avec lui.

— Ça lui est arrivé quelques fois... à Boston. Vous ne le saviez peut-être pas. Elle avait peur que vous ne soyez pas d'accord, si vous l'appreniez, étant donné qu'il s'agissait de votre client, et qu'il était plus âgé qu'elle.

— Elle ne se trompait pas. Mais ce n'est pas le moment de discuter de ça. Je suppose que vous me confirmez qu'ils sont sortis ensemble ?

— Ouais, mais je ne crois pas que vous devriez avoir peur qu'il la viole, Mr Ringel.

— Pourquoi ça ?

— Je ne sais pas comment vous expliquer ça, Mr Ringel. Emma *a envie* de passer la nuit avec Joe. Elle a tout prévu. Contraception, et tout.

— Vous ne comprenez pas, Zoé. Joe Campbell est un authentique pervers. La vie d'Emma est en danger. Vous a-t-elle dit dans quel hôtel ils iraient ?

— Elle ne le savait pas. Joe lui a dit que ce serait une surprise. Un hôtel très romantique. Il y avait réservé une chambre au nom d'un ami à lui — pour éviter les potins.

— Savez-vous où ils vont dîner ?

— Ouais, dans un petit restau italien, en dehors du centre-ville. Elle m'a dit le nom, mais je ne m'en souviens plus.

— Ils vont au spectacle, ensuite ?

— Ouais, une séance d'après-midi.

— Merci, Zoé. Je vais vous laisser mon numéro pour le cas où vous penseriez à quoi que ce soit d'autre, ou si Emma vous appelle. Si elle le fait, dites-lui, je vous en prie, de ne pas rester en compagnie de Campbell, et de ne pas aller dans sa chambre.

— Elle ne m'appellera qu'une fois seule.

— C'est juste au cas où. Ma collaboratrice Rendi va vous appeler et vous lire les noms de tous les restaurants italiens situés en dehors du centre-ville. Vous verrez si ça ne vous remet pas le bon en mémoire.

Aussitôt après, Abe appela son vieil ami Alex O'Donnell, l'agent de Campbell. Il se rappelait avoir entendu Alex mentionner le pseudonyme dont son protégé se servait à l'occasion dans les hôtels.

Pas de réponse. La secrétaire d'Alex informa Abe que son patron se trouvait dans un avion pour l'Europe.

— Il a un messager électronique ? demanda Abe.

— Oui, mais je ne sais pas si ça va marcher, au beau milieu de l'Atlantique.

— Essayez de le joindre, je vous en prie.

Là-dessus, il se creusa les méninges, et finit par se rappeler que Campbell avait fait usage d'un nom plus ou moins en rapport avec son surnom de Chevalier Blanc. Mais il ne put se souvenir du nom précis sous lequel le basketteur avait réservé à l'hôtel de Boston. En revanche, *le nom de l'hôtel* lui revint en mémoire : il s'agissait du Four Seasons. Il appela Justin et lui demanda de passer un coup de fil à l'hôtel pour découvrir le nom sous lequel Campbell avait réservé. Entre-temps, grâce à l'aide de Zoé, Rendi avait réduit sa liste de restaurants à une demi-douzaine. Elle les appela tous, mais Campbell n'y était pas. Il était maintenant 8 h 45.

Le téléphone sonna.

— Une mauvaise nouvelle, et une bonne, Abe, annonça Justin. La mauvaise, c'est que je n'arrive pas à pirater le disque dur de Campbell. J'ai tout essayé. Il doit utiliser un mot de passe aléatoire pour verrouiller ses dossiers. La bonne, c'est que j'ai découvert sous quel nom il réserve habituellement dans les hôtels : « Mitch White ».

Abe et Rendi entreprirent aussitôt d'appeler tous les grands hôtels figurant sur la liste fournie par la police. Au New York Palace, ils firent chou blanc. Au Park Lane également. Au Regency, au Waldorf-Astoria, pareil. La vie d'Emma filait à mesure que le temps s'écoulait, sans même qu'elle s'en doute.

Au désespoir, Abe se tourna vers Rendi.

— Je t'en prie, fais quelque chose, ce que tu peux. Ce qu'on t'a appris quand tu travaillais pour le Mossad. Tu as carte blanche. Il faut l'arrêter.

Avant même qu'il ait achevé sa phrase, Rendi franchissait le seuil, le visage empreint d'une expression qu'Abe ne lui avait jamais vue.

CHAPITRE QUARANTE

BROOKLYN — VENDREDI 1ER SEPTEMBRE

La Peter Luger's Steak House est nichée sous le pont de Brooklyn, juste en face de Manhattan, de l'autre côté de l'East River. L'endroit passe pour l'un des plus cotés de Brooklyn, aux yeux des gens huppés de Manhattan, et c'est en outre un paradis pour amateurs de bonne viande. Joe Campbell adorait le bœuf. Il avait réservé chez Gianini, mais après le spectacle, il s'était senti d'humeur à aller manger un steak. Emma et lui prirent un taxi, et traversèrent le pont de Brooklyn.

Le restaurant faisait figure d'oasis au milieu d'un désert de bitume que misère, drogue et précarité envahissaient à toute vitesse. En temps normal, Emma aurait été révoltée par le contraste entre l'intérieur du restaurant et les alentours. Mais ce jour-là, c'était la fête, pour elle, et l'heure ne se prêtait qu'à penser aux plaisirs qui l'attendaient. C'était son premier véritable rendez-vous avec Joe Campbell, et non une quelconque fin de soirée faisant suite à une réunion avec son père. Joe l'avait appelée pour lui demander si elle voulait bien lui réserver son « premier rendez-vous galant » de New York. Il savait même que son anniversaire tombait ce jour-là. Emma en conclut que son père avait dû mentionner la date.

— Incroyable, ce que tu peux être mignonne ! s'était écriée Zoé, quand Emma s'était préparée pour sortir.

La veille, elles s'étaient rendues à la boutique de l'oncle de Zoé, à SoHo, et y avaient choisi une courte et vaporeuse robe rouge en mousseline resserrée sous la poitrine. Une paire d'escarpins à talons hauts complétait la tenue. Emma, qui portait habituellement des Doc Martens ou des sandales Birkenstock, avait dû s'entraîner un bon moment à marcher avec, avant de s'habiller. Du coup, elle n'en revenait pas de s'être contentée si longtemps de ses sorties d'écolière sage en compagnie de Jon.

Le secret d'Emma était trop fantastique pour qu'elle puisse le garder pour elle seule. Zoé savait donc comment allait se dérouler la soirée d'anniversaire de son amie, mais elle avait juré de se taire. Personne n'arracherait la moindre information à Zoé concernant l'endroit où Emma passerait la soirée. Emma le lui avait fait promettre avant de s'en aller.

— Je t'appellerai dès que je serai seule, quelle que soit l'heure. Souhaite-moi bonne chance.

Et maintenant, elle était seule avec Joe Campbell... Du moins, seule parmi des centaines de dîneurs, mais elle ne tarderait plus à se retrouver vraiment seule avec lui.

— Tu es très sexy, dans cette robe, Emma. Je savais que ça t'irait bien de t'habiller en femme.

— C'est marrant de se mettre sur son trente et un de temps en temps, mais je me sens quand même plus à l'aise dans mes vêtements habituels.

— Quelqu'un sait que tu passes la soirée avec moi ? demanda Campbell en tendant la main pour effleurer celle de la jeune fille.

— Non. Je n'en ai pas soufflé mot à mon père. Il en aurait fait une jaunisse, fit Emma en pouffant, sans avouer qu'elle avait mis Zoé dans le secret.

— Bon. On pourra tout lui avouer à notre sujet, quand on aura quelque chose à lui avouer...

Tout au long du dîner, Joe se montra un parfait compagnon, prévenant, drôle, galant, et déterminé. Emma lui demanda de choisir pour elle. Il commanda un tournedos accompagné de pommes de terre grillées, des gombos sautés, et un pomerol 1989 dont ils ne burent qu'un verre chacun. Tous deux se préparaient à passer ensemble une longue nuit sensuelle.

Après le bavarois qu'elle prit en dessert, Emma se leva pour se rendre aux toilettes des dames. Là, avisant un taxiphone, elle décida d'appeler Zoé pour l'informer du déroulement de la soirée.

La ligne étant occupée, Emma retoucha son

maquillage avant de tenter à nouveau sa chance. En consultant sa montre, elle se rendit compte qu'il était 8 heures et demie. Encore trois heures et demie, et sa journée d'anniversaire serait terminée. Au bout de quelques minutes, elle refit le numéro de son amie. Cette fois, elle tomba sur le répondeur et laissa un message : « Oh ! la ! la ! ma vieille... Je passe une super soirée ! On est allés voir un festival du film au musée d'Art moderne, et ensuite, on a décidé d'aller dîner à Brooklyn, chez Peter Luger. Joe avait envie de steak, plutôt que de cuisine italienne. Je suis dans les toilettes des dames, tout de suite, mais on va partir pour son hôtel. Il ne veut toujours pas me dire où on va, mais il m'a expliqué que c'était un endroit romantique. Près de Central Park. J'ai hâte. Je te raconterai tout, je te promets. Tout. À plus ! »

Là-dessus, elle regagna la table.

À l'heure où sa fille traversait le pont de Brooklyn pour regagner Manhattan, Abe se trouvait dans les locaux du QG de la police, qui donnaient presque sur le pont, attendant un coup de téléphone qui lui apporte des nouvelles d'Emma. Enfin, la sonnerie retentit.

C'était Zoé. D'une voix chevrotante, elle expliqua qu'Emma *l'avait* appelée pendant qu'elle était sous la douche. Elle repassa le message laissé par son amie. Abe écouta sa fille parler, pouffer de rire, et se demanda s'il l'entendrait jamais manifester à nouveau une telle joie de vivre.

— Mr. Ringel ? Oh ! je suis désolée. Je ne comprends pas comment j'ai pu louper son appel.

— Ça va aller, Zoé, ce n'est pas votre faute. (Abe eut l'impression que depuis peu, il prononçait souvent ces mots-là.) Il faut que j'y aille.

— Je vous en prie, dites à Emma de m'appeler dès que vous l'aurez tirée des griffes de ce salaud. Je vous en prie... Je ne vais pas fermer l'œil de la nuit.

— Je lui dirai.

À condition de la tirer des griffes de Campbell.

Il appela le restaurant Peter Luger's. En effet, Joe

Campbell était passé. En compagnie d'une jeune femme, oui. Ils avaient appelé un taxi... pour se faire conduire à Manhattan. Non, on ne savait pas où, mais on pouvait indiquer le nom et le numéro de la compagnie de taxis.

Le coup de fil à la compagnie en question se révéla inutile. Une bonne demi-douzaine de voitures avaient été expédiées au restaurant Peter Luger's. La compagnie accepta toutefois de diffuser un message radio à ses taxis.

Abe se remit à appeler les hôtels, se limitant à la douzaine d'établissements bordant Central Park. Sans résultat.

Finalement, 10 heures approchant, il décida de se rendre sur l'avenue qui longeait le sud de Central Park, et de faire le tour des hôtels de l'endroit. Peut-être Joe avait-il réservé sous un autre nom. Peut-être le chauffeur du taxi n'avait-il pas reconnu Joe Campbell.

Rothman emmena Abe sur place dans une voiture de police, après avoir chargé un autre policier de prendre tous les appels téléphoniques. Il était 10 h 15.

CHAPITRE QUARANTE ET UN

MANHATTAN — VENDREDI 1er SEPTEMBRE

Le St. Moritz avait connu des jours meilleurs, mais il demeurait un lieu de prédilection pour les amateurs de soirées sentimentales. La vue qu'il offrait sur le parc était somptueuse, et ses hauts plafonds conservaient la décoration et le charme d'une époque révolue.

Campbell, qui portait un chapeau enfoncé sur les yeux, tenait un parapluie ruisselant de la légère averse d'été tout juste tombée. En dépit de sa taille, personne ne sembla le reconnaître tandis qu'Emma et lui franchissaient la courte distance séparant la porte tambour de l'ascenseur qui les emporterait jusqu'à la chambre retenue au nom de Jason Crane. Pas de « Mitch White », ce soir, se dit Campbell. Recourir à son pseudonyme habituel ne serait pas judicieux, cette fois.

Il avait mis au point un alibi inattaquable pour le cas où les choses tourneraient mal. D'abord, il avait réservé la chambre d'hôtel plusieurs jours auparavant, par ordinateur, en payant par mandat postal. Puis, alors qu'ils faisaient route de la Peter Luger's Steak House au St. Moritz, il s'était arrêté un instant chez lui, en expliquant à Emma qu'il devait prendre quelques affaires de toilette, et lui demandant de rester dans le taxi, garé dans la rue adjacente à l'entrée principale. Il était passé devant le chasseur de l'immeuble, en s'arrangeant pour lui dire qu'il rentrait se coucher. Puis il était descendu au sous-sol, et sorti par une porte latérale, qu'il laissa entrebâillée, et avait regagné le taxi.

Tandis que l'ascenseur vide de tout autre occupant s'élevait vers les étages, Joe souhaita avec ferveur que ce soir, les choses ne se passent pas comme d'habitude. Emma l'avait attiré parce qu'elle était différente des autres. Peut-être son innocence — sa virginité, en fait — constituerait-elle un défi, une stimulation suffisant à alimenter le monstre. Peut-être ce soir, les choses se passeraient-elles comme lors de sa première nuit avec Anne, son ex-femme. Ç'avait été un moment merveilleux, partagé, plein de douceur, puis détonant. Emma parviendrait-elle à lui faire revivre cela ?

Peut-être.

Il chassa ses pensées de son esprit en tournant la clé dans la serrure et en ouvrant la porte de la chambre 1017. Comme elle se glissait à l'intérieur, Emma ressentit un frisson de ravissement à la vue des fleurs et du champagne posés sur la table, à côté du grand lit. La chaîne hi-fi diffusa bientôt la *Quatrième Symphonie* de Brahms, la préférée de la jeune fille, comme elle l'avait dit à Campbell. Ç'allait être une nuit mémorable.

Emma traversa la pièce, chaloupant sur les talons hauts auxquels elle n'était pas habituée.

— Elles sont superbes, dit-elle en effleurant le bouquet.

Attiré par le contour de sa cuisse, qui se dessinait sous le tissu vaporeux, Joe s'approcha par-derrière, rejoignit la jeune fille et la prit dans ses bras. Puis il l'embrassa avec passion.

Comme les mains de Joe descendaient vers ses hanches, Emma poussa un léger soupir. Son compagnon referma la main sur un sein ferme, et se rappela la douceur d'une peau toute jeune.

Une vague de désir, jaillie de son cerveau, lui envahit les reins. C'était la première fois depuis des années qu'il ressentait la moindre excitation de façon normale.

— Viens ici, murmura-t-il.

L'attirant sur le lit, il la dépouilla de sa robe avec adresse.

— Je vois que tu as fait des achats chez Victoria's Secret. (Il sourit à la vue de la petite ingénue en soutien-gorge noir transparent et culotte de dentelle assortie. Elle rougit.) Ne sois pas timide. Tu es une très jolie femme. Je suis heureux que tu aies choisi de fêter ton anniversaire avec moi.

D'un geste délicat, il lui ôta son soutien-gorge. À nouveau, il sentit l'excitation sexuelle l'aiguillonner.

— À moi, maintenant, fit Emma, commençant de déboutonner la chemise de Joe.

— Pas tout de suite. J'ai encore envie de te savourer un peu.

À la vérité, il voulait savoir combien de temps il parviendrait à rester en érection. Au moment où cette pensée lui vint à l'esprit, il se sentit flancher.

Emma vit l'expression contrariée qui se peignit sur le visage de Joe, et comprit qu'il souffrait de ce dont Rendi lui avait parlé, au sujet des hommes mûrs. Elle tenta de détendre l'atmosphère.

— Pfff, si on soufflait une minute ?

— Tu veux un peu de champagne ?

— Oh ! oui. Un petit peu.

Campbell ouvrit la bouteille de champagne français, et servit deux coupes. Comme il en tendait une à Emma, quelques gouttes tombèrent sur la peau de la jeune fille. Il se pencha, et lécha le vin qui avait coulé, surprenant sa compagne. Une brève poussée de désir monta à nouveau en lui.

— Pourquoi gardes-tu tes vêtements ? lui demanda Emma en retirant sa culotte.

Joe se déshabilla, mais il était redevenu inerte. Il se sentit d'autant plus humilié que cette fois, il était nu.

Ça ne marchait pas. Emma ne semblait pas s'en émouvoir, mais Joe, lui, était gagné d'une colère et d'une contrariété de plus en plus grandes. Le monstre se réveillait, hideux. Non, ce ne serait pas une réédition de sa première nuit avec Annie Higgins. Cela prenait plutôt la tournure des nuits récentes, en compagnie d'autres femmes.

Tout à coup, Joe s'avança de façon à coller les lèvres contre les cheveux d'Emma, à voix très base, lui murmura quelque chose au creux de l'oreille. Au début, elle ne comprit même pas ce qu'il lui disait, ne prêtant attention qu'à la sensation agréable de sa bouche, chuchotant contre son oreille. Puis elle saisit, de façon indistincte... et ne put croire ce qu'elle entendait. Mais il ne pouvait y avoir aucune ambiguïté.

— Ton père a couché avec Rendi juste avant la mort de ta mère, et ta mère l'a su.

— Ce n'est pas vrai ! hurla Emma.

— Si, c'est vrai. J'ai piraté l'ordinateur de Rendi, et c'est écrit noir sur blanc dans son journal.

— Oh ! non. Non ! Mais pourquoi fais-tu ça ? s'écria Emma, les yeux pleins de larmes. Pourquoi gâches-tu la nuit la plus importante de ma vie ?

Elle se leva du lit, attrapa sa robe, et se dirigea vers la salle de bains. Joe la suivit, et lui passa un bras autour de la taille, l'attirant contre lui.

— Lâche-moi. Je ne veux pas que tu me touches. Si tu ne me lâches pas, je crie au viol.

— Oh ! non, tu n'en feras rien, répondit Joe, plaquant une main immense sur la bouche et le nez de la jeune fille.

À ce moment-là, une gigantesque montée d'énergie sexuelle le submergea...

CHAPITRE QUARANTE-DEUX

Le temps qu'Abe et Rothman gagnent les abords du centre-ville et atteignent l'enfilade d'hôtels qui bordaient le sud de Central Park, il était 11 heures. Ils commencèrent par le Plaza, et poursuivirent en direction de l'ouest. En entrant dans le Park Lane, Abe consulta sa montre : il était 11 h 15.

Au moment où Abe et son compagnon quittaient le hall d'entrée du Park Lane, un policier en uniforme accourut à leur rencontre.

— Un appel pour Mr Ringel. On nous le retransmet.

Abe s'empara du téléphone de la voiture de police, et entendit la voix de Rendi, hors d'haleine, à l'autre bout.

— J'appelle de l'appartement de Campbell. La porte du sous-sol de son immeuble était entrebâillée... coup de bol monstrueux.

— Qu'est-ce que tu as trouvé ?

— Un tirage d'imprimante sur lequel figurent des extraits de mon journal — tu avais raison — et un reçu pour une réservation au St. Moritz, au nom de Jason Crane.

— On file au St. Moritz. Rejoins-moi là-bas.

— J'arrive.

Abe remonta l'avenue au pas de course en direction du St. Moritz, pendant que Rothman appelait l'hôtel et demandait à ce qu'on lui passe la chambre de Jason Crane. Pas de réponse. Tout à coup, dans le paisible silence nocturne de Central Park, retentit le hurlement de plusieurs sirènes. Saisi de panique, Abe se mit à courir en direction du bruit. Une ambulance, un fourgon d'assistance médicale et trois voitures de police formaient un demi-cercle devant l'entrée principale du St. Moritz obstruant l'avenue. Tandis qu'Abe scrutait cette scène effrayante, Rothman arriva en courant derrière lui.

— Une ambulance a été appelée ! cria-t-il. Il s'est passé quelque chose au dixième étage... je n'en sais pas plus.

Abe se rua au travers du cordon qu'un groupe de policiers venait de former autour de l'ambulance, cependant que Rothman hurlait :

— Laissez-le passer ! laissez-le passer !

Les deux hommes arrivèrent tout près de l'ambulance qui attendait, et virent un groupe d'infirmiers, poussant une civière, surgir du hall de l'hôtel. Abe ne put distinguer si la forme allongée manifestait le moindre signe de vie. Il se précipita à la rencontre des infirmiers, prêt à constater le pire. L'image effroyable d'Emma ne respirant plus, visage livide, morte, lui vint à l'esprit, et la courte vie de sa fille défila devant ses yeux. Quelle tragédie pour elle, de perdre sa mère si tôt. Et de perdre la vie si jeune, de façon si violente. Et d'avoir un père assez idiot pour respecter les lois coûte que coûte.

À ce moment-là, quelqu'un lui tira la manche.

— Attends, Rendi, lança-t-il, tâchant d'entrevoir le visage sur la civière qui passait, tout en s'efforçant de détourner les yeux d'un spectacle qu'il ne voulait pas voir.

On tira à nouveau sur sa manche, plus fort, cette fois.

— Papa, papa, entendit-il.

La voix était pitoyable, effrayée. Abe se crut victime d'une hallucination. On aurait dit la voix d'Emma. Mais d'où venait-elle ?

Alors, tout à coup, il aperçut du coin de l'œil le visage de la personne étendue sur la civière. C'était un visage d'homme... le visage de Joe Campbell... et il entendit l'un des infirmiers déclarer :

— Il est en état de choc.

À ce moment-là, Emma, effrayée, le visage barbouillé de larmes, apparut devant son père.

— Papa, papa ! balbutia-t-elle. Il a essayé de me violer. De me tuer.

Abe la serra contre lui. Sans cesser de pleurer, elle reprit :

— Il voulait me tuer.

— Je sais, je sais, dit Abe, étreignant sa fille qui tremblait.

— Il m'a dit un truc horrible sur toi et Rendi, papa. Il savait que ça me ferait du mal.

— C'est sa façon d'agir, Emma. C'est sa méthode.

— Pourquoi ne me l'as-tu pas dit ?

Abe ne comprit pas vraiment si la question d'Emma concernait ce que Campbell lui avait révélé, ou ce que lui-même savait de Campbell, aussi s'abstint-il de répondre. Le moment viendrait, plus tard. Au lieu de quoi, il lui demanda :

— Ça va ? Il ne t'a pas blessée ?

Avant qu'elle ait eu le temps de répondre, il vit l'énorme boursouflure et la griffure profonde qui barraient la bouche et la joue de sa fille. Elle saignait un peu du nez, et un coquard commençait à se former autour de l'un de ses yeux.

— Ça va, papa. Je crois que j'ai dû l'abîmer. Je lui ai donné un super coup de pied dans les parties... comme on m'a appris au cours de baston. Une fois qu'il a été plié en deux, je lui ai mis un coup de genou dans la figure, je l'ai assommé avec la bouteille de champagne, et j'ai appelé la réception de l'hôtel. Je le croyais mort, alors je me suis sauvée de la chambre.

— Tu as fait ce qu'il fallait faire, Emma. Tu as sauvé ta peau. Il le fallait. Tu n'avais pas le choix.

— Heureusement que j'avais pris des cours de baston ! fit la jeune fille en esquissant son premier petit sourire. On s'entraînait avec des mecs super balaises.

Abe la serra contre lui.

— La seule chose que j'arrivais à me dire, c'était que je donnerais tout pour te savoir en sécurité.

— Et moi, répondit Emma, c'était que je donnerais tout pour pouvoir passer tous mes prochains anniversaires avec toi, papa.

— Eh bien ! il nous reste encore une dizaine de minutes avant la fin de celui-là.

ÉPILOGUE

Joe Campbell fut placé en état d'arrestation dans sa chambre d'hôpital, à Lenox Hill, et inculpé de tentatives de viol et de meurtre.

Il souffrait de lésions irréversibles au testicule gauche, et de graves contusions au testicule droit. Mais l'atteinte à sa réputation fut encore plus sérieuse, surtout après le titre que publia le New York Post, *qui devait par la suite devenir un classique :* TROISIÈME MI-TEMPS SOUS LES VERROUS. *Juste en dessous, s'étalaient ces mots : « Campbell, des Knicks, arrêté et suspendu. »*

Quatre mois plus tard, Campbell fut jugé pour les tentatives de viol et de meurtre perpétrées à l'encontre d'Emma. Son nouvel avocat, Raul Kramer, invoqua la démence et cita Abe à comparaître pour qu'il témoigne des propos échangés avec Campbell concernant un traitement psychiatrique. Abe ne tenait pas à témoigner dans une affaire impliquant un ancien client. Toutefois, Campbell ayant de lui-même renoncé au secret professionnel protégeant la relation avocat-client en réclamant qu'il vienne déposer à la barre, ce fut en toute sincérité qu'Abe témoigna des recommandations qu'il avait faites au basketteur. Il fit aussi un témoignage complet au sujet des procédés informatiques mis au point par son ancien client. Kramer pensait que le fait de divulguer ces éléments bizarres accréditerait la thèse de la démence de son client.

Ses prévisions firent long feu. Les jurés déclarèrent par la suite aux journalistes qu'aucun individu capable de calculer son coup à l'avance de façon aussi méticuleuse ne pouvait être fou. Campbell fut condamné à une peine de quinze ans de prison, dont dix incompressibles à l'issue desquels, s'il faisait preuve de bonne conduite, il deviendrait libérable sous caution. Il ne fut pas jugé pour le meurtre de Midge Lester, le procureur ayant estimé les indices trop factuels. Joe Campbell étudie aujourd'hui la programmation informatique à la prison de Dannemora.

Nancy Rosen finit par réintégrer sa place au sein du barreau, après qu'Abe eut obtenu la participation de dizaines d'éminents avocats à la pétition qu'il organisa pour réclamer une suspension d'un an plutôt que la radiation définitive de la jeune femme. Elle exerce toujours à Newark, continue à fréquenter le gymnase local, et se situe plus que jamais à la limite des rôles d'avocate et de révolutionnaire.

Tard, le soir du Yom Kippur, Haskel Levine mourut dans son sommeil. Abe était passé le voir à peine quelques heures avant, en rentrant chez lui après un office de Kol Nidre. Haskel n'avait manifesté aucune velléité de communication, ou presque, lors de cette visite, mais il sembla essayer — telle fut en tout cas l'impression d'Abe — de demander des nouvelles d'Emma.

Emma obtenait d'excellents résultats, à Barnard. L'agression de Campbell l'avait traumatisée au-delà de ce qu'elle imaginait, mais ce qui la bouleversa encore bien plus, ce fut d'apprendre que Campbell avait dit la vérité au sujet d'Abe et Rendi. Malgré des explications douloureuses et répétées avec son père, et plusieurs mois d'une thérapie soutenue, la jeune fille était loin d'avoir recouvré son équilibre. Elle n'en progressait pas moins dans ses études, et se remettait à sortir avec des amis. Son amoureux du moment était un jeune immigrant russe, étudiant de l'Institut d'études théologiques juives qui préparait un diplôme de philosophie à l'université Columbia.

— Il me fait penser à ce que devait être Haskel Levine au même âge, confia-t-elle à Abe.

L'une des retombées de l'épisode avec Campbell fut la

décision irrévocable que prit Emma de ne pas devenir avocate. Elle s'en ouvrit un soir, au dîner, après qu'Abe eut tenté pendant plusieurs heures de lui démontrer pourquoi il n'avait pas été en mesure de l'avertir à propos de Joe Campbell.

— Un avocat qui transgresse une promesse et une loi encourt de sérieuses conséquences, lui expliqua-t-il.

L'expression d'Emma lui signifia ce qu'elle pensait de la promesse et de la loi qu'il avait transgressées vis-à-vis de Hannah. Elle ne prononça pas un mot de reproche, si ce n'est à son propre égard.

— Si, moi, j'avais transgressé ma promesse à l'égard de Joe Campbell, en te révélant que je sortais avec lui ce soir-là, je suis sûre que tu m'aurais dit la vérité à son sujet.

Abe reconnut qu'elle avait raison. Il ne fit rien pour dissuader Emma de se lancer dans une carrière qui n'exigerait pas d'elle des choix aussi cruels.

— Au bout du compte, ce n'est pas la loi qui m'a sauvée. C'est moi qui ai dû le faire toute seule, dit-elle à Abe. Ce qu'il me faut, c'est un métier dans lequel en faisant ce qu'il convient de faire, on aide les gens à tous les coups... Pas un métier qui exige des choix impossibles.

Emma fait désormais des études dans le domaine de la psychologie de l'enfant.

Quand Emma eut quitté le nid familial, la liaison d'Abe et Rendi changea. Les soirées se suivirent sans se ressembler, qui les voyaient échanger des serments passionnés d'amour éternel ou, au contraire, se jeter les pires reproches à la tête en jurant de ne plus s'en tenir qu'à une relation professionnelle. Pourtant, une fois libérés du poids de leur secret, Abe et Rendi se rapprochèrent. Il semblait même que leur relation en dents de scie parvienne enfin à trouver un équilibre.

Les remous que causa dans l'opinion publique le procès Campbell poussèrent l'ordre des avocats américains à envisager de modifier les lois concernant le secret professionnel couvrant la relation avocat-client. Dans le cadre de la nouvelle loi proposée, un avocat aura le droit de divulguer les confidences d'un client si cela devient nécessaire pour sauver une vie innocente, et ce, même si le client en question n'a pas émis l'intention de commettre un crime à venir. L'avocat doit cependant avertir le client de cette nouvelle exception dès leur première entrevue.

Les détracteurs de cette proposition — que tout le monde appelle « la loi Ringel » — arguent du fait que si cette modification est adoptée, les clients s'abstiendront de confier à leurs avocats des informations que ces derniers pourraient être amenés à divulguer. L'un de ces détracteurs, l'éminent Pr Monte Fireman, de l'Institut de droit de Hofstra, soutient que si la loi Ringel avait été effective au moment où Joe Campbell était allé trouver Abe Ringel, ce dernier n'aurait jamais reçu de son client l'information qui lui permit d'essayer de secourir sa propre fille.

Abe Ringel n'a pas pris parti. Dans une lettre adressée à l'ordre des avocats, il déclarait : « Certains problèmes d'ordre moral sont si complexes, qu'ils ne sauraient admettre la solution simple qu'est une loi d'ordre général. Chaque avocat devra continuer à se colleter au dilemme qui consiste à décider s'il va, oui ou non, dénoncer son client. »

Avant d'envoyer cette lettre, Abe est allé la lire tout haut au pied de la tombe de Haskel.

Composition réalisée par S.C.C.M. (groupe Berger-Levrault), Paris XIVe

IMPRIMÉ EN FRANCE PAR BRODARD ET TAUPIN
Usine de La Flèche (Sarthe).
LIBRAIRIE GÉNÉRALE FRANÇAISE - 43, quai de Grenelle - 75015 Paris.
ISBN : 2 - 253 - 17054 - 2